Arnold Esch

VON ROM
BIS AN DIE RÄNDER
DER WELT

Arnold Esch

VON ROM BIS AN DIE RÄNDER DER WELT

Geschichte in ihrer Landschaft

C.H.Beck

Mit 20 Abbildungen
und 3 Karten (© Peter Palm)

www.chbeck.de
Umschlaggestaltung: Rothfos & Gabler, Hamburg
Umschlagabbildung: Albrecht Altdorfer, Die Schlacht bei Issus
(‹Alexanderschlacht›), 1529, Alte Pinakothek München

Satz: Fotosatz Amann, Memmingen
Druck und Bindung: Druckerei C.H.Beck, Nördlingen
Gedruckt auf säurefreiem und alterungsbeständigem Papier
Printed in Germany
ISBN 978 3 406 75854 4

myclimate
klimaneutral produziert
www.chbeck.de/nachhaltig

Inhaltsverzeichnis

Einführung 7

HISTORISCHE LANDSCHAFT

I. Historische Landschaft Burgund 11
II. Paßlandschaften und Paßverkehr im Alpenraum. Ein Überblick über die verfügbaren historischen Quellen 34
III. Oberitalienische Flußlandschaft. Vom Po den Mincio aufwärts 62
IV. Ferrovia locale. Ein Schnitt durch die historische Landschaft des nördlichen Latium 73
V. Archipelagos. Das Erlebnis der griechischen Inselwelt in der Frührenaissance 90

RÖMISCHE STRASSEN IN IHRER LANDSCHAFT

VI. Den Barbaren am nächsten. Auf der Straße vom Limes zur Donau und weiter ins Mittelalter 119
VII. Mit dem Inschriften-Ausmeißler unterwegs. Eine Wanderung auf der Römerstraße Augsburg-Salzburg im Frühjahr 212 n. Chr. 137
VIII. Auf der Via Valeria vom Aniene in die Abruzzen . . 146
IX. Landschaft im Verfall. Die Wahrnehmung von Verwahrlosung und Verheerung freier Landschaft in der Spätantike 166

REISENDE

X. Der Pilger: Gemeinsame Reise – unterschiedlich berichtet. Parallele Reiseberichte von Jerusalem-Pilgern (1480–1519) 183

XI. Der Ablaßkollektor: Eine Reise durch Deutschland in die Niederlande anhand einer Spesenabrechung (1470–1472) 209
XII. Die Ware: Das Einzugsgebiet des Hafens Rom in der Frührenaissance 224
XIII. Die Nachricht: Wie die Meldung von der Eroberung Konstantinopels 1453 nach Venedig kam 234
XIV. Die andere Begegnung mit Italien: Kriegsknechte und Arbeitssuchende erleben den Süden 250
XV. Die Praxis des Reisens: Eine Vorlesung an der Universität Göttingen (1772–1795) 274

AN DEN RÄNDERN DER WELT

XVI. An den Rändern des Römischen Reiches. Inschriften vom Rande der Steppe und vom Rande der Wüste 289
XVII. Die Erfahrung von Distanz und Ferne in nichtliterarischen Briefen des Mittelalters 301
XVIII. Endlose Weite. Ein Ritt vom Schwarzen Meer in das Innere Asiens 311
XIX. An den Rändern der Welt. Einzelschicksale der frühen portugiesischen Entdeckungen in Schreiben an den Papst (1440–1510) 323
XX. Geschichte unterwegs. Beobachtungen von einer Fahrt durch Sibirien mit einem Stimmungsbild aus der sibirischen Regionalpresse kurz nach dem Zusammenbruch der Sowjetunion 337

Literaturhinweise 361
Bildnachweis 384
Personenregister 385
Ortsregister 391

Einführung

Die folgenden Beiträge wollen Geschichte in ihrer Landschaft wahrnehmen und Landschaft in ihrer Geschichte. Sie führen jeweils in ein Land, das dann anhand einer – teilweise erst hier erschlossenen – historischen Quelle betreten und erlebt wird. Die dazu herangezogenen Quellen sind von der unterschiedlichsten Art, seien es Schriftzeugnisse oder Objekte. Denn alles, was der Historiker berührt, kann zur historischen Quelle werden. Oft sind es ganz unliterarische Berichte aus der niedrigen Augenhöhe damaliger Menschen, die wir, in einer bestimmten historischen Situation, in der Weite vertrauter oder fremder Landschaft auf dem Wege sehen, Landschaft im Nahblick und im Fernblick. Wie aber wird fremde Landschaft in ihrer historischen Gegenwart erlebt und beschrieben? Wie werden Distanz und Ferne ausgedrückt? Wie erfahren wir von historischem Geschehen am Rande der Wüste, am Rande der Steppe? Die Verbindung von räumlicher Anschauung und historischer Reflexion, geschaute, nicht gewußte Geschichte, das ist der gemeinsame Nenner dieser Beiträge.

Die meisten Kapitel sind unveröffentlicht, einige greifen auf frühere Arbeiten zurück, alle beruhen auf eigener Anschauung und eigener Forschung. Eine Arbeit, die nicht allein am Schreibtisch entstanden ist, hat vielen zu danken. Vor allem danke ich meiner Frau, Begleiterin und Ratgeberin in jedem Gelände. Ich danke den römischen Freunden für anregende Gespräche, Detlef Felken und Alexandra Schumacher für die verständnisvolle Begleitung bei der Veröffentlichung. In dankbarer Erinnerung an Göttingen, wo mich Hermann Heimpel und Percy Ernst Schramm Geschichte sehen und verstehen lehrten, sei dieses Buch der Göttinger Akademie gewidmet, die mich – in jungen und in alten Jahren – ausgezeichnet und ermutigt hat.

Rom, im Frühling 2020 Arnold Esch

HISTORISCHE LANDSCHAFT

I

Historische Landschaft Burgund

Burgund ist allen ein Begriff und war doch im Laufe seiner Geschichte ein ganz unterschiedliches Gebilde, das sich mehr über seine Zentren als über seine Grenzen definiert. In der Berührungszone zwischen romanisch und germanisch geprägtem Bereich gelegen, mit all den Gefährdungen und Chancen solcher Mittellage, werden von hier in alle Richtungen Impulse von großer kultureller Kraft ausgehen, aber auch heftige Auseinandersetzungen ausgetragen werden und sich erste Perforationslinien zwischen den künftigen Nationalgeschichten zeigen.

Aber hier geht es nicht um historische Ereignisse, sondern um historische Landschaft. Mit dem Vorsatz, historische Landschaft nicht aus Geschichtswissen zu modellieren, sondern mit dem Auge aufzufassen, werden wir, Burgunds zentrale Landschaft auf einer alten Diagonalachse Auxerre-Vézelay-Autun-Chalon sur Saône-Mâcon durchstreifend, die Epochen seiner Geschichte dort aufsuchen, wo sie mit der Landschaft verbunden sind oder ihre sichtbare Ausprägung erfahren haben: die Eroberung durch Caesar läßt sich in seinem Winterlager auf dem Mont-Beuvray vergegenwärtigen; die zunehmende Verwahrlosung der Landschaft ist vom spätantiken Autun aus zu beobachten; der Weg durch das Niemandsland zwischen Antike und Mittelalter wird an den letzten Römern und den ersten Franken auf der Römerstraße in der Tallandschaft der Cure zu verfolgen sein. Und weiter hinein bis ins hohe Mittelalter.

In das Licht geschriebener Geschichte tritt auch diese Region Galliens mit der Eroberung durch Caesar: hier konzentrieren sich seine Feldzüge und Siege, vom ersten Sieg bei Bibracte 58 v. Chr. über die

Helvetier bis zum letzten Sieg 52 v. Chr. über Vercingetorix: beredtes Zeichen, daß das Keltentum hier eine besondere Dichte und einen besonderen Organisationsgrad hatte und darum von Caesar *hier* überwunden werden mußte. Jenes Bibracte auf dem Mont-Beuvray im Massiv des Morvan westlich Autun war das politische und kultische Zentrum der Haeduer: ein keltisches *oppidum* auf weitem, von vielen Quellen getränktem Gipfelplateau, Umwallung und Tore noch schwach im Gelände erkennbar. Seine Kultstätten wurden später vom Hl. Martin rabiat zerstört, aber vielleicht lebten sie – nun christlich überlagert – in einem Quellenkult weiter, der noch im 19. Jahrhundert beobachtet und beschrieben wurde: die Umwohner legten Eier, Käse und andere Votivgaben an den Quellen nieder, stillende Mütter wuschen ihre Brust. Daneben, gleichfalls noch im 19. Jahrhundert lebendig, ein alter, an so entlegener Stelle auffallender Markt. Doch ob man hier, außer von Kult-Kontinuität, auch von Markt-Kontinuität sprechen darf, ist strittig. Rings weite Bergwälder, in denen man auch selbst, zu profanen Zwecken, Eier und Käse an klaren Bächen ausbreiten kann.

Hier oben hat Caesar, er sagt es selber, nach dem endgültigen Sieg über die Gallier bei Alesia den Winter 52/51 v. Chr. zugebracht. Und hier oben hat er, so meint die Forschung, damals seinen «Gallischen Krieg» niedergeschrieben. Wenn man den Mont-Beuvray bei Schneetreiben besteigt (und das kann einem noch im tiefen Frühling geschehen), mag man sich vorstellen, wie Caesar da oben in das winterliche Schneetreiben hinausstarrte und sich den ersten Satz überlegte – und dann losschrieb: «*Gallia est omnis divisa in partes tres* ...».

Der Zentralort der Haeduer, dieses Bibracte, wurde bald, schon unter Augustus, vom Mont-Beuvray herunterverlegt in die Ebene: ein typisch römischer Vorgang, wichtige Plätze nach der Eroberung aus ihrer Höhenlage herunterzuholen, in Gestalt und Recht einer römischen Stadt zu fassen und sie an das römische Verkehrsnetz anzuschließen. Hier ist es *Augustodunum*, Autun, das Bibracte absichtsvoll ablöste und beerbte: eine regelmäßig angelegte Stadt mit 6 km (!) langer Stadtmauer, mehr als 50 Türmen und ansehnlichen Stadttoren, von denen zwei heute noch erhalten sind, Porte St-André und Porte d'Arroux (die mit ihrer Fassaden-Gliederung, nämlich kannelierten

Pilastern zwischen Rundbögen, dann im 12. Jahrhundert die Wandgliederung in der Apsis der Kathedrale St-Lazare beeinflussen werden); mit ungewöhnlich großem Theater, Waffenfabriken, zahlreichen Kaiserbesuchen. Und darüberhinaus einer berühmten Rhetorenschule, die um 300 noch eine Spätblüte erlebt: von den überlieferten Panegyriken (öffentlichen Festreden auf den Kaiser) ist fast die Hälfte von Professoren aus Autun verfaßt worden.

Als Beispiel diene der Auftritt eines Rhetors vor Kaiser Konstantin in Trier im Jahre 312, der dem Kaiser für einen Autun gewährten Steuernachlaß dankt und dabei – fern von bloß anhimmelndem, eben panegyrischem Gerede – in der begründenden Schilderung der Zustände sehr konkret wird, konkret auch in der Schilderung der heruntergekommenen Agrarlandschaft.

Daß am Anfang der Rede ein Bekenntnis zu Rom steht, sollte man nicht als rhetorische Pflichtübung abtun: in der zunehmenden Krise des Reiches ist es *empfundene* Rom-Bindung, an die man sich verzweifelt klammert, auch wenn sich Rom immer mehr zur Rom-Idee verflüchtigt (so wie, je schlimmer es wird, Münz-Umschriften die *aeternitas,* die *felicitas* Roms beschwören – und diese zuversichtlichen Münzen sind dann oft letzter Sold, den man in den Brandschichten erstürmter Grenzkastelle findet!). Zwar wird ein Trend zu gallischem Separatismus angedeutet, wie ihn die Notwendigkeit der Selbsthilfe rechtfertigte. Aber noch wird er verworfen.

Dann schildert der Redner in bewegten Worten den Niedergang dieser einst so bedeutenden Stadt: auf dem Papier habe sie zwar noch die angegebene besteuerbare Einwohnerzahl und die Besitzgrößen – aber die Bearbeitung sei unrentabel und alles sinnlos, und so könne man es den Leuten nicht verdenken, daß sie alles hinwürfen, weil die hineingesteckte Arbeit nicht wieder herauskäme. Diese Rhetoren, gleich beredt vor letzten heidnischen und ersten christlichen Kaisern, mögen bei solchen Schilderungen oft kräftig aufgetragen haben. Aber wenn der Kaiser, selbst ständig in Geldnot, auf Steuern verzichtete, muß es hier tatsächlich schlimm ausgesehen haben.

Auch in der Stadt selbst. Wir erleben in Autun, das noch im 4. Jahrhundert alemannischen Belagerungen standhielt, was unter dem Druck der Welle um Welle andringenden Germanen auch in anderen bedeutenden Städten Galliens zu beobachten ist: die Schrumpfung der Städte und die Einrichtung fester Rückzugsplätze – Zitadellen oder *réduits* – im Innern der zu weit gewordenen Stadtmauern.

Denn eine 6 km lange Stadtmauer war von der dezimierten Bevölkerung nicht mehr zu verteidigen. Die Menschen zogen sich zum Teil, auf Dauer oder bei Gefahr, in solche Stadtfestungen zurück, die, meist in Randlage, gegen eine Innenseite der Stadtmauer lagen, gern um die Kathedrale (die ja meist nicht im Zentrum der römischen Stadt lag, wo frühe christliche Kirchen anfangs noch nichts zu suchen hatten). Dort verrammelte man sich mit allem, was zur Hand war: mit dem Material demontierter Bauten, mit den Grabsteinen ganzer abgeräumter Gräberstraßen (Prosper Mérimée, neben seiner Schriftstellerei auch Inspecteur des monuments historiques de France, hat aus solchen spätantiken Notmauern ganze Musées gallo-romaines herausgeholt). Dabei zog man diese – oft hastig errichtete – Binnenmauer, arbeit- und materialsparend, womöglich von einem Bauwerk zum anderen, mauerte Fenster und Arkaden zu, und schloß so die Zitadelle zusammen. Was man allein aus einem Amphitheater an Festungs- und Wohnquartier herausholen konnte, zeigen mehrere gallo-römische Städte (Die Ummauerung der *Markt*stadt in Autun, isoliert in der Mitte der Stadtfläche, ist erst hochmittelalterlich). Solche Rückzugsplätze im heutigen Stadtplan oder Stadtbild an ihrer Siedlungsdichte und Gestalt zu erkennen, ist bei mehreren dieser Städte möglich und im Übrigen eine schöne Einübung in geschaute Stadtentwicklung.

In Autun lag diese Zitadelle hoch in der Südspitze des römischen Mauerrings und bildete mit ihren gut 10 ha nur noch etwa 6% der ursprünglichen Stadtfläche! Aus der weiten *civitas* scheidet sich so ein internes *castrum* aus, im Mittelalter hier denn auch *château* genannt. Die – wohl im späten 4. Jahrhundert errichtete – Binnenmauer, auf der Linie des heutigen Musée Rolin, schloß die Zitadelle gegen den nun halbverlassenen Stadtbereich ab, der allmählich zu römisch ummauerter Landschaft wurde.

In dieser Rückzugs-Stadt, diesem internen *castrum*, sitzt natürlich auch die Herrschaft. Und das ist jetzt meist der Bischof. Schon seit Kaiser Konstantin sind ihm staatliche Funktionen übertragen, weitere wachsen ihm *de facto* zu, denn im allgemeinen Chaos des sterbenden

Reiches und des Germanensturms ist die Kirche der einzig intakte Rahmen öffentlicher Organisation. Wer sollte die Stadt vor dem Kaiser vertreten wenn nicht der Bischof? Wer mit dem Feind vor der Stadt verhandeln, wer die Getreideversorgung garantieren? Der Bischof hatte die Autorität und, durch den wachsenden Kirchenbesitz, auch die Mittel. Und so wächst er am Ende in die Rolle des Stadtherrn (eine Rolle, gegen die die Städte erst im 11. Jahrhundert rebellieren werden). Das aber macht das Bischofsamt attraktiv für Männer mit politischem Sinn, ja für die alten Führungsschichten überhaupt: für die romanischen Familien aus senatorischem Adel, die dann – innerhalb der germanischen Reiche! – bis ins 7. Jahrhundert noch ganze Bischofsdynastien stellen werden. Darunter höchst eigenwillige, kräftige Gestalten, die, aus Veranlagung oder aus Einsicht, in diesen schwierigen Zeiten ihr Amt nicht allein als Seelsorge verstanden.

Denn mit dem 5. Jahrhundert waren die nach Gallien eindringenden Germanen nicht mehr abzuwehren: sie begannen, sich auf dem Territorium des Römischen Reiches einzurichten. Hier sind es die Burgunder. Sie waren, nachdem die Alemannen den römischen Limes durchbrochen und sich gegen Süden gewendet hatten, von Osten nachgerückt und hatten sich, um 400, auf dem römischen Ufer des Mittelrheins um Worms niedergelassen, wurden dort aber schon 436 von den nachrückenden Hunnen vernichtend geschlagen. Daß diese Vernichtung eines ersten, kurzlebigen Germanenreiches am Rhein der historische Kern der Nibelungensage ist, ist unbestritten (bemerkenswert die ganz unterschiedliche Motivation Kriemhilds im Atli-Lied der Edda und dann im Nibelungenlied: mal rächt sie ihre burgundischen Brüder am Hunnenkönig Attila/Etzel, mal Siegfried an ihren Brüdern!). Die überlebenden Burgunder wurden, wiederum als *foederati*, als Verbündete also, vom römischen Feldherrn Aetius, der sie nun gegen die Hunnen brauchte, 443 um Genf angesiedelt, mit Zuweisung von (wie bei der *foederati*-Formel üblich) mindestens einem Drittel des Ackerlandes auf Kosten der eingesessenen romanischen Bevölkerung. Dieses Burgunderreich, das ausdrücklich Bezug nahm auf das Königsgeschlecht der Nibelungensage, wird sich die Rhone abwärts bis Lyon ausdehnen, im Einvernehmen mit der gallo-römischen Oberschicht, die den auf Ausgleich bedachten Burgundern den Vorzug vor anderen Germanen gab.

So hatte man nun mit diesen Germanen zusammenzuleben. Davon ist viel die Rede in den Briefen des Sidonius Apollinaris. Angehöriger der alten gallo-römischen Senatsaristokratie aus Lyon, brachte er es zum Präfekten von Rom und wurde endlich, 470, zum Bischof von Clermont gewählt: wieder so eine spätantike Bischofskarriere, die erst ganz oben vom Weltlichen ins Geistliche hinüberwechselt. Er beschreibt, in der zweiten Hälfte des 5. Jahrhunderts, das Leben eingeklemmt zwischen Feinden und ungebetenen Protektoren:

> «den Burgundern suspekt, sind wir die nächsten Nachbarn der Goten, und wir kriegen den Zorn der *gegen* uns kämpfenden [Westgoten] ebenso zu spüren wie die Eifersucht der *für* uns kämpfenden [Burgunder]».

Germanen hier, Germanen da, die man alle zum Teufel wünscht – aber vielleicht doch die einen mehr als die andern. Und tatsächlich nennt Sidonius die Burgunder die *clementiores Barbari*, die netteren (zugänglicheren, anpassungswilligeren, oder wie man das übersetzen will). Das ist aus gebildetem römischen Mund schon viel. Denn in diesen Briefen machen sich letzte Römer letzte Komplimente auf ihren Schreib- und Lebensstil («obwohl Du Moselwasser trinken mußt, kommt Dir Tiberwasser aus dem Munde», *potor Mosellae Tiberim ructas*), mit verächtlichem Blick auf die Barbaren, auch die *clementiores*:

> «Ich bin Tischgenosse des langhaarigen Volkes / hab germanische Worte auszuhalten / muß mit ernstem Gesicht immer wieder loben / was der burgundische Vielfraß (*Burgundio esculentus*) vorsingt / der sich das Haar mit ranziger Butter einschmiert … / Glücklich Deine Augen und Deine Ohren / glücklich preisen darf ich auch Deine Nase / Dir rülpsen nicht frühmorgens schon von 10 Gerichten / Wolken von Knoblauch und dreckigen Zwiebeln entgegen».

Was hier als Gruppenbild grimmig porträtiert wird, sind die Söhne und Enkel der in der Nibelungenschlacht gegen die Hunnen gefallenen Burgunder, wie sie da, riesig und ungeschlacht und langhaarig, an den Tischen sitzen, Unmengen in sich hineinstopfen und dabei ihre

Lieder, ihre Nibelungenlieder singen. Sie werden, zahlenmäßig geringer und integrationswilliger als andere Stämme, auch staatsrechtlich sich ganz ins römische Reich einfügen und bald in ihrer romanischen Umwelt aufgehen. Aber ihr Name wird bleiben.

Ziehen wir auf unserem Weg durch Burgund und seine Geschichte weiter. Autun war ein Straßenstern erster Ordnung. Hier stand ein – in Fragmenten aufgefundener – Straßenanzeiger, der, anders als ein gewöhnlicher Meilenstein, mehrere Fernrouten angab, darunter sogar den Weg nach Rom (CIL XIII 2681). Wir nehmen die angezeigte Straße nach *Autessiodurum*/Auxerre.

Von dieser römischen Straße haben sich im Gelände gut erkennbare Teilstrecken erhalten. Südlich von Auxerre, im schönen Tal der Cure, nehme man die kleine Straße nach Südwesten; sie führt nach knapp 2 km auf die römische Trasse, die hier (auch auf Google Earth gut zu sehen) schnurgerade nach Nordwesten zieht und der man durch Feld und Wald in Richtung Auxerre folgen kann. Etwas weiter, beim kleinen Prégilbert, hat man auch einen ihrer römischen Meilensteine gefunden, Meile 72 ab Autun (CIL XIII 9023). Diese Straße nennt bereits jener Redner, der im Jahre 312 vor Kaiser Konstantin die zunehmende Verwahrlosung der Agrarlandschaft schilderte: *ab eo flexu*, «nach der Kurve», wo die Straße Richtung auf die *Belgica* nehme (da eine römische Straße in der Regel aus geraden Teilstücken zusammengesetzt ist, übersetze man *flexus* vielleicht besser mit ‹Knick› als mit ‹Kurve›), sehe man das ganze Land wüst und unbearbeitet. Da diese Straße auch in nachrömischer Zeit viel begangen war und historische Quellen uns hier Vorüberziehende bei Namen nennen, können wir, uns an die Straße stellend, einmal zusehen, wer da des Weges kommt; können auf dieser Straße den Weg von der Antike ins Mittelalter nehmen:

Im Jahre 356, an einem Juni-Tag, kommt, noch als Feldherr in Abwehr eingedrungener Germanen, der spätere – und letzte heidnische – Kaiser Julianus Apostata mit seinen Panzerreitern hastig von Autun nach Auxerre geritten. Im Jahre 448 wird hier die Leiche des Germanus von Auxerre – eines der großen, tief in die Politik eingreifenden spätantiken Bischöfe – von Ravenna heim nach Auxerre überführt. Ein weiteres Datum auf dieser Straße: 610, von Süden naht ein

Mann, der durch seine Missionierung zwischen Irland und dem Bodensee Großes bewirkt hat: Columban. Unser Straßenstück ist dabei wünschenswert eindeutig beschrieben: Columban geht von Autun nach Avallon, *deinde ad Coram fluvium properans* (Vita Columbani, cap. 20). Das ist die Cure, die römische Straße schneidet das Flüßchen bei St-Moré gleich südlich von Arcy. Dann kommt der Wanderer den steilen Talhang hinauf und zieht nach Auxerre weiter. Im Jahre 629 ist es Dagobert, der letzte bedeutende Merowinger als König des Frankenreichs, der auf dem Weg nach Paris die Straße von Autun nach Auxerre nimmt. Und weitere historische Personen, die nachweislich diese Straßenstrecke gingen.

Inzwischen war das Burgunderreich, 532/34 von den Franken erobert, Teil eines Reiches geworden, das sich nicht mehr so mit römischen Traditionen und Reminiszenzen behängte wie Burgunder und Goten, und das seine eigenen, neuen Wege ging: Burgund fortan im Frankenreich «aufgehoben» in des Wortes doppelter Bedeutung, getilgt und verwahrt. Die Reichsteilungen merowingischer Zeit machten Burgund mal zum Teilreich, mal zum Reichsteil, indem sie es mal mit Neustrien um Paris, mal mit dem von starker germanischer Adelsopposition geprägten Austrien um Reims, dann Metz verbanden, mal wieder an das Gesamtreich fallen ließen. Die daraus entstehenden Spannungen, dazu die düstere Atmosphäre dauernder Rivalität unter den Teilherrschern (und ihren Frauen) mit Episoden grenzenlosen Hasses, werden mit dem Herrschaftsantritt der Karolinger nachlassen.

Unsere Darstellung will nicht die Geschichte Burgunds in ihre kleinteiligen Abläufe, Aufgliederungen, Herrschaftsbildungen verfolgen, sondern historische Landschaft als solche mit den Augen begreifen und anschaulich machen. Darum hier nur die großen Linien, die Bewegungsrichtungen der Geschichte Burgunds:

Die Auflösung des karolingischen Großreichs entläßt Burgund, wie andere Regionen, in eine neue Eigenentwicklung. Das Fehlen einer schützenden Zentralgewalt fördert regionale Herrschaftsbildung durch Adelsfamilien, die im karolingischen Reichsdienst hochgekommen waren, darunter kraftvolle Gestalten, die aus der dramatischen Geschichte ihrer Zeit gleich ins Epos hineinragen, in die *Chansons de geste* wie der mächtige Gerhard Graf von Vienne, Gründer des Klosters Vézelay: im Heldenlied wird er zum *Girart de Roussillon*, zum *Girart de Vienne* mit tagelangen Zweikämpfen, Sarazenenschlachten, begehrten Kaisertöchtern usw. Sein Nachfolger Graf Boso von Vienne macht sich 879 zum König eines Reiches Niederburgund (von Lyon zum Mittelmeer), der Welfe Rudolf I. 888 zum König von Hochburgund (zwischen Saône und Aare, Basel und Aosta): zwei der vielen Zerfallsprodukte des karolingischen Gesamtreiches, die dann ihrerseits in Nachfolgestaaten zerfallen werden (Provence, Dauphiné, Savoyen). Nieder- und Hochburgund werden von Konrad II. 1033 an das Reich gezogen, fortan in Personalunion Dreiheit der Königreiche Deutschland-Italien-Burgund (oder Arelat) unter dem Dach des Kaisertums.

Zugleich entsteht, nordwestlich anschließend, im Rahmen des Königreichs Frankreich unter den seit 987 regierenden, allmählich erstarkenden Kapetingern das *Herzogtum* Burgund: eine Region, die auch in den großen Reichsteilungen des 9. Jahrhunderts zwischen West- und Ostfranken (Verdun, Mersen, Ribemont) nie zum aufteilbaren Zwischenreich («Lotharingien»), sondern stets zum westfränkischen Reich gerechnet wurde. Anders als das ostfränkische Königtum beginnt das westfränkische Königtum schwach und endet stark. Das Herzogtum Burgund wird zu einem der großen, ‹konsolidierten› Fürstentümer in dem Sinne, daß es den Fürsten gelingt, in ihrem Bereich den feudalen Auflösungsprozeß samt all den *vicomtes* und *châtelains* niederzuhalten – womit sie dem Königtum gewissermaßen vorarbeiteten, als dieses dann im 12./13. Jahrhundert daranging, diese Fürstentümer durch Konfiskation, Erbschaft, Eroberung für die Krone einzusammeln.

Und tatsächlich wird dieses Herzogtum Burgund zu einem der Kernstücke des Königreiches, wird etwa das kleine Vézelay eine unerhörte Anziehungskraft entwickeln, ja zum regelmäßigen Ausgangspunkt großer königlicher Unternehmen werden. Ein von ferne unscheinbarer Ort auf grüner Anhöhe über der Cure kurz bevor unsere Römerstraße über den Fluß geht, ist Vézelay ein anziehendes Ensemble von Architektur und Lage auf seiner vielbesungenen *colline*, mußte damals den Besuchern aber anderes bieten als heute: bot die Reliquien von Lazarus, seiner Schwestern Maria und Martha, dazu Maria Magdalena und Maria Mutter des Jacobus, also von Menschen, die Jesus besonders nahegestanden hatten, sie alle einst in der Provence aus demselben Schiff an Land gegangen. Ein solcher Schatz läßt Kloster und Siedlung wachsen, Vézelay wird zum Pilgerort, zur wichtigen Station auf dem Jakobsweg nach Compostela, ja zum Ort, an dem Könige Großes beginnen. Hier ruft, im Beisein des französischen Königs, 1146 Bernhard von Clairvaux zum Zweiten Kreuzzug auf, vor Tausenden von Menschen, die da den nördlichen Hang herunter standen. Hier treffen sich der englische und der französische König, Richard Löwenherz und Philippe Auguste, um von hier aus gemeinsam in den Dritten Kreuzzug zu ziehen. Von hier aus bricht König Ludwig der Heilige 1248 und 1270 zu seinen beiden Kreuzzügen auf, den letzten Kreuzzügen überhaupt. Doch dann verbreitet sich im späten 13. Jahrhundert die Nachricht, man habe in der Provence, in Saint-Maximin, die *echten* Gebeine der Maria Magdalena gefunden. Die Folgen waren verheerend, alle Gegenwehr umsonst. Pilger und Könige blieben aus, und Vézelay sank zurück in den Halbschlaf einer burgundischen Kleinstadt.

Unter den vielen Burgunds ist es dieses französische Herzogtum, das unserer historischen Landschaft Burgund den politischen Rahmen gibt. Aber es ist nicht als politisches Machtzentrum, daß Burgund nun ins Blickfeld der damaligen Welt tritt. Sondern weil von hier geistige Bewegungen ausgingen, die diese Welt verändern werden: Ordensreform, Kirchenreform, Freiheit der Kirche von weltlichem Zugriff. Man sollte nicht glauben, daß sanfte Wiesentäler der Boden sind, aus dem so etwas wächst, und das läßt uns die Landschaft anders sehen.

Während die frühesten Klöster in Burgund meist königliche und bischöfliche Stiftungen waren, folgt im frühen Mittelalter eine Welle von Adels-Stiftungen: Adelige gründen auf Privatgrund Klöster und Kirchen und statten sie mit Besitz aus, beanspruchen dann aber auch die Verfügungsgewalt über diese ‹Eigenkirchen› (Ernennung des Geistlichen, Nutzung der Einkünfte). Und das hatte natürlich seine fatalen Seiten, wenn hier adelige Familien nicht nur stiftend gaben, sondern zugleich auch nutzend nahmen.

Diese Abhängigkeit wurde zunehmend als problematisch empfunden. Und so wird die Trennung, die Abschichtung dieser – in Gemengelage liegenden – geistlichen und weltlichen Bereiche voneinander zum Kernprogramm der großen Kirchenreformbewegung, wie sie vor allem das 11. Jahrhundert beherrscht. Jetzt wird nicht mehr hingenommen, daß Laien, und seien sie noch so fromm und stifterfreudig, derart in die Kirche eingreifen können, indem sie als Eigenkirchenherrn den Priester bestellen (hoffentlich ist es nicht einfach ein Höriger von ihnen, der gar nicht lesen und schreiben, höchstens ein bißchen singen kann); indem sie als Stifter den Abt ernennen oder gar selbst als Laien-Abt fungieren, als König den neuen Bischof bestimmen, als Kaiser die Papstwahl im Griff haben. All das wird jetzt als skandalös empfunden, als «Simonie» (nach jenem Simon Magus in Apg. 8, 18–21, der geistliche Gaben käuflich erwerben wollte). Ein geschärftes Empfinden verlangt jetzt nach *libertas*, nach «Freiheit» der Kirche von den Gewalten der Welt – und gerät damit in die Grundströmung einer Zeit, in der seit der Mitte des 11. Jahrhunderts sich alles zu regen beginnt: die Stadtgemeinde regt sich gegen die Stadtherrn, Ketzer gegen die Kirche, die Kirche gegen Adel und Kaiser, kurz: neue geistige, politische, wirtschaftliche, soziale Kräfte treiben einander voran.

Im übrigen konnte es durchaus sein, daß diese Eigenkirchenherrn sehr ernst gesonnene Menschen waren und sich die Reformidee selbst zu eigen machten; ja daß dann ein Kaiser wie der mächtige Heinrich III. sich an die Spitze der Reformbewegung setzen konnte und die Papstkirche zu läutern versuchte, indem er sie aus den Händen stadtrömischer Adels-Clans befreite, in denen das Papsttum zeitweilig herumgereicht wurde. Nur so konnte sie wieder zur Universalkirche werden und moralische Autorität gewinnen.

Doch steht diese große Kirchenreformidee nicht am Anfang, ist gewissermaßen die revolutionäre Weiterentwicklung. Es beginnt vielmehr mit dem Näherliegenden: mit der Selbstreform vor allem im klösterlichen Bereich, wo die Mißstände besonders augenfällig waren. Also mit Reform im wörtlichen Sinn: zu re-formieren was de-formiert war. Und an dieser frühen Phase der Reformbewegung hatte Burgund großen Anteil.

Und deformiert war vieles in den Verwilderungen der spät- und nachkarolingischen Zeit, man brauchte die Zustände nur mit der

Benedikts-Regel zu vergleichen, um zur Einsicht zu kommen, daß regel-haftes Leben wieder eingeschärft werden mußte. Und so beginnt in der ersten Hälfte des 10. Jahrhunderts, ausgehend von mehreren Reformklöstern (wie Gorze bei Metz und St. Maximin in Trier, die aber mehr nach Osten, ins Reich hinein wirkten), eine benediktinische Erneuerung, deren begrenzte Ziele noch nicht die revolutionären Züge der Kirchenreform des folgenden Jahrhunderts entwickelten. Für diese Phase steht – wie kein anderes, und mit welthistorischer Wirkung – das burgundische Reformkloster Cluny. Wir begeben uns auf der bekannten römischen Straße dorthin, indem wir sie nun in die Gegenrichtung nehmen, nach Südwesten: sie führt von Autun nach Chalon-sur-Saône und dann die Saône abwärts. Dort, nordwestlich von Mâcon, liegt zwischen sanften Hügeln, Wiesen und Weinbergen Cluny.

Gegründet wurde Cluny 909/910 durch Herzog Wilhelm von Aquitanien, der damals auch über das Mâconnais und Lyonnais herrschte. Wilhelm verzichtete sofort auf alle Rechte aus seiner Rolle als Stifter, entließ das neugegründete Kloster aus seinem Eigentum und übereignete es, damit es nicht unter eine andere weltliche oder geistliche Herrschaft gerate, gleich direkt dem Hl. Petrus zuhanden des Papstes in Rom. Das ist die Formel der *libertas romana* – Freiheit nicht *von* Rom, sondern *durch* Rom –, und sie wird zunehmend Bedeutung haben. Denn wenn erst einmal ein kräftiger Reformpapst all diese von Stiftern dem Hl. Petrus hinaufgereichten Seil-Enden in die Hand nimmt, dann wird er Großes damit machen können, ja mehr (und anderes), als sich die Reformer zunächst gedacht hatten.

Was in Cluny jetzt in rascher Folge unter bedeutenden Äbten entsteht, war auch so schon beispiellos. Da nämlich Cluny die ihm zur Reform anvertrauten Klöster nicht nur reformierte, sondern sich zugleich auch unterstellte, entstand ein Klosterverband, der bald ganz Frankreich und einen Teil der Christenheit überzog mit schließlich an die 1000 Klöstern. Ein monastisches Imperium geradezu, mit einem Groß-Abt an der Spitze mächtig wie ein König (so fanden – und kritisierten – schon die Zeitgenossen); ein zentralistisches Regime, das die abhängigen Klöster in straffer Regie hielt.

Zwar ist es nicht so, daß die cluniazensische Reformbewegung dann unmittelbar in die radikale päpstliche Kirchenreformbewegung des 11. Jahrhunderts hinübergeführt hätte, die den Begriff der ‹Simonie› verschärfte und nun jeden weltlichen Eingriff (wie die Einflußnahme des Königs auf die Wahl des Bischofs und seine ‹Investitur›, die Einweisung in sein Amt) zur ‹Simonie› erklärte. Aber die Einflüsse, die von Cluny in vielen Bereichen ausgingen, sind bemerkenswert: so in der Gottesfriedensbewegung, die – zunächst von den Bischöfen ausgehend – dem Waffenadel ein religiös fundiertes Standes-Ethos geben und die privaten Adelsfehden eindämmen wollte, indem sie die Waffenruhe zugunsten der Waffenlosen, die *treuga Dei*, notfalls mit Gewalt, durch «Friedenskrieg» erzwang (also wieder Selbsthilfe in Zeiten schwacher öffentlicher Gewalt). Oder Clunys Rolle in der Kreuzzugsbewegung, in der Organisation des Pilgerwesens.

Also ein mächtiger, um Cluny gruppierter Klosterverband emporgetragen durch die Dynamik der die ganze damalige Zeit erfassenden Reformidee; mit Groß-Äbten, die mit Kaisern und Päpsten wie mit ihresgleichen verkehrten (Odilo 994–1048, oder Petrus Venerabilis 1022–1054); herrscherliche Persönlichkeiten von internationalem Rang, zu den Königskrönungen (auch den deutschen) eingeladen, residierend in einem imposanten Gebäudekomplex, der vielen mehr königlich als klösterlich vorkam. Die Abteikirche, deren Ausbauphasen zwischen ca. 950 und 1130 von dem Ausgräber, dem amerikanischen Architekten Kenneth Conant, in Cluny I, II, III unterschieden werden, erreichte unvergleichliche Dimensionen, größere sogar als das damalige St. Peter in Rom. Ein wahres architektonisches Gebirge, das von der französischen Revolution abgetragen wurde.

Auf einer Wiese in Burgund die größte Kirche der Christenheit! Dazu die ausgedehnte Klosteranlage, mit viel Raum für hohe Gäste (Papst und Kaiser könnten samt ihrem Gefolge hier ohne weiteres gleichzeitig beherbergt werden, bemerkte Salimbene von Parma 1248 erstaunt bei seinem Besuch). Aber mit vergleichsweise wenig Wirtschaftsgebäuden, denn das Leben der Mönche war ganz von Gebet und Gottesdienst bestimmt mit feierlicher Ausgestaltung der Liturgie, die für Cluny kennzeichnender sein wird als Feldarbeit, Studium, Askese. Was war denn daran schließlich noch Reformkloster? Schon die neuen Orden haben damals den Kopf geschüttelt über so viel

Weltzugewandtheit und Gigantismus. Das Geld war da, denn Cluny hatte das Schicksal aller Reformer: jede Reformidee, wenn sie sich erst einmal durchgesetzt hat und in Mode gekommen ist, kann sich vor Schenkungen bald nicht mehr retten. Das wird sogar den Bettelorden so gehen.

Daß Cluny dann rasch zur Bedeutungslosigkeit absank, hatte seinen Grund vor allem darin, daß sich die Welt ringsum (nicht zuletzt durch Cluny) verändert hatte; daß sie Cluny nicht mehr brauchte, auf Cluny nicht mehr reagierte, sondern auf neue Formen von Geistigkeit antwortete, wie sie neue Orden verkörperten: die Zisterzienser. Auch mit dem Cîteaux der Zisterzienser bleiben wir in Burgund. Dieses Burgund, das sich nicht hatte messen können mit dem Neustrien der merowingischen Zeit, nicht mit dem Austrien der karolingischen Zeit: nun trat es, vieles zugleich aus sich herausschleudernd, mit Cluny und Cîteaux in den Blick der Welt.

Auf dem Weg nach Cîteaux, das Saône-Tal flußaufwärts gehend, kann man beim Blick auf die Felder eine Bestandsaufnahme der näheren Güter Clunys zur Hand nehmen, um sich ein Bild von der mittelalterlichen Agrarlandschaft zu machen. Die Enquête von etwa 1155 inventarisiert nicht nur das Vorhandene, sondern notiert auch, wo mehr herausgeholt werden könnte («hier werden, auf jeder Seite der Saône, 26 Maß Roggen gesät; man könnte aber auch 100 säen»). Deutlich wird die Vielfalt der Bebauung: Weizen, Roggen, Gerste, Hafer. Interessanterweise läßt sich auch der Ernteertrag einigermaßen berechnen. Die Erträge sind das damals Übliche, nämlich erschrekkend gering: 1 Korn eingesät ergibt 2½ Körner geerntet, manchmal auch etwas mehr: 1 Korn rein, 3⅓ Körner raus ist das Höchste bei Weizen, 5 Körner geerntet ist das Höchste bei Roggen.

In jedem Fall sind das erschreckend niedrige Erträge, die drastisch vor Augen führen, wie abhängig diese Menschen vom Ergebnis der Ernte waren. Wenn in einem schlechten Jahr statt 1 : 3 nur 1 : 2 herauskam, dann war das praktisch schon eine Halbierung des Nahrungsspielraums, denn 1 Korn mußte man ja für die nächste Aussaat zurückbehalten. Wenn man auch das noch aufaß, gab es keine Hoffnung mehr (der Cluniazensermönch Raoul Glaber beschreibt in seinen originellen, sehr persönlichen *Historiae* eine solche Hungersnot, die zu

Kannibalismus führte: wie da auf dem Markt im nahen Tournus gekochtes Menschenfleisch angeboten wurde). Bei den heutigen Erträgen ist 1 Korn weniger zwar nicht schön, aber keine Katastrophe. Bevor der Ertrag damals nicht gesteigert wurde, konnte sich demographisch nichts ändern, wäre die dann einsetzende Bevölkerungsvermehrung bis 1300 nicht möglich gewesen.

Schien es bisher – und gerade mit Cluny – noch so, als sei der Benediktinerorden die unübertreffbare Form mönchischen Zusammenlebens, so trat das Abendland mit der zweiten Hälfte des 11. Jahrhunderts in eine unruhige, fruchtbare Phase ein, die in geistiger, sozialer, wirtschaftlicher Hinsicht vieles aufrührte und, auf offensichtlich neue Bedürfnisse antwortend, neue Orden entstehen ließ. Zwischen 1075 und 1125 bildeten sich neue Formen religiösen Zusammenlebens von erstaunlicher Vielfalt: man konnte bescheiden und dienstbar nah an der Welt leben wie die Augustiner-Chorherrn, konnte nun als Eremit und doch im Kloster leben wie die strengen Kartäuser; konnte Ritter und Mönch zugleich sein (eine unwiderstehliche Formel für viele junge Männer!) und in einen Ritterorden eintreten, kurz: ein neues breites Angebot für Menschen, denen die Benediktiner wie routinierte, selbstgefällige Pensionäre vorkamen.

Man konnte aber auch die Benediktsregel beim Worte nehmen, über dem *ora* das *labora* nicht vergessen, strikte Armut und Weltabgeschiedenheit bekennen, benediktinischen Bauluxus und benediktinische Kompromisse ablegen – und sich selbst zu den einzig richtigen Benediktinern erklären, zu den einzig glaubwürdigen Nachfolgern Benedikts. Und das waren die Zisterzienser. Die «weißen Mönche» verkörperten die geistigen und religiösen Bedürfnisse einer neuen Zeit auf besondere, geradezu aggressive Weise, selbstbewußt (arrogant, fanden die anderen), voll innerer, geradezu soldatischer Disziplin (nicht zufällig übernehmen Ritterorden die Zisterzienserregel), entwickelten sie eine Dynamik, daß sie selbst in den entlegensten Gegenden, in die sie mit ihren Klöstern vordrangen, die Umwelt prägten.

Unter den neuen Orden waren die Zisterzienser wenn nicht die interessantesten, so jedenfalls die erfolgreichsten. Im Jahre 1098 im burgundischen Cîteaux gegründet, breitete sich der Orden explosiv aus: innerhalb der ersten 50 Jahre 300 Klöster, bis 1200 schon 500, mit Eugen III. wird bereits 1145 ein Zisterzienser Papst! Da wird man sich fragen dürfen, aus welcher Substanz der Treibsatz gemacht war für einen derart rasanten Start.

Daß in diesem Fall eine Persönlichkeit von Rang entscheidend dazu beitrug, ist unbestritten. Nicht der Gründer Robert de Molesme, der mit Gleichgesinnten tief in einem burgundischen Wald einen einsamen Konvent anlegte (von dem heute nichts Ansehnliches geblieben ist). Sondern ein junger Mann, der an einem Frühlingstag des Jahres 1112 in den Konvent da auf der Waldlichtung von Cîteaux eintrat und gleich 30 Adelige mitbrachte: Bernhard von Clairvaux. Geboren auf der kleinen Burg seines Vaters bei Dijon, kam er aus einer dieser vielen weitversippten burgundischen Adelsfamilien, die dann auch die soziale Welt des Ordens sein wird. Der Vater ein gewöhnlicher burgundischer Ritter mit der üblichen Unmenge Söhne, die dann entweder zuhause den Gottesfrieden stören, auf den Kreuzzügen umkommen oder eben die Zisterzienserklöster füllen werden.

Wortgewaltig wie er war, schaffte es der junge Bernhard, seine sechs Geschwister einen nach dem anderen in den Orden zu ziehen. Das war nicht so einfach, denn da mußten gestandene Ritter überzeugt, glückliche Ehen getrennt, naher Tod angedroht werden. Wenn ihm das sogar bei den eigenen Geschwistern gelang, dann glaubt man gern, daß – wie berichtet wird – Frauen ihre Männer und Mütter ihre Söhne lieber fernhielten, wenn Bernhard zu Menschen sprach. Denn natürlich setzte er seinen Fischzug außerhalb der Verwandtschaft fort. Als ein Vetter in Cluny eintritt statt bei den Zisterziensern, macht er daraus einen Riesenskandal.

Uns interessiert an all dem weniger die heilige Überzeugungskraft als die soziale Materie, an der sie sich abarbeiten mußte: das Geflecht gewöhnlicher burgundischer Ritterfamilien mit ihren verwandtschaftlichen und standesgemäßen Solidaritäten, in die uns das Wirken Bernhards Einblick nehmen läßt – eine Adelswelt, die jetzt durch neue Herrschaftsbildungen, Kreuzzüge, geistliche Berufungen durcheinander gewirbelt wurde. Und so sei hier zur Darstellung der ritterlichen Welt übergegangen, der wir auf dem Weg durch das hochmittelalterliche Burgund begegnet wären.

Denn Bernhard von Clairvaux und seine Zisterzienser werden bald den Rahmen Burgunds sprengen und aus unserm Blickfeld treten. 25jährig schon Abt des frühen Tochterklosters Clairvaux, wird er mit wachsender Autorität in die Geschicke der Welt eingreifen: die strittige Papstwahl von 1130 entscheiden (bald geschah denn auch in Rom nichts gegen seinen Willen: «Es geht in Rom die Rede, nicht Ihr wäret Papst, sondern ich»; was andere nur gedacht hätten, sprach er aus); oder den jungen Ritterorden zum Durchbruch verhelfen; den deutschen König Konrad III. (der sich mit Händen und Füßen gegen die Zumutung eines Kreuzzugs wehrte) im Dom von Speyer so eindringlich anpredigen, daß der Staufer dem nicht gewachsen war. Die Ritter sprach er anders an: natürlich könne Gott mehr denn 12 Legionen Engel an die Kreuzzugsfront schicken. Aber er tue es absichtlich nicht, weil er Euch die Chance geben will, Euer Schuldner sein will. So erlaubt dürft Ihr Ritter Euch nie wieder schlagen, so billig kriegt Ihr das Seelenheil nie wieder! Dieser Zweite Kreuzzug, Bernhards Kreuzzug, wurde zur Katastrophe. Seinem Ansehen in der Nachwelt – als Kirchenpolitiker, Reformer, Theologe, ja «letzter Kirchenvater» – wird dieser eklatante Mißerfolg nichts anhaben, selbst Luther stellte Bernhard «über alle Mönche und Pfaffen» der Erde.

Die Disziplinierung, die eine Grundhaltung Bernhards und seines neuen Ordens war, erfaßte auch die Sinne, auch die Ästhetik, und wandte sich scharf gegen die bisherige Kirchenbaukunst, wie sie in Cluny ihre sichtbarsten Auswüchse erreicht hatte – und es ist äußerst interessant, hochromanische Baukunst mit den Augen dessen zu betrachten, dessen Orden dann zur Ausbildung der Gotik beigetragen hat.

In seiner *Apologia* (ca. 1124) donnert Bernhard zunächst gegen den Gigantismus, die maßlosen Dimensionen der Kirchen. Und dann die Ausstattung! Die Bischöfe versuchten wohl, das Volk «mit materiellem Glanz zur Andacht zu ermuntern, weil sie's mit Geistigem nicht schaffen» (solch harte Sprache gegen die Bischöfe durfte sich schon der junge Mann leisten!). «Je bunter die Heiligenfigur, als desto heiliger gilt sie» (*et eo creditur sanctior quo coloratior*). Die Kronleuchter die reinsten Wagenräder, die Kerzenständer die reinsten Bäume! «Da wird mit den Opfergaben der Bedürftigen den Augen der Reichen gedient!» (solche Worte konnte man als Abt von Cluny natürlich nicht unwidersprochen lassen, und der große Petrus Venerabilis setzte sich dagegen vornehm zur Wehr). Und was soll diese lächerliche Kapitellplastik, diese Löwen, Affen, Kentauren: wie soll man da zur Andacht kommen? In diesem seinem Sinn haben denn auch die Generalkapitel der Zisterzienser weitere Anweisungen gegeben: keine Türme, keine Fassaden, keine Bauplastik, keine Fresken, keine Glasmalerei. Da wird gewissermaßen alles verdammt, was wir romanische Kunst nennen. Bei den Zisterziensern ist alles Ton in Ton.

Und doch konnte es unter dieser bewußten Abwehrhaltung künstlerisch und geistig sehr anspruchsvoll und elitär zugehen. Denn Geistigkeit und Begabung lassen sich nicht unterdrücken, sie brechen sich immer Bahn: wenn ihnen der traditionelle Auslauf versperrt ist, dann eben woanders! Wenn nicht in der Bauausstattung, dann eben im Stein und seiner sorgsamen Bearbeitung; in der Klarheit der architektonischen Form und den sorgsam bedachten Proportionen; den steinernen Gewölben nun auch in kleinen alltäglichen Räumen; in der Saalarchitektur von Dormitorien (denn Zisterzienser schlafen ursprünglich nicht in Einzelzellen). Der Gestaltungsdrang wendet sich nun eben nach innen.

Dazu gehört auch die sinnvolle Zuordnung der Räumlichkeiten zueinander, wie sie an jedem Zisterzienserkloster zu beobachten ist: sie alle gebaut nach einem Idealschema, in dem man sich sogleich wiederfindet. Und doch ist Fontenay oder Pontigny burgundische Baukunst, Maulbronn deutsche, Fossanova italienische.

Um zuletzt das Bild der ritterlichen Gesellschaft, das für das hochmittelalterliche Burgund so kennzeichnend ist, zu ergänzen, begeben wir uns in eine weitere Landschaft, in das Mâconnais, ganz am südlichen Ende der römischen Straße auf ihrer burgundischen Strecke, und werfen auf dem Wege wieder einen Blick auf die Agrarlandschaft. Denn die Zisterzienser haben neue Formen der Bewirtschaftung entwickelt, die im Landschaftsbild auch wahrzunehmen waren. So wie sie keinen Wert darauf legten, bestehende Klöster zu reformieren, sondern immer neu, von einem Nullpunkt beginnen wollten, so legten sie auch weniger Wert auf die Schenkung von Altland und Einkünften, sondern waren auf Neuland aus, das sie – mit eigener Hand und durch Laienbrüder, die Konversen – erst noch roden, entsumpfen, erschließen, den Ertrag erst noch selbst erarbeiten mußten. Und da sie ihre Klöster, wie die Regel das ausdrücklich vorsah, in die Wildnis, in abgeschiedene Waldtäler legten, hatten sie diese Randlagen (die obendrein auch leichteren Herzens und in größeren Flächen geschenkt wurden) noch gleich vor der Tür. Wald gab es genug in Burgund (das noch heute einen größeren Waldanteil hat als der französische Durchschnitt), Wald den man roden, nutzen, und in den man die Schweine treiben konnte: die relative Nähe Burgunds zum Konsumzentrum Paris machte den Absatz jeder Menge Vieh unproblematisch.

Sie, die die Welt hatten fliehen wollen, schufen Neuland, das besiedelt werden konnte; schufen Neuland für den wachsenden Nahrungsbedarf der (anfangs noch ungeahnten) Bevölkerungsvermehrung – und so erreichte die Welt die Zisterzienser bald in ihren Einsamkeiten, die immer weniger wurden. Wo sie dann Altland hinzubekommen konnten, taten sie es, zum Schrecken der Bauern, die gegen so ökonomisch organisiertes Wirtschaften mit unbezahltem Arbeitseinsatz der Laienbrüder (die dagegen erst im 13. Jahrhundert rebellieren werden) nicht ankamen. Wem die Ordensregel Fassaden, Skulpturen und kostbare Reliquienschreine verbietet, der kann die erwirtschafteten Gewinne, wenn sie in seiner Tasche spürbar Verwendungsdruck ausüben, nur re-investieren. Womit der Orden – gewiß unbeabsichtigt – zwar ökonomisch richtig handelte, sich aber vom eigenen Armuts-Ideal unvermeidlich entfernte.

Auch die Vermarktung ihrer Produkte nahmen die Zisterzienser in eigene Hand. Sie richteten in den Städten, also direkt beim Konsumenten, eigene Stadthöfe ein und auf dem Lande riesige Scheunen, «Grangien» als Zentren ihrer Gutsbetriebe. So war Clos-de-Vougeot eine der 10 Grangien des Klosters Cîteaux: heute bekannt als Grand Cru-Lage der Côte d'Or, der Wein aber schon im Mittelalter hoch geschätzt (Petrarca meinte bei seinem Aufenthalt in Avignon boshaft, die Päpste seien nur deshalb noch nicht nach Rom zurückgekehrt, weil ihnen dort der Wein von Beaune fehle, *se Belnense vinum in Italia non habere* – der burgundische Wein kam, wie die päpstliche Buchführung zeigte, dreimal so teuer wie der lokale Wein).

Abb. 1. Burgund ist eine historische Landschaft, die sich mehr über ihre Zentren als über ihre Grenzen definiert. Aus diesem Raum, in prekärer Mittellage zwischen romanischer und germanischer Welt, ist eine Fülle von Impulsen auf die europäische Geschichte ausgegangen. Man bewegt sich durch burgundische Landschaft auf antiken Straßenachsen zwischen kleinen Städten mit großen Namen wie Autun, Vézelay, Mâcon, und kleinteiligen feudalen Territorien. Hier das feste Brancion mit Burgsiedlung und romanischer Kirche auf dem langgestreckten Höhenzug des Mâconnais. Der Burgherr Josserand Sire de Brancion, einer der sieben mächtigen *châtelains* des Mâconnais, fiel im Februar 1250 auf dem Kreuzzug König Ludwigs des Heiligen im Nil-Delta mit 12 seiner 20 Ritter. Für die Witwen ihrer Vasallen (und die eigenen unverheirateten Töchter) war das Kanonissenstift von Lancharre gegründet, das man, wie Chapaize, in gleicher Blickrichtung gleich hinter dem Wald sieht. Eine kleine historische Welt. Aber fast auf Sichtweite das große Cluny.

So sah man, die Saône abwärts ziehend, auch in diesem Teil Burgunds neben dem Altland neu unter den Pflug genommene Flächen. Dazwischen, in den Siedlungen und auf dem Lande, zahlreiche neue oder restaurierte Kirchen des 11. und 12. Jahrhunderts: viele dieser Kirchen hätten es noch gar nicht nötig gehabt (*licet … minime indiguissent*), meinte jener Cluniazensermönch Raoul Glaber (*Hist.* III 13), als er, um 1045 schreibend, diese Bauwut bestaunte: «Es war so, als hätte die Welt alles abgeschüttelt und zöge nun überall ein weißes Kleid von lauter neuen Kirchen an, *candidam ecclesiarum vestem*».

Allein im Mâconnais, das wir nun im äußersten Südosten Burgunds betreten, sind es um die 40 romanische Bauwerke, von der bescheidenen Landkirche bis zur Abtei. Diese Landschaft zwischen Cluny und Tournus, ein langer schmaler Bergrücken in Fortsetzung der Côte, war im frühen 11. Jahrhundert, als in den benachbarten Regionen, dem Charolais und der Bresse, die Durchdringung der Waldgebiete erst einsetzte, bereits relativ stark besetzt. Kern der herrschenden Adelsschicht waren hier die *châtelains*, die Burgherren – im Mâconnais nur sieben Familien – unter dem Grafen, und um sie wird sich zunehmend der weitere Adel gruppieren, insbesondere das Rittertum. Das war eine Lehnsschichtung, die dem französischen König zugänglich blieb, weil es ihm im Unterschied zum deutschen König gelingen wird, sich nicht durch die großen Kronvasallen, die Lehnsfürsten, von den anderen Vasallen trennen zu lassen, sondern die königliche Gerichtsbarkeit geltend zu machen und Lehnsherr vor allen anderen möglichen Lehnsherrn zu bleiben. Georges Duby hat, vor allem aus dem frühen Urkundenbestand von Cluny, beobachten können, wie hier der Grundbesitz des Adels durch Erbteilung zunehmend zerstükkelt, durch Schenkungen an die Kirche drastisch verringert wurde (kirchliche Urkundenüberlieferung kennt allerdings weltlichen Grundbesitz nur in Auflösung, das liegt in der Natur der Sache). Das galt vor allem für Altland (Altland gestückelt, Neuland kompakt) und verkleinerte die materielle Basis vieler Adelsfamilien derart, daß sie nur mit Not ihren Waffendienst und ihren Stand aufrecht erhalten konnten und sich umso lieber als Vasallen den mächtigen *châtelains* anschlossen, denen sie berittenen Kriegsdienst leisteten. Das war im Mâconnais ein Kreis von höchstens 200 ritterlichen Familien.

Um einem dieser *châtelains* im Kreise seiner Vasallen persönlich gegenüberzutreten, begeben wir uns von Tournus aus dem Saône-Tal hinauf nach Brancion: ein kleiner Ort auf bewaldeter Hügelkuppe zwischen einer Burg, einst Sitz der Herren von Brancion, und einer kleinen düsteren Kirche des 12. Jahrhunderts, von der man einen schönen Blick hat hinab ins grüne Tal der Grosne (Abb. 1). Nur 5 km weiter westlich in Sichtweite die romanische Kirche von Chapaize in ihrem kleinen Dorf, und nahe dabei die Reste der Stiftskirche von Lancharre, beide gleich hinter dem Wald von Chapaize.

Was man da von Brancion aus überblickt, ist zugleich der Herrschaftsbereich dieser Burgherren, die zu den mächtigsten Familien des Mâconnais gehörten. Die Herren von Brancion hatten – mehr noch als die Lehen vom Grafen – enormen Eigenbesitz (*Allod* im Unterschied zum verliehenen Lehen), den sie an rund 30 Ritterfamilien ausgaben. Über 30 Ritter zu gebieten, mit 30 Rittern auf den Kreuzzug gehen, das war viel. Ein engerer Kreis von ihnen lebt sozusagen im Schatten der Burg, vertraut und verläßlich: sie dienen dem Seigneur, machen seine Kriege mit, bezeugen seine wenigen Urkunden, bieten sich notfalls als Geiseln an, sind die standesgemäßen Urteiler in seinem Lehensgericht. Daneben hatte der Burgherr natürlich noch seine nicht-adeligen Verwalter und Dienstleute, kurz: all das, was man brauchte, wenn man, wie diese Burgherren des Mâconnais, wirklich Herrschaft ausübte.

Einem der Herren von Brancion und seinen Rittern lässt sich noch näher kommen, wenn man den Schilderungen des Sire de Joinville folgt, des großen Biographen König Ludwigs des Heiligen (und mit Friedrich II. verwandt, der damals nicht das Glück hatte, einen solchen Biographen so nah und verständnisvoll an seiner Seite zu haben). Joinville, der 1249 seinen König nach Ägypten begleitete und den unglücklichen Kreuzzug als Augenzeuge in allen seinen schrecklichen Details beschrieben hat, schildert dabei auch das Schicksal des Burgherrn Josserand Sire de Brancion. Nach erfolgreicher Landung an der ägyptischen Küste verfing sich das französische Kreuzheer immer mehr zwischen den Flußarmen des Nildeltas, fortwährend angegriffen von den Muslimen. Die Ritter müssen – bei glühender Hitze in ihrem Metall! – Treffen auf Treffen durchstehen. Dabei fällt schließlich auch der Burgherr von Brancion mit zwölfen seiner zwanzig Ritter. Ihm, *uns des meilleurs chevaliers qui fust en l'ost*, der schon in 36 Schlachten und Treffen gekämpft habe und die ritterlichen Ideale seiner Zeit verkörperte, widmet Joinville einen bewegenden Nachruf.

Zwölf seiner zwanzig Ritter gefallen! Man mag sich vor Augen führen, was das in diesen kleinen Landschaftsräumen unmittelbar für Folgen hatte. Liest man im Kunstführer über das genannte Lancharre mit seiner Kirchenruine zwischen Bauernhäusern auf Sichtweite von Brancion: «Kanonissenstift gegründet von den Herren von Brancion für ihre unverheirateten Töchter und für die Witwen ihrer Vasallen», dann begreift man jetzt vielleicht besser, wofür das notwendig war. Oder noch deutlicher anhand einer drastischen Szene von diesem selben Kreuzzug (wieder Joinville mit einem anderen, aber vergleichbaren Fall):

> «An jenem Tag wurde Herr Hug von Landricourt, der mit mir das Banner getragen hatte, in die Erde gesenkt. Wie er nun in meiner Kapelle auf der Bahre lag, waren da sechs meiner Ritter, die sich auf volle Gerstensäcke stützten und laut redeten, so geräuschvoll, daß sie den Priester bei der Messe störten. Ich ging zu ihnen und sagte, sie sollten still sein; das sei doch ein ungehöriges Benehmen von Rittern und Edelleuten, zu reden, während man die Messe singe. Da fingen sie laut zu lachen an und sagten unter Gelächter, sie würden Herrn Hugs Frau schon wieder unter die Haube bringen. Ich warf ihnen vor, daß solche Worte wirklich nicht gut und nicht schön seien, sie hätten ihren Mitstreiter allzu schnell vergessen. Gott aber strafte sie am schon am nächsten Tag dafür in der großen Schlacht am Fastnachtsdienstag. Da sind sie alle gefallen oder tödlich verwundet worden, und nun müssen ihre eigenen Frauen alle sechs wieder unter die Haube gebracht werden (*par quoy il convint leurs femmes remarier toutes six*)».

Und was, wenn es nicht gelingt, diese Frauen alle sechs wieder unter die Haube zu bringen? Dann kommen sie eben nach Lancharre, in das kleine bescheidene Lancharre am Walde von Chapaize mit dem Blick auf Brancion und seine Kirche, wo der Burgherr liegt, mit dem ihre Männer, die Ritter, ausgezogen waren nach Ägypten und nicht wiedergekehrt.

Das ist es, was der Historiker zu dieser kleinen Landschaft zu sagen hätte, zu diesem Ensemble von Burg und Stift und Landschaft.

II

Paßlandschaften und Paßverkehr im Alpenraum. Ein Überblick über die verfügbaren historischen Quellen

Sich auf historischen Straßen durch historische Landschaft zu bewegen erfordert historische Informationen, die wir uns aus historischen Quellen erwarten. Aber aus welchen Quellen? Gibt es im Mittelalter, das den Historiker zunächst noch nicht mit einem breitgefächerten Quellenbestand verwöhnt, überhaupt Quellengattungen, die zu Paßlandschaften und Alpenpaßverkehr nicht nur beiläufig mal eine Episode hergeben, sondern *spezifische* Aussagen machen? Der beliebte Kunstgriff, die von den Quellen gebotenen Einzelinformationen zusammenzuziehen zu einer fiktiven Reise und daran entlang dann die typischen Reisevorkommnisse zu erzählen, sei hier einmal umgekehrt: die verfügbaren Aussagen werden zergliedert nach den Quellengattungen, von denen sie geliefert werden. Solch methodisches Vorgehen ist zwar weniger kurzweilig, dafür aber ergiebig: ist nachvollziehbar, übertragbar, selbst anwendbar. So läßt sich für den Alpenpaßverkehr zwischen Antike und Spätmittelalter eine Typologie straßenbezogener Quellengattungen aufstellen, läßt sich beurteilen, für welche Fragen wir uns an welche Quellen zu wenden haben; läßt sich aus Landschaft historische Landschaft machen.

Winterliche Landschaft tritt vor unsere Augen mit der Frage, ob der Verkehr über die Pässe im Winter zum Erliegen kam (weniger als es schien, weiß man inzwischen: aber wo wären Aussagen darüber zu suchen?). Oder die wichtige Frage: haben Durchgangsverkehr und alpine Landwirtschaft miteinander zu tun? (Produzieren bäuerliche

Gemeinden, und zumal in solchen Hochregionen, historische Quellen? Und da sie es gewiß nicht für uns Historiker tun: aus welchem Anlaß dann und zu welchem Zweck?). Läßt sich der Einzugsbereich eines Passes, sozusagen der Trichter seiner Sogwirkung, in seiner Länge und Breite bestimmen? Und mit welchen Quellen? Werden auch die Schwierigkeiten des Landschaftsreliefs ausdrücklich angesprochen? Wie stark wurde der Konkurrenzdruck zwischen den Pässen empfunden, und was war man zu tun bereit, um den eigenen Paß attraktiver zu machen?

Diese und weitere Fragen werden im folgenden jeweils unter der dafür ergiebigsten Quellengattung behandelt. Dabei wird sich wieder zeigen, wie sehr sich normative und nichtnormative Quellen in ihrer Aussage voneinander unterscheiden. Normative Quellen wissen und sagen, was die Norm ist, wie es also sein *sollte*, und wir nehmen das dann gern beim Worte in dem Glauben, daß die Wirklichkeit der Norm entsprochen habe und nicht sein kann, was nicht sein darf. Daß es aber auch ganz anders kommen konnte, sagen Quellen, die von Anfang an nicht eine Norm fixieren, sondern bloß einen Alltagsausschnitt mit seinen Zufälligkeiten registrieren (also z. B. Transport-Abrechnungen und nicht Transport-Statuten), sozusagen nur Momentaufnahmen machen. Aber eben darum haben sie auch eine viel geringere Überlieferungs-Chance als normative Quellen, stehen uns weniger zur Verfügung.

Hier gehe es nicht um eine Sichtung der Quellen in der strengen Systematik einer klassischen Quellenkunde, sondern um bloßes Sortieren nach dem praktischen Aussagewert, etwa: Erstens, Quellen produziert aus der Perspektive (oder gar von der Hand) der Reisenden selbst, sozusagen *längs* zur Verkehrsrichtung, wie Reiseberichte, Ausgabennachweise, Itinerare usw., die in diesem Aufriß einordnend genannt, aber nicht eingehend behandelt seien, um über diese – so oft im Vordergrund stehende, ganze Anthologien füllende – Textgattung hinauszukommen zu weniger beachteten, weniger gefälligen Quellen. Dann, zweitens, eine Gruppe von Quellen hervorgegangen aus straßenbezogenen Einrichtungen, die, ohne sich selbst zu bewegen, den Verkehr vom Straßenrand her beobachten, sozusagen *quer* zur Verkehrsrichtung blicken, also Zollstellen, Paßhospize, Pilgerspitäler mit ihrer Buchführung: diese Rechnungsquellen seien hier näher beachtet.

Endlich, drittens, die aus den Verkehrsregalien herrührende obrigkeitliche Kontrolle und Fürsorge mit ihren Quellen (Privilegien, amtliche Korrespondenzen, Gerichtsakten, Geleitsregister, Einnahmebücher, Transportordnungen, Straßenbauverträge usw.), die den Verkehrsfluß sozusagen von oben beobachten: kontrollierend, regulierend, abschöpfend, und um den Zustand der Straße besorgt. Denn immerhin ist die Straße, ist ein leidlich intakter Straßenkörper ja Voraussetzung für alles Weitere, und das soll auch in unserer Auswahl beachtet werden: Straßenbau beobachtet in den Schriftquellen und am Straßenkörper selbst. Hinzuzunehmen wären auch bildliche und kartographische Quellen, straßenbezogene Bauten, der archäologische Befund im Gelände. Insgesamt wird man sagen können, daß sich im Alpenraum die Probleme von Straße und Verkehr besonders gut beobachten lassen, weil die extremen Bedingungen des Gebirges diese Probleme zuspitzen, ins Große projizieren, so daß sich Schwierigkeiten, Vorkehrungen, Investitionen leichter erkennen lassen. Im Fels kann die Straße den natürlichen Hindernissen nicht ausweichen wie in der Ebene, sondern muß sie überwinden. Das kostet, und alles was kostet, wird eher überliefert als das, was nichts kostet.

1. QUELLEN AUS DER PERSPEKTIVE DER REISENDEN. Vor allem Reiseberichte gelten, weil aus der Perspektive des Reisenden gesehen, als die unmittelbarste Aussage zum Thema, und enttäuschen die darein gesetzte Erwartung doch oft. Soweit sie wirklich durchgeführte, nicht fiktive Reisen betreffen, werden sie ein eigenständiges Genus erst spät, und oft sind sie literarisch überformt. Wenn dann mancher Autor momenthaft Erlebtes, Episodenhaftes («Wie ich vor dem Abgrund lieber die Augen zumachte»; «wie das Saumtier sich ein Bein brach») für nicht darstellungswürdig hält oder den Ehrgeiz hat, statt individueller Erfahrung eher generelle Information, sozusagen Zuständliches, Landeskundliches zu bieten, bleiben endlich banale Aussagen wie: «Dann kamen wir in eine Gegend, die teils gebirgig teils eben ist, und deren Einwohner friedlich sind, wenn man sie nicht reizt». Wenn ein Kaufmann bemerkt, er gehe lieber über den Gotthard

zweimal als über den Splügen einmal, dann sagt das mehr aus als mancher öde Bericht, und gebe er sich literarisch noch so anspruchsvoll.

Daß sich die Bedingungen einer Alpenüberquerung zwischen Antike und Mittelalter geändert hatten, stelle man sich zunächst einmal vor Augen: Was es nämlich bedeutet, auf gut ausgebauter, mit Meilensteinen und Benefiziarier- (also Polizei- und Wartungs-) Stationen versehener römischer Straße die Alpen zu überqueren, in den Händen ein *Itinerarium*, verbal oder sogar *pictum*, gemalt, als Routenkarte, die schon von fern die weiteren Anschlüsse jenseits des Po anzeigte, und das alles in einem weiten Raum gleichen Rechts und gleicher Sprache – und was es dann bedeutet, im Mittelalter, *wieder* das große Fernziel Rom vor Augen und doch in geschrumpften Horizonten, auf wenig gewarteter Straße durch das in kleinere Räume unterschiedlicher Herrschaft zerfallene Land zu ziehen. Man könnte noch stärker reduzieren auf das Elementarste und für die Alpenübergänge sagen: in der Antike, und in der Neuzeit, wenige, gut ausgebaute Übergänge; im Mittelalter, und in vorrömischer Zeit, hingegen viele, kaum ausgebaute, teilweise hoch hinaufführende Übergänge, die in der Neuzeit gar nicht alle eine Fahrstraße bekommen werden, auch wenn sie im Mittelalter so wichtig waren wie der Septimer.

Am beredtesten sind persönliche Beschreibungen von Alpenübergängen, wo sie Extremsituationen schildern: die unfreiwillige Alpentraversierung im Winter. Etwa die Überquerung des Großen St. Bernhard durch den Bischof von Lüttich und den Abt von St. Trond auf ihrem Rückweg von Rom im Januar (!) des Jahres 1129, unter den frühen Berichten gewiß der anschaulichste und präziseste: mit Details über die Anordnung des Zuges (die Pferde gehen hinter den Pilgern aber vor den Herrschaften, damit diese einen breiter getretenen Pfad vorfinden); über die Ausrüstung der Führer, der die winterliche Überquerung professionell betreibenden *marrones* (Sondierstäbe zum Ertasten des Weges unter dem hohen Schnee, *ad palpandam sub alta nive viam*, Eisenspitzen unter den Sohlen); über Lawinenniedergänge und Lawinenopfer, mit Lokalisierung der gefährlichsten Stelle (gleich oberhalb von St.-Rhémy: die moderne Straße ist hier denn auch auf die andere Talseite hinübergewechselt). Oder der unfreiwillige Alpenübergang Heinrichs IV. Der König konnte sich die Jahreszeit nicht aussuchen, konnte nicht sagen: nach Canossa gehe ich erst, wenn der Schnee weg ist. Er muß sofort los, bevor Papst und Fürstenopposition zueinanderfinden und sich der Tag seiner Bannung jährt, er muß mitten im Winter 1076/77 über den Mont-Cenis. Für Lampert von Hersfeld (*Annales*, ad 1077) eine willkommene Gelegenheit, den verhaßten König *manibus et pedibus reptando*, auf allen Vieren, die Alpen hinunterkriechen zu lassen vor die Füße Gregors VII. Der Autor war selbst nicht Augenzeuge, aber er gibt Details, die man sich in Flachland und Mittelgebirge schwerlich ausdenken könnte, etwa wie man im Hochgebirge Pferde verschneite Steilhänge hinunterbringt (das wußten meine Berner Studenten aus ihrem Militärdienst übrigens besser als gelehrte Kommentatoren).

Reiseberichte dramatisieren, beschreiben in aller Regel nur die erste (und oft einzige) Alpenüberquerung des Autors mit ihren ungewohnten Schrecken. Hingegen haben Waren vor Abgründen keine Empfindungen, und so wird man nur aus den anderen Quellengattungen wie Zollregistern, Warenbegleitbüchern usw. den *Alltag* des Alpenpaßverkehrs erfahren – auch ersehen, daß winterlicher Paßverkehr im Mittelalter so selten gar nicht war, zumal die Bergbauern und ihre Tiere, anders als im Sommer, nun für den Transportdienst abkömmlicher waren, die Straßen nun weniger holprig, und die nun verwendeten Schlitten womöglich von größerer Transportkapazität als die Wagen.

Man achte in Reiseberichten auf jedes Detail, das zu erkennen geben könnte, ob ein Paßweg ganz oder wenigstens streckenweise mit Wagen befahrbar oder nur von Saumtieren begehbar war. Lohnend sind die Reiseberichte von der Gotthard-Route (der englische Geistliche Adam von Usk 1402, der kastilische Adelige Pedro Tafur 1438, der Sieneser Humanist Agostino Patrizi 1471 u. a.), sie alle voll des Schreckens nicht über die Paßhöhe selbst, sondern über die Passage der Schöllenen mit ihren Stegen, Felswänden, stiebenden Wassern. Man kann diesen Abschnitt an der oberen Reuß auch ganz anders beschreiben, Goethe am Gotthard: die Farbe und Beschaffenheit des Gesteins, der Tagelohn holzschleppender Frauen in der Schöllenen, segelnde Raben und ziehende Nebel über der Teufelsbrücke, Käseschlitten und Melkgeräte und Überdüngung der Wiesen, die Wirtsleute in Altdorf und Wassen und Andermatt, Räumungsarbeiten auf der Paßstraße, und jede Brücke einzeln, womöglich mit ihrer Bauinschrift, ihrer Steinfarbe, dem schadhaften Holz. «Reise als Halbroman zu schreiben».

Zu den Quellen, die aus der Hand des Reisenden stammen und den Reiseablauf unmittelbar abbilden, gehört auch die Aufstellung von Reiseausgaben. Überliefert sind solche unscheinbaren Texte vor allem, wenn es sich um Reisen im öffentlichen Auftrag und somit um offizielle Spesenbelege handelt, die zu vergüten waren. Oder wenn sie in die professionelle Buchführung eines Kaufmanns gerieten, der die Transportkosten seiner Waren dokumentierte: wie Waren über die Alpen reisten, läßt sich z. B. für die Große Ravensburger Handelsgesellschaft Station um Station, Ausgabe um Ausgabe verfolgen, schließlich ging das ja alles in die Preisbildung ein. So sehen wir die Gesandten von Solothurn (oder von Köln oder von Lüneburg) über die Alpen nach Rom ziehen, und im Notieren ihrer Ausgaben wird noch das Bahnen des Weges auf dem verschneiten Gotthard mit 5 rheinischen Gulden zu Buche schlagen. In den Berner «Reiskostenrödeln» aus der Zeit der Mailänderkriege 1511–1515 sind für die einzelnen Feldzüge die genommenen Paßrouten, die erreichten Rast-Orte, die Benutzung von Wasserwegen aufs sorgfältigste verzeichnet.

Daß eine längere Steigung einsetzt, wird der gewöhnliche Reisebericht selten anmerken, weil der Gebirgsweg eben aus Steigung besteht; im Ausgabenbuch eines Transports hingegen erkennen wir das sofort, denn es kostet etwas, nämlich den Anspann zusätzlicher Pferde.

Unerwartet locker geht es in der Reisedokumentation zweier italienischer Gesandter über ihre Reise nach Innsbruck 1428 zu. Zwischen den üblichen Ausgabeposten wie Unterkunft, Verzehr, Pferdebeschlagen erscheinen farbigere Positionen wie das Schlafen mit einer Magd (4 Schilling) und die Bewertung einer Wirtin: der Übergang vom dürren Spesen-Itinerar zum privaten Erinnerungs-Itinerar, zum Reisetagebuch kann eben fließend sein. Ein (persönliches, nicht offizielles) Reisetagebuch sind auch die Aufzeichnungen von Paolo Santonino, der im Dienste des Patriarchen von Aquileia 1485–87 einen Bischof auf einer Visitationsreise durch Kärnten und Steiermark begleitete. Da wird jedes Gasthaus notiert mitsamt dem Wirt, die Qualität des Essens (*schirattus in moreto*, Eichhörnchen in Kräutersoße!), aber auch die Beschaffenheit der Straße; da heißt es von einem Gebirgsweg: *sustinetur plerisque in locis ligneis palis proximis arboribus innixis*, er werde an mehreren Stellen von Holzpfählen getragen, die auf den nächststehenden Bäumen aufruhen!

Um den folgenden Ausführungen nun eine Grundlage und eine Richtung zu geben, sei zunächst auf eine Quellengattung zurückgegriffen, die – nicht vom Reisenden geschrieben wie die bisherigen Texte, aber zu seiner praktischen Verwendung bestimmt – den Reiseweg geradezu im Namen trägt: das Itinerar oder Routenverzeichnis. Im Unterschied zu den antiken Itineraren (*Tabula Peutingeriana* als Karte, *Itinerarium Antonini* als Verzeichnis), die das Straßennetz des gesamten Römischen Reiches unter Angabe von Orten und Distanzen erfaßten, galten mittelalterliche Itinerare in der Regel nur *einem* Ziel – vor allem Rom oder Jerusalem – und basierten überwiegend auf der Reiseerfahrung einzelner Reisender, die so (und das war auch die Absicht der meisten Pilgerreiseberichte) praktische Hinweise geben wollten: aus ‹ich ging› wird so ‹man geht›.

Unter den zahlreichen, vielfach behandelten Texten hebt sich ein Itinerar durch seine originelle Anordnung heraus. Das in die Chronik des Abtes Albert von Stade (um 1250) eingefügte Itinerar der Rom-Wege von der Nordsee nach Italien gibt sich nämlich, schön didaktisch, als Dialog zwischen *Tirri* und *Firri* (Dietrich und Friedrich), die sich darüber in Frage und Auskunft, mit Sonderwünschen und Alternativvorschlägen, unterhalten wie in einem Reisebüro. Firri wünscht sich etwa, den Weg über die Maurienne, das Tal in den Westalpen zu nehmen, um den dort verwahrten Finger Johannes' des Täufers zu sehen; dann mußt Du, sagt Tirri, über den Mont-Cenis gehen, das sei allerdings die längere Route, und nennt ihm alle Reisestationen. Die für den Rückweg gebotene *optio viarum* nennt neben Brenner und Großem St. Bernhard erstmals den Gotthard mit dem Urserental: *per Elvelinum montem quem Longobardi vocant Ursare*. Was Tirri da beiläufig als alternativen Alpenübergang anbietet, ist für die Straßenforschung ein historisches Datum, die Öffnung des Gotthard-Passes im 2. Viertel des 13. Jahrhunderts, und wird für die

Verkehrssituation zwischen Nord und Süd weitreichende Folgen haben.

Von den Alpen herabsteigend, kam man in Oberitalien in andere Straßenverhältnisse. Die *via publica*, aus den italienischen Quellen praktisch verschwunden mit dem Ende des karolingischen Reiches (das in der *Admonitio* Ludwigs des Frommen von 823–825 und dem *Capitulare Missorum* Lothars von 832 die Fürsorge für die Straße noch eingeschärft hatte), wird von den erstarkenden Kommunen im 12. Jahrhundert wieder als politisches Mittel zur Beherrschung von Raum «entdeckt» (Th. Szabò). Sie waren es, die nun die öffentliche Gewalt über die Straße beanspruchten: eigentlich war das ein Hoheitsrecht des Reiches (und wurde darum im Regalienkatalog von Roncaglia 1158 ausdrücklich aufgeführt). Aber die Kommunen investierten auch darein. Auf einen Reisenden aus dem Norden wirkte Oberitalien wie eine reine Städtelandschaft, und so war es nur natürlich, daß es hier die Städte waren, die seit dem 12. Jahrhundert zunehmend das Straßenwesen ihres Territoriums, von Grenze zu Grenze, in die Hand nahmen, regulierten, vermaßen, ausbauten.

2. QUELLEN AUS STRASSENBEZOGENEN EINRICHTUNGEN. Eine nächste Gruppe von Quellen, die aus straßenbezogenen Einrichtungen – Pilgerspitäler, Gasthäuser, Zollstellen – hervorgegangen sind, beobachten den Verkehrsstrom über die Alpen sozusagen stationär, vom Straßenrand aus (also *quer* zur Verkehrsrichtung blickend und nicht längs wie die Perspektive der Reisenden) und geben bisweilen Aufschluß auch über die Verkehrsfrequenz.

Daß solche Haushaltsquellen, Rechnungsbücher, Inventare anders als erzählende Quellen zu behandeln und zu befragen sind, ist für den Historiker eine banale Einsicht. Aber man mache sich doch noch einmal bewußt, daß diese Quellengattungen noch weniger als andere dazu geschrieben sind, auf *unsere* Fragen zu antworten. Wenn wir beispielsweise aus der wechselnden Menge der Münzen im Opferstock eines Paßhospizes auf das jahreszeitlich bedingte An- und Abschwellen des Verkehrs schließen wollen, oder aus den Angaben über die Mengen von Bettlaken auf den durchschnittlichen Pilger-Durchzug, dann geht das auf *unser* Risiko. Denn die Quelle will nicht

Dritten (und schon gar nicht uns) Zusammenhänge mitteilen, sie will im Grunde überhaupt nichts «mitteilen», sondern in stiller Zwiesprache mit einem kontrollberechtigten Vorgesetzten, der mit den Geschäften des Hospizes im wesentlichen vertraut ist, nur die allernotwendigsten Erläuterungen für die nächste Rechnungslegung geben (will also nur sagen: aus 3 zerrissenen Bettlaken wurden 2 heile gemacht, wundere Dich also nicht, daß nicht mehr alle da sind).

Und doch läßt sich aus solchen Quellen viel für unsere Zwecke herausholen, etwa aus den Rechnungsbüchern des Hospizes auf dem Großen St. Bernhard. Und sogar aus den Inventaren, wenn man sie nicht als dürre Auflistung liest, sondern – weil nach Räumen geordnet – als Gang durch das Gebäude, wobei wir nur die für den Paßverkehr interessierenden Räume betreten wollen.

Werfen wir vor allem einen Blick in die *stupha*, die heizbare «Stube», denn sie ist für die Reisenden hier oben lebenswichtig zu jeder Jahreszeit (dieser Paß hat mit 2469 m Höhe eine Jahresdurchschnittstemperatur von minus 1,5°!). Wir kennen die Inneneinrichtung in jedem Detail, vom großen Nußbaumtisch bis zum Hängeleuchter, notieren für unsere Zwecke aber nur, daß die Anschaffung von 4 Dutzend neuer Stühle (*pro emptione IIIIor duodenarum postium pro stupha*) über den Eigenbedarf – 15 Geistliche und einiges Personal – weit hinausgeht. Das gilt auch für die Zusammensetzung des Geschirrs (60 Näpfe aus Holz), doch weist vor allem der Vorrat an Bettzeug auf Gastungsbetrieb: 1447 zählte man insgesamt 58 Matratzen, 81 Decken, 107 Kissen, 111 Betttücher, ein großer Teil davon völlig zerschlissen: *nullius valoris, bene pravas* (also «bien dépravés», auch sonst scheint durch das dürftige Latein das Französisch des Schreibers). Im Dormitorium dürfte es entsprechend wüst ausgesehen haben. In der Kirche ist ein liturgischer Stoff gestiftet von Kaufleuten, weil sie diesen Paß offensichtlich häufiger benutzten (und das Tuch mit ihrer *marcha* kennzeichneten). Der Opferstock ergibt bei seiner regelmäßigen Leerung (*recepi de pecuniis trunchi*) tatsächlich – doch wohl der Verkehrsfrequenz entsprechend – im Winter wenig und im Sommer viel. Doch ist die Berechnungsbasis zu dünn und nicht zu vergleichen etwa mit der Möglichkeit, aus den Opfergaben für den Hauptaltar von St. Peter in Rom die jahreszeitlichen Schwankungen des Pilgerzustroms im Heiligen Jahr 1390 zu errechnen.

Aus der Haushaltsführung des Hospizes sind für die Jahre 1397 bis 1477 immerhin rund ein Dutzend Jahres- und Teilrechnungen erhalten, die guten Einblick in die Verhältnisse des Hospizes, aber auch in seine (hier allein interessierende) Verkehrssituation geben – und das sei doch hervorgehoben, da wir Paßverkehr in der Regel nicht auf der Paßhöhe zu fassen kriegen, sondern an Quellen nur weiter unten kommen, beim ersten Marktort oder der ersten Zollstelle. Freilich war dieses Hospiz ein Großbetrieb, sind andere Paßhospize – in Baulichkeiten, Ausstattung, Dienstleistung, Archivalien – damit nicht entfernt zu vergleichen.

Schon die Versorgung des Hospizes – auch sie sichtlich einem Gastbetrieb und nicht bloßem Eigenbedarf dienend – läßt einen weiten Verkehrsradius erkennen: Thunfisch aus dem Süden, Hering aus dem Norden, Schlachtvieh aus der Bresse, Gewürze über Genf. Die Durchreisenden lassen sich mit Namen erkennen, wenn sie ranghoch genug waren, daß sie das Hospiz zusätzlichen Aufwand kosteten: der Bischof von Genf schlägt mit 4 Perlhühnern zu Buch, der Herzog von Savoyen (und das war schließlich der Landesherr) 1447 mit 3 Dutzend noch rasch hinzugekauften Trinkgläsern sowie ein wenig Weihrauch zum Durchduften der Räume, *aliquantulum pro spargendo in cameris quum supervenerunt domini*, «ein wenig [Weihrauch] zum Verstreuen in den Zimmern, als die Herrschaften kamen».

Den namen*losen* Reisenden hingegen wird nichts gestreut, was sie zu identifizieren erlaubte: von ihnen erfahren wir, außer aus den zuvor verwerteten Mengen-Daten, eher aus einem einsilbigen Auszahlungsbeleg *pro curando les cherners dicte domus Montis Jovis*, «um die Leichenkammer des Hospizes zu entsorgen, und um eine Grube zu graben, in der eine große Menge Toter begraben wurde, die aus dieser Leichenkammer herausgeholt wurden», *et pro faciendo foveam in qua sepulti fuerunt magna quantitas mortuorum qui fuerunt extracti a dictis cherners*. Nichts könnte die Gefahren der Alpenüberquerung so drastisch und doch nüchtern aussprechen wie dieser beiläufige Zahlungseintrag, der fällig wurde, wenn im Hochsommer endlich der sonst gefrorene Boden aufzugraben war und alle erfrorenen Reisenden, deren

Körper man in der Leichenkammer klirrend aufgestapelt hatte, endlich alle zugleich unter die Erde gebracht werden konnten.

Überhaupt kann die Buchführung von Pilgerspitälern Aufschluß geben über Durchzug und Frequenz. Man muß sich nur auch hier bewußt halten, daß sie keine statistischen Zwecke hatte, und vor ihrer Auswertung erst einmal feststellen, was sie denn eigentlich dokumentieren *wollte*, und entsprechend: was sie dokumentieren *kann*. Dazu ein Beispiel am Weg über die Alpen nach Rom. Im Spital von Lausanne lassen die *recepta obventionum* und die *expense extraordinarie*, die Einnahmen und Ausgaben erkennen, daß in den Heiligen Jahren 1400 und 1450 eine außergewöhnlich hohe Zahl von Rompilgern des Weges kam, hier sicherlich über den Großen St. Bernhard. Etwa 1450: *fuit defunctus quidam Scotus romipeta* («ist verstorben ein Schotte, der nach Rom ging»); *fuit pauper romipeta de Yslandia sepultus veniendo Roma* («ist begraben ein armer Rompilger aus Island, der von Rom kam»). Also auch Schotten und Isländer auf monatelangem Romweg. In diesem Jahr 1450 (in Lausanne ein Pestjahr) sind von 10 im Spital verstorbenen Pilgern 9 ausdrücklich Rompilger!

Natürlich müssen wir unsere Vorstellungen vom Betrieb von Paßhospizen redimensionieren und dürfen den Fall des Großen St. Bernhard nicht verallgemeinern. Im Unterschied zu diesem imposanten Hospiz war etwa das Hospiz auf dem Septimer, wie das zugehörige Urbar von 1390 erkennen läßt, ein eher dürftiges Unternehmen ohne regelrechten Gastbetrieb (Aufnahme nur bei Unwetter), ohne eigene Säumerei oder Umspannbetrieb. Und dementsprechend armselig sind die aufgedeckten baulichen Reste auf der doch immerhin vielbegangenen Paßhöhe. Die Stelle des Gebeindepots ist noch heute kenntlich.

Neben den straßenbegleitenden karitativen Einrichtungen die kommerziellen: die Gasthäuser. Hier kreuzten sich die Informationen über Nah und Fern, wurden gemeinsame Kriegserlebnisse aus italienischen Feldzügen nachgeschmeckt, Bestechungsgelder («Pensionen») für Anwerbungskonzessionen über den Tisch geschoben; erkundigten sich Kriegswillige nach der nächsten Soldkampagne, nach dem vereinbarten Treffpunkt am Übergang über die Alpen – so wie gewiß gerade in den Gasthäusern Reisende sich Informationen über ihre nächste Wegstrecke beschafft haben. Eine Vorstellung von Raumaufteilung und Ausstattung eines größeren Gasthauses im spätmittelalterlichen Oberitalien gibt eine Zeichnung Albrecht Dürers (wohl von seiner zweiten Italienreise 1505/06), die die Anordnung der Räume auf einem Stockwerk (*stub, kamer, kuchen, spiskamer, scheishaus*), ja die Anordnung des Mobiliars (*tisch, pett,* dazu *ofen* mit rauchenden Schornsteinen) genau aufnimmt.

Aber auch hier gehe es wieder nur um die verfügbaren Quellen. Daß die Buchführung eines Gasthauses erhalten ist – wie in Thun, an den Paßrouten über die Berner Alpen, die beiden Rechnungsbücher eines Wirts und seines Gasthofes 1398–1415 – bleibt leider ein Einzelfall. Nur in Rom wissen wir über die Unterbringung sogar von Großgruppen einfach alles, weil Beherbergung und Bewirtung in eine vernünftige Registratur geriet wie die päpstliche: etwa weil ein Kaiser mit Gefolge auf Romzug Gast des Papstes war. So beim Besuch Friedrichs III. in Rom zum Jahreswechsel 1468/69 die Namen von 27 Hotels und ihrer Wirte, die Verteilung der untergebrachten 320 Menschen und 396 Pferde, die Kosten für Übernachtung und Weihnachtsessen und Pferdefutter, wobei sich regelrechte Hotelkategorien abbilden, vom billigen «Engel» bis zum teuren «Hl. Johannes» – oder von 1 Zwölftel bis 1 Viertel Goldgulden pro Mann mit Pferd täglich. Wäre der Kaiser auf eigene Rechnung in Rom untergekommen und nicht als Gast des Papstes, dessen Kammer jede Auszahlungsanordnung dokumentierte, wüßten wir von all dem nichts. Daß schon das früheste erhaltene italienisch-deutsche Sprachbuch, 1424 in Venedig von einem Nürnberger verfaßt, gerade dem Reisenden in allen Lebenslagen Hilfe bieten will, lag nahe, und so finden sich auch für Hotel und Restaurant die notwendigen Wörter und Konversationsbrocken, etwa: Wie heißt Bettlaken, Wanzen, Handtuch? Wie heißt Tor verriegeln, Fensterladen öffnen, oder gar: diese Soße gefällt uns nicht?

Aber zurück auf die Paßwege der Alpen, der Verkehr auf vorüberziehender Straße beobachtet nun einmal nicht von Pilgerspital oder Herberge, sondern vom Rathaus aus. Gelegenheit: die obligate Weinverehrung für Durchreisende von Rang; Quelle: das «Rechnungsbuch der ehrsamen Talleute von Urseren», ein unscheinbares Heft vom Talammann in Hospental persönlich geführt, die Weinkannen in seiner Gegenwart gereicht. So läßt sich sehen, wer daherkommt. Dort oben kurz vor dem Gotthard ging es damals, 1491–1501, ziemlich lebhaft zu. Denn seit die Eidgenossenschaft sich zunehmend in die oberitalienischen Kriege hineinziehen ließ, war der Paßweg belebt von Soldtruppen, die sowohl der französischen wie der mailändischen Seite zuzogen: *die von Ury*, oder *der hoptmann von Zug mit sinen gesellen*, oder der von Glarus, und viele weitere mit ihren Fähnlein auf dem Wege zum *küng* (dem französischen König Karl VIII. auf seinem Zug gegen Neapel 1494) oder zur Gegenseite, sie alle erhalten irgendwann da droben ihren Trunk (*X maß win, kost XX plappart*). Nach dem Friedensschluß springt die Marschrichtung auf der Paßhöhe um, strömen die Söldner über den spätherbstlichen Gotthard zurück. Dann wird es zeitweilig stiller, werden nur noch die Repräsentanten von Uri bewirtet, wenn sie zu hoheitlichen Geschäften hier heraufsteigen: zur Hinrichtung eines Verurteilten, oder zur Inspektion des schwierigen Wegstücks in der Schöllenen vor der Teufelsbrücke, wo schon einfache Straßenreparaturen einen guten Teil des bescheidenen Haushalts der Talleute aufzehren konnten. Aber wir haben einen lebhaften Einblick in das kärgliche Leben dieses Hochtals mit seinen Jahreszeiten.

Zu den wichtigsten straßenbezogenen Quellen gehören die Zollregister, denn sie geben eine Vorstellung vom Verkehrsfluß an einem bestimmten Kontrollpunkt. Hier sei nicht die hoheitsrechtliche Seite behandelt und nicht die historische Entwicklung des Zolls. Über beides ist viel gearbeitet worden: wie Zoll sich legitimierte, wie er sich bemaß, wie er sich entwickelte von Frühformen wie dem Zolltarif des Bischofs von Aosta (um 960) bis hin zu den gegliederten, Art und Erhebung des Zolls stärker differenzierenden Zollordnungen des späten Mittelalters und der frühen Neuzeit, die Einfuhr, Ausfuhr, Durchfuhr, Warenkategorien, Warenwert, Herkunft usw. erkennen lassen. Stattdessen sei wieder, ganz pragmatisch, nur von der Quellengattung die Rede: ihrer spezifischen Aussage zu unseren Fragen, und ihren spezifischen Interpretationsproblemen. Der Historiker erwartet sich gerade von Zollregistern viel unmittelbare Information: so als stünde er persönlich an der Straße und lasse sich die vorbeigeführten Warenballen vom Zollbeamten öffnen. Doch erweist sich gerade bei dieser Quelle, daß unsere Erwartungen und Fragen oft völlig an den – vor allem fiskalischen, nicht verkehrsstatistischen – Intentionen der Quelle vorbeigehen, und daß wir die Eigentümlichkeiten mittelalterlicher Zollerhebung in Rechnung stellen, buchstäblich in Rechnung stellen müssen.

Zolltarife sind aus dem Alpenraum in ansehnlicher Zahl überliefert, und es kann lehrreich sein, solche Tarife (von den Zoll*einnahmen* wird noch die Rede sein) an ein und derselben Paßstraße in ganzen Sequenzen hintereinanderzuschalten: etwa im Schweizer Raum an der Gotthard-Route, oder in Piemont an der Straße von Colle della Maddalena/Col de Larche nach Cuneo: Bersezio 1559, Vinadio 1559, Demonte 1422, Roccasparvera 1450. Oder in zeitlicher Abfolge an demselben Ort (z. B. Barge bei Saluzzo 1379 und 1429; Roccarvione bei Cuneo 1478 und 2. Hälfte 16. Jahrhundert) zu beobachten, wie sich das kennzeichnende Mischungsverhältnis von lokalen Produkten (Kastanien, Käse, Hanf usw.) und Transitware (genuesische Tuche, fernöstliche Gewürze) im Laufe der Zeit verändert und zunehmend Importware etwa aus Spanien und Flandern genannt wird. Darin schlagen sich die großen Trends nieder: die Umorientierung Europas vom Mittelmeer auf den Atlantik als Folge der großen Entdeckungen.

Während Zolltarife Normen setzen, registrieren täglich geführte Zollregister die täglichen Einnahmen und geben damit eine Vorstellung vom Durchgangsverkehr. Doch haben sie ihre Tücken: Zollfreier Import, wie er für bestimmte Kaufleute, bestimmte Abnehmer, bestimmte Waren, bestimmte Provenienzen eingeräumt werden konnte, wird da oft gar nicht erst eingetragen, weil er ja keine Einnahme bringt, und nur um die geht es der kontrollierenden Instanz. Oder es werden Zollzahlungen genannt, die nicht vom Warenwert ausgehen, sondern von zollpolitischen Erwägungen des Hoheitsträgers diktiert, also «gesetzte» Werte sind. Und selbst wenn der Zoll ausdrücklich 5% vom Warenwert nimmt, muß dieser Warenwert nicht der aktuelle Marktwert, sondern kann ein alter Tarifwert sein: ein Ballen St. Galler Leinwand gilt dann am Zoll eben jahrelang so viel, und ein Ballen Konstanzer Leinwand jahrelang so viel. Mit anderen

Worten: Verzerrungen, die auf den ersten Blick vielleicht gar nicht zu erkennen sind und nicht nur die Vollständigkeit des Bildes beeinträchtigen, sondern, schlimmer noch, die Proportionen: das Verhältnis von Warenwert der durchziehenden Güter aus dem Norden zu jenen aus dem Süden; das Verhältnis von Lokalverkehr (mit oft zollbegünstigter Deckung des Eigenbedarfs) und Ferntransit; und eben auch, wegen der unterschiedlichen Buchführung und Überlieferungslage der einzelnen Zollstätten: die Vergleichbarkeit der Durchgangsfrequenz all dieser Paßstraßen untereinander.

Aus langer Beschäftigung mit Zollregistern (vor allem den römischen des 15. Jahrhunderts mit ihren Tausenden von Einträgen pro Jahr) wird einem allmählich bewußt, wie vorsichtig man an diese Quellengattung herangehen muß, und wie sehr man fehlgehen kann, wenn man sie beim Worte nimmt, ohne die Zusammenhänge zu kennen. Um es mit einem Beispiel zu sagen: Warum in den römischen Zollregistern der Renaissance zwar billige deutsche Holzschnitte, aber keine teuren Florentiner Gemälde erscheinen, das kann man sich noch einigermaßen erklären (die Angehörigen des päpstlichen Hofes importierten zollfrei, das wurde nicht registriert). Aber warum in den Zollregistern von St-Rhémy hoch an der Südrampe des Großen St. Bernhard sämtliche 41 verzollten Pferde des Jahres 1423 zwischen dem 17. und dem 28. September den Paß überstiegen haben sollen, dafür findet sich schwer eine Erklärung.

Wenn man aber die methodischen Probleme bei der Auswertung von Zollregistern im Auge behält und diesen tückischen (weil oft gar nicht zutage liegenden) Verzerrungen gegensteuert, dann erweisen sich Zollregister immer noch als besonders ergiebig, ersehen wir aus Zollrechnungen der Maurienne, welche Händler aus welchem Einzugsgebiet welche Mengen welchen Viehs über den Mont-Cenis führten; ersehen aus dem Zoll von Bard an der St. Bernhard-Route, daß in Heiligen Jahren auf dem Weg nach Rom der Verkehrsstau schon oben auf den Alpenpässen beginnt: dieser Zoll, der im Jahresdurchschnitt 800 Reittiere registrierte, verzeichnet zwischen Ostern 1300 und Palmarum 1301 plötzlich das Zehnfache, 8673 Reitpferde, gewiß der Pilgerzustrom zum ersten Jubeljahr-Ablaß von 1300. Oder um einen in Methode und Ergebnis besonders überzeugenden Fall zu nennen: die von Fritz Glauser bearbeiteten Register des Luzerner Zentnerzolls, die den Transit in Luzern für die Jahre 1493–1503 und 1504/05 erfassen und uns ein lebensvolles Bild des spätmittelalterlichen Gotthard-Transits geben. Auffällig ist die Konzentration auf einige wenige Firmen. Der Warentransit über den Gotthard ist in der Hand von höchstens zehn Kaufleuten oder Spediteuren, damals mindestens ebenso viele Italiener wie Schweizer und Deutsche, die ihre Warentransporte – den Reis und die Tuche aus dem Süden, die Wollballen und den Räucherfisch aus dem Norden – meist persönlich begleiteten. Da tritt die Rolle einzelner Großspediteure hervor; die Größe der Saumtierkolonnen; die Verkehrsfrequenz in den Wintermonaten. Und da diese Quelle die nicht für Luzern bestimmten Güter registriert und somit einmal erlaubt, Lokalverkehr und Fernverkehr (die sich in ihrer Überlagerung ja meist nicht auseinanderdividieren lassen) zu unterscheiden, läßt sich aus dem hohen Anteil der Transitgüter auch die Bedeutung der Gotthard-Route für den Fernhandel ablesen, während die Bündner Pässe stärker auch die alpennahen Regionen bedienten. Allerdings ist das Gütervolumen des Gotthard-Transits noch geringer als erwartet: auf dem Gotthard war «durchschnittlich nicht einmal jede Woche ein fremder Spediteur mit seinen Gütern unterwegs».

Das Verkehrsaufkommen auch der anderen Paßstraßen zu kennen, wäre, um die Übergänge vergleichend gewichten zu können, für unser Thema von großer Bedeutung. Daß der Brenner den weitaus dichtesten Verkehr auf sich zog, daran ist kein Zweifel. Aber schon der Versuch einer Quantifizierung führte zu der Kontroverse zwischen Herbert Hassinger und Otto Stolz. Obwohl von denselben Quellen ausgehend (und mit Zollquellen wohlvertraut), kamen beide Gelehrte zu unterschiedlichen Ergebnissen. Stolz schätzte die Transportmenge auf dem Brenner um 1300 auf 20 000 Saum oder 3000 Tonnen im Jahresdurchschnitt, Hassinger auf 4000 Tonnen. Wie sie zu ihren Ergebnissen kamen, das zu vergleichen ist ein methodisches Lehrstück. Hier nur soviel: Man kann nicht die durchschnittliche Jahresbruttoeinnahme einer Zollstätte einfach durch einen mittleren Warenzollsatz dividieren und daraus die Durchfuhrmenge ermitteln. Man muß vielmehr eine Vorstellung von der *Zusammensetzung* der transportierten Güter haben und die verschiedenen Waren-Kategorien dementsprechend unterschiedlich gewichten: denn hinter ein und derselben Summe Zolleinnahmen kann viel niedrig verzolltes Gut (z. B. Agrarprodukte), oder wenig aber hoch verzolltes Luxusgut (z. B. Gewürze oder Seide aus dem Süden) stehen.

Was es denn für Güter waren, die über die Alpen nach Süden gingen und endlich sogar bis Rom kamen, zeigen die römischen Zollregister. Das sei doch hervorgehoben, weil bedeutende Wirtschaftshistoriker wie Bruno Kuske zwar Geldverkehr, nicht aber Warenhandel zwischen Köln und Rom, Aloys Schulte sogar zwischen ganz Deutschland und Rom Warenverkehr ausdrücklich nicht feststellen konnten. Die römischen Zollregister aber sprechen ausdrücklich von Produkten aus Köln oder von *merce di Norembergo* (oder auch unverständig *nore berga*), also dem berühmten «Nürnberger Tand» wie Messer, Rasierbedarf, Messingleuchter und anderen Metallfabrikaten. Was wir in den Versandlisten des Jörg Kress im frühen 16. Jahrhundert von Nürnberg über die Alpen nach Oberitalien spediert sehen, ging von dort also auch weiter nach Rom: die *messan ringlan* in Kress' *puchlin* wären in römischen Zollregistern dann als *anelli di ottone* angekommen, die *messan leuchtter* als *candelabri di ottone*, die *armbrust windan* als *molinelli da balestra*.

3. WEITERE QUELLEN AUS HOHEITSRECHTEN. Die aus dem königlichen Verfügungsrecht über die Straßen rührenden und vom König weiterverliehenen Regalien (eine Verkehrsgeschichte pur, ohne Kenntnis der politischen Machtverhältnisse längs der Straße, ist undenkbar) haben viele Quellen produziert: sowohl für die daraus fließenden Rechte (zu denen natürlich auch die Zollregister zu rechnen sind, wenn man die Quelle nicht nach anderen Gesichtspunkten sortiert wie hier geschehen) wie für die daraus fließenden Pflichten (daran erinnert der König die Fürsten noch 1235 im Mainzer Reichslandfrieden: Instandhaltung und Schutz der Verkehrswege). Hier seien vor allem Quellen vorgeführt, die uns erlauben, außer dem Verkehr auch einmal die Straße selbst in den Blick zu nehmen: die Straße nicht als rechtlichen Raum, sondern ihren materiellen Zustand und ihre Verletzlichkeit, wenn sie hoch droben zwischen Sturzwassern, Steinschlag und Schneewehen eine Paßlandschaft durchzieht. Die Straße in ihrer Landschaft.

Von der Straße selbst – dem Straßenkörper, seiner Zusammensetzung, seinem Zustand – erfahren wir, außer durch den direkten Untersuchungsbefund im Gelände, vor allem aus zwei Quellengattungen: dem Straßenbauvertrag, der mit dem Auftrag auch Vorgaben zu Straßenbreite, Pflasterung, Benutzbarkeit gibt (z. B. ob Wagenverkehr oder nur Saumverkehr vorgesehen); und dem Ausgabennachweis, der die an der Straße ausgeführten Arbeiten benennt. Dafür zwei Beispiele aus dem Alpenraum.

Beim Ausbau der Septimer-Route 1387 ging es, neben der allgemeinen Unterhaltspflicht der betroffenen Gemeinden bzw. des Landesherrn, vor allem darum, dem geäußerten Interesse mailändischer Kaufleute entgegenzukommen und so die Konkurrenzfähigkeit des Septimer gegenüber dem Gotthard zu stärken. Damals verpflichtete sich ein Jakob von Castelmur gegenüber dem Bischof von Chur, *das er ainen weg und lantstraß über den vorgenanten berg von Tinzen untz gen Plurs* [Tinizong im Oberhalbstein bis Plurs im Bergell] *machen wil und buwen sol, also das man mit wägen wol darüber gefaren und gewandeln mug.* Interessant genug ist schon die Einschaltung eines Unternehmers. Der ausdrückliche Vermerk über die Befahrbarkeit ist ein wichtiges, seltenes Detail, sogar die Kapazität der Wagen ist in den Vertrag gesetzt (36 *rub*/rubbia Wagenlast, wohl eine Vorgabe der mailändischen Kaufleute). Der Unternehmer sollte für diese Arbeiten für vorerst 10 Jahre eine *weglösi* erheben dürfen, deren Tarife inseriert sind (z. B. von jedem englischen Wollsack 4 sol. mailändisch); dauernde Instandhaltung wurde, weil lästig und teuer, eigens eingeschärft. Man hat versucht, diesen Fahrweg im felsigen Südhang des Septimer zu identifizieren. Aber ob die Wagenspuren unten an der Südrampe – am *Säscel battü* – mit dem Projekt von 1387 in Verbindung zu bringen sind, bleibt unklar, und so darf man seine Zweifel haben, ob es damals überhaupt zum Abschluß der Arbeiten gekommen ist. Der Septimer wird jedenfalls, trotz seiner einstigen Bedeutung (jüngst entdeckte man hier sogar die Reste eines römischen Militärlagers), einer der wenigen Pässe sein, die im 19. Jahrhundert keine Fahrstraße erhielten. Beim Befragen, ob Fahrweg oder Saumweg, hätten wir womöglich auch bei deutschsprachigen Bergbauern aufpassen müssen, denn *reiten* muß nicht «reiten», *fahren* nicht «fahren» heißen: «*riten* hieß damals und heißt bei unserm Landvolke jetzt noch ‹in einem Wagen fahren›, während man *fahren* und *fahrt* damals für *equitare,* reiten gebrauchte» (Liebenau 1873).

Wo Interessen – und gegebenenfalls Schadenersatzansprüche – von Kaufleuten im Spiele waren, kann übrigens eine weitere Quelle Konkretes über die Gangbarkeit und Instandhaltung von Straßen aussagen: die Zeugenbefragung, die Anhörung sachkundiger Leute. Da erinnern sich 1429 sechs Männer bis auf 60 Jahre zurück an die durchschnittlich erforderlichen Kosten, um den Gotthardweg gangbar zu halten, die Brücken zu reparieren und die Lawinenniedergänge wegzuräumen: 12 Brücken habe die Gotthard-Straße allein in der Gemeinde Wassen, darunter seien 4, deren Neubau nicht unter 70 Gulden käme, und im Durchschnitt würde alle 7 Jahre ein solcher Neubau fällig: Erinnerung greiser Männer, die damit präzise auch auf das antworten, was *wir* wissen wollen – und das alles nur deshalb, weil ein Luzerner das Weggeld der sogenannten Fürleite nicht hatte zahlen wollen. Hätte er gezahlt, wüßten wir das alles nicht: Streit schafft, der Historiker weiß das zu schätzen, immer zusätzliche Überlieferung.

Aber zurück zum Straßenbau soweit vom Landesherrn angeordnet und womöglich von seiner Kammer abgerechnet, hier: die Kostenaufstellung über Instandhaltungsarbeiten an der großen Talstraße im Wallis. Eigentlich hatten Kaufleute, mit der Zahlung von Zoll und Geleit, Anspruch auf gangbare und sichere Straßen. Aber die Regalherren ließen diesen Bezug gern vergessen (jedenfalls hatten die Benutzer diesen Eindruck): warum sollten sie, die oft hochverschuldet waren und zu langfristigen Straßenbauprojekten meist gar keine Neigung hatten, die schönen Zoll- oder Geleitseinnahmen ganz in den Straßenbau stecken? So nötigten sie gegebenenfalls die Kaufleute, die auf brauchbare Straßen in besonderer Weise angewiesen waren, zur Zahlung einer weiteren Straßengebühr, nun allerdings gegen die bindende Zusage, daß diese zusätzlichen Einnahmen dann auch wirklich dem Straßenbau zugute kommen würden.

In diesem Fall handelt es sich um das *pedagium camini*, das die Kaufleute von Mailand (die im Alpenraum ja vieles anstießen) dem Grafen von Savoyen für den Unterhalt der Straße zwischen Martigny und Bex zahlten, wichtigem Teilstück der St. Bernhard- und Simplon-Route.

Von den darüber angelegten *rotuli* im Staatsarchiv Turin, für die Jahre 1285 bis 1350 erstmals von M. C. Daviso de Charvensod ausgewertet, interessiert für unsere Zwecke nur die Ausgabenseite, die nicht nur der savoyischen Kammer, sondern wohl auch den zahlenden Kaufleuten die korrekte Verausgabung des *pedagium* im Sinne des Erhebungszwecks nachweisen sollte.

Die Buchführung ist in ihren Angaben außergewöhnlich genau, nennt die Zahl der bei den Straßenarbeiten eingesetzten Arbeiter und Wagen und gibt, durch Spezifizierung der entlohnten Arbeit, in der Abfolge der Arbeitsgänge sozusagen einen Querschnitt durch den Straßenkörper: Steine, Sand, Reisigbündel werden herbeigeschafft und Erde *ad ponendum supra calciatas*, «um sie über die Kalkschicht/‹Chaussee› zu tun», Pfähle werden in den Boden gerammt, Straßengräben gezogen. Da die Rechnungslegung mehrere Jahrzehnte umfaßt, läßt sich der dauernde Kampf gegen die Naturgewalten verfolgen, an gefährdeten Stellen haben wir uns immer wieder Baustellen zu denken. Immer wieder muß die Straße, von der Rhône fortgespült, näher an den Berghang verlegt werden *quia caminum antiquum erat nimis prope Rhodanum,* «weil die alte Straße zu nahe an der Rhone war»; immer wieder mußten die Brücken erneuert werden, da sie von den aus den Seitentälern herabstürzenden Bergbächen regelmäßig fortgerissen wurden, der *pons des Buches* zwischen 1320 und 1329 nicht weniger als viermal (die in das großartige Trogtal herabkommenden Wasserfälle, die später so gern gemalt werden, sind hier nur in den Wasserbaurechnungen sichtbar); immer wieder mußten Arbeitskolonnen die von Bergsturz und Steinschlag unterbrochene, im Winter unter Schneeverwehungen geratene Straße freiräumen. Auch diese Räumungsarbeiten mußten, zu unserem Glück, den Kaufleuten nachgewiesen werden können, weil sie sonst Zahlungsnachlaß beanspruchen durften – und das ist es vermutlich, was diese Quelle gesprächiger macht als andere ihresgleichen.

4. QUELLEN AUS LANDESHERRLICHER ODER GENOSSENSCHAFTLICHER TRANSPORTORGANISATION: SAUM- UND RODORDNUNGEN. Nicht zu vergessen ist die Transportorganisation selbst: bedacht sein wollte, von Kaufmann oder Spediteur, das Um-

laden auf Saumtiere oder paßgängige Wagen, bedacht sein auch die Rückfracht, denn ebensowenig wie Schiffs-Konvois ließ man Saumtierkolonnen leer zurückkehren. Wie der Warentransport auf den Alpenstraßen organisiert war, dafür gibt es eine unschätzbare Quelle: die Saum- oder Rodordnungen, in denen die bäuerlichen Gemeinden paßnaher Alpentäler, aus dem Transitverkehr aktiv Nutzen ziehend, ihre Rechte und Pflichten regelten. In welchem Grade solche Ordnungen eher obrigkeitliche Verfügung (eines Landesherrn) oder genossenschaftliche Absprache (einer Talgemeinschaft) darstellen, ist eine interessante, zeitweilig heftig diskutierte Frage, die wir aber gemäß unserem Vorsatz, nur den praktischen Aussagewert von Quellengattungen in den Blick zu nehmen, hier einmal beiseitelassen dürfen.

Diese Transportgemeinschaften (italienisch *Porten*, deutsch *Roden* genannt) beförderten, mit den Saumtieren ihrer rodberechtigten Bergbauern, das ankommende Kaufmannsgut durch ihren Strecken- (nämlich Gemeinde-)Bereich bis zur nächsten Station (italienisch *sosta*, deutsch *Sust*), wo das Gut auf die Tiere der nächsten Rodgenossenschaft umgeladen wurde. Das wachsame Auge der Kaufleute, für die Zeit Geld war und ein durchnäßter Warenballen wertlos, sowie die tief in das bäuerliche Leben eingreifenden Organisationsfragen wirkten dahin, daß alles auf das genaueste geregelt wurde: denn Transport*recht* hieß auch Transport*pflicht*, Straßenunterhalts*pflicht*, Schadenersatz*pflicht*. Ob diese Dienstleistung dann für die Berggemeinden zeitweilig Existenzgrundlage wurde oder nur zusätzliche Einnahme an barem Geld, und inwieweit diese Bergbauern im Sommer überhaupt für solche Dienstleistung abkömmlich waren, ist strittig. Jedenfalls haben wir uns in diesem System den Gütertransport und das Leben der Berggemeinden stärker miteinander verzahnt zu denken als es die Vorstellung von «Gütertransit» vermuten lassen würde.

Das eigentliche Problem lag im Interessenkonflikt zwischen Säumer und Kaufmann. Es versteht sich, daß ein derart gestückeltes Beförderungssystem (auf Graubündens «Unterer Straße», nämlich der Splügen-Route, mußte nicht weniger als sechsmal umgeladen werden!) schwerlich im Sinne des Kaufmanns war, der darin auch das Verständnis des auf die Konkurrenzfähigkeit seiner Pässe bedachten Landesherrn fand und, als Alternative zur etappenweisen Rodfuhr, zunehmend die sogenannte Strackfuhr durchsetzte, die – gegen eine (nicht an die Herrschaft, aber an die Gemeinde zu zahlende) Straßenbenutzungsgebühr, die *fürleite* – das Kaufmannsgut durch einen einzigen einheimischen Säumer oder einen fremden Spediteur zügig an allen Susten vorbei führte. Genug: die Saum- oder Rodordnungen geben genauen Einblick in den Warenverkehr des Alpentransits, aber auch in das wirtschaftliche und soziale Mikroklima dieser Hochtäler. Auch dies eine Quellengattung, die uns kaum eine Antwort schuldig bleibt.

5. DER BEFUND IM GELÄNDE. Den oben aus detaillierten Rechnungsbelegen gewonnenen, konkreten Aufschlüssen über die Straße selbst seien einige Beobachtungen angeschlossen, die unmittelbar am Straßenkörper zu machen sind. Überhaupt wird man mit Schriftquellen allein historische Straßenforschung nicht machen können: Straßenforschung muß ins Gelände. Bei römischen Straßen mit ihrer markanten Trassierung ist das meist erfolgversprechender als bei mittelalterlichen Straßen. Da mittelalterliche Straßen in ebenem Gelände auf zahllose Spuren nebeneinander ausufern können (nach jedem Regenguß eine weitere Spur), haben die Alpen als Beobachtungsraum den Vorteil, daß die Streckenführung hier nicht ebenso frei ist, sondern – durch das schwierige Geländerelief – im eigentlichen Sinn enggeführt wird: im Fels lassen sich spezifisch mittelalterliche Techniken bei Abarbeitungen und Wagengeleisen noch am ehesten feststellen.

Hervorzuheben sind, für die historischen Verkehrswege nachantiker Zeit im Alpenraum, geländearchäologische Untersuchungen wie die von Armon Planta; vor allem aber, für die gesamte Zeitspanne von der Vorgeschichte bis ins 19. Jahrhundert, die umfangreichen Untersuchungen des Nationalfonds-Projekts «Inventar der historischen Verkehrswege der Schweiz» und des Nachfolgeunternehmens (seit 2003) «ViaStoria». Dabei hat man inzwischen auch die Spuren der Wagenräder vermessen, die sich im Laufe der Zeit in den felsigen Untergrund einschleifen, und aus deren Abstand und Abfolge die historische Straßenforschung, immer schon, datierende Aufschlüsse zu gewinnen hoffte. Denn der ganz unterschiedliche Radabstand und die Abfolge der – bei unbrauchbar gewordener Spur ein wenig talwärts verlegten – Geleise (an Ausweichstellen, etwa beim Julierpaß, finden sich bis zu 12 Generationen Geleise verschiedener Spurweiten von der Antike bis zur Neuzeit) boten sich als Indizien für eine Datierung der Trasse an. Doch sind die Ergebnisse nicht eindeutig, und daß Spurweiten normiert worden wären, ist in mittelalterlichen Schriftquellen nicht belegt.

Auch Versuche, Datierungskriterien für geschichtete Trockenmauern an hang- oder talseitiger Straßenböschung zu gewinnen, sind nicht einhellig akzeptiert worden. Ein Datierungskriterium wird auch in Durchmesser und Gestalt von Bohrlöchern für Sprengarbeiten gesehen; und für die Neuzeit mag das so sein. Doch sei ausdrücklich daran erinnert, daß Sprengen mit Schießpulver zur Verbreiterung von Straßen schon im Spätmittelalter nachzuweisen ist. Felix Fabri erwähnt das, auf der Rückreise von seiner Jerusalemfahrt 1483/84, für die Brennerstraße bei der Zollstätte Kollmann südlich Brixen: Herzog Sigmund von Tirol *fecit arte cum igne et bombardarum pulvere dividi petras et scopulos abradi et saxa grandia removeri*, «ließ [zwischen 1480 und 1483] künstlich mit Feuer und Schießpulver Felsen spalten, Klippen abtragen und große Felsbrocken beseitigen». Überhaupt war die Brennerstraße eine bequeme, wohlversorgte Straße weit entfernt von anderen dramatischen, die literarische und künstlerische Imagination anregenden Paßwegen.

Jedenfalls muß die Aussage der Schriftquellen durch den Befund im Gelände ergänzt werden, gewinnt man erst in freier Landschaft einen Blick dafür, wie historische Straßen sich im Gelände bewegen: welche Steigungen sie zulassen; ob sie talseitig unterfangen werden; wie weit sie sich vom Bach, vom Talboden also, entfernt halten; wie bald sie vom Schatten- auf den Sonnenhang hinüberwechseln. Und weitere Beobachtungen, die wir aus den Schriftquellen nicht erfahren würden.

6. WEITERE QUELLENGATTUNGEN ZU STRASSE UND PASSVERKEHR. Das Spektrum der Quellengattungen, die auf ihre Aussage zum Thema Paßlandschaften und Paßwege befragt werden

könnten, ließe sich mit fortschreitendem Spätmittelalter noch beträchtlich erweitern. Doch kann das hier nur noch angedeutet werden. So geben autobiographische Texte aus dem Alpenraum ein farbiges Bild vom Leben mit den Paßrouten: Thomas Platter (1499–1582), der es vom Walliser Bergbauernbub zum Basler Humanisten brachte, erzählt in seiner Autobiographie sehr persönlich und geradezu stimmungshaft von seinen Gängen sommers wie winters über Gemmi, Lötschenpaß, Grimselpaß, und vom sanften Erfrierungstod im Gebirge und den Halluzinationen bei tödlicher Ermattung (*do was mier seltzam umb min hertz, kam mich ein liebliche werme an und entschlieff mit uffgelegten armen uff mine knüw* ...; *dan kein ringner tott ist dan erfrieren*). Der Malerpoet Hans Ardüser (1557–1614) schildert seine mühseligen, armseligen Wanderungen kreuz und quer durch die Paßlandschaft Graubündens, im Winter jeweils als Schulmeister in kleinen Talorten Kinder unterrichtend, im Sommer als Wandermaler reichen Bauern und Amtspersonen ihre Hauswände mit nie gesehenen Elefanten und Nashörnern, mit biblischen und mythologischen Szenen bemalend.

Vor allem für den südlichen Ausgang der Alpenübergänge stehen viele Quellen zur Verfügung: für Italien, wo die Forschung schon bald nicht mehr auf Marktrechtsverleihungen, Geleits- und andere Urkunden angewiesen ist, sondern auf eine Fülle unterschiedlichster Quellengattungen zurückgreifen kann: Etwa die Korrespondenz der herzoglich mailändischen Kommissare mit ihren Rapporten über die jeweilige Situation in ihren Bezirken am südlichen Alpenrand (diesmal seien auf dem Markt von Chiavenna nicht mehr als 95 deutsche Kaufleute erschienen, die meisten mit Veltliner Wein; Kriegsgefahr habe die Kaufleute von der Gotthard-Route auf die Bündner Pässe ausweichen lassen, und ähnlich aktuelle Informationen, die zum Handeln aufforderten). In von Schweizer Kaufleuten an den Herzog von Mailand gerichteten Rechtshilfeersuchen und Schadenersatzforderungen wird geklagt über nicht erfolgte Schneeräumung am Julierpaß, oder über Maßnahmen zur Umlenkung des Verkehrs vom Septimer- auf den Splügenpaß, usw.

Oder in städtischen Archiven an Nord- und Südrand der Alpen die kommunalen Ratsbeschlüsse zu Straßenbau, Verkehrspolitik, Sorge für die Paßwege wie etwa in Berns reicher Überlieferung an Ratsmanualen und Missiven: *an die von Hasle, Inderlappen und Thun, die strasse zu bessern*, 1490, also die Straßen gegen Brünig, Susten und vor allem Grimsel, eben die Zugänge zu den Pässen; und die Sorge für das Hospiz dort oben auf der Grimsel, das *in grosser wilde ligt und mangen mänschen zu trost und uffenthalt lips und guts erschuesst*; oder: *es sei die strasß über die Grymßlen ... nit also versorgt, das winter* [!] *und summer die gebrucht mog werden*. Sehr präzise sind in ihrer Aussage Gerichtsakten: in der Interpretation einer Verkehrsabgabe (*ist brucklon und kein zoll*); in der Begründung und Untersuchung von Schadenersatzansprüchen auf Straßen; in der Beweisaufnahme durch Zeugenbefragung. Sehr reich auch die Akten von Notaren aus Städten an den Mündungen der Paßstraßen wie Como: dort hat ein einziger Notar für die fünf Jahre zwischen 1429 und 1434 nicht weniger als rund 400 Urkunden allein über Handelsgeschäfte hinterlassen! Mit seiner Fragestellung in die Reichweite italienischer Notare zu kommen ist das Beste, was einem Historiker passieren kann.

7. Endlich die BILDLICHEN UND KARTOGRAPHISCHEN QUELLEN. Die Versuche, die Konturen von Bergen auf Bildern im Alpenraum schon vor dem 15. Jahrhundert mit wirklichen Bergen zu identifizieren (einen Berg an der romanischen Kirchendecke von Zillis mit dem Piz Beverin, oder Gebirge in der – um 1340 entstandenen – Bilderchronik des Erzbischofs Balduin von Trier mit der Landschaft um den Mont-Cenis) seien hier beiseite gelassen: vor dem 15. Jahrhundert, das die schematische Darstellung von Gebirge endlich überwindet, können solche Versuche nicht überzeugen. Mit den Landschaftsaquarellen Albrecht Dürers von seiner ersten Venedigreise (1494–1496) aber sind wir bereits mitten in der Alpenlandschaft, im «Welschen Gebirg», in topographisch verifizierbaren Ansichten, ja auf der Brennerstraße im Eisack-Tal, die Dürer mit wünschenswerter Präzision dargestellt hat: die Situation der Straße zwischen Fluß und Fels, die Breite des Fahrwegs, die Festigkeit der Brüstung; unverkennbar die Spuren von Wagenrädern oder der für die Straße zertrennte Felsvorsprung. Großartig der Kriegszug durchs Hochgebirge in Pieter Bruegels d. Ä. «Bekehrung Pauli», in der linken Bildhälfte

Abb. 2. Der Alpenraum und seine Paßwege auf der innovativen, maßstabsgerechten Karte, die der Frühdrucker Erhard Etzlaub zum Hl. Jahr 1500 für deutsche Pilger als Einblattdruck herausbrachte. Praktischerweise schon zielorientiert, führen hier tatsächlich alle Wege nach Rom, wobei die für die nördlichen Pilger wichtigsten Routen (Brennerstraße, Bündner Pässe mit *Cleff*/Chiavenna, die Straße von Wien über den Semmering und Friesach ins Veneto) sorgfältig mit Stationen und sogar Distanzen markiert sind, *von meylen zu meylen mit puncten verzeychnet*, jeder Punkt eine deutsche Meile (7,4 km). So konnte der Reisende früh den für ihn günstigsten Weg über die Alpen wählen und sogar die Tagesetappen vorausplanen. Auch der «S. Bernhards Berg» ist eingetragen, der Paß zu erreichen aus dem Tal des *Rotten*/Rhône. Die Andeutung der Gebirgsformationen gibt der Karte Plastizität und macht sie fast zur bildlichen Quelle.

schwindelnde Paßwege, hängende Stege, Saumpfade hinter Felsnasen, wie Bruegel sie auf seinem Übergang über die Alpen gesehen haben mag.

In der Kartographie des Alpenraumes tut den entscheidenden Schritt zur Straßenkarte der Einblattdruck des Nürnberger Frühdruckers Erhard Etzlaub, der den – im Heiligen Jahr 1500 zahlreich zu erwartenden – deutschen Rompilgern die Wege nach Rom weisen wollte (Abb. 2). Eine ungewöhnliche Karte, die erstmals seit der spätantiken *Tabula Peutingeriana* auch die Straßen selbst verzeichnet, maßstäblich verzeichnet, und ihnen, markiert mit Punkten, sogar die genauen Entfernungen beigibt: jeder Punkt eine deutsche Meile (7,4 km). Das Kartenblatt war praktischerweise bereits gegen das Ziel orientiert, Rom lag also am oberen Kartenrand, Deutschland unten. Der Reisende konnte nun unter den Straßen, die hier tatsächlich alle nach Rom führten, die für seinen deutschen Ausgangspunkt (sei es Göttingen, oder die Marienburg, oder Augsburg) günstigste Route über einen Alpenpaß wählen und anhand der Distanzpunkte seine Tagesetappen vorausplanen: von Innsbruck 3 Meilen bis Matrei, dann 2 bis zum Brenner usw. Oder entsprechend über den Splügen: von Zürich 3 Distanzpunkte bis *Eysidel*/Einsiedeln, dann 8 bis *Chure*/Chur, 10 bis *Cleff*/Chiavenna, 10 bis Como, 5 bis Mailand. Auch der Große St. Bernhard ist eingetragen, zu erreichen über das Tal des *Rotten* (Rhône), während der Gotthard fehlt. Am rechten Kartenrand war, auf den verschiedenen Breiten, sogar die – nach Süden abnehmende – Dauer des längsten Tages eingetragen, damit der Rompilger nicht vor verschlossene Stadttore komme.

Nur ein Gebilde der Kartographie – freilich einer besonderen – sei noch genannt, da es wenig bekannt und doch ungewöhnlich ist. Das früheste Alpenrelief, von dem man weiß, ist nämlich durchaus noch ein mittelalterliches Fabrikat. Als im Jahre 1415 Graf Amedeus VIII. von Savoyen – der nachmalige Basler Gegenpapst Felix V. – von König Sigismund zum Herzog erhoben wurde und diese Standeserhebung festlich begangen werden sollte, bestellte der neugebackene Herzog bei seinem Küchenchef ein riesiges Tortengebilde in Gestalt eines Reliefs des neuen Herzogtums! Eine Alpenlandschaft, die den hohen Gästen gewiß gut geschmeckt hat, mit dem Montblanc im Anschnitt und cremigen Saucen hinunterrinnend in das Val d'Aosta.

Schriftquellen, Bildquellen, Sachquellen. Und so wird man nun, nachdem man sich die verschiedenen Quellengattungen zurechtgelegt, ihre spezifischen Interpretationsprobleme reflektiert, ihre Aussage-Intention und ihren Aussagewert klargemacht hat, diese Quellengattungen an einer Route durch die Alpen hintereinanderschalten und miteinander kombinieren. Zu einer Route, oder zu einer Fragestellung. So kann man, die methodischen Reflexionen endlich hinter sich lassend, die verschiedenen Quellengattungen zu einem *Bilde* von historischer Landschaft zusammenfügen.

III

Oberitalienische Flußlandschaft. Vom Po den Mincio aufwärts

Eine Landschaft, die derart vom Fluß geprägt ist wie die Flußlandschaft des Po und seiner Zuflüsse, wird man auf der italienischen Halbinsel ein weiteres Mal nicht finden. Wer die Regionen Italiens in ihrer charaktervollen Vielfalt vor Augen hat, dem werden auch zu dieser Landschaft die eigentümlichen Züge gleich in den Sinn kommen: eine Region, die in allen Phasen der italienischen Geschichte dem Historiker große Beispiele bietet; von den großen Mächten so begehrt, daß sie am ehesten hier ihren Kampf um die europäische Hegemonie austrugen; eine Region hochproduktiv in allen wirtschaftlichen Sektoren. Und eigentümlich auch in ihrer Erscheinung: nirgends eintönig wie eine Ebene doch wirken kann, wenn sie endlos ist und nicht so schön begrenzt wie diese; die Städte durch und durch städtisch und doch mit ihrem agrarischen Umland noch innig verbunden; glühende Sommer, in den Städten erträglich in schattigen Bogengängen. Und unter solchen Portiken in einem Städtchen der *Bassa Padana*, in San Benedetto Po, sei unser Weg vom Po den Mincio aufwärts begonnen.

San Benedetto Po – ein *centro agricolo*, wie man solche unscheinbaren aber geschäftigen Orte nennt – wirkt noch heute wie das bloße Gefolge der einst berühmten Abtei von Polirone, die hier 1007 von den mächtigen Markgrafen von Canossa gegründet wurde: Lehnsherren so mächtig, daß eine Mathilde von Canossa – die hier bestattet sein wollte – den Reformpapst Gregor VII. sogar im Kampf gegen den Kaiser zu unterstützen wagte. Durch Portiken, wohltuend durchweht von kühlem Luftzug, betritt man die weite Piazza um die Abtei. Der große einst romanische Kirchenbau, im Spätmittelalter gotisiert, dann noch von Giulio Romano in manieristischem Geschmack verbildet, füllt mit seinen drei großen Kreuzgängen das Zentrum des Ortes aus. Im Innern der Kirche blickt aus dem Dämmer des rechten Seitenschiffes Papst Pius II., dem wir noch begegnen werden, scheinbar verdrossen auf den Besucher herab: originale Porträtbüste geschaffen anläßlich seines Aufenthalts in Mantua.

Die Abtei war ursprünglich auf einer Landzunge zwischen Po und Lirone errichtet worden (daher der Name Polirone, wovon im Namen wie in der Wirklichkeit nur der Po geblieben ist). Der Fluß hat hier vieles umgestaltet: für die letzten 150 km bis zum Meer bleiben nur noch 20 m Gefälle, darum ist der Po sehr windungsreich und schiebt seinen Deich, anders als man erwarten würde, von Westen und nicht von Norden an die kleine Stadt. Doch ist auch auf der Straße nach Norden der Po mit seinen schneeweißen Sandbänken bald erreicht, das kleine Govérnolo und die Mündung des Mincio, dem wir aufwärts folgen wollen.

Diese Po-Landschaft sah, gerade hier zwischen San Benedetto Po und der Mündung des Mincio, im Laufe der Geschichte mehrere dramatische Übergänge über den Fluß. Beim Zug der Landsknechte unter Georg von Frundsberg 1526/27 gegen den zur antikaiserlichen Liga übergetretenen Papst und bei den Kämpfen mit den päpstlichen Truppen unter Giovanni delle Bande Nere erzwangen die Kaiserlichen, inzwischen in Govérnolo gegenüber San Benedetto Po lagernd, schließlich im November bei Ostiglia 1526 den Übergang über den Fluß. Nach Monaten des Mangels und nun auch ohne Sold, begann die rebellisch werdende Truppe dann ihren Marsch auf Rom, zum schrecklichen *Sacco di Roma* im Mai 1527. Und in Gegenrichtung, als Mitte April 1945 die Reste der deutschen Italien-Armee noch über den Po zu entkommen versuchten, wie es der junge Arno Borst, der Historiker, hier bei San Benedetto Po schildert.

Im nahen Ostiglia, keine 20 km flußabwärts, war im übrigen einer der ältesten und bekanntesten Po-Übergänge. Hier, in *Hostilia*, begann die Via Claudia Augusta, die in römischer Zeit *a flumine Pado ad flumen Danuvium*, «vom Po zur Donau» führte, wie der Meilenstein von Rabland im Vintschgau (CIL V 8003) bündig sagt: nämlich über Verona, die Etsch aufwärts durch den Vintschgau und über den Reschenpaß nach Augsburg. Und natürlich ist *Hostilia* auch auf der

Tabula Peutingeriana, der spätantiken Routenkarte, verzeichnet. Auf *Osti[gli]a* zielt dann auch die spätmittelalterliche Karte des Erhard Etzlaub, die den Pilgern aus Mitteleuropa den Weg nach Rom wies und sie nach dem Übergang über den Po vor die Wahl stellte, den Weg über Rimini oder den über Bologna/Florenz zu nehmen. Und noch heute führt die Autostraße wie die Eisenbahn Verona-Bologna über Ostiglia.

Statt nun den Mincio aufwärts, könnte man von hier zunächst auch den Po abwärts fahren bis ins Mündungs-Delta. Wegen des geringen Gefälles windet sich der Fluß träge und breit durch die Ebene. Rings ist alles feuchtes Schwemmland, im Laufe von Jahrhunderten dem Wasser abgewonnen, von eingedeichten Kanälen entwässert, und auf das intensivste kultiviert. Um dem Fluß nahe zu bleiben, muß man seinen zahllosen Windungen eng folgen, womöglich auf dem begleitenden Deich. Von seiner Höhe blickt man weit über die *Bassa Padana*, blickt hinab auf die Dächer großer Gutshöfe und in die kleinen Wälder regelmäßig gepflanzter Pappeln, die mit ihrem leichten Schatten in dieser Flußlandschaft so charakteristisch sind.

Wenn man früher diese Strecke fuhr, konnte man an Sommertagen schon von weitem die gebündelten roten Fähnchen einer *Festa dell'Unità* flattern sehen, oder wenigstens ihre Spitzen, wenn der ländliche Platz, zu dem sie einluden, sich gleich hinter dem Deich verbarg. Der Fremde wurde gastlich aufgenommen (gegenüber *italienischen* Kommunisten hatten wir unsererseits ohnehin keine Berührungsängste), wurde zum Essen und zum Tanz aufgefordert (*ballo liscio*, mehr traditionelle als moderne Tänze, schon daran erkannte man den Altersdurchschnitt der dort Versammelten). Auch unsere Jungen sahen sich gleich auf das natürlichste einbezogen und bewegten sich, mit Italienern vertraut, heiter und unbefangen in der Menge. Wer hätte damals, fünf Jahre nach dem größten Wahlerfolg, schon gedacht, daß es mit dem Partito Comunista bereits zehn Jahre später, 1991, zu Ende sein werde?

Zurück zur Mündung des Mincio, wo er bei Govérnolo still im großen Fluß endet. Bis tief in seinen Unterlauf kann man den Mincio vom Motorschiff aus beobachten, das von Mantuas Lago Inferiore abwärts fährt und dabei seine Nase manchmal tief in die uferbegleitenden Flächen von Seerosen und Wasserkastanien schiebt: auf den Ufern stellenweise prächtiger Baumbestand, wie man es von einem *Parco naturale* auch erwartet, vor allem in der *Vallazza* nahe dem Ausfluß aus dem See.

Wir sind hier in einer Landschaft, die wie keine andere mit dem Namen eines Dichters verbunden ist, und zu der sich der Dichter auch seinerseits bekannt hat: die Landschaft Vergils. Nicht das von ihm selbst genannte Mantua, sondern ein Dorf Andes im Mantuanischen gilt allgemein als sein Geburtsort und wird im Süden der Stadt, bei Pietole gesucht. Sicher ist, daß Vergil hier in bäuerlichen Verhältnissen aufwuchs und daß sein Vater, durch die übliche Landzuteilung an ausgediente Legionäre, sein kleines Gut verlor (wir werden der römischen Landvermessung und Landzuteilung noch begegnen, wenn wir mit dem Mincio die Via Postumia kreuzen). Nach dem Ende der Bürgerkriege hatte Octavian für die zahlreich entlassenen Legionen einen entsprechend hohen Landbedarf und enteignete darum brutal die eingesessenen Grundeigentümer: wie um Cremona, so auch hier um Mantua, worauf Vergil in seinen *Bucolica* mit Bitterkeit anspielt: «Wir aber mußten die Heimat und die lieben Fluren verlassen …»; «Der rücksichtslose Soldat wird dieses gepflegte Neuland besitzen, ein Barbar diese Saaten»; «Haben wir dazu gelebt, daß ein Hinzugekommener … als Besitzer unseres Landguts sagen würde: *Haec mea sunt, veteres migrate coloni*», «Das ist meins, verschwindet!» (*Buc.* I 3–4 u. 70–71; IX 3–4).

Daß Vergil in *Bucolica* und *Georgica* die Landschaft seiner engeren Heimat vor Augen hatte, ist naheliegend (auch seine wenig poetischen Wörter wie Dünger, Speichel, Schleim, Unkraut sind, wegen ihrer Konkretheit, für seine Bodenhaftung angeführt worden: so spreche kein Dichter, der nicht auch selbst einmal den Boden bearbeitet habe). Aber wir wollen nicht so weit gehen, in dieser Gegend Entsprechungen zwischen Landschaftsgestalt und dichterischer Darstellung zu suchen. Der nahe, Vergil vertraute Mincio mit «seinen grünenden Ufern voll zartem Schilf» (*Buc.* VII 13, *Georg.* III 15) möge genügen, daß wir in Dichters Lande sind (Abb. 3). Darum ist hier auch die *Corte Virgiliana* so benannt: ein riesiger, isoliert gelegener Komplex, anziehende Verbindung von funktionierendem Gutsbetrieb und fürstlicher Villeggiatur, der Gonzaga-Familie würdig (man kann hier auch wohnen, zwischen echten Kühen und echter Ausstattung), nicht weit vom unteren Ende des Lago Inferiore mit dem Ausfluß des nahe vorbeifließenden Mincio. Tatsächlich sieht man über dem See schon Mantua: Vergil war auch hier Mantuaner, *Mantua me genuit* (und hat in der Stadt selbst erst recht seine Erinnerungen, von denen ein Stück, sein angeblicher Thron, jüngst identifiziert werden konnte). Man zeigte am Mincio einen Stein, auf dem Vergil beim Dichten gesessen haben soll, mit Blick auf Mantua. Im nahen Pietole sucht ein kleines Museum alle Argumente zusammen, doch wohl selbst Vergils Geburtsort zu sein – wo doch schon Dante sage, darum werde Pietole häufiger als sogar Mantua genannt (*Purg.* XVIII 83).

Ein wenig weiter flußaufwärts werden die Seen erreicht, die Mantua umgeben – und hier zeigt der eher zierliche Mincio, welche Wasserfülle er austeilen könnte, wäre er in seinem Verlauf vom Garda-See (der ihm als Wasserspeicher und regulierendes Ausgleichsbecken dient) zum Po nicht gebändigt worden. Denn die Flüsse des Voralpenlandes haben es in sich. Darum ist vieles hier nicht von der Natur des Flusses gestaltet worden, sondern vom Menschen, der seit Jahrhunderten mit den aus den Alpen herabstürzenden Wassern fertig werden und ein ganzes System von Kanälen, Ableitungen, Schleusen, Gräben schaffen mußte. Dante hat in seiner – für Geschichte und Topographie Italiens unerschöpflichen – *Divina Comedia* sogar den Mincio in seinem Verlauf und seiner Funktion ausführlich beschrieben: Zum Ausfluß des Garda-Sees (*Benaco*) «muß alles Wasser niederrinnen / das Raum nicht findet in Benacos Schoße / und durch der Weiden Grün rinnt es als Fluß. / Sobald dies Wasser nun zu *fließen* anfängt, / heißt es Benaco nicht mehr, sondern Mincio, / bis bei Governo in den Po es mündet.» (*Inf.* XX 61–81, hier 73–78, Übers. K. Witte). Und sogar die versumpften Seen um Mantua werden erwähnt.

Vor Erreichen des Po, um Mantua eben, bildete der Mincio eine weite unförmige Sumpflandschaft, die unter großem Aufwand zu einer gestalteten Seenlandschaft ummodelliert wurde (ein Wasserbauingenieur Alberto Pitentino von Bergamo soll gegen 1200 diese Bonifizierung projektiert haben). Fortan umfloß der Mincio die Stadt in einer Abfolge von drei großen Seen, die durch Brückendämme

Abb. 3. Die Landschaft, in der Vergil aufwuchs und die er, immer mit Blick auf das nahe Mantua (oben rechts) und den vertrauten Mincio, in den *Bucolica* und den *Georgica* vor Augen hatte. Unten links Pietole, unten rechts die Corte Virgiliana, die beide beanspruchen, Vergils Geburtsort *Andes* zu sein. Der Mincio kommt von Norden aus dem Garda-See, umschließt, in drei Seen gebändigt, eng die Stadt, verläßt vorne rechts unter hohen Bäumen den letzten See und fließt nach kurzem windungsreichen Lauf in den Po. Wirkungsfeld bedeutender Herrscherfamilien wie der Canossa und der Gonzaga, Stadt und Land innig miteinander verbunden und beide wirtschaftlich hochproduktiv; nah an den Alpenübergängen, Schauplatz dramatischer Flußübergänge: das ist lombardische Landschaft an der Grenze zum Veneto.

voneinander geschieden wurden: Lago Superiore, Lago di Mezzo, Lago Inferiore. Ein vierter, dann ausgetrockneter See im Süden, der Lago Paiolo, machte Mantua ursprünglich sogar vollständig zur Insel.

Die Mincio-Seen gehören zu Mantua, wie immer man das Wesen der Stadt kennzeichnen wollte. «Hier hört man nur die Frösche quaken» (*nihil audiri nisi ranas*), sonst sei hier nichts los, kritisierten die Kardinäle ungeduldig, als es mit dem Fürstenkongreß nicht vorwärtsgehen wollte, den Papst Pius II. 1459 wegen der Türkengefahr nach Mantua einberufen hatte. Die Seen sind auch heute aufs lebendigste in die Stadt einbezogen, wenn etwa zu besonderen Gelegenheiten auf dem Ponte San Giorgio, der Brücke zwischen Lago di Mezzo und Lago Inferiore, auf ihrer ganzen Länge an durchgehendem Tisch getafelt wird, 580 m Teller an Teller in fröhlichem Gespräch! Es gab, wie könnte es in Mantua anders sein, Tortelloni mit Kürbis. Wer beim Essen stadtwärts blickte, sah die schöne Silhouette Mantuas von der günstigsten Stelle: vorn das Castello mit seinen vier finster dreinblickenden Türmen und der Campanile der Palastkirche S. Barbara zwischen Castello und Palazzo Ducale; dahinter der mächtige Glokkenturm des Doms und die hohe Kuppel von S. Andrea. Dazwischen gewaltige Türme: nicht so dünne, wie man sie aus Bologna oder S. Gimignano kennt, sondern richtige Klötze, wahre Ziegelkolosse ohne jede Dekoration, ohne Unterbrechung ihrer riesigen roten Flächen. Hier hatte Andrea Mantegna, der lange in Mantua arbeitete (und hier auch starb) die großflächigen Ziegelmauern vor Augen, mit denen er den Hintergrund seiner Bilder anfüllte. Beim Ausfluß des Mincio aus dem See sieht man auf dem linken Ufer, zwischen *La Virgiliana* und der Industriezone, noch zahlreich die aufgegebenen, nun vollgelaufenen Tongruben, die einst für das ziegelrote Mantua die Brennöfen vor Ort (Flurname *Fornace*) und in der Stadt belieferten.

Wir wollen uns weiter in der Flußlandschaft halten und nicht versuchen, in wenigen Zeilen diese Stadt zu beschreiben, die vielleicht die anziehendste und kultivierteste der Lombardei ist. Wenn man hier tagelang im Archiv arbeitet und so, in Briefen und Akten, intensiven Umgang mit den Gonzaga und den Mantuanern hat, dann glaubt man, wenn man abends benommen aus dem Archiv tritt, die Menschen schon zu kennen, denen man nun auf der Straße begegnet.

Und die Gonzaga sowieso: der reiche Bestand an persönlichen Briefen dieser schreibfreudigen Familie – seit 1328 Signori, seit 1433 Markgrafen, seit 1530 Herzöge von Mantua – führt den Historiker tief in alle herrschenden Familien der Renaissance hinein, und auch an den päpstlichen Hof; der junge Kardinal Francesco Gonzaga (1444–83) schrieb seinen Eltern fast jede Woche aus Rom.

Wir können den Gonzaga sogar einzeln ins Gesicht sehen, seit das Familienbild von der Hand Andrea Mantegnas in der *Camera degli Sposi* des Castello durch eine Depesche des mailändischen Gesandten ganz identifizierbar geworden ist. Der Markgraf – so berichtet der Gesandte – habe ihn im April 1470 vor das frische Wandgemälde geführt und die Töchter gleich danebengestellt (die zehnte von links, Barbara, hielt der Kardinal Francesco Gonzaga übrigens für seine einzige schöne Schwester, wie er ungezogen seiner Mutter Barbara von Brandenburg schrieb). Das ist schon mehr, als wir wissen wollen. Aber so vertraut wird man mit der Stadt, wenn man nicht an ihr vorbeifährt, wie wir es hier tun wollen.

Darum weiter den Mincio aufwärts. Man nehme die Straße nach Westen in Richtung Cremona und erreicht bald einen ländlichen Wallfahrtsort, das *Santuario della Beata Vergine delle Grazie*, mit Kirche und zugehörigen Gebäuden dicht über dem Fluß. Denn hier trifft der Mincio, von Norden kommend, auf eine markante Geländestufe, der er in scharfer Biegung nach Osten, nach Mantua ausweicht. Obenauf die um 1400 neu errichtete Kirche mit großem Franziskanerkonvent, rings um den weiten Vorplatz lange (jetzt teils vermauerte, teils beseitigte) Portiken für den großen Jahrmarkt, die *Fiera dell'Annunciata*, daran angewachsen eine kleine Borgata.

Was diese Kirche so bemerkenswert macht, sind die ungewöhnlichen Votivfiguren, die, von den Franziskanern ausgeführt, in den hölzernen Loggien auf halber Höhe des Kirchenschiffs in Nischen aufgereiht wurden: die eigene Person als Pappmaché-Figur in Lebensgröße dargestellt in der fatalen Situation, der diese Menschen überlebend entkommen waren, und erläutert in beigefügten Versen. Federico II. Gonzaga, Herr von Mantua, hatte 1522 Pavia (drei Jahre vor der entscheidenden Schlacht) erfolgreich gegen das Bündnis von Franzosen, Venezianern und Schweizern verteidigt (*Celta ferox, Venetus prudens, Elvetius atrox*, sagt die Inschrift): nun stifteten einige Mitkämpfer nach dieser oder nach weiterer Waffentat ihre Figuren, bekleidet mit den originalen Rüstungen, dankbar in die Kirche («Im Krieg um Pavia lag ich am Boden zu Tode getroffen von feindlichem Schwert – durch Dich, Jungfrau, kam ich zu neuem Leben»).

Dieser ungewöhnliche Bestand an Rüstungen, inzwischen ins Museo Diocesano verbracht, war für Waffenexperten eine Freude und ist von ihnen Stück für Stück untersucht worden. In anderen Nischen stehen Kaiser und Päpste, die den Ort mit ihrem Besuch beehrt hatten – aber auch bescheidenere Personen, die schreckliche Lagen unverhofft überstanden und durch ihr Gelübde hinauf in die Nischen gefunden hatten. Und so sehen wir, fürchterlich realistisch und in Lebensgröße, Enthauptungen, Erhängungen, Ertränkungen, denen diese Menschen glücklich entkommen waren, wie sie in Versen bekennen («Vom Seil, mit dem ich hochgezogen war ...»). Ein schreckliches Schauspiel, aus dem wir uns nun zum Mincio hinab davonmachen.

Von der Terrasse hinter den Kirchengebäuden hat man den Blick auf den von Norden herannahenden Mincio und die zahllosen Rinnsale, in die er sich hier an seiner scharfen Biegung aufstaut: ein Sumpfland, das als *Riserva naturale* belassen ist, aber erkennen läßt, welche Mühen der Bonifizierung in dieser Mincio-Landschaft stecken, und welcher Wasserschwall auf Mantua zukam, der vor Erreichen der Stadt gebändigt werden mußte.

Folgt man von hier der nordwärts nach Goito führenden Straße, hat man zur Rechten den Fluß, der schmal und in vielen kleinen Windungen durch Wiesen und Felder führt, weiterhin Teil des Naturparkes, der die ganzen 75 km des Flußverlaufs umfaßt. In Goito schneidet eine bedeutende römische Straße, die Via Postumia. Benannt nach dem Konsul des Jahres 148 v. Chr., führte sie von Meer zu Meer, von Genua nach Aquileia, sicherte die Gallia Cisalpina und verband wichtige Städte Oberitaliens miteinander. Der wachsende Rang Mailands und Aquileias im 4. und 5. Jahrhundert n. Chr. gab der östlichen Strecke der Postumia erhöhte Bedeutung, wie auch die späten Meilensteine belegen. Erkennbar mehr an ihrer unbeirrbaren Geraden als an materiellen Resten und als solche wenig reizvoll, sieht man sie in

Goito aus Südwesten in 19 km langer Geraden heranziehen, von hier dann in ebensolcher Geraden nach Verona weiterführen. Wo sie mäandernde Flüsse überquert, ist die Gerade stellenweise gelöscht: so auch hier beim Überschreiten des Mincio. Doch läßt sich die Gerade auch ohne Brückenreste leicht wiederaufgreifen.

Diese römische Straße gibt uns Gelegenheit, noch tiefer in die Landschaft einzudringen. Denn man hat hier ausgedehnte Reste römischer Landvermessung festgestellt, für die die Via Postumia – wie weiter südlich die Via Aemilia – eine Achse bildete. Diese sogenannte Limitation oder Zenturiation diente vor allem dazu, bei Koloniegründungen weitflächig den ausgedienten Legionären das erwartete Stück Land zuzuweisen – mit den bitteren Folgen für die eigentlichen Grundeigentümer, die wir am Beispiel Vergils schon erfahren haben.

Diese römische Landvermessung ist untergründig immer noch präsent, und da wir historische Landschaft in uns aufnehmen wollen auch wo sie keine Monumente bietet, sollten wir die alte Flureinteilung und ihr Nachleben jedenfalls vor Augen haben. Grenzwege, Wassergräben, Hecken können noch alte *limites* bezeichnen, können die Grenzen von ländlichen Pfarreien oder von Landgütern bedingen (sogar die Piste des Flughafens von Turin fügt sich noch in römische Zenturiation ein, ohne es zu wissen), und wo an der Kreuzung zweier *limites* damals ein Altar oder ein Grenzstein stand, steht heute vielleicht ein Wegkreuz oder eine Marien-Nische. Aber nicht schon die strikt rechtwinklige Ziehung der Grenzen: erst die regelmäßigen Abstände von 710 m zwischen den größeren Grenzwegen, nämlich Vermessungsachsen (*decumanus* in der Länge, *cardo* in der Breite) gibt Sicherheit, sich in römisch vermessener Landschaft zu bewegen, denn die Quadrate von 710 x 710 m/ = 2400 röm. Fuß zu 29,6 cm ergeben die *centuria*, aus denen sich die jeweils 100 (daher der Name) *heredia* für 100 Veteranen schneiden ließen. Tatsächlich hat man, wie in der Po-Ebene überhaupt (man achte beim Überfliegen auf solche Quadrate), auch an der Via Postumia weiter östlich um den Ort Riese deutliche Spuren solcher Flureinteilung feststellen können: ein Dutzend zusammenhängender, auf die Via Postumia bezogener *centuriae,* ja stellenweise auch Reste ihrer Binneneinteilung. Im Mantuanischen ist römische Flureinteilung vor allem westlich von Goito gleich nördlich der Via Postumia nachgewiesen worden.

Zuletzt noch ein Blick den Mincio aufwärts. Es wird sichtlich hügeliger: eine Moränenlandschaft, die erkennen läßt, was die von den Alpen herabkommenden Gletscher und Wasser an Material, das Gröbste in den Seen lassend, in die Ebene geschoben haben. Der Boden dieser Flüsse ist entsprechend hoch, auch beim Mincio hat man den Eindruck, als glitten seine Wasser auf gleicher Höhe wie die umgebenden Wiesen. Das erleichtert zwar die Bewässerung, erfordert aber auch intensive hydraulische Arbeiten, die nie abgeschlossen sind.

In dieser Hügellandschaft gleich südlich des Gardasees, zeitweilig Grenzbereich zwischen piemontesischer Lombardei und österreichischem Veneto und von Österreich ausgebaut zum Festungsviereck mit dem Mincio als westlicher Flanke, sind in den italienischen Unabhängigkeitskriegen 1848/49 und 1859 die meisten der großen Schlachten geschlagen worden, auch Solferino – aus dessen Gemetzel die Idee des Roten Kreuzes geboren wurde – ist nur 10 km vom Mincio entfernt. Daß der Mincio, der uns hier so friedlich entgegenkommt, doch immer schon eine militärische Bedeutung hatte, sieht man endlich eindrucksvoll an der gewaltigen Festungsbrücke, die in Borghetto bei Valeggio das Flußtal in seiner ganzen Breite verschließt: ein kolossales, 600 m langes Sperrwerk, Teilstück des (erst von den Scaliger, dann) stellenweise von Giangaleazzo Visconti 1393 ausgebauten *Serraglio*. Und man versteht das Triumphgefühl in Briefen und Berichten schweizerischer Truppen, als sie 1512 diese Festungssperre Valeggio-Borghetto eroberten.

Die oberitalienische Ebene ist, feindlich oder freundlich, mehr von Norden betreten und beschrieben worden: von den Alpen herab, die nun großartig über dem See aufsteigen. Hier war es einmal der Gegenblick. Er läßt das Land ganz anders sehen. Und doch ist es dasselbe Land.

IV

Ferrovia locale. Ein Schnitt durch die historische Landschaft des nördlichen Latium

Durch das nördliche Latium führte, vom Tiber zum Meer, eine unscheinbare Bahnlinie, die Teil eines größeren Projekts hatte sein wollen. Denn noch im späten Kirchenstaat wurde die Notwendigkeit empfunden, die beiden Häfen Civitavecchia und Ancona – und so die beiden Meere, das Tyrrhenische und das Adriatische – miteinander zu verbinden. Als dann 1870 der italienische Nationalstaat an die Stelle des Kirchenstaates trat, sollte, das Desiderat sozusagen zur Hälfte realisierend, wenigstens für die neuen Stahlwerke von Terni ein Ausgang zum Meer geschaffen werden. So wurde endlich 1929 die Stecke Orte-Civitavecchia (85 km, eingleisig) in Betrieb genommen. Doch die für Stahltransporte zu geringe Belastbarkeit der Geleise und die (im Vergleich zum Schienenweg über Rom) stellenweise spürbare Steigung ließ schon bald den Güterverkehr, die allgemeine Motorisierung den Personenverkehr soweit schrumpfen, daß der westliche Arm der Strecke, Civitavecchia-Capranica, schon 1961 stillgelegt wurde, und 1994 auch der östliche Arm Capranica-Orte. Energische Versuche, den Betrieb wieder aufzunehmen, blieben ohne den erhofften Erfolg. Und so bietet sich die Bahnlinie seither in reizvollem Verfall dar: die Geleise unter dichtem Gebüsch, die Stationsbauten in Ruinen, einige fernab von jeder Siedlung.

Bei manchen der aufgegebenen Kleinbahnhöfe erkennt man noch die einst gepflegte, nun verwahrloste Ausgestaltung des Stationsgeländes. Zwischen dem Wildwuchs sieht man gerührt einzelne Narzissen, Iris, Zistrosen als Reste der kleinen Gärtchen, die anzulegen die Vorsteher kleiner Stationen früher gehalten waren. Nun sind die schönen Blumen ausgebrochen aus ihren Beeten und vermengen sich mit dem spontanen Gewucher draußen. Die gegossenen Betongitter, geradezu ein Leitfossil italienischer Bahnhöfe, zerbröseln und lassen, manche schon bedeckt mit Moos und gelber Flechte, ihre verrosteten Metallstäbe sehen. In einer verlassenen Station fanden wir zu unserem Erstaunen die Akten noch auf dem Boden verstreut, das handschriftlich geführte *Registro dimostrazioni cassa* von 1993, also dem letzten Betriebsjahr, den *Prospetto riassuntivo degli arrivi*, das *Registro per la vendita dei biglietti*.

Aber es geht hier nicht um Eisenbahngeschichte. Es geht vielmehr darum, daß eine Bahnlinie die Möglichkeit gibt, einen Schnitt durch historische Landschaft zu legen, durch ihr Relief und durch ihre Geschichte: Zonen zu durchqueren, die von Straßen nicht erschlossen werden, Agrarlandschaft zu erfassen, die man sonst nicht betreten hätte; Altstraßen zu schneiden, die sich längst in der Landschaft verflüchtigt haben und nur an solchen Kreuzungsstellen ins Bewußtsein treten. Denn eine Bahnlinie hat den Vorteil, daß sie, anders als eine Straße, nicht Siedlung anzieht (oder nur an ihren Haltepunkten), in der Regel Landschaft also intakter läßt, als manche Umweltfreunde das wahrhaben wollen. Und sie hat, durch ihren überaus maßvollen Steigungsgrad (hier max. 25‰), obendrein den Vorteil, jedem Lebensalter einen bequemen Weg auch durch ungebahntes Gelände zu bieten.

So zugewachsen und stellenweise unterbrochen mag eine römische Konsularstraße im 6. Jahrhundert n. Chr. ausgesehen haben (der Straßendamm bereits von Bächen durchfurcht, die Straßenränder von Gebüsch überwuchert: so beschreibt es damals, um 530, Cassiodor am Beispiel der Via Flaminia, *Var.* XII 18), und man ist versucht, die 30 Jahre längeren Verfalls auf dem westlichen Arm unserer Bahnstrecke dann auch im stärkeren Verfall der begleitenden Bahnbauten zu erkennen, so als sei man nicht mehr bei Cassiodor, sondern schon bei Papst Gregor dem Großen.

Wer die nun toten Geleise und leeren Stationen beleben (und nicht gerade ihrem Verfall nachgehen) will, der tue das mit Carlo Cassolas Roman *Ferrovia locale* (Einaudi 1968), der den Betrieb einer

Lokalbahn in ihrem Alltag schildert (auf der Strecke die toskanische Küste hinab, in Civitavecchia also sogar unsere Bahnlinie berührend): das eintönige Leben auf einer kleinen Station weitab von dem Ort, dessen Namen sie trägt; die langen Stunden bis zum nächsten Zug, bis zum nächsten Scheppern der Meldeglocke; das Tomatenbeet an der Schranke für den bescheidenen Tisch des *capostazione*; der flüchtige Blick des jungen Lokführers aus seinem Güterzug – ein Alltag noch ereignisloser als unser Gang die Strecke entlang.

Wir beginnen, 9 km vom Endpunkt der Bahnlinie in Orte Scalo entfernt, an der Station Castel Bagnolo, die man, weitab von jeder Siedlung, von Orte oder Gallese auf unasphaltierten Fahrwegen irgendwie erreichen muß (42°24′ 01.30″/12°24′ 02.60″: schon hier sei empfohlen, die Zugänglichkeit solcher Punkte vorher mit einem weiten Screenshot von Google Earth festzustellen und bei sich zu haben). Das einstöckige Bahnhofsgebäude, ganz von hohem Gebüsch umstellt und ohne Dach der Witterung ausgesetzt (Abb. 4), läßt in seinem verwahrlosten Innern noch den Warteraum erkennen mit seinem geborstenen Kamin, das zusammengefallene Treppenhaus und die Stelle des Schalters: hier also mag der Billettverkäufer der *Ferrovia locale* gesessen haben, der so gern Vorsteher einer kleinen Bahnstation geworden wäre, dann aber doch nicht den Mut aufbrachte, das dafür erforderliche Examen zu machen.

Die Station sah wenig Verkehr. In südlicher Richtung wurde sie, wie der alte Fahrplan zeigt, dreimal am Tag von Personenzügen passiert: 6.16, 14.56, 18.46, und in der Gegenrichtung um 7.10, 9.34, 16.58. Wenn die drei Morgenzüge durch waren, dann war für die nächsten fünfeinhalb Stunden kein Passagier mehr zu erwarten. Blieben die wenigen Güterzüge: da war hin und wieder wohl noch eine Weiche auf das einzige Abstellgleis zu verstellen.

Dem einheitlichen Typ des Bahnhofsgebäudes werden wir an der Strecke noch häufiger begegnen. Der Entwurf von 1906 wollte es schlicht, aber doch mit einem gewissen Anspruch: man leistete sich an den ockerfarbigen Wänden die Stationsnamen groß auf leuchtenden Maiolica-Kacheln, braun auf gelb, die Fenster dekorativ gerahmt, und als Träger des Daches vorspringende Konsolen mit hängenden Zapfen, die nun, ohne Dach, seltsam ins Auge fallen. Das Gleis davor ist inzwischen so zugewachsen, daß man es nicht einmal vom Bahnsteig aus erkennt, es nicht einmal bis zum nahen, malerisch zugewachsenen Bahnwärterhaus gegen Orte begehen kann (Vorsicht vor offenen aber zugewucherten Schächten).

Die Strecke zieht nun zwischen Wäldern und Feldern, weit und breit kein Haus, kein Mensch, nur die farbigen Patronenhülsen von Jägern, die sich die Einsamkeit der Strecke zunutze gemacht haben. Hin und wieder kreuzt ein Weg, da liegen dann, durch Schafshufe oder Traktorenräder, die Schienen ein kleines Stück weit bloß; soweit sich der Rest einer Bahnschranke erhalten hat, waren es wegen des Weideviehs eher Gatter als Barrieren. Wo Schluchten überquert werden, sind sie so dicht mit Vegetation angefüllt, daß man ihr Wasser nicht sieht, nur hört.

Die Ferrovia locale liefe nun in den Bahnhof Gallese-Bassanello ein. Die beiden Orte im Stationsnamen sind 6 km voneinander entfernt, und man glaubt sich in entlegener Gegend. Aber der Historiker verbindet mit beiden Namen die Erinnerung an kleine historische Zentren: Gallese mit dem Schloß der Altemps; Vasanello mit seinem Orsini-Schloß (in dem sich Lucrezia Borgia gern aufhielt). Das war ein etwas größerer Betrieb, eine richtige *stazione,* keine *stazioncina* oder *fermata.* Die zugehörige Ausstattung ist inzwischen verschwunden: der verrostete Rüssel zum Nachfüllen der Dampfloks (bei der Steigung auf die 400 m von Ronciglione bedurfte es zweier Loks, mit entsprechendem Wasserbedarf); Signalmasten von Kletterpflanzen umgestaltet zu Baumstrünken; der ganze Perron mitsamt den Wartebänken lange Zeit von einer geschlossenen Efeu-Decke überwachsen, Efeu und Trompetenblumen eindringend in den Warteraum. Es ist lehrreich zu sehen, wie schnell das geht, und daß es nicht langer Jahrhunderte in Spätantike und Frühmittelalter bedurfte, um die Straßenstationen der nahen römischen Konsularstraßen in zugewucherte Ruinen zu verwandeln.

Gleich nach Verlassen der Station überschreitet die Linie auf hoher Brücke die nächste Schlucht, hinter der man die Gleise wieder zu fassen kriegt und ihnen eine weite Strecke folgen kann. In zwei großen ruhigen Kurven läuft die Linie auf die nächste Station zu, stellenweise tief eingeschnitten in das Relief der Landschaft. In diesen tiefen

Abb. 4. Man kann eine aufgegebene Bahnlinie begehen wie eine verlassene römische Straße. Man kann sie aber auch als Schnitt durch Relief und Geschichte einer Landschaft nehmen wie diese alte Strecke im nördlichen Latium. Denn da eine Bahnlinie, anders als eine Straße, nicht Siedlung anzieht, gibt sie die Möglichkeit, Zonen zu durchqueren, die von Straßen nicht erschlossen werden; sich durch Wiesenflächen und Waldesdickicht zu bewegen, die man sonst nicht betreten hätte; Altstraßen zu schneiden wie Via Clodia und Via Francigena – aber auch solche, die sich längst in der Landschaft verflüchtigt haben. So zieht man vorbei an verlassenen, zugewachsenen Stationen (oft weitab von dem Ort, dessen Namen sie tragen) zwischen unausgegrabenen römischen Villen, entlegenen etruskischen Nekropolen, unzugänglichen Burgruinen durch historisches Gelände, auch wo es unwegsam ist.

schmalen Einschnitten lassen Sonneneinstrahlung und Windschatten die Vegetation besonders dicht wachsen, so daß von den Geleisen nichts zu sehen ist. Zu beiden Seiten weite Haselnuß-Plantagen und ein Gewoge weiter Getreidefelder und großer Wiesen, im Mai mit riesigen Flecken von Mohn und, in anderem Rot, von Klee, umstellt von hohen Bäumen. Darüber majestätisch der Monte Soratte, der die Landschaft beherrscht und von fast allen Punkten der Strecke zu sehen ist. Von hier, von seiner Schmalseite, bietet er eine seltsame, den Römern völlig fremde Gestalt; erst im weiteren Verlauf unseres Weges wird er wieder zu dem gezackten Saurier-Rücken, als den man den vertrauten Berg von Rom aus kennt.

Die Bahnlinie schneidet, wie bei ihrer südwestlichen Ausrichtung vorauszusehen, alle aus Latium radial nach Nordwesten und Norden ausstrahlenden Altstraßen, neben den bekannten römischen Straßen unvermeidlich auch die unansehnlichsten, von der Straßenforschung kaum beachteten. An diesen Schnittstellen wollen wir darum immer anhalten. Bald ist die erste erreicht: kurz vor der Station Corchiano, bei 42°21′ 54.53″/12°20′ 42.88″, kreuzt eine besonders wichtige römische Straße, die Via Amerina. Angelegt im 3. Jahrhundert v. Chr. und parallel zur Via Flaminia nach Norden führend, kam sie im frühen Mittelalter zu besonderer Bedeutung, da sie als schmaler «byzantinischer Korridor» zwischen langobardisch besetzten Gebieten immer noch Rom und Ravenna verband. Dann allerdings wurde sie aufgegeben und verschwand völlig aus dem Straßennetz. Von der Eisenbahnbrücke herab sieht man die Amerina mit einem Stück intakten Pflasters, von Hühnern belebt, gegen Süden durch das Grundstück rechts am Wege und dann weiter als wegbegleitender Damm ziehen, sieht sie nach Norden in sanfter Rechtskrümmung leicht bergan führen: nicht der Fahrweg ist die alte Straße, sondern der begleitende Damm, dicht mit Büschen und Bäumen bestanden und voll von römischen Pflasterbrocken.

Dann die Station Corchiano (es gibt deren zwei; die andere liegt an der – hier kreuzenden, noch betriebenen – Strecke Rom-Civita Castellana-Viterbo). Natürlich war auch unsere Bahnlinie nach der Landung der Alliierten in Anzio/Nettuno 1944 Ziel von Bombenangriffen. Luftaufklärungsphotos der Royal Air Force, die man für wissenschaftliche Zwecke in der *Aerofototeca* in Rom einsehen darf, zeigen am 5. Mai 1944 frische Trichter von Bomben hier in der Nähe des Bahndamms, die vielleicht diesem Bahnhof oder der Brücke zugedacht waren.

Eidechsen benutzen die Schienen als angewärmte Fernstraße, und wir folgen ihnen. Die Geleise führen mal in tiefen Einschnitten zwischen, mal auf hohem Dammweg über endlose Haselnuß-Plantagen (darunter neu gepflanzte: die Bauern wußten uns immer schon zu sagen, wieviel Gewinn sie von 1 ha Haselnüssen oder Oliven oder Wein oder Kiwi haben); sie beliefern nahe und ferne Nutella-Fabriken, geben aber auch den lokalen Süßspeisen Charakter. Wo die Haselnuß-Bäume dicht gesetzt sind, ist unter ihnen tiefes Dunkel. Dazwischen die Reste von lichten Olivenhainen. Selten sind Wein-Pflanzungen, wobei man auch hier stellenweise den schönen Brauch findet, am Anfang und am Ende der Weinstock-Zeilen einen Rosenstock zu pflanzen.

In Fabrica trifft die aufgegebene auf die noch betriebene Bahnlinie Roma-Civita Castellana-Viterbo (beider Bahnhöfe hier unterscheiden sich kaum voneinander) und hält dann auf Caprarola zu. Das Stationsgebäude von Caprarola – weitab vom Ort, dessen Namen es trägt – steht noch einigermaßen aufrecht wie immer, wenn irgendeine lokale *Associazione* oder ein *Volontariato* vernünftigerweise in ein, zwei Räumen des leeren Gebäudes Unterschlupf gefunden hat. Ein älterer Herr erzählt uns vergnügt, welch Aufsehen es damals erregt habe, als er hier einmal ein Billett nach Mailand verlangte.

Hier und bei weiteren Kleinbahnhöfen sind manchmal wieder Reste der kleinen Gärtchen zu erkennen, die ländliche Bahnhofsvorsteher zur Verschönerung ihrer Stationchen anzulegen hatten: eine bescheidene Fontäne aus ein paar zerklüfteten Steinen, aus der früher einmal ein Rinnsal troff, das nun versiegt ist; oder einige auffallende Blumen, die sich durch das Gartengitter davongemacht und unter die spontane Vegetation verirrt haben. Was danach kommt, ist Vegetation so dicht, daß schon der nächste Geländeeinschnitt hoch damit angefüllt ist und nicht einmal Tierwege darin zu erkennen sind. Stellenweise führt die Linie nun durch Wald, entsprechend unzugänglich ist sie hier. Wenn man sie weiter verfolgen will (begehen kann man sie hier nicht), ist man auf kreuzende Fahrwege angewiesen, deren Verlauf und Benutzbarkeit man wieder mit Google Earth aus der Luft besser feststellt als mit einer Karte.

Die Bahn führte am Südrand von Ronciglione entlang, das Bahnhofsgebäude ist noch leidlich erhalten, denn der letzte Stationsvorsteher durfte im Oberstock wohnen bleiben. Seine freundliche Ehefrau zeigt uns die anspruchsvollen Fresken, die damals, 1894 (denn hier war eine kurze Strecke schon für die Linie Roma-Viterbo in Betrieb), an die Wand des Warteraums gemalt wurden: ein Blick auf Ronciglione; das neue Stationsgebäude mit zwei Geleisen; ein Dampfzug auf einem hohen Viadukt. Hier sind wir am höchsten Punkt der Strecke (von Meereshöhe auf 400 m!), der hohe Kratersee des Lago di Vico ist gleich über uns.

Die Geleise schneiden bald die nächste römische Straße – auf die wir sonst vielleicht gar nicht aufmerksam geworden wären, so wenig wird sie beachtet: die *Via Cimina* oder *Ciminea* (nicht zu verwechseln mit der heutigen Via Cassia Cimina). Sie zweigte in Sutri von der Via Cassia ab, führte dann über die Monti Cimini nach Viterbo und vereinigte sich etwas weiter nördlich wieder mit der Cassia (man kann sie auch in Falerii beginnen lassen, wo sie aus der Porta Giove nach Westen hinaus zunächst nach Sutri führte; das südliche Querschiff der Abtei hat das römische Straßenpflaster zum Fundament genommen). Ursprünglich wohl nur zur Bedienung der Villen und Gutswirtschaften am Südfuß der Monti Cimini angelegt, wurde die Via Cimina also ein Stück weit Alternative zur Via Cassia. Die Straße wird, zusammen mit Via Cassia und Via Clodia, in der Zuständigkeit eines *curator viarum* bei ihrem Namen genannt (bezeugt auf einer Inschrift in Nordafrika, denn ausgerechnet dorthin führte aus der ciminischen Landschaft den Mann seine Karriere!). In Mittelalter und früher Neuzeit war der Straßenzug, etwa von Rompilgern, viel benutzt, ja geradezu ein Teilstück der Via Francigena.

Um die Via Cimina aufzusuchen, begebe man sich vom Westrand von Ronciglione auf unbefestigter Straße (‹Via Piscitella›) durch endlose Haselnuß-Plantagen irgendwie zur Bahnbrücke bei 42°16′ 24.20″/ 12°12′ 04.40″, dem Schnittpunkt von Bahn und antiker Straße. Früher sah man schon hier römisches Pflaster, wir fanden unzweifelhaft römische Pflastersteine nur noch etwas weiter nördlich, rund 500 m in gleicher Linie, wiederverwendet in einer langen Böschungspackung: das zeigt immer die unmittelbare Nähe einer römischen Straße an, denn solche Brocken verschleppt man nicht weit. Die Trasse der Via Cimina führt hier zwischen Haselnußplantagen und Olivenhainen, stellenweise überragt von alten riesigen Eichen, letzten Ausläufern des von den Hängen der Monti Cimini dicht herabsteigenden Bergwaldes («ein Wald noch unwegsamer und schrecklicher als die Wälder Germaniens», meinte Livius IX 36 über diese *silva Ciminia*): Bäume so wild gereckt und mächtig, daß das Volk ihnen, wo sie die bald kreuzende Via Cassia berühren, wie allem Kolossalem einen mythischen Namen, hier: «die Eichen Rolands», gegeben hat. Heute stehen sie nicht mehr da, heißen aber noch so.

Wie eifersüchtig die Gemeinden hier seit je ihren Waldbesitz hüten, zeigt eine bemerkenswerte Zeremonie, die noch heute an jedem 8. Mai hoch oben im Wald der Monti Cimini beim Kloster S. Angelo am Monte Fogliano nicht weit von Capranica gefeiert und von einem Notar dokumentiert wird. Der Bürgermeister von Vetralla tritt unter einen Hochzeitsschleier, der zwei prachtvolle Eichen verbindet, und heiratet sozusagen den Wald – zum Zeichen, daß der Wald seit 600 Jahren Vetralla und nicht Viterbo gehöre. Der Doge von Venedig heiratet sein Meer, der Sindaco von Vetralla heiratet seinen Wald.

Während das bisher durchquerte Gelände im Mittelalter von den Präfekten von Vico und den Grafen von Anguillara beherrscht bzw. zwischen ihnen umstritten war, ist das nun betretene Territorium eindeutig Domaine dieser Grafen von Anguillara, die den Orsini verbunden waren. Ein historisches Dokument, der *Catasto* von Capranica von 1434 (und frühester vollständig erhaltener Steuerkataster Latiums überhaupt), gibt tieferen Einblick in die historische Landschaft: viel *boschaglia* und *silva*, verstreuter Niederwald und geschlossener Hochwald und wie sie genutzt werden; Eichen und Kastanien dienen der Schweinemast, darum werden sie gleich (hier auch heute noch) als *castagno porcino* bezeichnet. Weite Strecken werden *prata* genannt, Weiden für die Rinder- und Schafzucht, wie auch die zahlreich überlieferten Viehpacht-Verträge (*soccida* und ihre Varianten) belegen –

während man die Ziegen heute nur noch in den Wappen der nahen Städtchen *Capra*rola und *Capra*nica findet.

Nehmen wir den Gang an der Schnittstelle mit der Via Cimina wieder auf. Die Geleise sind nicht begehbar, wo immer man auf sie stößt, etwa von einer Brücke herab in eine mit dichtem Grün gefüllte *incassata* blickend, einen künstlichen Geländeeinschnitt, der, hier wie überall an der Strecke, je nach Sonnenstand durch große Schattenfläche oder große Lichtfläche einen auffallenden optischen Effekt macht wie in Paul Cézannes «Eisenbahndurchstich». Oder die Geleise auf irgendeiner Landstraße ebenerdig kreuzend: nur gerade auf Straßenbreite liegen sie bloß, zu beiden Seiten verschwinden sie sogleich in undurchdringlichem Dickicht, vielleicht sieht man im Gebüsch noch ein altes Warnsignal, dessen rotierende Flügel nun von einer Kletterpflanze festgezurrt sind. Feigenbäume zersprengen Böschungsmauern, worauf sich die Feige besonders gut versteht.

Die aufgegebene Bahnlinie zieht nun durch den Nordrand von Capranica und kreuzt dann, unter einer Brücke, die noch funktionierende Linie Rom-Viterbo. Diese Stelle, bei 42°15′ 22″/12°09′ 23″, sollte man als nächste erreichen. Man verlasse Capranica auf der Straße nach Bassano Romano/Stazione di Capranica, und finde gleich weiter rechts auf Nebenstraßen zu diesem Kreuzungspunkt. Ein alter Bahnübergang dort war früher mit schwenkbarem Gatter zu verschließen, das nun in seiner Umwelt festgewachsen ist. Über den Geleisen wölbt sich dichtes Gebüsch, hier sind es wieder Brombeeren. Um diese durchgehende Trennlinie zu überwinden, haben Tiere, die menschlichen Durchgänge womöglich vermeidend, ihre schmalen Wildpfade auch durch dieses Dickicht gebahnt; an steileren Böschungen erkennt man, wo sie nicht gehen konnten, sondern herabrutschen mußten. Hier sind die Schwellen stellenweise noch aus Holz, so können die Mäuse hinein; kleine Tiere, denen die Schienen zu hoch und zu glatt sind, schaffen sich Schlupfgassen darunter hinweg.

An dieser Stelle schneidet die Bahn die nächste römische Straße, eine der wichtigsten überhaupt: die Via Cassia. Auf dem Zifferblatt, mit dem man sich die Richtungen der Konsularstraßen von Rom aus am einfachsten merkt, liegt die Via Cassia bei etwa 11 Uhr (so wie die

Via Flaminia bei 12, die Via Appia bei 16 Uhr). Sie führte seit dem 2. Jahrhundert v. Chr. nach Chiusi und schloß zunächst das südliche, später das ganze Etrurien mit Florenz und Lucca an Rom an. Und sie hatte ein Nachleben wie wenige andere antike Straßen. Denn sie wurde mit dem frühen Mittelalter zur wichtigsten Verkehrsachse zwischen dem neuen karolingischen Machtzentrum im Norden und Rom: eine Straße – nun *Via Francigena* genannt – auf der Kaiser Könige Prälaten Kaufleute Pilger nach Rom zogen. Daß sich entlang dieser Straße auffallenderweise mehrere Rolands-Toponyme finden, wird damit erklärt, daß mit den französischen Pilgern auch die *Chansons de geste* die Via Francigena herabkamen. Hier sind es, auf der kurzen Strecke von 4 km aufwärts vom Schnittpunkt mit unserer Bahnlinie bis 7 km romwärts, an dieser Straße allein drei Fälle: die «Geburtsgrotte Rolands» (ein etruskisches Grab), die «Eichen Rolands», und die «Türme Rolands», eine merkwürdige Versammlung römischer Grabtürme versunken in schönster Natur; ja im nahen Nepi enthält eine Inschrift von 1131 an der Kathedrale sogar eine Anspielung auf Ganelon, den Verräter Rolands in der Schlacht von Roncesvalles.

Die Via Cassia kreuzte den Bahndamm nördlich des Bahnwärterhauses mit verblaßter Kilometerzahl, das halbverfallen aus dem grünen Dickicht ragt. Die Trasse der antiken Straße ist bekannt, doch ist in der Nähe keine geschlossene Pflasterung anzutreffen.

Kurz darauf erreicht die Bahn die Station Capranica di Sutri. Das ist nun ein richtiger Bahnhof, denn hier vereinigte sich unsere Linie Orte-Civitavecchia kurz mit der Linie Rom-Bracciano-Viterbo auf gemeinsamer Station. Und diese Linie ist noch in Betrieb, während der verbleibende Ast unserer Linie, also Capranica-Civitavecchia, sogar schon 1961 aufgegeben wurde und nicht erst 1994 wie die bisherige Strecke. Darum wurden die Geleise bereits entfernt und ein Wanderweg geschaffen. Aber es geht hier wieder nicht um die Geschichte der Eisenbahnstrecke, sondern nur um den Schnitt, den sie uns durch die historische Landschaft legen läßt, und der fortan durchweg begehbar ist.

Gleich südlich der Station trennt sich die aufgegebene Linie von der noch betriebenen und nimmt ihre südwestliche Richtung wieder auf, während die andere geradeaus nach Süden weiterläuft. Man erreicht die alte Trasse gleich vom ersten Bahnübergang (42° 14′ 25.50″/ 12° 09′ 25.50″): der schmale, weil stets eingleisige Bahndamm trägt nun einen Weg zwischen zwei Wällen aus verfilztem Brombeerdikkicht, im Frühling stellenweise überwölbt von Weißdorngebüsch.

Nach rund 700 m schneidet die Bahnlinie schon wieder eine römische Straße, eine gut ausgebaute Verbindung von der Via Clodia, die sie südöstlich von Vejano verläßt, zur Via Cassia, die sie nordnordwestlich von Capranica erreicht. Eine Sekundärstraße also, und doch mit durchgehender Basaltpflasterung, die im Gelände aufzusuchen sich lohnt. Zwei gute Stellen in Sichtweite des Bahndamms erreicht man vom genannten Bahnübergang (auch mit unempfindlichem Auto): die eine, bei weithin sichtbarer Tannenreihe, sogar mit intakter Pflasterkante (42° 14′ 27″/ 12° 09′ 01″), die andere – in gleicher Flucht, wie man auf Google Earth leicht erkennt – als mit Pflastersteinen durchsetzte Böschung, zu der sich Pflasterkanten im Gelände oft aufwölben (42° 14′ 02″/ 12° 09′ 00″).

Ob man der Bahntrasse nun zu Fuß weiter folgt oder sie mit dem Auto begleitet: die Brücke bei 42° 14′ 25.40″/ 12° 08′ 47.70″ ist der nächste Fixpunkt, den man mit dem Auto erreichen kann, wenn man kurz vor der Station Capranica di Sutri die Straße nach Vejano nimmt. Die nähere Umgebung, heute unter endlosen Haselnuß-Plantagen, war schon in der Antike mit Villen oder Gutsbetrieben besetzt (mit zwei Konsularstraßen samt Verbindungsstraße an Rom angebunden zu sein war eine ausgezeichnete Verkehrslage): das zeigten, als die Gegend für die *Forma Italiae* Meter um Meter begangen wurde, neben dem Nachlaß an Scherben auch die zugehörigen Zisternen, die mit ihren wegen des Wasserdrucks verstärkten Mauern und ihrem wasserdichten Innenputz sich immer besonders gut in der Landschaft erhalten.

Etwas weiter westlich ragt von Norden eine Bergzunge herab, die mit einem kurzen Tunnel durchstoßen wird. Die Trasse führt dann vom westlichen Tunnelmund aus tiefem Einschnitt wieder hinaus in freie Landschaft. Wieder hat man die wohltuende Erkenntnis, daß Eisenbahn Siedlung nicht anzieht und wir uns, dem Bahndamm folgend, in kultiviertem, aber intaktem Gelände befinden. Eine bewegte, auf den Höhen bewaldete Landschaft, statt der Plantagenkulturen nun viel Weideflächen, genutzte und brachliegende.

In diesem bewegten Gelände berührt die Bahn abermals eine historische Straße, die *Via Clodia*. Die Via Clodia war zwar keine der großen Fernstraßen wie die soeben überquerte Via Cassia, von der sie bei La Storta abzweigte und über *Forum Clodii* (diese Straßenstation war in der Spätantike sogar Bischofssitz, jetzt San Liberato nördlich Bracciano) und Blera bis Tuscania zu verfolgen ist: um 200 v. Chr. angelegt, sollte sie Rom mit dem inzwischen eroberten südlichen Etrurien verbinden.

Die römische Straße nähert sich unserem Bahndamm von Süden und läuft ihm, aus dem Dunkel des bewaldeten *Fosso Gianfrotto* heraufziehend, dann eine Strecke weit parallel. Man sieht sie in ungefähr 150 m Abstand als auffallend gerade Hecke, dicht verflochten aus Brombeeren, Schlehen, wilden Rosen, Weißdorn, der im Frühling die ganze Gegend in ein weißes Meer verwandelt. Man erreicht die Via Clodia leicht vom Bahndamm herab (z. B. bei 42° 14′ 04″/12° 05′ 59″, bequem zu erreichen auch von der nahen Station Barbarano-Vejano). Tatsächlich stößt man im Dickicht der Hecke sogleich auf Haufen von Basaltpflastersteinen, ja auf kleine Pflasterstücke noch *in situ*. Man sollte die Hecke entlanggehen und immer wieder in sie eindringen. Doch ist das mit Beginn der vegetationsreichen Jahreszeit um Ostern, außer bei Wildwechseln, kaum noch möglich. Das Gelände zwischen Bahndamm und Clodia gleich nach ihrem Aufstieg aus dem *fosso* ist scherbenhaltig, wohl eine Villa.

Wieder ist nicht der begleitende Weg die Römerstraße, sondern die Hecke selbst. Wir kommen mit einem Hirten ins Gespräch, der von der Römerstraße natürlich nicht weiß, aber – wie jeder Italiener in der eigenen Landschaft – sichtlich gern davon sprechen hört. Doch ist er ganz mit seiner kleinen Herde beschäftigt, denn sein alter Hund, der uns zwischen Clodia-Steinen triste anblickt, sei dazu nicht mehr in der Lage (seine Umrechnung der Hundejahre in Menschenjahre ergab unser Alter). Er warnt uns vor Vipern; wir fürchten Schlangen, bei festen Schuhen, eigentlich nur, wenn sie einen in Augenhöhe aus einem Gebüsch anstarren.

Man kann der Via Clodia, querende Hecken überwindend, weiter nach Westen folgen, in gleicher Flucht wie die bisherige Trasse, was sich auf dem Luftbild von Google Earth gut abbildet. Die wenigen römischen Pflastersteine, auf die man dabei trifft, sind manchmal wieder auf ihre geglättete Oberfläche zu liegen gekommen, ihre konische Unterseite ist dann nur für das geübte Auge zu erkennen.

Auch dem Bahndamm nach Westen folgend, erreicht man die Station Barbarano Romano-Vejano, zugleich an der Straße Vejano-Barbarano gelegen und insofern ein guter Haltepunkt: ein Bahnhofsgebäude des Einheitstyps, stark verfallen, aus den oberen Fenstern wachsen Bäume, die auch das Dach abgehoben haben, so daß die einst den Dachvorsprung stützenden kunstvollen Konsolen mit ihren hängenden Zapfen nun leer in den Himmel ragen. Vor der abblätternden Fassade anstelle des Gleiskörpers nun der bequeme Weg – den gibt es, auf verlassenen Bahndämmen angelegt, auch in vielen anderen Ländern, nur daß er dort nicht so zwischen historisch bedeutenden Plätzen hindurchführt wie den etruskischen Nekropolen an der Strecke, die wir jetzt erreichen: den berühmten Nekropolen von San Giuliano zur Rechten und San Giovenale zur Linken.

Auch die Tunnels sind begehbar, und so kann man die Teilstrecke bis zur nächsten Station, Bandita di Barbarano, durch anziehende Landschaft ablaufen. Aus dichtem Gebüsch ragt nur noch der obere Stock des Bahnhofsgebäudes; ebenso verfallen, mit leeren Fensterhöhlen zwischen den – kein Dach mehr tragenden – Konsolen, das große Stationsgebäude von Blera. Die Via Clodia hat inzwischen eine andere Richtung genommen, ist rechts hinabgestiegen in die Valle del Biedano, deren Gewässer sie unter Blera auf römischer Brücke überschreitet, um dann gegen Nordwesten, in abwechslungsreichem Verlauf durch stille Landschaft, auf Norchia zuzulaufen.

Endlich wird, auf dem leeren Gleiskörper oder von der nahen Straße Blera-Monte Romano, eine weitere verlassene Station erreicht. Doch ist weit und breit kein Ort zu sehen. Denn der Platz, den die Maiolica-Kacheln anzeigen und der hier einst bedient werden sollte, Civitella Cesi, liegt 5 km entfernt hinter Höhen und Wäldern. Einer jener alten Mini-Orte, die hoch über dem Zusammenfluß zweier tief eingegrabener Wasserläufe den schmalen Tuffsporn mit ihren Häusern bis an seine Ränder ausfüllen: ein Städtchen nicht länger als 130 m, nicht breiter als zwei Gassen. Und so abgeschieden geht es weiter: bis zum nächsten Ort, Rota, sind es weitere 7½ km unbesiedeltes Bergland.

Kaum, aber doch früh besiedelt. Denn zwischen Station und Ort rechts hinab erreicht man am Grunde der Waldschlucht die Steilhänge, an denen eine frühgeschichtliche, dann etruskische Siedlung lag: das Grabungsgelände von San Giovenale, erforscht durch den schwedischen König und (soweit nicht unter Schutzdach) inzwischen stellenweise unter dichte Vegetation und ein wenig in Vergessenheit geraten. Frühe etruskische Hausmauern, eine zugehörige Nekropole, hoch darüber und ganz von Bäumen umstellt die ansehnlichen Reste einer Burg der Di Vico. Unsere Lokalbahn durchzieht historische Landschaft auch wo man es ihr nicht ansieht.

Man kann durch Latium, statt auf stillgelegten Geleisen, im übrigen auch noch auf andere, bequemere Weise wandern. Der gedeckte Markt der *Agricoltori diretti* in Rom, im Tal zwischen Kapitol und Palatin gelegen und in seinem Sechseck alle Landschaften Latiums versammelnd, nennt an seinen zahlreichen Verkaufsständen die Herkunft der Bauern und ihrer Produkte. So kann man an jedem Wochenende beim Einkaufen beiläufig auch Latium durchstreifen, gezielt zu den Gemüsen der entferntesten Winkel vordringen oder sich absichtslos zwischen die Früchte von vertrauteren Gegenden treiben lassen. Nicht daß die Anordnung der lokalen Stände hier die Zuordnung der geographischen Wirklichkeit Latiums abbilde, oder daß die Regionen auch nur zusammenstünden. Aber man findet doch leicht hindurch wie durch das wirkliche Latium.

Um sich durch diese agrarische Vorführung Latiums zu bewegen, kann man nun Regionen aufsuchen oder Produkte: das eine wird aus dem andern dann auf das natürlichste folgen.

Mozzarella holt man sich am besten von den Büffeln der Pontinischen Ebene. Die Adresse des Landguts sagt ‹Am 51. Meilenstein›, und auch der 50. Meilenstein ist mit einem Stand vertreten. Denn man hat, bei der Trockenlegung unter Pius VI. und dann unter Mussolini, zur Gliederung der Hauptachse, der Via Appia, die alten römischen Meilenangaben beibehalten. So sieht man über den prächtigen Käsen und Gemüsen förmlich die baumbeschattete Via Appia schnurgerade durch die pontinische Ebene ziehen und vom begleitenden (von Horaz und dem Hl. Paulus befahrenen) Kanal jede römische Meile einen Abflußgraben und eine schmale Straße in das beweidete und beackerte Land abgehen (und wenn man den verloren geglaubten 54. Meilenstein der Appia – wiederverwendet als Säule in der nahen Abtei Fossanova – fand, ist einem der Stand der 51. Meile besonders lieb). Von diesem Stand, da ganz am Eingang, sieht man hinauf auf den nahen Palatin zum Wohnhaus des Kaisers Augustus, dem als kleinem Jungen, auf dieser Via Appia, auf dem Weg zu den Großeltern in Velletri, ein Adler das Butterbrot raubte, dann aber doch wieder zurückgab, wie Sueton erzählt. Brot kauft man natürlich in Lariano unweit Velletri, das Graubrot ‹tipo Lariano› ist begehrt, der Stand umlagert.

Auch andere genauere Angaben lassen erkennen, wo an der Via Appia die angebotenen Gemüse gewachsen waren. «Velletri, Via vecchia di Napoli», das ist die alte Verbindung zur Via Appia; und «Colle *Troiano*» (oft eine mittelalterliche Verbildung aus *Traiano*) ist, ein Stückchen weiter, die Stelle, wo die kurvenreiche spätere Appia auf die antike Appia trifft, die, zum Pfad geworden, schnurgerade aus den Weinbergen heranzieht. Und weitere Stände, die einen die Via Appia entlangwandern lassen: Wein aus Lanuvio mit Blick über die ganze pontinische Ebene bis zum Kap der Circe, Blumen und Gemüse aus Velletri am Südabhang der Albaner Berge; und wo die Appia endlich das Meer erreicht, der große Fischstand von Terracina: Tintenfische zu schleimigem Klumpen geballt, die Schwertspitze des Schwertfisches mit einer aufgesteckten halben Zitrone entschärft.

Wie die Via Appia, so hat auch die Via Salaria auf ihrer Route nach Norden ins Reatinische mehrere Stände – denn die alten Konsularstraßen gliedern das Land noch heute. Nerola hoch über der Straße bietet sein Öl. Diesem Stand gegenüber ginge es hinauf ins Bergland der Sabina mit Ständen (manche auf Sichtweite voneinander wie in Wirklichkeit) aus Fara in Sabina mit alten Apfelsorten, Collevecchio mit Gemüse, Tarano mit einem riesigen gerösteten Schwein, Poggio Nativo mit seinem Obst. Manche Ortsbezeichnungen führen tief in freie Landschaft (Via dell'Osteria di Moricone, Via dell'Osteria della Fontana). Was aus Magliano Sabina oder aus Otricoli angeboten wird, ist mit Blick auf Tibertal und Monte Soratte gewachsen. Den Wein konnte man in Otricoli – im Ruinengelände bei imposanten, das bewegte Gelände großzügig terrassierenden, in üppiger Vegetation halbversunkenen antiken Gewölben – noch in der alten Mischkultur mit Getreide angebaut sehen: Weinreben rankend an kleinen Laubbäumen in langer Reihe, als reichten sie sich über den Halmen die Hände.

Was antikes Gemäuer dem Geschmack der Gewächse nicht nur an Empfindungen, sondern womöglich auch an Substanzen hinzufügen kann, weiß der Botaniker zu sagen. Ein Blick auf die Auslagen von Feigen im Juni und im September (sie sind immer bald verkauft) erinnert daran, daß man bei antikem Ziegelgemäuer auffallend oft den Feigenbaum mit seinem charakteristischen Geruch antrifft. Und so darf man fast sagen, man könne Antike in freier Landschaft von weitem riechen.

Aber weiter auf der Via Salaria ins Reatinische. Aus Greccio, schon an der Grenze gegen Umbrien, wird auf unserem Markt Fleisch vom «schwarzen reatinischen Schwein» verkauft. Von hier, wo der Hl. Franziskus die erste ‹lebende Krippe› aufbaute, sieht man über die weite Talebene mit dem (stark geschrumpften) See, an dem der Heilige mit dem Fisch sprach, auf die Türme des alten Rieti. Dahinter geht es weiter mit dem *pecorino* von Leonessa. Dann ist Schluß, denn dort droben hat das Erdbeben gewütet, und das völlig verwüstete Amatrice ist nur vertreten, wenn auf der schlichten Terrasse, die sich zwischen den Ständen aus Fara und Greccio gegen das nahe Kapitol, den Campanile von S. Giorgio in Velabro und den Janusbogen öffnet, die schwerverwundete Gemeinde Amatrice den Marktbesuchern einen Teller Spaghetti *all'amatriciana* zu «solidarischem Preis» anbietet. Und man zahlt den maßvollen Preis gern – nicht nur aus Solidarität, sondern weil der *sugo* von Amatrice eine besonders beliebte Zubereitung ist.

So könnte man weitere Gegenden Latiums durchstreifen, etwa das Viterbesische mit seinen Ständen: den Kastanien der Monti Cimini, den Hülsenfrüchten längs der Via Cassia hinauf bis in die äußerste Spitze Latiums, bis Acquapendente. Aber hier sollte nur gezeigt werden, daß auch solch seltsame Reise – kompakt und doch mit allen Sinnen – eine Landschaft vor Augen führen kann.

V

Archipelagos. Das Erlebnis der griechischen Inselwelt in der Frührenaissance

Unter den Regionen des Mittelmeeres hat die griechische Inselwelt als Raum landschaftlichen, historischen, archäologischen Interesses und Erlebens heute einen besonderen Rang. Im Spätmittelalter war ihr Stellenwert ein völlig anderer. Was aber können wir über diesen Raum damals wissen, der nicht gerade im Zentrum des Weltinteresses lag, und mit dem auch die Humanisten zunächst wenig anzufangen wußten? Und wie wurden diese Inseln erlebt, ihre Landschaft und ihre Altertümer wahrgenommen?

Die griechische Inselwelt war durch ein großes, überraschendes Ereignis wieder in den Blick Europas getreten. Der Vierte Kreuzzug, der 1203/4 auf venezianischen Schiffen ins Heilige Land gehen sollte, wurde von den Venezianern stattdessen gegen Konstantinopel abgelenkt, das byzantinische Kaisertum gestürzt, Griechenland von französischen und lombardischen Rittern erobert, die Inseln an venezianische *nobili* wie Ghisi, Sanudo, Venier vergeben. Diese ‹Frankenherrschaft› führte zu unerwartet direkter Begegnung zwischen klassischer Antike und feudalem Mittelalter, mit seltsamen Titeln wie Herzog von Athen und Theben, Herzog des Archipelagus (um Naxos als Mittelpunkt), und anderen klangvollen Markgrafen, Grafen, Baronen. Das ist die aus nordischem Mittelalter und klassischer Antike gebildete Welt, in die Goethe seinen Faust – nun mittelalterlicher Herrscher in Sparta, der Achaia den Goten, Elis den Franken, die Argolis den Normannen gibt – eintauchen und Helena gewinnen läßt: er kommt in ihr Land, sie kommt in seine Zeit.

Wie Venedig durch seine Inselherren, so war die große Konkurrentin Genua durch ihre Kaufleute in der Ägäis präsent, der Archipelagos belebt von ihren Schiffen zwischen den Inseln und auf dem Weg ins Schwarze Meer, wo beide ihre Handelskolonien hatten (Abb. 5). In der Ägäis hatte Genua vor allem Chios und ein Stück Küste am gegenüberliegenden Festland in Besitz. Chios, dessen Mastixharz-Produktion, von 1346 bis zur osmanischen Eroberung 1566, durch die sogenannte *Maona*, ein genuesisches Unternehmerkonsortium, ausgebeutet wurde, kennen wir aus den Urkunden der dort tätigen Notare bis ins letzte topographische Detail. Denn aus den unterschiedlichen, meist von genuesischen Kaufleuten abgeschlossenen Geschäften wie Verkäufen, Schuldanerkennungen, Bevollmächtigungen, Freilassung von Sklavinnen, Testamenten, Verproviantierung von Galeeren, ersehen wir aus dem Inhalt oder aus der Ortsangabe der Datumszeile die Plätze, Straßen und Gewerbeviertel der Stadt: die zentrale *Platea banchorum* bzw. *Platea della loggia*, also ein Platz mit Arkaden; auf seiner einen Seite die *Sottoriva*, eine gedeckte Straße mit einzelnen genannten Tuch- und Gewürzläden; auf der anderen Seite das ans Meer stoßende *Forum* mit Lebensmittelmarkt und Gerichts-Säule, und weitere Stellen alltäglicher Begegnung.

Chios war überhaupt das Kommunikationszentrum für den Westen im ägäischen Raum, über Chios kam jeder. Die griechischen Skulpturen, die sich Poggio Bracciolini wünschte, besorgte ihm 1430 der Minorit Francesco da Pistoia, der mit päpstlichem Auftrag in den Osten reiste; und auch mit Andreolo Giustiniani, den wir als Brieffreund des Cyriacus von Ancona dort auf Chios kennenlernen werden, trat Poggio, wie auch Cosimo Medici und Niccolò Niccoli, wegen Antiken-Beschaffung in Verbindung. Freilich gibt es von diesem wohlhabenden, betriebsamen, gartenreichen Chios auch ein weniger schmeichelhaftes Bild. Michelozzo Michelozzi, einst Cosimo Medicis bevorzugter Architekt, mußte sich im Alter erst nach Ragusa/Dubrovnik als Festungsbaumeister und anschließend, 1464–67, nach Chios in den Dienst der *Maona* verdingen, wo er (wie aus dem Briefbuch seines Sohnes Niccolò nachgewiesen werden konnte) in kümmerliche Verhältnisse geriet. Entsprechend unfreundlich ist die Charakterisierung, die Michelozzo bzw. sein Sohn von der Insel und ihren Bewohnern gibt.

Noch bekannter als die Mastixgewinnung auf Chios – und wiederum Akten produzierend – war der Abbau von Alaun durch die Genuesen an der gegenüberliegenden kleinasiatischen Westküste um Phokäa, heute Foça, das europaweit vermarktet wurde. Die Abhängigkeit des Abendlandes von diesem für Gerberei und Färberei unentbehrlichen Mineral wurde drastisch ins Bewußtsein gebracht, als die Gruben von Phokäa 1455 durch türkische Eroberung verloren gingen und Alaun sofort knapp und entsprechend teuer wurde: Papst Pius II. widmete diesem Ereignis – und der Euphorie über die unverhoffte Entdeckung von Alaun-Vorkommen um Tolfa nördlich von Rom 1462 – in seinen *Commentarii* einen eigenen Abschnitt.

Im Mittelpunkt stehe eine Quellengattung, die für unsere Zwecke die unmittelbarsten Aussagen verspricht: Reiseberichte. Im östlichen Mittelmeer sind das vor allem Reiseberichte von Jerusalempilgern, die fast immer von Venedig ausgingen und gerade für das 15. Jahrhundert in großer Zahl erhalten sind. Nur hat diese umfangreiche Quellengruppe bei unserem Thema zwei Mängel. Erstens berührt die gewöhnliche Route der venezianischen Pilgergaleeren die griechische Inselwelt nur am Rande, und zweitens waren diese Pilger-Autoren weder geneigt noch fähig, diesem Raum besondere Empfindungen entgegenzubringen und ihn mit klassischen Reminiszenzen zu verbinden. Daß Paris hier die Helena geraubt habe mit allen Konsequenzen, scheint auf der Höhe der Insel Kythera, die man ja auf Sichtweite passierte, allen Pilgern erzählt worden zu sein, denn es erscheint stereotyp in beinahe jedem Bericht. Oder man erzählte in Rhodos vom Koloß, und daß – «nach diesem ‹Koloß› wurden sie ‹Kolosser› genannt» – der Apostel Paulus darum den Kolosserbrief geschrieben habe.

Viel mehr antiken Horizont wird man von solchen Pilgertouristen auch nicht erwarten dürfen, und das sei doch hervorgehoben, weil wir vor *diesem* Hintergrund die Reisen eines Cristoforo Buondelmonti oder eines Cyriacus von Ancona mit ihren antiquarischen Interessen werden sehen müssen. Wenn diese Pilger sich von untergegangenen antiken Küstenstädten erzählen ließen, wo *man noch hausser, mauren und thürme under dem wasser sichet*, dann war das für sie nicht Unterwasser-Archäologie, sondern Anklang an Sodom und Gomor-

Abb. 5. Die griechische Inselwelt war damals, vor der nahen Eroberung durch die Türken nach dem Fall von Konstantinopel 1453, in der Hand venezianischer und genuesischer Inselherren und Kaufleute. Hier zwei Schiffstypen, die für die beiden Seestädte charakteristisch waren und denen man, wie im Levante-Handel, auch hier und auf ihrem Weg ins Schwarze Meer begegnete. Vorn die langgestreckte Galeere, die von den Venezianern vor allem für den raschen Transport teurer Ware von geringem Volumen (z. B. Gewürze) sowie als Kriegsschiff verwendet wurde. Dahinter ein Rundschiff, ausschließlich gesegelt und nicht auch gerudert, wie es die Genuesen vor allem für den Transport von voluminöser Massenfracht (z. B. Alaun aus den Gruben gegenüber Chios) einsetzten. Beider Segel werden gerade geborgen. Carpaccio, *Leben der Hl. Ursula, Rückkehr der Gesandten*, 1495, Venedig, Galleria dell' Accademia, Ausschnitt.

rha. Die Begegnung mit griechischer *Gegenwart*, etwa dem orthodoxen Ritus, war für die meisten schon aufregend genug: daß die Priester griechisch sprechen, im Gottesdienst somit, anders als im Abendland, von den Gläubigen verstanden wurden (*comme se on parloit françoys,* macht sich erstaunt ein Franzose klar), war den Pilgern für die Eigenart dieses Raumes kennzeichnender als eine griechische Säule mehr oder weniger.

Doch kommt in solch anspruchslosen Reiseberichten bisweilen sogar Troja vor. Ein deutscher Pilger glaubt 1494 sogar vom Gipfel der Insel Ios Troja in der Ferne zu sehen (*auch sachen wier das lannd und stat Troya*). Einem Italiener konnte man so etwas nicht erzählen: der mailändische Domherr aus der gleichen Reisegesellschaft, der alte Pietro Casola sieht kein Troja, und was dem Deutschen da oben *ain schöns schlos* scheint, wirkt auf den Italiener wie ein baufälliger Schweinestall, *uno stabulo de porci,* in der Lombardei würde man da etwas ganz anderes hinsetzen. Man hätte es vielleicht umgekehrt erwartet (der Italiener sieht Troja, und der Deutsche den Schweinestall), aber es ist anders, und hat, auch das ist kennzeichnend, eben nicht mit Bildungswissen, sondern mit unterschiedlicher Kritikfähigkeit zu tun. Wenn Troja sogar in solch treuherzigen Texten vorkommt, so ist das nicht in die Breite abgestiegener Humanismus, sondern das, was arglosen Reisenden auf den Schiffen so erzählt wurde.

Allen Pilgern aber war der Türkenkrieg, zumal in seiner aggressiven Phase während der 30jährigen Regierung Mehmeds II. *des Eroberers* (1451–81), schaudernd im Bewußtsein, wußten sie doch, daß sie mit ihrer Galeere türkische Gewässer, ja den Aufmarschraum ganzer türkischer Flottenoperationen durchqueren mußten! So düster wird von den Reisenden des 15. Jahrhunderts denn auch die Realität der ägäischen Inselwelt erlebt, zumal seit das langdauernde, prekäre Gleichgewicht zwischen Venezianern, Genuesen, Katalanen, Türken durch das Vordringen Mehmeds II. (Thasos 1462, Lesbos 1462, Lemnos 1479, ja 1480 Otranto in Süditalien) zerstört worden war. Das ist die Realität, derer man sich auch in Venedig selbst grausig bewußt war, schließlich führte die Gewürz-Route, sozusagen die Hauptschlagader Venedigs, durch türkisch bedrohte Gewässer – und vergessen wir das nicht, wenn wir von geistigen und stilistischen Bezügen

Venedigs in den Osten sprechen: all das geschieht jetzt in einem komprimierten Raum unter erheblichem Außendruck!

Welch lebensvolles und genaues Bild von dieser Inselwelt solche Pilgerreiseberichte gleichwohl geben können, sei zunächst an Texten gezeigt, die von der Renaissance wenig geprägt sind. Der italienische Pilger Niccolò de Martoni, ein Notar aus Carinola bei Capua, hatte auf seiner Heiligland-Fahrt 1394/95 nicht den üblichen venezianischen Pilgergaleeren-Kurs der meisten Pilgerberichte genommen: hin fuhr er mit einem Schiff aus Gaeta nach Alexandria, zurück mit mehreren sich gerade bietenden Gelegenheiten. Denn seine Reise verlief – zu seinem Unglück und zu unserem Glück – in ganz unvorhergesehener Weise und ließ ihn Dinge sehen, die er freiwillig nie hätte sehen mögen, die dann aber doch zu beobachten und zu beschreiben sein wacher Geist interessiert und umstellungsfähig genug war. Das gilt vor allem für seine ungewöhnliche Beschreibung der Akropolis von Athen, die aber außerhalb unseres Themas liegt. Kamele und Pyramiden zu sehen war er irgendwie vorbereitet, auf die Akropolis von Athen nicht.

Die ganz persönliche Perspektive, die seinen Bericht so anziehend macht, drückt sich schon in seinen Vergleichen aus (der Vergleich mit Vertrautem zur Veranschaulichung von Fremdem wird in mittelalterlichen Reiseberichten gern zu besserer Verständigung herangezogen, um fehlende Begrifflichkeit zu kompensieren): Rhodos so groß wie Capua, Famagusta hat Plätze und Häuser wie Capua, der Müllberg von Alexandria ist so wie ein Hügel daheim; auf der Akropolis von Athen sind die Propyläen so schön aus Marmorsteinen gearbeitet wie das Brückentor Friedrichs II. in Capua, ist die Marienkirche (nämlich der Parthenon) so groß wie die Kathedrale von Capua, sind die Säulen des Parthenon «höher als Weinleseleitern», *alta plus de scalis de vendemiando* – was man nur versteht, wenn man weiß, daß die Weinreben bei Capua hoch rankend zwischen Bäumen hängen, wie man stellenweise noch in unserer Zeit sehen konnte.

Strapaziös wurde die Reise unseres Notars vor allem durch das Gefühl dauernder Gefährdung: bei jedem gesichteten Schiff spürt er die Furcht der Besatzung, es mit (christlichen) Korsaren oder mit Türken zu tun zu haben – bis sich diese böse Ahnung endlich bewahrheitet. Auf Kythnos tagelang von einem in benachbarter Bucht ankernden katalanischen Korsaren belauert, flieht er endlich vom Schiff bei aufgehendem Mond. Dann der stundenlange nächtliche weglose Marsch hinauf zum Kastro: «Wir nahmen unsere Sachen, ließen das Beiboot da liegen, und begannen unter großer Angst die Flucht in die Berge, auf gewundenen, steilen, steinigen Wegen, immer wieder stolpernd und stürzend. Ich trug ein schweres Bündel mit meinen und Herrn Antoniazzos Sachen um den Hals. Wir flohen die ganze Nacht durch diese Berge auf der Suche nach dem Ort Fermia, um uns zu retten. Mein Gott, unter was für Angst, Schweiß und Zittern bin ich da mit dem Bündel um den Hals geflohen!» Droben ein kleiner italienischer Inselherr, nur ist der gerade auf anderer Insel, aber es gibt doch wenigstens zwei Betten. Und während drunten die anderen Pilger, ausgeraubt, ihre Fahrt fortsetzen, sinnen oben er und seine Gefährten darüber nach, wie sie sich, am ehesten über Athen und Korinth, nach Venedig durchschlagen könnten. Auf kleiner Barke, nachts und in steter Furcht vor türkischen Schiffen, nach kümmerlichen Imbissen am Strand.

So erlebt er die griechischen Inseln hautnah, wenn auch unfreiwillig: schläft auf Syme in kalter Ufergrotte, auf Nisyros am Strand, gelangt von Insel zu Insel notfalls auf gewöhnlicher Barke, kommt wegen widriger Winde (es ist Anfang Februar) nicht in die kleinen Inselhäfen hinein oder nicht aus ihnen heraus.

Auch andere Pilger-Autoren beschreiben einzelne Inseln, noch ganz vorhumanistisch, als bloße Insel, auf der die Ankunft eines Schiffes (so wie noch heute auf ägäischer Insel) für kurze Zeit alles in hektische Betriebsamkeit versetzt – und dann alles wieder in tiefe Stille zurücksinkt: wie der deutsche Pilger Felix Fabri ein großes Essen am Strand der Insel Melos beschreibt, mit dem die Besatzungen dreier venezianischer Galeeren-Konvois (die Konvois der Syrien-, der Alexandrien- und der Maghreb-Linie) 1483 ihr Treffen hier begingen. «Es war schön zu sehen, mit welch fabelhaftem Aufwand diese hohen Herren da zusammensaßen, und das Essen, und die große Menschenmenge, und das Hin und Her»; jeder der drei Befehlshaber mit seinen Offizieren und Trompetern. «Auf den Schiffen blieb kaum einer». Auch die Pilger seien an Land, gegangen, hätten Fleisch gekauft und sich an einem Hang über dem Meer Feuer in einer Höhle gemacht unter einem gefährlich überhängenden Felsen, und seien dort alle miteinander vergnügt gewesen. Dann wandern sie den Strand entlang und schauen dem Aufprall der Wellen auf die Klippen und dem Tosen der Brandung in einem Felsspalt zu. «Wir fanden dort antike Gebäude aus Quadern und sahen verfallene Mauern auch noch bis ins Meer hineinreichend: wir waren ganz sicher, daß hier einmal ein Kastell zum Schutz des Hafens gestanden habe. Gegenüber auf der anderen Seite steht ein alter Turm, früher Zuflucht von Seeräubern, auch er verlassen und verfallen.» Den Verfall und die Vereinsamung schreibt er den langen Auseinandersetzungen zwischen Genuesen und Venezianern und mit den Türken zu. Und so verbinden sich bei ihm das Erlebnis des Augenblicks und die Beobachtung von Natur und Geschichte auf das anziehendste.

Oder der Ritter und Diplomat Ruy González de Clavijo. Der sieht das griechische Meer nicht einfach von Türken eingeschlossen, weil er weiß, daß es hinter den Türken weitergeht: eben noch, 1402, sind sie aus den Tiefen Asiens angegriffen und von Timur vernichtend geschlagen worden (sonst wäre Konstantinopel schon früher gefallen) – und eben zu diesem Timur ist Clavijo, Gesandter seines Königs Heinrichs III. von Kastilien und León, 1403 auf dem Wege nach Samarkand. Anhaltende Nordwinde verlangsamen seine Fahrt durch die Ägäis und lassen ihn unfreiwillig vieles beobachten. Er beschreibt Inseln und Inselchen: ob bewohnt, ob Wasser vorhanden, wem sie gehören, vor allem, ob man auf Johanniterritter trifft. Landgang auf Tenedos, jetzt völlig unbewohnt, zur Aufnahme von Wasser und Brennholz: Gärten, Kornfelder, üppige Weinberge, dazwischen ein großes zerfallenes Kastell, viele Rebhühner und Kaninchen.

Auch in der Quellengattung der Portolane war der ägäische Raum erfaßt, und das führt uns aufs anschaulichste von einer Insel zur anderen. Wörtlich «Hafenverzeichnisse», wiesen die Portolane die Küsten des Mittelmeeres entlang den Seeleuten den Weg von Kap zu Kap, von Hafen zu Hafen, und hatten in der Ägäis mit ihrer innigen Durchdringung von Meer und Fels viel zu sagen. Portolane nennen (nicht anders als ein heutiges Segelhandbuch, ein «Sea-Guide to the Aegaean») Distanzen, vorherrschende Windrichtungen, und vor allem eben Häfen und Ankerplätze. Für die Orientierung bei Küstenschifffahrt unentbehrlich war die Nennung von weithin sichtbaren Landmarken, und sie lassen uns Küstenprofile sehen: *La cognoscenza di Lango* [Kos] è …, *La cognoscenza di Rodi è* …, also «Kos erkennt man an …» – und dann folgen Berge von markanter Form oder von auffallender Farbe: «die Insel hat im Südosten eine weiße Erhebung und ähnelt von weitem einem Schiff», *someia da lonzi una nave.*

Und doch können Portolane ihre eigene Poesie haben, wenn sie die Namen schöner Kaps und vertrauter Inseln nennen, ungewollt landschaftliche Szenerien evozieren («drei Inselchen in der Hafeneinfahrt» bei Phokäa, zwei kleine Inseln *piene de aseni salvatici*, «voll von wilden Eseln» bei Chios), und bisweilen sogar küstennahe Ruinenstädte einbeziehen: «Troja war eine große Stadt, und es gibt noch einen großen Teil der Mauern»; *Efexo si è una gran citade desfacta* – nicht anders als dann auf britischen Seekarten die vermessenden Kapitäne (etwa Captain Francis Beaufort, nach dem die Windstärke-Skala benannt ist, 1817 an der lykischen Küste im Südwesten Kleinasiens) in Küstennähe angetroffene Ruinenstätten eintragen. Und so werden beiläufig sogar die Ruinen des alten Knidos erwähnt, noch heute von der See her zugänglicher als vom Land: *Porto Grio fu una gran citade* …, aber Vorsicht bei starkem Wind: «halte das Bugtau parat, um es an Land zu werfen, denn es ist wenig Raum». Gemeint ist einer der beiden noch gut erkennbaren und inzwischen erforschten antiken Häfen von Knidos.

Der ägäische Raum war jedenfalls wohlbekannt, ja italienisch durchdrungen. Aber von den Altertumsfreunden, den Humanisten, mußte er noch entdeckt werden. Es geht hier nicht um die Spuren lokalen Antiken-Interesses: auch für Athen hat es ja *Mirabilia* gegeben (wie man die phantasievollen Ausdeutungen der antiken Monumente nennt), und auch jener Pilger Niccolò de Martoni findet 1395 bei seinem unfreiwilligen Athen-Besuch einheimische Führer, die ihm die tollsten Dinge über die Altertümer erzählen. Aber dieses lokale Antiken-Interesse bleibt isoliert, punkthaft, enthält keine Entwicklung wie in Italien. Und es geht hier auch nicht um das Interesse an griechischer Sprache und Literatur, sondern um die Zuwendung zum materiellen, anfaßbaren Nachlaß des antiken Griechenland, seinen

Monumenten, Skulpturen, Inschriften. Das Interesse daran erwacht unter den italienischen Humanisten relativ spät – und wird auch nicht lange anhalten: «despite Crusades and trade, Latin rule and missionary effort, the archaeological study of the Greek world during the Renaissance practically began and ended with Ciriaco d'Ancona» (Weiss).

Das muß im Kontrast zu Italien auffallen, wo das Interesse an den antiken Überresten längst erwacht war. Die Erklärung wird darin zu suchen sein, daß es in Italien ein Nachleben der Antike gegeben hat, in Griechenland hingegen nicht: *Nachleben* in dem schönen weiten Sinn, der mehr bedeutet als bloß Überleben, nämlich Eigenleben, fortdauernde Wirkung, Hilfe zu neuen Entfaltungen (und durch diesen weittragenden Sinn ist das deutsche «Nachleben der Antike» sogar in andere Wissenschaftssprachen eingegangen). In Italien war die Berufung auf die Antike sogar ein Instrument kultureller, ja politischer Legitimation. Insofern war das Antiken-Interesse in Italien ein genuin historisches, und konnte, wenn auf Griechenland angewendet, nicht mehr als ein antiquarisches sein. Und Menschen mit *antiquarischem* Interesse mußten erst noch kommen.

Vor diesem Hintergrund muß man die erstaunlichen Reisen zweier Italiener sehen, die in der ersten Hälfte des 15. Jahrhunderts den griechischen Raum nicht nur berührten, durchquerten, sondern *aufsuchten*, Griechenland um Griechenlands willen mit der ausgesprochenen Absicht, nicht Mastixharz zu gewinnen oder eine Inselgruppe zu beherrschen, sondern diesen Raum und seine Altertümer kennenzulernen: Cristoforo Buondelmonti und Cyriacus von Ancona. Das war, unter den doch damals schon so vielfältigen Kategorien von Reisen, eine neue Motivation. Dabei hat Buondelmonti (der dann in den Schatten des größeren Cyriacus geriet) stärker als jener die Inseln und nicht das Festland im Blick gehabt.

Warum ein Florentiner Priester – nicht ein venezianischer Kaufmann oder ein genuesischer Reeders-Sohn – als erster diesen Raum systematisch aufnahm und viele Jahre lang durch die griechische Inselwelt zog, ist nicht leicht zu erklären. Zwar hatte die namhafte Familie Buondelmonti mehrfache verwandtschaftliche Beziehungen hinüber nach Griechenland (zu den Florentiner Acciaioli, die als Herzöge von Athen in den Propyläen der Akropolis residierten, und zu den Tocco,

Herren der jonischen Inseln Kephalonia und Leukas), nahmen die Kontakte des Papsttums zur Ostkirche damals sehr zu. Aber es mußte anderes hinzutreten, um Cristoforo zu einem solchen Unternehmen anzureizen. Von seinem Bildungsgang wissen wir nichts. Doch im Florenz seiner Jugend konnte man durchaus schon mit der griechischen Geisteswelt in Berührung kommen: die Berufung von Manuel Chrysoloras 1397 auf einen neu geschaffenen Lehrstuhl des Griechischen wirkte als Initialzündung für die Begegnung der Florentiner Frührenaissance mit der griechischen Antike, und die humanistischen Kreise um Coluccio Salutati und Niccolò Niccoli, die diese Berufung bewirkt hatten, öffneten sich diesen Anregungen weit.

Aus solchen Elementen also müssen wir uns den mächtigen Impuls zusammengesetzt denken, der notwendig war, um einen Mann zu solch ungewöhnlichem Unternehmen anzutreiben. 1414 brach Buondelmonti nach Rhodos auf, um von dort aus mehrere Jahre lang kreuz und quer die griechische Inselwelt zu bereisen, gewiß in einzelnen Exkursionen und nicht, wie der *Liber* glauben machen könnte, in systematischer Abfolge. Das chronologische Gerüst dieser Reisen, die von 1414 jedenfalls bis 1423, vermutlich aber bis 1430 andauerten, ist nicht klar: datierbare Aufenthalte gibt es von Rhodos zwischen 1414 und 1423, von Kreta zwischen 1415 und 1418, von Imbros und Andros 1419, von Konstantinopel 1422.

Man wüßte gern mehr über die äußeren Umstände dieses ungewöhnlichen Reisenden, der in so existentieller Weise in die griechische Inselwelt eintauchte. In welchem Netzwerk lebte er in all diesen Jahren, und wie finanzierte er sich? Später war er Kanoniker (1430 sogar Dekan) des Domkapitels von Rhodos. Auf seinen Priesterstand kommt er nur einmal zu sprechen, als er in dem – über dem angeblichen «Grab des Jupiter» auf Kreta errichteten – Kirchenkomplex die Messe zelebriert. Ausgangspunkt seiner Reisen war jedenfalls Rhodos, das ihm, mit seinen Gärten, (darunter das «von Florentinern angelegte ‹Paradies›»), «die schönste aller Mittelmeerinseln» schien. Von hier schickte er 1420 die erste Fassung seines Berichts ab: *omnia in sex percensita annis*, «alles in sechs Jahren besichtigt», sagt die Widmung an den hochgebildeten Kardinal Giordano Orsini in Rom.

Der *Liber insularum Archipelagi* erlebte mehrere Fassungen. Vorauf ging eine Beschreibung der Insel Kreta, die Buondelmonti 1417 Niccolò Niccoli zusandte, und die im folgenden gleichfalls einbezogen sei. Das Inselbuch enthält die Beschreibung von rund 80 Inseln bzw. Plätzen, von Korfu bis Rhodos, von Konstantinopel und dem Athos bis Kreta (wobei Festland und Konstantinopel hier beiseite gelassen seien). Bemerkenswert ist die Rezeption: das Werk wurde in seiner kurzen Fassung von 1422 breit aufgenommen und noch im 15. Jahrhundert nicht weniger als dreimal ins Italienische übersetzt – erstaunlich bei einem Unternehmen, auf das bis dahin niemand verfallen war, und eine gewisse Antwort auf unsere Frage, inwieweit die griechische Inselwelt nun auch unter nichtkommerziellen Aspekten in das Blickfeld Italiens trat.

Glücklicherweise verfiel Buondelmonti, ob nun aus Vorsatz oder aus Unvermögen, nicht in die Unart vieler Humanisten, gesehene Landschaft und eigenes Erleben literarisch zu überformen und das krude Individuelle zu einem schönen Allgemeinen einzuebnen. Zunächst wird der Umfang der Insel festgestellt, das Relief der Insel beschrieben; werden wie in einem Portolan konkrete Angaben über Ankergründe (bei Sturm sei Ios ein beliebter Zufluchtsort, Amorgos hingegen ein Schiffsfriedhof), Aussagen über Bewohnbarkeit, Fauna und Flora gemacht sowie angetroffene Altertümer und zugehörige Mythologie einbezogen, und solcher Beschreibung auch noch Kartenskizzen beigegeben, die von diesen Inseln meist die ersten kartographischen Darstellungen überhaupt sind.

Der *Liber insularum Archipelagi* ist nicht Landeskunde vom Schreibtisch, sondern sichtlich selbst erfahrene Geographie, wenn nicht bei allen, so doch bei den meisten Inseln. Natürlich verarbeitet der Verfasser auch antike Autoren wie Plinius, Ovid, Statius, ja manchmal ist seine Darstellung mit Bildungswissen überfrachtet (auf Lesbos fallen ihm Alkaios, Sappho und Theophrast ein, Pompejus, einige Sagengestalten, der Hl. Paulus, der Hl. Kalogeros). Aber gegebenenfalls argumentiert er, aus unmittelbarer Anschauung, auch gegen solche Autoritäten: daß Ovid Ariadne auf Chios statt auf Naxos von Theseus verlassen sein läßt, sei wenig wahrscheinlich, weil Chios nicht an der Route Kreta-Athen liege. Und vor allem: er erfragt viele aktuelle Informationen vor Ort aus dem Munde der Bewohner (denen er bisweilen aber auch historisches Wissen in den Mund legt, das sie schwerlich gehabt haben können). Er läßt seine Autopsie unbefangen immer wieder durchblicken (*vidi, repperi, inveni*, u. ä.), und tatsächlich wirkt sein Text von eigenem Erlebnis durchtränkt. Und das nicht nur bei so persönlich erzählten Episoden unmittelbarer Gefährdung: wie er bei Thera mit Entsetzen einen riesigen Polypen seine Fangarme nach ihrem genuesischen Schiff ausstrecken sieht; oder wie bei Furni (zwischen Samos und Patmos) sein Schiff, in schwarzer stürmischer Nacht den Landeplatz verfehlend, in die Klippen gerät und er auf unbewohnter Insel tagelang von Kräutern lebt.

Landschaft nimmt er mit allen Sinnen wahr: er sieht und beschreibt Nahblicke und Panoramen (von Kalymnos sehe man bis nach Chios, nach Ephesus und Milet; ähnlich auf Kreta), hört das Rauschen des Windes und den Gesang der Vögel, spürt den Duft des Thymians in den Bergen Kretas; fühlt die Kühle des Quellwassers, schreibt vom Geschmack des Weins aus unterschiedlichen Anbaugebieten derselben Insel. Mit besonderer Aufmerksamkeit beschreibt er auf Kreta jeden Fluß, jeden Wasserlauf: Quelle, Wassermenge, Verlauf, fließend, stürzend, tönend, Mühlen treibend. Auffliegende Rebhühner; Kirchen zwischen Gärten mit früchteschweren Bäumen, das Echo der Meeresgrotte – solche Eindrücke sind nicht dekorativ über den Text verteilt, sondern jeweils an ihrer Stelle erzählt. Marmortrümmer bei einer Quelle und weidende Schafe und andere arkadische Szenerien, wie man sie hier nicht aus bukolischer Dichtung abschreiben mußte, sondern, wenn dafür empfänglich, in der Landschaft erleben konnte.

Oft verläßt er die Gesellschaft und geht, seinen Interessen und Empfindungen folgend, allein ins Gelände. Aber ebenso oft wird doch auch Gesellschaft und Geselligkeit beschrieben: die Vorbereitung des Essens draußen, die Rast an der Quelle unter dem dichten Laub von Platanen, freundliche Begegnung mit Einsiedlern und mit Bauern, Prozession und abendliches Volksfest mit Trommeln und Gesang, Tanz und Nächtigung im Freien; in Iraklio die Honoratioren unter den Arkaden der Piazza; Gespräche über das problematische Verhältnis der Einheimischen zu den Venezianern und anderen «Franken» nach nun 200jähriger Herrschaft.

Die Präsenz der Venezianer ist unübersehbar, ja Buondelmonti erlebt einen venezianischen Edelmann in seiner Villa tief in den Bergen: «In einem lieblichen Tal betrat ich einen herrlichen Garten, da gibt es an einem Berg wunderschöne Häuser, in denen ein Edelmann Niccolò wohnt und allein, ohne Erben, sein Leben verbringt. Er hat Freude an lateinischen Autoren, und manchmal hat er einen Dante in der Hand. Aus dem Mund einer Marmorstatue kommt fließendes Wasser heraus. Zur Rechten und zur Linken haben die Väter den Kopf des Mark Anton und den des Pompeius aufgestellt. Dort sah ich schöne Marmorstücke, die von anderen Bauwerken hierher geholt worden waren.»

Daß Buondelmonti auf seinen Reisen den antiken Resten besondere Aufmerksamkeit widmen werde, war nach seiner geistigen Herkunft zu erwarten, ist in dieser Dichte aber doch ungewöhnlich: erst das macht ihn, wo er mirabilienhaftes Vorwissen abstreift und mit eigenen Augen hinschaut, recht eigentlich zum Vorläufer des Cyriacus von Ancona.

Beeindruckt durchwandert er ausgedehnte Ruinenstätten wie Gortyn auf Kreta, «groß wie unser Florenz», wo er 1400 stehende und umgestürzte Säulen zu zählen und «den Palast des Minos mit großen leeren Fenstern» zu sehen meint. An der Steilküste der Lefka Ori landen er und seine Schiffsgenossen im schwer zugänglichen Loutro und betreten die Ruinen der alten Hafenstadt Phoenix «mit ihren umgestürzten Säulen. Dazwischen fand ich, bei den Häusern der Bauern, Sarkophage aus weißestem Marmor, aus denen die Schweine ihre Gerste fraßen und ringsherum die schönsten Skulpturen beschädigten».

Besonders anziehend ist es, ihn die Ruinen in ihrer natürlichen Umgebung beschreiben zu sehen, das Ensemble von Natur und Monument – versandete Häfen durch die nun der Pflug geht, völlig zugewucherte Ruinen –, so als empfinde er das Abenteuer der Entdeckung und den Zauber (oder doch die Melancholie) der Vergänglichkeit. Solcher Anblick stimmt ihn elegisch, aber er spricht davon ohne Emphase. Auf Kos bewegt ihn beim Gang durch das Trümmergelände auch der Gesang der Vögel, auf Donousa (östlich von Naxos) beschreibt er verzaubert das nächtliche Rauschen der Winde in den die Ruinen bedeckenden Büschen, *suavissime voces ventorum*. Auf

Kreta findet er die antike Hafenstadt Hierapetra «mit einer Unmenge von Gebäuden und Säulen. Wir fanden einen geräumigen Hafen, den ich wegen seines Alters und der Meeresströmungen von Süden ganz versandet sah: der ansehnliche Hafen ist nun ein fruchtbarer Acker für die Bauern. In dem großen Gelände zählte ich eine große Menge von Gebäuden und Tempeln und verzeichnete eifrig die verstreuten Statuenreste».

Oder der Gang vom Ankerplatz des Schiffes allein durch das Felsgeröll zur nächsten Tempelruine, bei der ein Hirt seine Herde weidet, weil die Ruine Schatten gebe. Oder die Bauern, die mit ihren Ziegen zwischen den Ruinen von Sphakia leben. Manche Reste sind völlig unter der Vegetation verschwunden: «die Büsche waren dermaßen darübergewuchert, daß antike Umrisse kaum zu sehen waren», *quod vix ab aliquo antiqua lineamenta videntur.* Fußbodenmosaiken hervortretend unter Schutt, Gebäude versunken in Weinbergen. Er durchstreift bei Souda ein Ruinengelände in einem Kornfeld (*per segetes*) und gerät dabei in dichtem Getrüpp unversehens in eine große Zisterne, aus der er sich nur unter Mühen wieder herausarbeitet, um sie dann noch – wie auch andere antike Reste – zu vermessen. Wer selbst die Erfahrung solchen Eindringens in das Dickicht von Ruinenlandschaften gemacht hat, wird nicht auf den Gedanken kommen, Buondelmonti habe das nicht selbst erlebt, sondern antike Bukoliker im Kopf gehabt.

Nicht nur antike Bauwerke, bemerkenswert häufig werden auch antike Statuen genannt: ein Apollon auf Seriphos, eine Statue auf Andros, nach ihren Attributen ein Merkur; auf Siphnos eine zerbrochene Pan-Statue, die er vom Apostel Paulus zertrümmert glaubt, usw. Bei ihnen allen werden Gestalt und Attribute mit viel Kenntnis antiker Mythologie und Religion allegorisch ausgelegt. Daß die drei Grazien, die er – korrekt in der Angabe ihrer unterschiedlichen Blickrichtung – auf Kythera beschreibt, angeblich die drei Sünden *avaritia, carnalitas, infidelitas* bedeuten, gehört zu den traditionellen mentalen Relikten in seinem Umgang mit der sonst unbefangen bewunderten antiken Skulptur.

Seine «Archäologie» ist natürlich noch ganz literarisch-philologisch, nicht kunsthistorisch. Aber während andere überhaupt nur sehen, was sie vorher gelesen haben, sieht er auch mit eigenen Augen, ist seine Begegnung mit dem Objekt doch unmittelbar. Er fragt sich bisweilen kritisch (und schon das ist viel: ein mittelalterlicher Beobachter fragt sich in der Regel nicht, weiß meistens alles, denn *interpretatio christiana* läßt keine Frage offen), und wagt auf Chios nicht zu entscheiden, ob ein verfallenes Grab tatsächlich das Grab Homers sei – einem mittelalterlichen Pilger-Cicerone wären solche Zweifel gewiß nicht gekommen. Zweifel kommen ihm auch beim Betreten des Felsgeländes, das auf Kreta allen Pilgerreisenden als das *Labyrinth* ausgegeben wird, und wo er entsprechend viele Besucher-Graffiti an den Wänden findet. Auf Delos ist er dabei, als einige Galeeren-Besatzungen versuchen, mit ihren Schiffswinden die Kolossalstatue eines Apollon wiederaufzurichten: «Auf Delos sahen wir bei dem früheren alten Tempel mit seinen Säulen in der Ebene eine Götzenstatue liegen von solch gewaltiger Größe, daß wir, die wir tausend waren, sie doch in keiner Weise mit Hilfe von Tauen oder Vorrichtungen der Galeeren aufrichten konnten, sondern an ihrem alten Platz liegen ließen. Ringsherum sahen wir außerdem mehr als tausend meisterhaft gearbeitete Statuen umgestürzt liegen.»

Bemerkenswert seine Beobachtungen mit historischem Raisonnement: Hinweise auf historischen Wandel wahrnehmbar an geschrumpfter Siedlung, Umnutzung, Anpassung. Auf Mykonos «waren unzählige Häuser gebaut, deren Türen und Fenster auf den Tempel ausgerichtet waren. In ihrer Mitte erhebt sich ein Turm, den nach Aufgeben von Tempel und Götzenkult Bauern bewohnen.»

Seine Leidenschaft für alles Antike läßt ihn auch Inschriften notieren, jedoch weit weniger als Cyriacus. Im übrigen hielt er, bei einem Florentiner seiner Generation naheliegend, auf seinen Insel-Reisen auch nach klassischen Handschriften Ausschau und erwarb deren einige, wahrscheinlich von Klöstern, auf Kreta, Imbros, Andros (wie seine datierten Besitzvermerke in Codices der Laurenziana und der Vaticana zeigen), vermutlich für Niccolò Niccoli.

Vergessen wir bei seinen archäologischen Exkursionen ins Gelände nicht die Leistung, die in all dem liegt: sich auf kleiner, fast unzugänglicher Insel durch Dornengebüsch zu unidentifizierten, durch keinen großen Namen geheiligten Ruinen durchzuschlagen ist – noch heute – nicht jedermanns Sache. Und man bedenke, wie er dabei allein auf sich selbst gestellt war: ohne Pauly-Wissowas Realencyclopädie, ohne Kieperts Atlas, ohne CIL oder *Inscriptiones Graecae*, ja sogar ohne Pausanias' Beschreibung Griechenlands. Bei Null zu beginnen ist immer eine Leistung. Die weitergehende Frage freilich, ob Buondelmonti bei Besichtigung dieser Altertümer spezifische Züge wahrgenommen habe – also griechische, nichtrömische, vorrömische –, läßt sich nicht beantworten. Ob er tatsächlich zwischen griechischen und römischen Monumenten unterscheiden konnte (oder auch nur wollte), wie Roberto Weiss für möglich hält, weil er bisweilen von «römischen» Ruinen spricht, halte ich für unwahrscheinlich; «römisch» heißt einfach «antik».

Der *Liber insularum Archipelagi* spricht nicht nur von antiken Ruinen, sondern ist voll von lebensvoller Gegenwart mit ihren wirtschaftlichen Realitäten (Handel interessierte schließlich auch die besseren Florentiner Leser): Mastixanbau auf Chios, Schwefelabbau auf Nisyros, Aloeholz-Export aus Kalymnos und aus Leros; auf Kreta Export von Zypressenholz, Wein, Pech, und Verkauf von großen Mengen Honig jeweils an die Galeeren des venezianischen Alexandria-Konvois dort im Hafen von Sitia; ist voll von naturkundlichen Beobachtungen (von nistenden Vögeln bevorzugte Inseln, Zusammensetzung des Waldes); bringt Beobachtungen aus den kleinen *kastra* der Inseln; enthält Bemerkungen demographischen und anthropologischen Charakters (Arbeitsrollen der Frau, in entlegenen Tälern steinzeitlich lebende Hirten auf Kreta).

Und über allem – wie könnte es damals anders sein – die dumpfe Atmosphäre dauernder unmittelbarer Bedrohung auch auf entlegenster Insel. Viele Inseln sind wegen der Türkengefahr nun ganz verlassen, die zurückgebliebenen Haustiere inzwischen verwildert, *domestica quam plura indomita sunt effecta*; verängstigte Inselbewohner, die sich vor jedem gesichteten Schiff in die Berge flüchten, sich jede Nacht droben in ihren Höhensiedlungen verbarrikadieren:

«Abends nach Sonnenuntergang steigen sie mühsam hinauf in die schwerbefestigte Burg. Wenn es dann Morgen wird, schicken sie vor Sonnenaufgang alte Frauen aus, um die Lage auf der Insel zu erkunden: wenn die ein entsprechendes Zeichen geben, werden die Tore ganz geöffnet. So leben sie in Schrecken. Zu meiner Zeit wurde im Hafen ein Piratenschiff ausgebessert: es wurde durch Gottes Willen vom Meer verschluckt und ward nicht mehr gesehen». Verfolgung, Verängstigung, Verfall: das ist nicht die griechische Inselwelt, wie wir sie erleben dürfen und in den Worten von Nikos Kazantzakis erkennen: «Glücklich der Mensch, der vor seinem Tod für würdig befunden wird, das Ägäische Meer zu befahren ..., den Namen jeder einzelnen Insel flüsternd» und mit der Zuversicht, hier sei «das Wunder die Blüte der Notwendigkeit.» Aus den Notwendigkeiten dieser düsteren Jahrhunderte blühte nichts.

Sogar die größte Kykladeninsel, Naxos, wirkt trostlos: in der Antike «war dort alles angebaut, jetzt schreit hier der Uhu, bevölkern wilde Tiere Feld und Tal». Daß hier, und auf Siphnos, viele Frauen als Jungfrauen sterben, liege nicht an ihrer Standhaftigkeit, sondern ganz einfach am Männer-Mangel. Oder jüngste Erzählungen von auf unbewohnter Insel verhungerter türkischer Schiffsbesatzung, oder über den Tod eines von Türken in seiner Höhle ausgeräucherten Eremiten. Doch werden sich die meisten griechischen Inseln bis ins 16. Jahrhundert gegen Tributzahlung unbesetzt halten, während das griechische Festland schon unter Mehmed II. türkisch wird.

Obwohl zu seiner Zeit erstaunlich breit aufgenommen, trat Buondelmonti mit seiner Beschreibung der griechischen Inselwelt doch bald in den Schatten eines anderen, der der Frührenaissance den griechischen Raum erst wirklich erschloß, und dessen Name für diese Erschließung steht: Cyriacus von Ancona (1391–1452). Seine komplexe Gestalt, von der Forschung seit langem aufs intensivste untersucht, kann hier nicht angemessen gewürdigt werden.

Was sein Verhältnis zur Antike von der Auffassung anderer unterscheidet und seinen Ansatz so neu macht, war seine Überzeugung, daß die Monumente eine nicht geringere historische Aussagekraft hätten als die Texte (wir würden heute sagen: daß sie den Wert einer Quelle haben); daß die materielle Hinterlassenschaft der Antike eine nicht geringere Dignität habe als die literarische; ja daß solche Überreste (so läßt es ihn sein Freund und Biograph Francesco Scalamonti sagen) «weit mehr Auskunft und Sicherheit bieten als Texte», *maiorem longe quam ipsi libri fidem et notitiam* – eine Auffassung, die von den meisten Humanisten seiner Zeit, fixiert auf die literarische Überlieferung, nicht geteilt wurde.

Die Reisen, die er schon als junger Kaufmann von seiner – dem Levantehandel zugewandten – Vaterstadt Ancona aus unternahm, waren früh sowohl von kommerziellen Zwecken wie von antiquarischem Interesse bestimmt: ein anziehendes Mischungsverhältnis, das sich zunehmend zum Antiquarischen hin verschob. Seine Küstenfahrten und Landwanderungen, von denen er – seine eigentliche Neigung und sein eigentliches Verdienst – Hunderte von Abschriften griechischer (und lateinischer) Inschriften mitbrachte, galten vor allem dem griechischen Festland, von Epirus bis zur Peloponnes. Erst in späteren Jahren, zwischen 1444 und 1447, bereiste er in zusammenhängenden Aufenthalten auch die Ägäis. Und nur in diese Inselwelt wollen wir ihm noch folgen.

Über diese Reisen sind wir durch seine Reisetagebücher und seine Briefe gut unterrichtet. Vom einst umfangreichen Bestand der Tagebücher ist von seiner Hand fast nichts (20 Blatt Peloponnes 1448–1449), aber einiges in Kopie erhalten; die Originale dieser *Commentarii* gingen vermutlich beim Brand der Sforza-Bibliothek in Pesarò 1514 verloren. Sie enthalten den Reiseverlauf, Begebenheiten und Begegnungen unterwegs, die Transkriptionen der Inschriften, Zeichnungen vor Ort. Das wird aufs lebhafteste ergänzt durch die zahlreichen Briefe, mehrheitlich gerichtet an einen Humanisten-Freund, den Genuesen Andreolo Giustiniani-Banca auf Chios, Gesellschafter jener *Maona* zur Mastixgewinnung und Alaunförderung. In seiner emphatischen Sprache und seinem gesuchten Latein ist dem Autor nicht immer leicht zu folgen, vor allem in den Briefen läßt er seinem Enthusiasmus, seinen Eingebungen, seinem Synkretismus aus heidnischen und christlichen Gebeten freien Lauf: Weihnachten als «Fleischwerdung Jupiters», «mit Hilfe Jupiters und der Hl. Jungfrau Maria». Immer wieder ruft er Merkur als Genius seiner Reisen an, hört Musen und Nereiden auf dem Meer einander ansingen, die Nymphen von Lesbos und die von Chios sich um seine Anwesenheit streiten, und ähnliche Überspanntheiten.

Und doch kommt ein wunderbar konkretes Bild der Reise dabei

heraus (die Konzentration regelmäßigen Abschreibens antiker Inschriften vor Ort hat eben ihre disziplinierende Wirkung, und so auch der klare Blick des ausgebildeten Kaufmanns), mit angegebenen Daten, benannten Personen, Reiseetappen Schiff um Schiff, harten Märschen in unwegsamem Gelände. Wir sehen ihn am 20. September 1444 Konstantinopel verlassen (die politische Lage hatte sich seit Buondelmonti noch verdüstert, die vernichtende Niederlage des christlichen Heeres eben jetzt, 1444 bei Varna, machte jede Hoffnung auf anhaltende Entlastung zunichte) und durch die Dardanellen in Sichtweite von Tenedos und Troja in die Ägäis einlaufen. Die Schiffe, die er dabei, hier und im weiteren Verlauf seiner Ägäis-Reise, benutzt, sind von jedem Typ und jeder Größe, von der kleinen *piscatoria scapha*, dem Fischerboot, bis zur *cetea oneraria navis*, dem «walfischgroßen» Frachter, wohl einem der großen – venezianischen Galeeren so unähnlichen – genuesischen Rundschiffe. Die ansehnlicheren Schiffe dürften fast immer venezianische oder genuesische gewesen sein.

Seine eigentliche Kykladen-Reise beginnt Anfang April 1445. Die Antiken-Ausbeute auf Delos ist überwältigend, er transkribiert und zeichnet wie er nur kann. Inschriften und Monumente, auch wo sie am Bau saßen («Hier steht das, was oben auf griechisch geschrieben ist»). Daß er viele – nicht alle – Bauten über ihre Inschriften richtig bestimmt, ist eine bemerkenswerte Leistung und wird die Epigraphik zu einer Grundwissenschaft der Archäologie machen (eine Trajans-Inschrift erinnert ihn an den Trajansbogen daheim in Ancona, dessen Inschrift vielleicht die erste antike war, die ihm als kleinem Jungen gezeigt wurde). Natürlich kennt er auch die antiken Autoren, hat einige von ihnen und auch Buondelmontis Inselbuch gewiß in seinem Reisegepäck, und zitiert daraus, aus Plinius, Vergil, Ovid, Pomponius Mela usw., die zur gerade besuchten Insel einschlägigen Stellen: seine eingangs angeführte Gegenüberstellung von monumentalen und literarischen Quellen wollte die letzteren keineswegs ausschließen. Denn eben das – die Kombination von Autopsie, Epigraphik, Kenntnis antiker Autoren – ist ja der Ansatz dieser neuen Archäologie, auch in Rom, wo Flavio Biondo in genau diesen Jahren von Cyriacus' Inselreisen seine innovative *Roma instaurata* herausbringt.

Auf Delos sieht und zeichnet Cyriacus auch die Kolossalstatue des archaischen Apollon der Naxier, an der sich bereits Buondelmontis Schiffsbesatzung zu schaffen gemacht hatte. In den folgenden Tagen ist er auf Naxos (wohl 12.-18. April) und Paros (19.-23. April). Paros beeindruckt ihn, wie Delos, durch die Menge antiker Reste, wobei ihm die massive Wiederverwendung antiker Baustücke in nachantiker Zeit nicht entgeht: in der Tat ist das venezianische Kastro hier geradezu eine Spolien-Orgie, ja hier sieht er «im Hafen von Paros ein Schiff beladen mit vielen vollendeten Friesen aus parischem Marmor, um die angesehene Kolonie Chios damit zu zieren» – also Spolien-Export zu Schiff, in dem die Venezianer einige Übung hatten. Er notiert Inschriften, auch solche die halb im Boden stecken, oder von Archäologen hoch und kaum sichtbar vermauert wiedergefunden wurden, und dringt im Fackelschein in die Stollen der berühmten Marmorbrüche ein.

Der venezianische Inselherr Crusino Sommaripa, «Herzog des Archipelagos», begleitet ihn auf seinen Erkundungsgängen, ja Cyriacus sieht bei seiner Rückkehr «marmorne Leiber, die jüngst auf Veranlassung des hochinteressierten Fürsten ausgegraben wurden». Für den Palast dieses Insel-Signore übersetzt und erweitert er, unter Einfügung von dessen Namen und seines eigenen, eine dort angetroffene griechische Augustus-Inschrift. Mit all diesen venezianischen oder genuesischen Inselherren ist oder wird er nun bekannt. Überhaupt ist sein gesellschaftlicher Umgang auf diesen Reisen, und der Adressatenkreis seiner Briefe, von ganz anderem Rang als der eines Cristoforo Buondelmonti.

Die Reise durch die griechische Inselwelt führte ihn auch nach Kreta, das er von Anfang Juli bis Anfang November 1445 durchstreifte. Wohl im Februar 1446 besuchte er das antike Milet an der kleinasiatischen Westküste. Vom Schiff ging er durch die weite Küstenebene in die – inzwischen völlig verlandete – alte Hafenstadt, um die (auch heute noch) eindrucksvolle Baumasse des Theaters wiederzusehen, die der verlassenen Stadt ihren jetzigen Namen Balat/*Palatium* gegeben habe. Mit Cyriacus' Besuch läßt die heutige Archäologie die Erforschung Milets beginnen, und das gleiche läßt sich von seinem Besuch im nahen Didyma sagen. Wir wollen ihm nicht weiter auf seinem Rückweg nach Norden folgen, sondern nach spezifischen Zügen seiner Antiken-Wahrnehmung fragen.

Was an seiner Antiken-Wahrnehmung auffällt, ist zunächst das breite Spektrum: er beachtet nicht nur Tempelfassaden, Statuen, Reliefs, Inschriften, er beachtet auch bloße dekorationslose Stadtmauern, läuft sie im Gelände ab, begutachtet Qualität und Alter ihrer Mauerwerksstruktur, zeichnet ihren unterschiedlichen Steinschnitt (polygonal, isodom, trapezförmig).

Findet er in nachantiker Mauer Inschriften vermauert, so wird die Herkunft entsprechend lokalisiert, der Spolien-Charakter angemerkt: Inschrift gefunden in der Stadtmauer bzw. an der Kirche von Perinthos, der Kirche von Mykonos, von Naxos usw. (wie bei damaligen Inschriften-Syllogen auch sonst). Wo antike Stücke in absichtsvoller Zweitverwendung an öffentliche Gebäude versetzt wurden (wie in Naxos zur Aufwertung des Herrschersitzes, *ibidem aliunde ornamento adducta*), wird das erst recht hervorgehoben: die dekorative Vermauerung schöner Stücke (und das konnten nur antike sein) an repräsentativer Stelle – etwa zur Rahmung großer Wappen – war im Archipelagos verbreitet. Ein anderer Inselherr hatte an seinem Hafen eine antike Statue auf ihrem Inschriftsockel wiedererrichten lassen. Öfters beobachtet er Spolien-Export zu Schiff. Andere Wiederverwendung ist rein materiell, sozusagen bloßes Recycling wie die zu einer Hafenmole zusammengeworfenen (*pro aggere ad portum coniecta*) Marmorsarkophage in Maroneia. Der Bau des Johanniter-Kastells von Bodrum verschlang ja, als Baumaterial, ein ganzes der sieben antiken Weltwunder, das Mausoleum von Halikarnass.

Wie er Antike in der Landschaft aufsucht, ist förmlich zu sehen: er dringt in Weinberge ein (eine Statue *inter vineas,* eine Inschrift *inter vineas*), findet oben auf dem Hügel die in den Fels geschlagene Kultnische mit dem Bildnis des Faun. Und er sieht genau hin, obwohl doch vieles unter Vegetation geraten ist: er nimmt sogar die Namen auf den reservierten Theater-Sitzstufen wahr. Er folgt antiken Stadtmauern, die sich, von der Höhe bis hinab zum Meer, weit durchs Gelände ziehen. Oder auf Chios die Wanderung Mitte Mai, mit genuesischen Freunden, vom Handelshafen zum angeblichen Grab Homers (schon Buondelmonti hatte da ja seine Zweifel gehabt). «Einige alte

Leute, die dort wohnten, sagten uns, es sei in einem Tal bei einer schönen Quelle mit alter Mauer in einem am Hang liegenden Garten, wo in der Nähe später eine Johannes-Kapelle errichtet worden sei. Als ich endlich an den Wurzeln eines uralten Feigenbaums, wo – nach der Tradition des Dorfes unter den alten Bauern – die Stelle des Grabes sein soll, ein wenig graben ließ, kam außer Erde und Steinen nichts Nennenswertes zum Vorschein. Aber es hatte mir doch größte Freude gemacht, die Stelle zu sehen …». Da klingt bereits die Stimmung von Antiken-Ausflügen an, wie wir sie bald – bei Giovanni Marcanova, bei Andrea Mantegna – euphorisch beschrieben finden werden.

Noch einmal ein kurzer Blick auf die Schiffe voll antiker Baustücke, wie Cyriacus eines im Hafen von Paros gesehen hatte. Tatsächlich wissen wir auch aus anderen Quellen (und dem Baubefund), daß vor allem Venedig, als nachantike Gründung mit antiken Stücken selbst nicht gesegnet, große Mengen antiken Materials aus seinen See-Dominien heranschaffte, wo solche – sozusagen vorgefertigten – Baustücke nur so herumlagen. Die venezianische Chronistik (die einen offiziöseren Charakter hat als die Chronistik anderer Städte) spricht immer wieder von den für die Kirche S. Marco besorgten «Steinen aufgelesen an verschiedenen Plätzen der Levante»; von der Suche überall nach «Marmorstücken und Säulen, um sie schöner zu machen» (*marmori et colonne per farla più degna*); ja wir wissen von einer Anweisung des Dogen von 1309 an venezianische Kapitäne, für den Bau von S. Marco systematisch Säulen, Kapitelle und Marmorblöcke der verschiedensten Farben von den Inseln der *Romania*, also aus unserem Raum, als Ballast (!) mitzubringen.

Das Ergebnis ist entsprechend: man sehe den Wald von antiken Säulenschäften an der Westfassade von S. Marco: «Nie zuvor hatte man eine solche Menge von Säulen an den Fassaden einer Kirche zusammengebracht. Es ist zugleich der größte erhaltene Bestand antiker Spolien an einem Bauwerk überhaupt» (Deichmann). Und da Spolienverwendung gern ideologisch verbrämt wird, erzählte man nördlichen Pilgern, das sei alles aus Troja herbeigeholt, Venedig sei ganz aus den Steinen Trojas erbaut. Dazu ist zu wissen, daß eine verbreitete venezianische Ursprungslegende die Gründung Venedigs von Trojanern ableitete (eine Gründungslegende, die den Venezianern durch die im 15. Jahrhundert üblich werdende Gleichsetzung von Trojanern und Türken verleidet wurde). Aber natürlich wurde Troja damals auch schon ohne jede gründungsmythische Absicht aufgesucht, etwa durch den Florentiner Benedetto Dei, der in den 1460er Jahren in der Levante reiste (und sich dabei auch in Chios aufhielt); und die Florentiner Bonsignore Bonsignori und Bernardo Michelozzi (der bereits genannte Sohn des Architekten), die von ihrem Troja-Besuch 1498 einen ausführlichen, lohnenden Bericht hinterließen.

Was alle unsere Reisenden auf ihren Fahrten in der Ägäis erlebt und in ihren Berichten deutlich angesprochen hatten – die alltäglich empfundene Gefährdung durch die Türken –, hatte mit der Eroberung Konstantinopels 1453 eine neue Qualität erhalten. Tatsächlich begannen schon 1455 kleinere türkische Flottenzüge gegen die Inseln, vor allem Lesbos und Chios. So nahmen auf christlicher Seite endlich Pläne Gestalt an, mit einer Flotte dem weiteren Vordringen der Türken entgegenzutreten. Die Ägäis würde Aufmarschraum christlicher Kreuzuzugsflotten sein – und so sei, um die griechische Inselwelt auch aus dieser Perspektive zu erleben, der Bericht eines Teilnehmers an solchem Flottenunternehmen einbezogen.

Das Kreuzzugsunternehmen Papst Calixts III. von 1456 zu den Inseln der nördlichen Ägäis blieb ohne nachhaltigen Erfolg, die Flottenexpedition Pius' II. wurde wegen seines Todes 1464 abgebrochen. Acht Jahre später machte das Papsttum abermals einen Versuch, die Türken – immer noch der Eroberer Konstantinopels, Mehmed II. – auf dem griechischem Meer zu schlagen. Von diesem Flottenunternehmen Papst Sixtus' IV., das 1472 im Bunde mit Venedig und dem König von Neapel in die Ägäis führte, gibt es den Bericht eines Teilnehmers, der uns wirklich auf die griechischen Inseln bringt: der in Codex Ottobonianus latinus 1938 überlieferte *Libellus expeditionis classis apostolice in Turcos* des Pietro Ursuleo. Die 74 Galeeren (davon 18 päpstliche unter der Leitung des Kardinallegaten Oliviero Carafa) operierten, gestützt auf Rhodos, vor allem an der Südwestküste Kleinasiens. Das Ergebnis dieser kostspieligen Unternehmung (die Rechnungen für Bau und Ausrüstung der päpstlichen Galeeren sind erhalten) war dürftig, die türkische Flotte verließ die Dardanellen nicht, ein Angriff auf Antalya scheiterte, nur die Überrumpelung und

Plünderung Smyrnas gelang, hatte aber keine Folgen. Die Koalition zwischen Rom, Venedig, Neapel zerfiel bald.

Beginnend mit dem Auslaufen der Flotte aus dem Tiber nach feierlicher Verabschiedung durch Sixtus IV., beschreibt der *Libellus* nach vielen Wochen umständlich und in anspruchsvollem Latein geschilderter Fahrt, mit Zwischenlandungen in aller Förmlichkeit und Bewertung der gebotenen Begrüßungsreden, endlich das Eindringen der Flotte von Süden in die griechische Inselwelt. Segelnd und rudernd geht die Fahrt vorbei an unbewohnten Inseln, die man zum Trinkwasserfassen oder zum Weiden der mitgeführten Pferde anläuft, etwa das damals wie heute unbewohnte Pserimos zwischen Kos und Kalymnos, «bedeckt mit wilden Ölbäumen, Dornbüschen und Felsen, so wie Arkadien», eine Insel so klein und unbedeutend, daß sie in den heutigen Inselführern nicht einmal genannt wird, nur in Segelhandbüchern als nicht ganz ungefährlicher Ankerplatz. Ein völlig heruntergekommener Flüchtling wird an Bord genommen, der sich, ein griechischer Robinson, auf einsamer Insel jahrelang kümmerlich genährt hatte. Auf Samos legen die Matrosen Brände und fangen auf diese Weise Rebhühner in solcher Menge, daß es schließlich «allen zum Kotzen war», *quarum copia classis pene in nauseam devenerat*. Hier erwähnt der Autor auch eine Tempelruine «nach Art eines Theaters», und rühmt die landschaftliche Schönheit des Platzes: «felsig mit viel Wasser, mit Wald aus Pinien, Lorbeer, Oliven».

Feindberührung hat es immer noch nicht gegeben, sie wird vom Gegner wohl geflissentlich vermieden. Die Flotte nimmt nun, Anfang August 1472, an Kos vorbei Kurs auf Rhodos und zum Sturm auf Antalya. Die Eroberung mißlingt, die gesprengten Hafenketten sind die einzige Beute und werden an der Fassade von Alt-St. Peter aufgehängt (heute in der Sakristei). So endete das ganze Unternehmen ergebnislos – und anders wäre Pius' II. Flottenexpedition acht Jahre zuvor gewiß auch nicht ausgegangen.

Und es war auf diesem Meer, daß der große Nikolaus von Kues, Kardinal und Freund Pius' II., eine der größten Erleuchtungen seines Lebens hatte, wie er selbst bekennt. Auf der Rückfahrt von Konstantinopel, wo er 1438 den byzantinischen Kaiser und die Repräsentanten der orthodoxen Geistlichkeit in offizieller Mission zum Konzil von Ferrara und Florenz einholte, das die Spaltung von römischer und griechischer Kirche beendigen sollte, kam ihm auf dem Meere, *in mari me ex Graecia redeunte,* die große Einsicht in die «belehrte Unwissenheit», überkam ihn die Idee seines philosophischen Hauptwerks *De docta ignorantia*: «Als ich aus Griechenland zurückkehrte, wurde ich – wie ich glaube, durch Geschenk von oben herab vom Vater allen Lichts, von dem alle gute Gabe kommt – auf dem Meere dahin gebracht, daß ich das Unbegreifliche auf unbegreifliche Weise in belehrter Unwissenheit erfaßte.» Und so erleuchtete dieses Meer auch Menschen, die mit dem *inneren* Auge sahen.

RÖMISCHE STRASSEN IN IHRER LANDSCHAFT

VI

Den Barbaren am nächsten. Auf der Straße vom Limes zur Donau und weiter ins Mittelalter

Eine römische Straße weit vorgeschoben in die germanischen Wälder läßt andere historische Einsichten erwarten als eine romnahe Konsularstraße in Mittelitalien. Auf der rückwärtigen Straße des rätischen Limes wurden nicht nur militärische Einheiten zwischen den Limeskastellen verschoben: von ihr aus führten auch Handelswege in die außerrömische Welt, ins *Barbaricum*. Dieser Austausch, der durch weitere Funde immer stärker in den Blick der Forschung getreten ist (etwa der römische Schmuck oder die *Terra sigillata*, die – Beute oder Handelsware – als Beigaben in germanischen Gräbern angetroffen werden), müssen hier durch den Grenzwall gekommen sein und diese Straße berührt haben. Und so sei hier einmal die Straße und nicht der Limes begangen.

Die Straße, deren Verlauf im Gelände hier verfolgt sei, entstand im späten 1. Jahrhundert n. Chr., als die Römer die befestigte Grenze über die Donau weiter nach Norden vorverlegten. Zunächst wurde, hier wohl unter Domitian, eine Kette von Kastellen angelegt (Pfünz-Weißenburg-Gnotzheim usw.), die man mit einer Militärstraße – eben dieser Straße – untereinander verband. Vor diese Kastellkette legte man dann, wohl erst unter Hadrian, die geschlossene Limeslinie, verzichtete in diesem Abschnitt aber darauf, die bestehenden Kastelle an den Limes vorzuschieben, der neu nur kleine Numeruskastelle erhielt.

Daß die Kastelle in ihrer etwas rückwärtigen Position verblieben, war wichtig auch für die sie verbindende Straße: sie behielt ihre Bedeutung nicht nur für größere Truppenbewegungen hinter der vorderen Linie, sondern schloß auch die wachsenden Lagersiedlungen untereinander und an die Donaustraße an, darunter *vici* von überregionalem Rang wie Weißenburg, dessen ausgedehnte Thermen gewiß nicht bloß für eine Besatzung von 500 Reitern gedacht waren. Und so werden nicht nur Soldaten das Bild dieser Straße bestimmt haben – Soldaten, von denen wir einige aus ihren Militärdiplomen persönlich kennen: der bis zu seiner Verabschiedung 107 n. Chr. in Weißenburg stationierte Boier Mogetissa Sohn des Comatullus mag die Straße gut gekannt, der 153 n. Chr. aus Aalen entlassene und dann offensichtlich nach Regensburg ziehende Secundus mit seiner Secunda diese Straße genommen haben.

Die Straße war also nicht bloß eine Schneise durch germanische Wälder, und sie ist sogar auf der *Tabula Peutingeriana*, der römischen Routenkarte wohl des frühen 4. Jahrhunderts, eingetragen. Daß diese Straße aufgegeben wurde, als der Limes 260 n. Chr. von den Alemannen endgültig überrannt, die Linie seiner rückwärtigen Kastelle geräumt und auf die Donau zurückgenommen wurde, ist gewiß. Wenn die Straße gleichwohl auf der Tabula Peutingeriana noch erscheint, so war das ein veralteter, zu unserem Glück nicht sogleich berichtigter Informationsstand.

Vorhaben des folgenden Beitrags ist indes nicht, Entwicklung, Konstruktion und Umgebung der Straße darzustellen und Geschichte und Grabungsbefund der berührten Kastellorte vorzuführen, sondern die Spuren der Straße im Gelände zu verfolgen und Einsichten in Funktion und Nachleben einer Straße an den Rändern des Römischen Reiches zu gewinnen.

Daß es sich um eine römische Straße handele, wurde freilich lange nicht erkannt. Der humanistische Geschichtsschreiber Johannes Turmair genannt Aventinus (1477–1534) hielt die Spuren zwischen Nassenfels und Pförring noch für eine römische *landwer*, eine Grenzbefestigung, und es dauerte zwei Jahrhunderte, bevor mehr Klarheit in die Limesforschung kam. Wie beim Limes selbst, so war auch bei der begleitenden Straße das Interesse lokaler Vereine früh geweckt (die Limesforschung war vielerorts geradezu die Initialzündung), bis Mommsens Reichslimeskommission die Forschungen koordinierte und übernahm.

Wir beginnen die Begehung außerhalb des Stadtgebiets von Weißenburg, 6 km östlich des römischen Lagers *Biriciana,* in Oberhochstatt. 600 m vor dem südlichen Ortsausgang schneidet die römische Trasse, in genau westöstlicher Richtung aus dem Wald im Westen tretend und dann in gleicher Linie, wiederum als Schneise, schnurgerade den Wald nach Osten durchziehend (49°01′ 12″/11°02′ 56″). Nach rund 1 km den Wald verlassend, steigt sie, immer in gleicher Flucht, kurz darauf in einem jetzt mit Bäumen und Gebüsch dicht gefüllten Hohlweg steil hinan: ohne Zweifel ein künstlicher (oder künstlich erweiterter) Geländeeinschnitt, um die alte Straße, deren Damm sich im schmalen Talgrund davor als sanfte, mit dem Hohlweg fluchtende Bodenwelle abzeichnet, geradenwegs auf die Geländeterrasse hinaufzuführen. Oben mündet sie in den Fahrweg von Oberhochstatt, der fortan die Richtung der römischen Trasse aufnimmt.

Die Straße wendet sich nun in einer großen Kurve, die wegen der sonst so geraden Streckenführung auffällt, aus ihrer östlichen in südöstliche Richtung, die sie von nun an, konsequenter noch als der von ihr begleitete Limes, beibehalten wird. Nur etwa 200 m weiter liegt, gewiß auf die Straße bezogen, in dem Waldstück zur Linken das Kleinkastell ‹In der Harlach›, dessen eigentümliche, alle Funktionen kompakt vereinigende quadratische Gestalt am Limes einzigartig ist, und das eine Parallele am ehesten im Festungstyp des *centenarium* im spätrömischen Nordafrika und Syrien zu haben scheint (49°01′ 09″/11°04′ 35″). Die Besatzung des *burgus,* vielleicht auch hier 100 Mann, konnte die nahe Straße kontrollieren, die Posten in den straßenbegleitenden Türmen stellen und ablösen, und zugleich auch den Wachtposten des Grenzwalls dienlich sein, der im Abstand von etwa 1½ km vor der Straße durchs Gelände zog und hier als baumbestandene Gerade noch heute ansehnlich erhalten ist.

Nach Querung der Straße von Burgsalach in den Wald eintretend, erscheint die Trasse der römischen Straße zunächst als Waldschneise, geht ein kurzes Stück ganz verloren, um sich dann, immer in gleicher Flucht, als komfortabler Fahrweg fortzusetzen, an der Erhebung des Steinbucks südwestlich vorbeistreichend.

Hier trifft man nun auf einen Befund, der für diese Grenzstraße auf eine gewisse Strecke, bis zum Kastell Pfünz, kennzeichnend ist: sie verfügte über eigene Wachttürme! Man hat bis Pfünz insgesamt 10 festgestellt, doch sind sie nicht mehr alle sichtbar. Auf die ersten noch heute sichtbaren Reste stößt man, etwa 1,5 km vom *burgus* entfernt, hier am Steinbuck, rund 200 m jenseits (immer romwärts gesehen) des zweiten von Osten einmündenden Schneisenweges, am Ende der kleinen Lichtung: ca. 15 m westlich der Straße im Wald eine kräftige rundliche Aufhäufung, in der die Mauerreste des Turms – bei seiner Ergrabung durch die Reichslimeskommission wurden 6,3 x 6,6 m gemessen – deutlich nur noch an der Westseite zu erkennen sind. Diese Straßentürme sind einigermaßen ungewöhnlich und dürften hier mit der ursprünglichen Grenzsicherung zusammenhängen. Von einer Benefiziarierstation wissen wir an dieser Straße hingegen nichts.

Die Straße tritt nach einiger Zeit aus dem Wald, führt, sichtlich als erhöhter Damm, durch Wiesen und Waldstreifen, um dann, immer schnurgerade in gleicher Flucht, bei Höhe 544 wieder in den Wald einzutreten. Sie schneidet bald, kräftig ansteigend, in gerader Linie – ohne Rücksicht auf das Relief – den Nordhang des markanten Hohlbügels, und tritt dabei klar als künstliche Geländeterrasse zutage (48°59′ 37″/11°06′ 30″). Diese deutliche Einkerbung der Trasse in die natürlichen Höhenlinien ist, wie schon der Einschnitt westlich des *burgus*, ein unübersehbarer Eingriff ins Gelände, und das sei doch ausdrücklich hervorgehoben, da Kunstbauten wie Brücken oder gemauerte Böschungen an dieser Straße sonst nicht erhalten sind.

Wo der alte Straßenzug seine Höhe erreicht, stößt man auf den nächsten Wachtturm, wiederum westlich – nicht auf der Feindseite – der Straße, rund 3,7 km vom *burgus* entfernt, von dem dieser Turm gewiß seine Besatzung bezog. Vom Turmgrundriß, der bei seiner Ergrabung noch 1,5 m hoch erhalten war und heute gänzlich zerwühlt ist, sind die Ecken noch einigermaßen deutlich zu erkennen. Der Überblick hinüber zum Limes war, trotz dieser erhöhten Position, wegen des Reliefs auch bei Kahlschlag nicht besonders günstig; aber die Straßenschneise konnte man gewiß weit entlang blicken.

Die Straße bildet sodann, immer in gleicher Fluchtlinie auf 1,5 km Distanz (also 1 römische Meile) genau parallel zum Limes durch den dichten Wald ziehend, einen flachen, breitgewölbten Damm, der zwischen den Bäumen gut zu verfolgen ist, und dessen Rücken bis zu

8 m Breite erreichen kann; doch wäre die ursprüngliche Breite genauer nur durch Grabung festzustellen. Stellenweise, und bisweilen stark gehäuft, finden sich auf diesem Damm – nicht aber im nächstbenachbarten Gelände – offen liegend Stücke des lokal anstehenden, flächig brechenden, sehr weißen Kalksteins, die gewiß zu Aufbau und Beschotterung des Straßenkörpers gehören. Aber man beachte, daß Schotter natürlich auch später, und noch heute (meist nicht plattenförmig, sondern geschroten, jedenfalls kleinteiliger) zur Befestigung auf die Waldwege geworfen wird. Irgendwelche Bindemittel treten zwischen den Plattenkalken nicht zutage. Einige Stücke wirken wie Randsteine. Daß es Randsteine, mit oder ohne behauene Außenkante, gegeben haben muß, versteht sich; aber daß sie bei solch lockerer Bettung so lange *in situ* bleiben konnten, ist wenig wahrscheinlich, und wenn man von den römischen Straßen Italiens mit ihren markanten Außenkanten kommt, wird man mit der Bestimmung ‹Randsteine› etwas zurückhaltender sein. Hin und wieder finden sich längs der Straße Andeutungen von Materialgruben, denen das Straßenbaumaterial entnommen wurde, stellenweise wohl auch von begleitenden Abzugsgräben: doch würde sich das nur durch Grabung verifizieren lassen.

Die Trasse, hier als «Erzweg» bezeichnet, schneidet nun die Straße, die von der B 13 bei Lohrmannshof nach Raitenbuch führt (bei 48°59′ 11″/11°07′ 03″), und setzt sich gegenüber als Fahrweg fort. Eine letzte schmale Rodung streifend, tritt die Trasse dann wieder in dichten Wald ein. Etwa 200 m weiter liegt, rund 15 m zur Rechten, der dritte Straßenwachtturm, vom vorigen Posten 1,6 km entfernt: inmitten des hohen runden Grabungsaushubs, malerisch umstanden von hohen Buchen und Fichten, sind unter dem Laub niedrige Mauerreste zu erkennen. Wo die Straßenlinie hin und wieder einmal ein Waldstück begrenzt oder einen Grenzstein trägt, zeigt sich, daß solche steingefütterten, unzerstörbaren Geraden – nicht anders als der Limes selbst – natürlich gut als Flurgrenze geeignet waren. In Italien ist das nicht anders.

Über eine weite Strecke bildet sich die Trasse nun weder in einer Schneise noch in einem Weg ab (Holzfahrwege können die römische Straße begleiten, ohne mit ihr identisch zu sein, und wo sie sich krümmen, sind sie hier schon deshalb nicht römisch). Und doch ist die Trasse, auch wo ihre Wölbung sich bis zur Unkenntlichkeit verflacht, allein durch ihre Geradheit auf Dauer nicht zu verfehlen. Jenseits der schräg querenden Straßenschneise verfolge man sie so in gleicher Flucht weiter. Hier wird, wie auch andernorts, der Damm dadurch sichtbar, daß überquerende schwere Forstmaschinen ihn plattgedrückt und so seine innere Zusammensetzung sichtbar gemacht haben. Oder umgestürzte Bäume haben für uns ausgegraben, indem ihre Wurzeln tief aus dem mit Laub und Moos bedeckten Straßendamm Baumaterial hochrissen und sein Inneres bloßlegten.

Dann geht die römische Straße zeitweilig völlig verloren. Solche schwierigen Stellen kann man jedoch überwinden, indem man (das wirkt noch besser als ein Kompaß) von der letzten sicheren Fluchtlinie aus nächste hohe Bäume anpeilt. Und dazu wird man auf der folgenden Strecke mehrmals Gelegenheit haben.

Denn eine kilometerlange Gerade in der Landschaft ist untilgbar. Mag sie im Laufe der Jahrhunderte auch hier und da auf längere Strecken unterbrochen worden sein: man wird sie dennoch immer wiederfinden. Und dieser Zuversicht bedarf es, denn die Straße ist bei weitem nicht durchweg so gut zu erkennen, wie die Karte glauben macht, und ist leicht zu verlieren. Sie führt hier heute, oft fernab von jedem Weg, durch tiefe Waldeinsamkeit, in der man auf die Suhlen von Wildschweinen stößt, und durch die in Juninächten zahllose Glühwürmchen geistern.

Man nehme, auf die beschriebene Weise, die Trasse wieder auf und findet wenig später, wie immer an der Westseite der römischen Straße, die Reste des vierten Straßenwachtturms, rund 1,2 km vom vorigen Posten (und rund 6,5 km vom *burgus*) entfernt: ein kräftiger, innen ausgemuldeter Schutthügel. Ungefähr auf dieser Höhe verlassen Grenzwall und Straße, die bisher im Abstand von 1500 m parallel verlaufen waren, einander, indem der Limes nun bei Wachtposten 14/56 nach Osten dreht, während die Straße ihre südöstliche Richtung praktisch bis Kösching, also weitere 33 km, beibehalten wird.

Die Straße ist fortan als kräftig gewölbter Damm gut durch den Fichtenwald zu verfolgen, auch wenn nicht genutzt als Pfad, ja der Straßenkörper selbst von Bäumen bestanden. Bei Höhe 557,6 nimmt sie einen Fahrweg auf ihren Rücken bis zum bald querenden Weg Heiligenkreuz-Am Siebenkreuz (gelbe Wegemarkierung 4), und setzt sich jenseits als grünbewachsene flache Welle geradeaus durch den Wald fort. In einer tiefen Geländekerbe, die man umgehen muß (es ist auch bei solchen Straßengeraden ja nicht so, daß man dauernd auf der Luftlinie durch den Wald laufen könnte), geht die Trasse wieder vollständig verloren und ist erst ein ganzes Stück weiter, hinter dem nächsten querenden Fahrweg vor dessen Rechtskurve gegen Osten, wieder aufzunehmen.

Die Straße erscheint hier als schmale, flachgewölbte Erhebung, die sich bisweilen weniger durch ihr Profil als durch ihren grünen Bewuchs von dem umgebenden Nadelwaldboden abhebt. Beim Ziegelbuck endlich wird sie durch hohe Vegetation unkenntlich und verliert sich beim Abstieg dort dann endgültig. Den Straßenwachtturm, der schon 1954 nur mit großer Mühe auszumachen war, konnten wir nicht feststellen (ein sechster Straßenwachtturm, den Blank noch sah, ist nicht mehr zu erkennen).

Jenseits des Ziegelbucks drunten, und nun auch nicht mehr im Walde, muß man neu ansetzen. Der Eintritt der römischen Straße in die Ebene bildet sich klar in dem Fahrweg ab, der von der letzten Waldspitze zur Fahrstraße Workerszell-Seuversholz führt, und dessen letzte 500 m bereits auf den Kirchturm des Dorfes Preith fluchten, wo man den römischen Straßenzug wieder fassen wird. Die Linie setzt sich über die Fahrstraße hinweg, bei Baum und Wegkreuz (48°56′ 44″/ 11°10′ 10″), in einem Weg fort, dessen kräftige Windungen nur Umspielungen der römischen Geraden sind. Doch verflüchtigt sich diese Spur bald: die römische Straße bildet sich im Wegenetz der Felder bis Preith nicht mehr ab. Daß sie gleichwohl durchaus noch im Gelände präsent ist, zeigt eine eindrucksvolle Luftaufnahme von Otto Braasch mit dem Austritt aus dem Wald unterhalb des Ziegelbucks, der querenden Fahrstraße, und im Hintergrund Preith (Abb. 6). Vom Boden aus sind diese Spuren des Straßendammes freilich nicht zu erkennen, jedenfalls nicht bei unabgeernteten Feldern.

Darum sei in Preith neu eingesetzt. Vor dem nordwestlichen Ortseingang ein Gedenkstein, den König Max II., wie häufig dem Limes, so auch der römischen Straße errichten ließ. Das Dorf, als Hofmark

Abb. 6. Die römische Straße hinter dem rätischen Limes ist noch heute leicht im Gelände zu begehen, kilometerweit schnurgerade durch Wiesen und Wälder ziehend: hier beim Austritt aus dem Wald bei Seuversholz zulaufend auf Preith (und, wie im Hintergrund zu erkennen, untergründig präsent auch dort, wo nicht mehr als Weg benutzt). Die Straße war wichtig nicht nur für die rasche Verschiebung von Truppenteilen, sondern auch für den Handel mit der außerrömischen Welt, dem *Barbaricum*. Aus den römischen Kastell-Dörfern (*vici*) werden mittelalterliche Siedlungen, die durch die Straße untereinander und mit der nahen Donaustraße verbunden blieben. Damit gerät das Thema in einen größeren Kontext. Denn auf der Donaustraße kommt man weit: da gehen die Straßen über die Alpen nach Italien ab, fliehen im Chaos des zusammenbrechenden Reiches die Reste romanischer Bevölkerung geführt vom Hl. Severin, ziehen die Nibelungen zwischen römischen Meilensteinen nach Osten und in den Untergang (Photo O. Braasch).

Bride 1186 erstmals genannt, hat sich, wie sonst zwischen Weißenburg und Pfünz keine andere nachantike Siedlung, direkt an die römische Straße gesetzt.

Überhaupt wüßte man gern, ob der antike Straßenzug nicht nur in Teilstücken (das ist selbstverständlich, zumal sich bei aufgegebenen Kastellplätzen dann manchmal Jahrmärkte bildeten), sondern in seiner ganzen Erstreckung von Weißenburg bis Pförring im Mittelalter noch in Gebrauch war. Gewiß wurde er nach dem Ende der römischen Herrschaft nicht mehr instandgehalten (daß natürlich auch ordentliche *viae publicae* dessen bedurften, sagen die Meilensteine laut), und das konnte römischen Straßen, mochten sie auch noch so solide gebaut sein, vor allem aus einem Grunde fatal werden: die schnurgerade Streckenführung, die auf das Geländerelief keinerlei Rücksicht nahm, erforderte hier und da menschliche Eingriffe, mußte sich jetzt aber ohne menschliche Hilfe gegen die rächende Natur behaupten. Schlaglöcher wurden nun nicht mehr professionell ausgebessert, Hindernisse nicht mehr geradeaus überwunden, sondern alles mit kleinen Ausbiegungen umgangen. Und so entstehen diese wie mit zittriger Hand gezogenen Geraden (nach jedem Wolkenbruch noch eine Kurve mehr), denen man aber durchaus folgen konnte. Darum mag jener *Reginzo de Salahach* (also von Burgsalach unweit jenes für die Sicherheit der Straße angelegten römischen *burgus*), der in einer Urkunde Konrads II. von 1029 ausdrücklich zur Beteiligung am Romzug verpflichtet wird, die römische Straße noch benutzt haben, mindestens bis Pfünz, denn im Hochmittelalter war der übliche Versammlungsort für Romzüge, auch bei diesem König, Augsburg. Daß Aventin sie im frühen 16. Jahrhundert nicht als Straße, sondern als Landwehr deutete, spricht freilich nicht dafür, daß sie damals noch begangen wurde.

In Preith also ist der römische Straßenzug noch heute die Hauptachse dieses Straßendorfs, ändert dann am südlichen Ortsausgang kaum merklich seine Richtung, um fortan geradenwegs auf Pfünz mit seinem Kastell zuzuhalten, und tritt, nach Überqueren der Straße Eichstätt-Affenthal-Pfahldorf, in den Wald ein. Im Ortsnamen *Pfahldorf* steckt natürlich der «Pfahl», der Limes als Palisade, der das Dorf in einer Lichtung passiert.

Im Netz der Waldwege bildet sich die antike Trasse dann nicht wirklich ab. Man versuche darum, die gleiche gerade Richtung haltend, durch den Wald zu finden. Wenn das nicht gelingt, gehe man – was bei Straßenforschung in Zweifelsfällen ohnehin zu empfehlen ist – den Weg rückwärts, vom hinteren, gesicherten Ende her an. Vom Waldrand nordwestlich über Pfünz orientiere man sich genau auf die Linie der Straße, die gegen Südost über die alte Brücke der Altmühl in den Ort führt (links unten die Kirche, rechts darüber das Kastell), und finde hier oben in gleicher Flucht, vom Waldrand gegen Nordwesten durch den Wald den Hang heraufziehend, die Straße als ansehnlichen Damm zwischen den Bäumen.

Vom Kastell Pfünz aus konnte man, umgekehrt, die Straße also am gegenüberliegenden Talhang zur Altmühl herabsteigen, und den Fluß – gewiß schon auf einer Brücke, denn im Ortsnamen ‹Pfünz› steckt *pons* – überschreiten sehen, und man kann sich davon noch heute überzeugen, wenn man von den Zinnen der rekonstruierten Nordmauer auf den eben beschriebenen Waldrand zurückblickt.

Im gegenüberliegenden Südtor machten die Ausgräber, im östlichen Torturm, einen grausigen Fund: die Skelette erschlagener Soldaten; ihre Schilde lehnten noch an der Innenwand, so überraschend war der Überfall, dem das Kastell wohl schon 233, und nicht erst beim Zusammenbruch des Limes 260 n. Chr., zum Opfer fiel.

Bevor wir unsere Straße jenseits der Altmühl weiter verfolgen, sei jedoch auf die Begehbarkeit eines anderen Straßenzuges hingewiesen, der südwärts die römische Donau-Nordstraße schon nach rund 12 km in Nassenfels erreichte. Dieser zweite Straßenzug führte aus dem Südtor durch den ausgedehnten *vicus*. Rund 700 m südlich des Kastells zieht er, bei der ersten Rechtsbiegung der heutigen Fahrstraße nach Pietenfeld geradeaus weiterlaufend, in südsüdwestlicher Richtung als gut sichtbarer, schotterhaltiger Damm (nicht unter dem Holzfahrweg, sondern einige Meter westlich) durch den Wald. Man kann diese Trasse nun geradeaus weiterverfolgen, oder an ferneren Stellen wieder zu fassen kriegen: so gleich östlich von Pietenfeld, wo sie an der kleinen Kapelle (an der B 13 nach Eitensheim) vorbeiführt, heute weiterlebend in einem schönen schmalen Fahrweg, der auf und ab und in flachen Windungen, aber immer in die alte römische Gerade zurückfindend, südwärts durch die Landschaft zieht, um sich vor Möckenlohe (rekonstruierter römischer Gutshof) mit der heutigen Fahrstraße Eichstätt-Neuburg a. D. zu vereinigen. Kurz darauf wird Nassenfels erreicht, der in römischer Zeit – als Produktionsstätte und Verkehrsknotenpunkt an der Straße Augsburg-Regensburg – wichtige *vicus Scuttarensium*, der denn auch einen Meilenstein bewahrt hat.

Zurück nach Pfünz auf unsere eigentliche Straße. Auf der Tabula Peutingeriana ist, nach Weißenburg, Pfünz bei diesem Straßenzug die nächste Station: *Biricianis XVIII Vetonianis*. Die angegebene Distanz von 18 Meilen entspricht einigermaßen genau den 27–28 km, die man für die römische Trasse heute auf der Karte mißt, und bestätigt zugleich die rigoros gerade Streckenführung (die heutige Straße braucht, ohne auf den Limes Rücksicht nehmen zu müssen, 31 km). Dabei muß man bei römischen Meilenangaben, da sie keine Bruchzahlen nennen, noch kräftige Auf- oder Abrundungen in Rechnung stellen. Das gilt nicht für die Meilenangaben auf den Steinen (die man ja an den präzisen Platz stellen konnte), aber für die Meilenangaben zwischen den Städten in den Itineraren.

Natürlich werden sich auch an dieser Straße in der Nähe von Kastellen, Siedlungen oder auch nur großer *villae rusticae*, ansehnliche Grabmonumente befunden haben. Hier sei nur, wegen der ungewöhnlichen Überlieferung, auf ein Monument aufmerksam gemacht, das, freilich nicht in unserem engeren Bereich, an der Straße gelegen haben muß, die die Limesstraße nach Westen mit der Fernstraße Mainz-Augsburg verband. Der staufische Chronist Burchard von Ursperg berichtet gegen 1230 von einem damals noch wohlerhaltenen, aus Quadern und Reliefs gefügten römischen Turmgrab in Beinstein bei Waiblingen (also an der Remstal-Straße kurz vor ihrem Auftreffen auf jene Fernstraße bei Cannstatt), *miro opere de quadris sculptis et lapidibus constructus*, dessen Inschrift besage, daß ein Clodius es seiner Frau errichtet habe. So wie hier ein Kastell-Kommandant von Pfünz seiner Frau Valeria Honorata ein Grabmal errichten ließ, so war jener Clodius dort in Beinstein vermutlich ein Offizier der Truppen am Limes (der dort keine 25 km entfernt ist) oder ein – dem Aufwand des Turmgrabes zufolge: höherer – Verwaltungsbeamter des Dekumatlandes. Aber für den staufischen Umkreis war es mehr: war es Chlodio

Vater von Merovech Stammvater der Merowinger, auf die, wie auf die Karolinger, sich Salier und Staufer zurückführten. Im eigenen Kernland (und das war Waiblingen, schließlich gab es ja den ‹Ghibellinen› den Namen) einem frühen Merowinger zu begegnen mußte da sehr willkommen sein, und nur dieser Fehldeutung – ein Limeskommandant wird kurzerhand Urahn Barbarossas! – verdanken wir überhaupt die Nachricht von diesem römischen Monument. Kennzeichnend der bewundernde Hinweis auf den Quaderschnitt, ungewöhnlich das (zwar rudimentäre, aber immerhin das Formular erkennbar machende) Entziffern der Inschrift.

Während also jene Verbindungsstraße von Pfünz nach Nassenfels aus dem Südtor des Kastells führte, hielt sich der bisher verfolgte Straßenzug, nach Überschreiten der Altmühl, östlich unter der Steilwand des hohen Kastellhügels und zog, vorbei an Kastell-Thermen und Handwerkersiedlung drunten, in gewohnter Richtung und Geradheit weiter, wie die heutige Fahrstraße nach Hofstetten und Böhmfeld. Man bekommt die alte Straße wieder zu fassen, wenn man in der Ortsmitte von Hofstetten den ersten Fahrweg rechts (Süden) hineinfährt, der nach rund 100 m von der römischen Trasse gekreuzt wird: zunächst ein gewölbter Feldrain, dann ein Feldweg.

Die römische Straße läßt sich, auch jenseits dieser Straße Hofstetten-Hitzhofen, ein ganzes Stück weit befahren. Von hier sieht man bereits, über die Senke zwischen Hofstetten und Böhmfeld hinweg, am Gegenhang in gleicher Flucht die Trasse ansteigen. Böhmfeld wird südlich der Kirche durchzogen (Straßen-Gedenkstein Max' II. von 1861). Unbeirrbar geradeaus in die seit Pfünz eingenommene Richtung ziehend, überwindet der Fahrweg, in dem sich die alte Straße heute abbildet, Geländeeinschnitte vernünftigerweise kurvig, um dann aber immer wieder in die römische Gerade zurückzufallen. Ab der Höhe von Echenzell ist die Trasse (48°50′ 57″/11°23′ 50″) als besonders schöner landwirtschaftlicher Weg durch Feld und Wald zu begehen bis zur Straße Schelldorf-Wettstetten und weiter zum Gasthaus Neuhau, das sich direkt an die Altstraße gesetzt hat. Der Abstand zwischen römischer Straße und Limes, anfangs stellenweise nur 1½ km, ist inzwischen auf 10 km angewachsen.

Der Abstieg der Straße von hier in die Donauniederung und nach

Kösching – auch da immer die gleiche Linie haltend – ist heute durch Neubauviertel und Autobahn unterbrochen, doch entspricht die aus dem nördlichen Ortsteil von Hepberg nach Südosten führende Straße der antiken Trasse, und fluchtet denn auch auf den Turm der Kirche von Kösching, die inmitten des römischen Kastells *Germanicum*, auf den Stabsgebäuden, den *principia*, errichtet ist. Als Entfernung von Pfünz nach Kösching gibt die Tabula Peutingeriana 12 Meilen an, und das kommt wiederum der heute meßbaren römischen Streckenführung – praktisch die Luftlinie – recht nahe.

Dieses *Germanicum*/Kösching war im östlichen Rätien anscheinend das früheste Grenzkastell nördlich der Donau und wurde bald, wohl unter Domitian, zum Ausgangspunkt der eingangs genannten Kastellkette, die der geschlossenen Limeslinie um wenige Jahrzehnte vorausging und die Anlage einer verbindenden Straße notwendig machte: eben der Straße, der wir bisher gefolgt sind. Kösching lag aber zugleich, und zunächst, an einer wichtigen West-Ost-Achse: die Donau-Nordstraße diente als Fernverbindung über Nassenfels-Heidenheim-Aalen nach Obergermanien, und war vor allem Teil der großen Straße Augsburg-Regensburg.

Tatsächlich haben sich hier sogar auf dem Nordufer der Donau mehrere Meilensteine erhalten, davon einer aus Kösching selbst, zu dem hier jüngst noch ein Neufund hinzugekommen ist. Wie viele Meilensteine an den Straßen in Rätien, datiert auch dieser Stein von 201 n. Chr., aus den Instandsetzungsarbeiten unter Septimius Severus, und zählt, wie andere Steine dieser Strecke, ungewöhnlicherweise nach doppeltem *caput viae*, von Augsburg wie von Regensburg, wobei die Summe immer 96 Meilen oder 142 km ergibt. Für Kösching heißt das, mit dem neuen Stein: *ab Aug(usta Vindelicorum) m(ilia) p(assuum) LXII, a Leg(ione) m(ilia) p(assuum) XXXIIII.*

Die den rätischen Limes begleitende, von uns begangene Straße mündete in Kösching also in die römische Donaustraße ein, die hier auf dem Nordufer ein Stück weit auch von der Verbindung Augsburg-Regensburg benutzt wurde, und die wir noch bis zum Übergang über den Fluß verfolgen wollen, wo sie in die Donau-Südstraße einging. Denn dort an der Donau, bei *Abusina*/Eining, endete der Limes, und damit endete auch die Funktion der begleitenden Straße.

Die Donau-Nordstraße folgt hier, wie schon in Nassenfels, west-östlicher Richtung, und bildet sich noch heute als schnurgerade 12 km lange Linie in der Landschaft ab: Ergebnis von Erdbewegungen, die «erst durch den Eisenbahnbau des 19. Jahrhunderts übertroffen» wurden (Braasch/Christlein). Die römische Trasse ist jenseits Kösching am besten wiederaufzunehmen, wenn man über Kasing den Weiler Straßhausen 4 km östlich Kösching erreicht. Dort zieht sie, 250 m vor dem südlichen Ortsausgang, als Feldweg vorüber (48°48′ 38″/11°33′ 24″). Ein Stück weit zurück gegen Kösching bilden Römerstraße, Wegkapelle und Linde ein anziehendes Ensemble, mit weitem Blick auf den im Kleinen gewundenen, im Ganzen doch völlig geraden historischen Straßenzug. Noch augenfälliger ist die römische Streckenführung dann im weiteren Verlauf nach Osten: nun ein kleiner Fahrweg, der (auf jeder Karte als Römerstraße bezeichnet und mit einem Denkstein Max' II. versehen) von Theissing rund 7 km, über alle querenden Straßen hinweg, gerade durch die Felder zieht. Bis sich die Trasse in Ettling mit der Straße nach Pförring vereinigt, kurz darauf in Sichtweite des römischen Kastells *Celeusum* vorüberziehend, dessen baumumstandenes Plateau, die ‹Biburg›, sich zur Linken markant über den Feldern erhebt. Von hier stammt das Relief einer römischen Wölfin, grobe Arbeit wie auch sonst an den Grenzen des Reiches, am Limes oder am Schwarzen Meer (in Ovids Verbannungsort Constanza) – aber doch ein bewegendes Bekenntnis zum fernen Rom.

Damit ist die Donau erreicht. Den Flußübergang in römischer Zeit vermutet man etwas stromabwärts bei *Abusina*/Eining, das nach dem Fall des Limes 260 n. Chr., im Unterschied zu den Kastellen des Nordufers, nicht aufgegeben, sondern zu einer kompakten Minifestung in der Südwestecke des Kohortenkastells reduziert und bis ins frühe 5. Jahrhundert gehalten wurde. Mit der Fähre nach Eining überzusetzen ist auch heute noch der beste Abschluß einer Begehung dieses Straßenzuges. Hier, 4 km flußabwärts, endete der Limes an der Donau, die fortan die befestigte Grenze des römischen Reiches bilden wird.

In nachrömischer Zeit scheint sich der Donauübergang dann etwas donauaufwärts verlagert zu haben (falls er dort nicht auch schon vorher anzunehmen ist), nach Pförring eben, dessen frühmittelalterliche Siedlung denn auch nicht an Kastell oder Lagerdorf anschloß, sondern sich näher an die Donau heranschob. Die frühe Namensform *Faringa* (dann *Pferingum*) könnte, so ist vermutet worden, «am *far*», nämlich «an der Überfahrt» bedeuten. Und der Dichter des Nibelungenliedes hatte mit *ze Vergen* (Vers 1291) – was gleichfalls «Überfahrt», «Fährmann» bedeutet – Platz und Namen Pförring im Sinn, als er Kriemhild hier (und die Nibelungen dann *ze Moeringen* Vers 1591, bei Großmehring südlich von Kastell Kösching, 14 km stromaufwärts von Pförring) über die Donau gehen ließ.

Von dieser Limesstraße, die so entlegen scheint, abschließend ein Blick in alle Himmelsrichtungen, um ihre Anbindung an das weitere Verkehrssystem vor Augen zu haben. Anschluß an die großen Fernverkehrslinien fand man von dieser Straße leicht. Nach Westen in Richtung Rhein mit der Straße Weißenburg/*Biriciana* – Gnotzheim/*Mediana* – Oberdorf bei Bopfingen am Ipf/*Opia* – Heidenheim/*Aquileia*, die bei Urspring an der Lone/*Ad Lunam* die Fernstraße Mainz-Augsburg erreichte; oder ab *Opia* westlich geradeaus über Aalen und Lorch, womit man bei Cannstatt auf diese Fernstraße traf.

Nach Norden, über den Limes in die *Germania libera*, wird man keine nennenswerten Wege annehmen dürfen: das Vorfeld des Limes gilt hier als auffallend siedlungsleer, und die im Vergleich zu anderen Grenzzonen spärlichen Funde römischer Exportware sind wohl nur «das Ergebnis eines bescheidenen Grenzhandels, der in den Lagerdörfern der Limeskastelle stattfand» (Czysz). Ob der massive Vorstoß Caracallas 213 *per limitem Raetiae* nach Norden irgendwelchen vorher erkundeten Wegrichtungen ins Innere Germaniens gefolgt ist, wäre interessant zu wissen. Und da den triumphierenden Kaisern bekanntlich bildliche Darstellungen ihrer Siege, ihrer Kriegsschauplätze vorangetragen wurden (Andrea Mantegna hat diesen Brauch in seinem ‹Triumphzug Caesars› in Hampton Court veranschaulicht), dürften wir bei diesem Triumph Caracallas über die Germanen also damit rechnen, daß Bildtafeln vielleicht auch mit Darstellung des Limes vorangetragen worden wären!

Aber weiter in unserem Rundblick auf die Anschlüsse von Limes- und Donaustraße. Nach Süden in Richtung Augsburg und Alpenübergänge kam man, indem man von Pfünz die genannte, noch gut im Gelände zu verfolgende Straße nach Nassenfels nahm, von dort auf den Donauübergang bei Steppberg (westlich Neuburg, römische Holzbrücke festgestellt) zuhielt, und dann den Lech aufwärts Augsburg erreichte. Jüngst festgestellt wurde ein römischer Lech-Übergang mit Straßenstation bei Oberpeiching gegenüber Kastell Burghöfe (südlich Donauwörth) unweit der Einmündung des Lech in die Donau, Gelenkstelle der römischen Fernverbindungen in südnördlicher und (zunehmend wichtig:) westöstlicher Richtung.

Von Augsburg aus konnte man dann geradeaus südwärts auf der Via Claudia Augusta Epfach/*Abodiacum*, Füssen, den Reschenpaß, den Po erreichen; oder aber südwestwärts Kempten, Chur, die Bündner Pässe in Richtung Mailand; oder südostwärts auf die große Straße über Großhelfendorf/*Isinisca* nach Salzburg ins Innere Noricums kommen; und von dieser Straße wiederum konnte man, spätestens bei *Pons Aeni* (nördlich Rosenheim), den Inn aufwärts südlich in Richtung Brenner abbiegen. Die direkte Straße Augsburg-Brenner über Weilheim, Partenkirchen, Seefeld ist nur mit verlorenen Meilensteinen zu belegen (doch ist jetzt ein weiterer Meilenstein hinzugekommen: Mittenwald, Julianus Apostata, Meile LXXXV ab Augsburg). Alle diese Äste waren mit Meilensteinen wohlversehen, weit überwiegend aus der Zeit des Septimius Severus, der das Straßennetz hier weitflächig instandsetzen ließ: die Hälfte aller erhaltenen rätischen Meilensteine ist severisch – der Mann, der dann im Frühjahr 212 n. Chr. auf sämtlichen Meilensteinen den Namen Getas ausmeißeln mußte, hatte hier einiges zu tun.

Endlich in Richtung Osten, gegen Noricum und Pannonien, brauchte man einfach der großen Donaustraße zu folgen, in die unsere Limesstraße in Kösching eingemündet war und die einige Meilen weiter, bei Eining (später vielleicht bei Pförring), wieder – und nun definitiv – über den Fluß auf das Südufer wechselte. Auf dieser wichtigen Achse sind zwischen West und Ost, zwischen Gallien, dem Balkan, dem Vorderen Orient, immer wieder ganze römische Armeen verschoben worden. Im Chaos der zusammenbrechenden Donaugrenze sehen wir auf dieser Straße dann Severin – den heiligen Eremiten mit der Organisationskraft des hohen Offiziers, der er zuvor wohl gewesen war – im späten 5. Jahrhundert zwischen *Quintanis* und *Asturis*, zwischen Isarmündung und Wienerwald, hin- und hereilen und der verzweifelten Bevölkerung von nicht mehr zu verteidigenden Donaukastellen Räumungsbefehle geben. Man braucht ja nur vom Gegenufer einmal hinüberzusehen, um zu wissen, was die Rugier und andere Germanenstämme über den Fluß hinweg beobachteten – und abpaßten, wann sie zwischen zwei nicht mehr besetzten, klotzigen römischen *burgi*, bei Zaiselmauer oder bei Bacharunsdorf, mal eben hinübergreifen konnten.

Die Donaustraße ist nun voll von verängstigten Menschen, die mit ihrer Habe von einem Ort zum andern fliehen, erst von *Quintanis* (Künzing) nach *Batavis* (Passau), dann alle in das besser befestigte *Lauriacum* (Eugippius, *Vita S. Severini*, cap. 20 ff.). Bis sie auch diesen Platz aufgeben müssen und, als Odoaker 487 Ufer-Noricum räumen läßt, mit der ganzen romanischen Bevölkerung, *cunctis nobiscum provincialibus*, nach Italien evakuiert werden – unter Mitnahme von Severins Leichnam, wie der Heilige es gewünscht hatte. «Als das Römische Reich noch bestand», «als der Limes noch verteidigt wurde», sagt Severins Schüler Eugippius, denn er wußte: Das war hier nun alles vorbei; das war eine Zäsur, in der alle ihr Leben wiedererkannten.

Wie die Donaustraße verkam, seit mit dem Ende des Römischen Reiches ihre regelmäßige und professionelle Instandhaltung aufhörte, läßt sich leicht vorstellen, und ließe sich am (besser dokumentierten) italienischen Beispiel auch leicht beschreiben. Und wenn dort auf der – zur Via Francigena gewordenen – Via Cassia nachweislich Gestalten der altfranzösischen *Chansons de geste* ziehen wie in der *Chevalerie d'Ogier de Danemarche*, und die zerfallenen römischen Monumente beidseits der Straße mit dem Helden Roland verbunden werden – so begegnen wir auf der römischen Donaustraße nicht weniger Großen: den Nibelungen.

Denn auf dieser Donaustraße wird der Dichter des Nibelungenliedes, um 1200, die Burgunder zu König Etzel und in den Untergang ziehen lassen, dichterische Gestaltung ihrer Vernichtung durch die Hunnen wiederum im 5. Jahrhundert. Vom Rhein zur Donau ziehend, erreichen auch die Nibelungen die Donau bei Pförring und setzen über den Fluß – und schon hier beginnt, mit der Ermordung des Fährmanns durch Hagen und der Weissagung der Donau-Nixen, die Not der Nibelungen. Auch ihr weiteres Itinerar ist bekanntlich bezeichnet mit den alten Grenzkastellen und Stationen der römischen Donaustraße bzw. ihren Nachfolgesiedlungen: Passau/*Batavis*, Enns/*Lauriacum*, Pöchlarn (das *Bechelaren* Rüdigers)/*Arelape*, Melk/*Namara*, Mautern/*Favianis*, Traismauer/*Augustianis*, Tulln/*Commagenae*, Wien/*Vindobona* usw. Und so reiten sie auf alter Straße die Donau abwärts *zetal bî Tuonowe*. Dabei ist das Itinerar des voraufgehenden Brautzugs Kriemhilds zu Etzel (21. Aventuire: *Wie Kriemhilt zuo den Hiunen fuor*) in seinen topographischen Angaben viel konkreter als dann der eigentliche Nibelungenzug, der aber denselben Weg genommen haben muß: *Pazzouwe* Vers 1296 (u. 1627), *Ense* 1304, *Bechelâren* 1319 (u. 1642), *Medelicke* 1329, *Mûtâren* 1331, *Zeizenmûre an der Trais* 1334, *Tulne* 1342, *Wiene* 1362.

Man mag sagen, daß sie auf ihrer Route ja auch schwerlich anders hätten ziehen können. Und doch ist bemerkenswert, wie diese römischen Plätze, die mit dem Zusammenbruch des Reiches zur Zeit Severins unterzugehen schienen, hier alle wieder erscheinen als Stationen eines legendären Zuges und einer historischen Straße, die zur Zeit der Dichtung noch von römischen Meilensteinen gesäumt war: zwischen Traismauer (wo Kriemhild sich auf die Begegnung mit Etzel vorbereitet) und dem Tullnerfeld (wo sie Etzel begegnet) sind nicht weniger als 5 Meilensteine gefunden worden (dazu 1998 zwei weitere bei Gemeinlebarn). Davon stehen zwei noch heute *in situ* an der Straße auf dem Tullnerfeld, einer mit eingemeißeltem Kreuz zur Entschärfung seines heidnischen Wesens. Zeugnisse eines Straßenzuges von welthistorischem Rang, der Donaustraße, zu der unsere Limesstraße ein kleiner Zufluß war.

VII

Mit dem Inschriften-Ausmeißler unterwegs. Eine Wanderung auf der Römerstraße Augsburg–Salzburg im Frühjahr 212 n. Chr.

Wer römische Straßen im Gelände verfolgt, von dem wird bei der Darstellung seiner Forschungsergebnisse gern erwartet, daß er die Straße mit Menschen belebe, Legionäre und Sklaven, dann Könige und Pilger und Kaufleute auf ihr ziehen lasse. Das ist gewiß ein erlaubtes Spiel. Aber der Historiker zögert, mit Spielfiguren zu arbeiten, wo er doch mit genug historischen Personen Umgang hat; oder fiktive Wanderungen zu ersinnen, da er doch, historische und archäologische Beobachtungen zusammenführend, genug Elemente einstiger Wirklichkeit zur Verfügung hat. Denn schon die bloße unausgeschmückte Feststellung des Geschehenen gibt Faktisches, Atmosphärisches, Nacherzählbares genug. Bei großen historischen Straßenzügen wie der Via Appia oder der Via Francigena fällt es nicht schwer, leibhaftige historische Personen zu ermitteln, die diese Straßen gezogen sind. Bei weniger genannten Verkehrswegen wie der römischen Straße Augsburg-Salzburg ist das nicht möglich. Versuchen wir gleichwohl, auch für diese Straße einen römischen Begleiter zu finden.

Die römische Straße Augsburg-Salzburg war Teil der Fernstraße vom Bodensee nach Noricum. Das Voralpenland, unentbehrliches Bindeglied zwischen dem Norden und dem Osten des Reiches, war unter Augustus in seinem westlichen Teil erobert, in seinem östlichen Teil friedlich eingegliedert worden. Unter Claudius wurden hier zwei Provinzen eingerichtet, Raetien und Noricum mit dem Inn als Grenze, und spätestens damit dürfte auch der systematische Straßenbau eingesetzt haben. Die genannte Straße war mit Meilensteinen besetzt, die in Raetien von der Provinzhauptstadt *Augusta Vindelicorum*/ Augsburg, in Noricum von *Iuvavum*/Salzburg zählten. Daß die Straße Meilensteine hatte und mit allen Stationen und Distanzen in die spätantiken Routenverzeichnisse von *Itinerarium Antonini* bzw. (ab Isinisca) *Tabula Peutingeriana* aufgenommen ist, läßt erkennen, daß ihr eine gewisse Bedeutung zukam.

Heute sind ihre Reste, von der Lokalforschung früh erfaßt, stellenweise noch gut im Gelände zu erkennen: als markanter Straßendamm oder als sanfte, nur bei niedrigem Sonnenstand sich abzeichnende Bodenwelle, als künstlicher Geländeeinschnitt im Hang oder durch die Reihe begleitender Gruben für den Materialaushub; oder endlich, im Gelände bereits ganz verflüchtigt, nur noch als durchgehende Ackergrenze auf alten Flurkarten. In jedem Fall eine historische Spur, die die Freuden empfinden läßt, der Geschichte in freier Landschaft nachzugehen.

Die strategische Bedeutung der Straße lag darin, daß sie, als westöstliche Verkehrsachse im Schutz von Limes und Donau, große Truppenverschiebungen zwischen Gallien und Pannonien und noch östlicheren Kriegsschauplätzen ermöglichte. Das begriff aus eigener Erfahrung Lucius Septimius Severus, der, als Statthalter von Oberpannonien im Jahre 193 von den Donaulegionen zum Kaiser ausgerufen, erst seinen Gegner Pescennius Niger im Orient, dann (und wiederum unter Einsatz auch der in Regensburg stationierten 3. italischen Legion) den zweiten Gegenprätendenten Clodius Albinus in Gallien niederkämpfen mußte. Septimius Severus ließ darum die Fernstraße durch Raetien und Noricum sowie die Brennerstraße wiederherstellen, wie die damals von ihm, dann von seinem Sohn Caracalla gesetzten Meilensteine in ihren Inschriften laut verkündeten. Alle drei severischen Inschriftenformulare (von 195, 201, 213 n. Chr.) sprechen von diesen Instandsetzungsarbeiten (*vias et pontes restituit/restituerunt* oder ähnlich), das mittlere von 201 unter Nennung der Söhne und Mitregenten Caracalla und Geta.

Unmittelbar nach dem Tod des Kaisers führte der mörderische Konflikt unter den Brüdern 212 zur Ermordung Getas: Caracalla ließ – ein vielzitierter Fall von *damnatio memoriae*, von Ächtung, über den gerade in letzter Zeit viel publiziert worden ist – den Namen des verhaßten Bruders (ein ebenso widerlicher Kerl wie er) auf allen Inschriften austilgen. Wie konsequent dieser Ächtungsbefehl in allen Teilen des Reiches durchgeführt wurde, hat die flächige Archäologie der Moderne eindrucksvoll festgestellt, und man wird solch ausgemeißelten Inschriften auch selbst immer wieder begegnen, bis in die letzten Winkel des Reiches: vom entlegenen Limeskastell an der Jagst bis zur entlegenen Brücke im Osten Anatoliens.

Nun mußte auch auf all den – eben erst errichteten, noch nicht von Moos und Flechte überzogenen – Meilensteinen unserer Straße der Name Getas getilgt werden. Und tatsächlich gilt für alle Steine, auch für die erst jüngst gefundenen: kein einziger ist bei der *damnatio memoriae* übersehen worden! Es war ja auch nicht schwer (leichter jedenfalls als bei Einzelinschriften in entlegenen germanischen oder ostanatolischen Tälern), eine Straße entlangzugehen und im regelmäßigem Abstand einer Meile (1,482 km) Meilensteine zu entschärfen.

Und eben das wollen wir uns für unsere Zwecke zunutze machen und einem dieser Geta-Ausmeißler folgen, um alle anderthalb Kilometer mit ihm innezuhalten und dabei einen Blick auf die Straße und ihre Landschaft zu werfen. Also nicht imaginäre Figuren irgendwann über die Straßen ziehend, sondern ein leibhaftiger Mensch, der uns in der mehr oder weniger gelungenen Ausmeißelung einen persönlichen Abdruck hinterläßt. Auch wenn man annehmen wollte, die Durchführung sei nicht einem eigenen Trupp befohlen, sondern einfach den Benefiziarier-Stationen überlassen worden (den militärischen Straßenmeistereien, deren ausgediente Soldaten einen Namen zwar nicht einmeißeln, aber doch gewiß ausmeißeln konnten), ergibt sich aus deren großem Abstand doch, zusammengenommen, eine Begehung unserer Straße in größeren Abschnitten.

Und auszumeißeln gab es viel. Die Zahl der severischen Meilensteine ist, wegen der intensiven Straßenbautätigkeit damals in diesem Raum, bemerkenswert groß. Allein die überlieferten Steine vom Jahre 201, die also Geta als Mitregenten nennen, sind in Raetien 15, in Noricum 19, noch in den letzten Jahren sind zwei Getas hinzugekommen (Kösching 1984, Egerdach 1999). Davon gehören 9 Steine zu unserer Fernstraße Bodensee-Salzburg. Und das sind nur die erhaltenen oder überlieferten Steine.

Wir könnten nun den ursprünglichen Bestand hochrechnen und würden auf erhebliche Zahlen kommen, denn alle anderthalb Kilometer ein Meilenstein (oder gar mehrere wie etwa bei Meile 45 vor Salzburg) ergibt eine schöne Menge: für den gallisch-germanischen Raum hat Walser einen ursprünglichen Bestand von insgesamt rund 30 000 Meilensteinen hochgerechnet (was mir zu viel scheint), von denen uns nur etwa 1,6% bekannt sind – und davon wiederum rettete sich mehr als die Hälfte nur dadurch, daß die Steine in nachantiker Zeit wiederverwendet wurden, sogar ausgehöhlt als Brunnentrog, Sarkophag, Opferstock. Denn was wiederverwendet wird, hat in der Geschichte immer die größere Überlieferungs-Chance. Hier aber sollen uns, ohne Hochrechnen und Erschließen, die tatsächlich verbliebenen Geta-Steine genügen, um daraus die Begleiter zu gewinnen, denen wir, unmittelbar nach Eintreffen des Ausmeißelungsbefehls in den Provinzhauptstädten wohl im Frühjahr 212, bei ihrer Arbeit folgen wollen.

Schon auf der ersten raetischen Strecke, zwischen Bregenz und der Provinzhauptstadt Augsburg, standen Geta-Steine einer nach dem andern (einige nur in der Abschrift von Peutinger und Walser überliefert), und man mußte sehen, wie rasch man mit der Arbeit vorwärts kam: Meile 43 ab Augsburg, Meile 42, Meile 41, Meile 40! Da konnte es schon passieren, daß in der Routine dauernden Ausmeißelns die Aufmerksamkeit nachließ und nur ein Namensbestandteil entfernt wurde: nur Publius, während Gentilname und Cognomen – ausgerechnet Septimius Geta! – auf dem prächtigen 40. Meilenstein unverzeihlicherweise stehen blieben (Walser Nr. 29).

Wir sind hier zwischen Kempten und Augsburg, irgendwo auf der Höhe des nachmaligen Kaufbeuren. Nun mußte man den Weg nach Noricum nicht unbedingt über Augsburg nehmen, sondern konnte, wie es die *Tabula Peutingeriana* (im Unterschied zum *Itinerarium Antonini*) vorgibt, von Kempten über *Abodiacum*/Epfach direkt nach *Bratananium*/Gauting auf die Straße Augsburg-Salzburg gelangen, die wir begehen wollen. Diese Straße überschritt kurz darauf, beim heutigen Grünwald, die Isar, um dann in schnurgerader Linie (und dort noch heute gut zu verfolgen) kilometerweit, von der Autobahnauffahrt Hofolding nur kurz unterbrochen, durch dichtes Waldgebiet, den heutigen Hofoldinger Forst, Richtung auf ihr Fernziel zu nehmen. Die eigenartigen oft kreisrunden Lichtungen, die man beim Gang auf der antiken Trasse rings um die Waldsiedlungen berührt, sind, falls das Waldgebiet damals überhaupt schon bestand, gewiß nachantike Rodungsinseln.

Wo die römische Straße heute, vor Großhelfendorf, aus dem Wald tritt, wurde auf dem markanten Straßendamm von weitem, unter dem schönen Profil der Chiemgauer Alpen, wieder ein Meilenstein sichtbar, auf dem ein Geta auszumeißeln war: «Von Augsburg 60 Meilen» (CIL III 5991, Walser Nr. 33). 60 Meilen ab Augsburg oder 89 km: das ist nur 10 km länger als die Luftlinie und zeigt die unbeirrbare Geradlinigkeit römischer Straßen – der Geta-Ausmeißler sah nicht nur seinen nächsten Stein, sondern auch schon den übernächsten.

Hier lag *Isinisca*, die Straßenstation der römischen Routenverzeichnisse, und hier querte vielleicht eine Straße zum Brenner, die der Hl. Emmeram dann, um die Mitte des 7. Jahrhunderts, von Regensburg nach Rom genommen haben mag, aber an der Kreuzungsstelle, dem späteren Kleinhelfendorf, den Märtyrertod fand (wie dort, in Lebensgröße, in der Marterkapelle erschreckend realistisch nachgebildet ist). Und noch ein anderer großer Heiliger, der Hl. Corbinian, muß, zwei Generationen später, auf seiner zweiten Romreise um 710 die römische Fernstraße Augsburg-Salzburg gequert haben – oder das was von ihr übrig geblieben war (die letzte von einem Meilenstein behauptete Straßenfürsorge im raetischen Raum, Julianus Apostata an der Brennerstraße, war lange her). Und da mögen wohl schon wieder Bären herumgelaufen sein, um dem Hl. Corbinian das Reisegepäck nach Rom zu tragen, wie wir aus dem Wappen des bayerischen Papstes Benedikt XVI. ersehen.

An diesem 60. Meilenstein hatte der Ausmeißler schlechte Arbeit geleistet und in Zeile 10 nur gerade Geta ausgepickt, aber die anderen Namensbestandteile belassen, so als seien es immer noch drei Herrscher, die laut Inschrift hier die «Straßen und Brücken wiederhergestellt» hatten (wahrscheinlich hätte er mechanisch jede Wortfolge GETA gelöscht, auch in *vegeta*, wenn er sie angetroffen hätte). Nun hatte er der Straße, die sich aus ihrer seit dem Übergang über die Isar strikt beibehaltenen südöstlichen in südsüdöstliche Richtung wendete, hinab ins Mangfalltal zu folgen: zu den nächsten Meilensteinen bis zur Übergangsstelle über den Inn, die man inzwischen beim Weiler Mühlthal (47°53′ 45″/12°08′ 31″) festgestellt hat – also etwas nördlicher als der heutige Übergang bei Rosenheim. Die Flußübergänge der Römerstraße haben sich in nachantiker Zeit an allen Flußläufen verschoben: am Lech von Epfach nach Landsberg, an der Isar von Grünwald nach München, am Inn von *Pons Aeni*/Pfaffenhofen nach Rosenheim.

Hier, an der römischen Innbrücke, deren genaue Lage jetzt bekannt ist, endete die Provinz Raetien, endete die Zählung der Meilen ab Augsburg und sprang um auf Salzburg, endete wohl auch die raetische Zuständigkeit für die Austilgung Getas. Die Namen der beiden kleinen Siedlungen dort, Langenpfunzen auf dem linken und Leonhardspfunzen gegenüber auf dem rechten Inn-Ufer, werden eben mit dieser Brücke, *Pons Aeni*, in Verbindung gebracht. Das hohe östliche Gegenufer Noricums bewältigte die Straße auf einer nach Norden abknickenden Rampe (hier lag eine Zollstelle mit dem üblichen Vierzigstel, also 2,5% vom Wert der durchtransportierten Ware), um dann auf das Nordende des Chiemsees zuzuhalten, begleitet von severischen Meilensteinen: gleich vorn in Söchtenau ein Meilenstein, dessen Oberteil mit Getas Namensanfang bis 1810 in der Kirchenwand steckte, dessen Unterteil mit Getas zweiter ausgemeißelter Zeile 2003 unter der Friedhofsmauer entdeckt wurde.

Nach schwieriger Durchquerung der Seenplatte beim heutigen Eggstätt traten Land und Wasser deutlicher auseinander, weitete sich der Blick auf die Wasserfläche des Chiemsees und die Kette der Chiemgauer Alpen, die die Straße nun bis fast zu ihrem Ziel, bis Salzburg begleiten werden. Der See wurde bei *Bedaium* erreicht, dem heutigen Seebruck, Brückenplatz und befestigte Straßenstation (ansehnliche Quadern werden dann in die Außenmauern erst des spätantiken Kastells, dann der mittelalterlichen Pfarrkirche geraten). Ein Platz mit den üblichen gewerblichen, kommerziellen, kultischen Funktionen, Polizeiposten und Marktort für die römischen Gutshöfe der Umgebung.

In solchen auch militärisch wichtigen Straßenstationen wird es in severischer Zeit mit ihren häufigen Truppenverschiebungen hoch hergegangen sein. Überhaupt hat man sich auch die Straße selbst damals sehr unruhig vorzustellen. Denn während die Geta-Namen ausgemeißelt wurden, gingen die Straßenbauarbeiten, wie die neuen Caracalla-Steine zeigen, kräftig weiter, wohl auch in Vorbereitung von Caracallas damals dort unmittelbar bevorstehendem Feldzug *per limitem Raetiae*, von Raetien aus gegen die Alemannen. Gewiß fielen damals längs der Straße vor allem die (oft noch heute erkennbaren) Materialgruben ins Auge, häßlich klaffend und noch nicht wieder verfüllt und vernarbt, denn um einen – an seiner Basis immerhin rund 12 m breiten – massiven Straßenkörper aufzuschütten, brauchte es eine Unmenge von Material, das man hier, im Moränenschutt, überall leicht ergraben konnte.

Wenn das Routenverzeichnis des *Itinerarium Antonini*, wie angenommen wird, in seiner ursprünglichen Anlage aus der Zeit Caracallas stammt, dann durfte unsere Straße als aktuelle Eintragung dort tatsächlich nicht fehlen.

In Straßenstationen wie diesem Bedaium wird man sich auch nach möglichen weiteren Inschriften abseits der Fernstraßen erkundigt haben. Wie die große Zahl von römischen Weihesteinen, Grabaltären und anderen Zeugnissen als Spolien an vielen – auch entlegeneren – Kirchen (wie in Prutting, Rabenden, Chieming, Grabenstätt, Mietenham, Tettelham) zeigt, war hier auch das offene Land damals sozusagen schon inschriftlich angefüllt. Und der Auftrag aus Rom war klar: auch in einem ländlichen Heiligtum entlegen zwischen oberbayrischen Seen mußte Geta noch aus der bescheidensten Weih- oder Bauinschrift verschwinden, so wie er bis an die äußersten Grenzen des Reiches tatsächlich ausgetilgt sein wird. Aber bleiben wir auf der Straße. Bis *Iuvavum*/Salzburg sind es noch 32 Meilen.

Die römische Straße durchzog nun, einen bequemen Übergang über den nächsten Fluß, die Traun, suchend, das hügelige Gelände östlich des Chiemsees. Hier stößt man auf einen Meilenstein in ungewöhnlichem Zusammenhang (Abb. 7). Die Inschrift, heute nicht mehr zu erkennen, aber im 19. Jahrhundert noch zu entziffern, folgte dem auf dieser Strecke üblichen Formular (also mit Ausmeißelung der

Abb. 7. Einer der Meilensteine dieser Straße durch das Voralpenland, die als wichtige Verbindung zwischen den nördlichen Reichs-Teilen von Kaiser Septimius Severus ausgebaut wurde, ist östlich des Chiemsees, unweit der römischen Straße, unter einer Linde zum Träger eines Bildstocks geworden. Die Inschrift, im 19. Jahrhundert noch zu entziffern, folgte dem auf dieser Strecke üblichen Formular, aus dem der Name von Geta, wie sein Bruder Caracalla Sohn und Mitregent des Kaisers, nach *damnatio memoriae* überall ausgemeißelt wurde. Dem damit beauftragten Mann, der im Frühjahr 212 n. Chr. die Straße entlangzog und Meile um Meile seine Arbeit tat, kann folgen, wer beim Begehen der römischen Straße einen leibhaftigen römischen Begleiter haben und nicht erfinden will – um alle anderthalb Kilometer mit ihm innezuhalten und dabei einen Blick auf die Straße und ihre Landschaft zu werfen.

Geta-Zeile, hier nur noch als leichte Vertiefung zu erahnen). Aber wir wollen uns hier einmal nur an dem idyllischen Standort freuen und dem so gar nicht musealen Nachleben des Steins «10 Meilen von Salzburg»: inmitten der Wiesen, versetzt an einen Feldweg zwischen Kraimoos und Schmidham unweit der römischen Straße, steht er da im Schatten einer Linde als Sockel eines Bildstocks, von römischer Staatspropaganda (was jeder Meilenstein war) zum Andachtsbild geworden (47°53′ 14″/12°35′ 10″).

Jenseits der Traun, auf der letzten Strecke vor Salzburg, waren weitere Getas auszumeißeln, so auf einem Stein, der erst 1999 aufgefunden wurde, rund 2 km vom ursprünglichen Standort bei Lauter im straßendurchzogenen Tal hier hinauf verschleppt und zur Schwelle einer Landkirche geworden: von St. Margarethen bei Egerdach (47°53′ 28″/12°42′ 13″). Ein Prachtstück von Meilenstein, übermannshoch und nicht mit den Armen zu umfassen, Meile XVIII vor Salzburg: einer jener severischen Steine, die von sich sagen, sie ersetzten *milliaria vetustate conlapsa*, «vor Alter umgefallene Meilensteine» – schließlich war Noricum seit zwei Jahrhunderten römisch. Hier mußte der Mann aufpassen, daß er nicht, mechanisch vorgehend, in die falsche Zeile geriet, denn der zuständige Provinzgouverneur hatte sich, ungewöhnlicherweise, mit ins kaiserliche Inschriftenformular gesetzt. Geta verschwand, die vierte Zeile über der XVIII wurde leer, ohne daß man das in der flachen und schäbigen Schrift recht merke. Auf die Rückseite hat man dem Meilenstein später ein Kreuz gemeißelt: so machte man es manchmal mit «heidnischen» Steinen, um sicherzugehen, daß sie nichts anrichteten. Noch hat die Landschaft hier ein bewegtes Relief, dann tritt die Straße in ebeneres Gelände, das für die restliche Strecke bis Salzburg keine Probleme mehr bietet.

Also noch 18 Meilen bis *Iuvavum*/Salzburg – «nur noch» 18, hätte Quintilian gesagt, denn er meinte (IV 5, 22), der Reisende werde, nicht anders als der Zuhörer, wenn er die Gliederung der angehörten Rede begreife, durch die fortschreitende Zählung auf den Meilensteinen «von der Ermüdung abgelenkt» (*non aliter quam facientibus iter multum detrahunt fatigationis notata inscriptis lapidibus spatia*): Meile 18, 17, 16, 15 – der *countdown* auf Salzburg hat begonnen, und wir wollen unseren Begleiter aus den Augen verlieren.

VIII

Auf der Via Valeria vom Aniene in die Abruzzen

Unter den von Rom ausgehenden antiken Straßen führte ostwärts in die entlegenen, schwer erschließbaren Abruzzen nur eine einzige mit Namen bekannte Straße: die Via Valeria. Sie berührte dabei Volksstämme, deren Namen uns weniger vertraut sind, wie Aequer, Marser, Paeligner. Die sie trennenden Bergzüge wurden alle von unserer Straße überwunden. Denn die Erbauung der Via Valeria hat mit dem Vordringen Roms in jenen Raum und seiner Unterwerfung zu tun und muß den – sämtlich um 300 v. Chr. datierten – augenfälligen Indizien von Herrschaftsorganisation ungefähr gleichzeitig sein: der Anlegung der Kolonien Alba Fucens und Carseoli (304 bzw. 302 v. Chr.) auf dem Wege in die Abruzzen. Angelegt wurde die Straße, wie ihr Name sagt, von einem Angehörigen der *gens Valeria*, einem Censor oder Konsul in eben diesen Jahren.

Von den römischen Straßen Mittelitaliens ist die Via Valeria die am wenigsten bekannte, ihr Gelände das unwegsamste, ihre Streckenführung die kühnste. Spektakuläre antike Reste bietet sie nicht, aber sie bietet unendlich viel Landschaft.

Die Via Valeria bildete die Verlängerung der Via Tiburtina über Tivoli hinaus nach Osten (darum ihre heutige offizielle Bezeichnung als Strada statale 5 *Tiburtina Valeria*). Ursprünglich führte sie bis Cerfennia (dem heutigen Collarmele) am nordöstlichen Rand des Fuciner Beckens, wo dann seit Kaiser Claudius die Via Claudia Valeria, einen älteren Straßenzug zur *via publica* ausbauend, weiterführte bis an die adriatische Küste bei Pescara. Im Mittelalter verlor die Straße ihren Namen, und sie verlor an Bedeutung. Nicht nur, daß für systematischen Unterhalt einer solchen Straße das Frühmittelalter nicht mehr organisiert genug war. Es kam die Frage nach dem Sinn hinzu. Wer sollte denn Interesse daran haben, mit Aufwand eine Straße zu unterhalten, die in fremdes Herrschaftsgebiet, wenn nicht gar zum Feind führte? Mit dem Ende des römischen Reiches fielen die klar geschiedenen Landschaften, die die römische Valeria absichtsvoll miteinander verbunden hatte, wieder auseinander: nach Gregor dem Großen wird in den Abruzzen denn auch kein Grundbesitz der römischen Kirche mehr genannt. Der Straßenzug war nun, wie so vieles im Mittelalter, weitgehend regionalisiert, die antike Fernstraße in Herrschaftsbereiche zerhackt: vorn im Aniene-Tal diente ein Straßenstück dem Orsini-Besitz, dahinter ein nächstes den Besitzungen der Abtei Subiaco, jenseits Arsoli ein weiteres wiederum einer anderen Herrschaft. Und so fort.

Natürlich führte die Via Valeria zugleich auch in fernere Räume, so im 13. Jahrhundert vom Kirchenstaat bis hinüber nach Apulien, zumal unter Karl I. von Anjou der königliche Hof vorzugsweise dort residierte; doch seit der zweite Anjou gegen Apulien zunehmend Neapel den Vorzug gab, verlor diese Verbindung wieder an Bedeutung.

Auf ihrer ersten Strecke, im Aniene-Tal hinter Tivoli, wird die Straße von den großen Aquädukten begleitet, die vom Oberlauf des Aniene gebündelt nach Rom führen. Und es ist in diesem Zusammenhang, oder als Zugang zu Horazens Villa im Seitental jenseits Vicovaro, daß die Valeria, die auf dem engen Talboden unter den Asphalt der heutigen Straße geraten ist, hier meistens genannt wird. Gewiß war das damals kein idyllischer Anblick: die vier monumentalen Wasserleitungen in ihrer kruden Funktionalität, die nach dem Ende der Antike, mangels der notwendigen Instandhaltungsarbeiten damals wohl schon geborsten, aus vielen Spalten ihr gutes Wasser in den Aniene zurückspieen.

Und auch das Siedlungsbild an der Straße wandelte sich im frühen Mittelalter. An die Stelle der offenen römischen Gutshofssiedlung, gerade im Aniene-Tal dicht nachweisbar (durchschnittlich alle 700 m eine *villa*), tritt mit dem Ende aller Sicherheit das mittelalterliche *incastellamento*, die geschlossene Höhensiedlung beiderseits hoch über der alten Straße: Mandela, Cineto Romano, Roviano – und am extremsten Saracinesco, das man, obwohl gut sichtbar, gar nicht wahrnimmt, weil man auf so kurze Distanz eine Siedlung 600 m (!) über der Straße nicht vermutet. Nichts könnte das Ende der *Pax Romana*, die Voraussetzung auch für unsere Via Valeria gewesen war, deutlicher dokumentieren als dieser Siedlungswandel.

Wir folgen der römischen Straße erst, wo sie das Tal des Aniene (und somit Latium) verläßt. Denn während die Straße nach Subiaco den Aniene entlang geradeaus weiterläuft, wendet sich die Via Valeria unter dem hohen Roviano brüsk nach Norden, um die hohe Talwand hinaufzusteigen in die Landschaft der Abruzzen. Und hier, beim Verlassen des wasserreichen Talgrunds, findet sich ein erstes ansehnliches Straßenmonument: der Ponte Scutonico.

Man erreicht die gut erhaltene Brücke, indem man gleich bei der genannten Verzweigung von Valeria und Sublacense, nach 100 m von der Valeria nordwärts durch die Gärten die 200 m in die stille grüne Lichtung geht, an deren Rand sich die Brücke befindet (42°01′ 26″/ 13°00′ 36″). Der Ponte Scutonico, einbogig, hat mit 7,25 m (unter dem Brückenbogen gemessen) die Breite auch anderer Brücken der Valeria; die Datierung – bei solch wenig charakteristischen Brücken stets schwierig und in der Forschung immer ein Problem – schwankt zwischen der Erbauung der Straße um 300 v. Chr. und ihrer Renovierung unter Nerva. Gepflastert war nur die Brücke, die Straße (die sich hier aber kaum verfolgen läßt) war geschottert. Freundliche Besitzer der Gärten an der Brücke kommentieren uns das antike Monument auf ihre Weise – nicht mit Wissen, sondern mit Gedanken –, und es gibt nichts Erfrischenderes, als vor solchen Resten mit Anwohnern ins Gespräch zu kommen.

Fragen wir uns auch an dieser idyllischen Stelle, wer alles denn hier des Weges gekommen wäre. Häufiger ist, wie er selbst andeutet, der junge Ovid zwischen seiner Vaterstadt Sulmona und Rom diese Straße gezogen, und an die Länge dieser Strecke wird er sich noch in der Verbannung fern am Schwarzen Meer erinnern. Horaz hingegen hätte, von Rom kommend, die Via Valeria zuvor bei Vicovaro verlassen, um durch das dort einmündende Tal der Licenza zu seinem Landgut zu gelangen. In düsterer Zeit zwischen Antike und Mittelalter kam der Hl. Benedikt, kurz vorher in Sichtweite der Brücke auf die *Via Sublacensis* abbiegend, um in Subiaco ein neues Betätigungsfeld zu finden. Damals, 537, während der Gotenkriege, zogen auch noch byzantinische Truppen, von Belisar entsandt, über die Straße von Rom nach Alba Fucens – aber die zahlreichen spätantiken Brandschichten dort oben in Alba zeigen, daß der Friede an der Via Valeria längst zu Ende gegangen war. Vermutlich über diese Brücke ritt im August 1268 der 17jährige Konradin von Hohenstaufen mit seinen Rittern hinauf in die Schlacht von Tagliacozzo und in sein Verderben.

Die enorme Höhenstufe von fast 300 m, die die Via Valeria nun zu überwinden hatte, führte sie, auf halber Höhe, dicht an Arsoli vorbei. Arsoli ist kein antiker Platz, sondern eine der beiden frühmittelalterlichen Nachfolgesiedlungen von *Carseoli* – auch das wieder eine typische historische Abfolge: aus dem offen in seiner Ebene liegenden *Carseoli* wird nach dem Ende der *Pax Romana* das hinauf auf eine Höhe geflüchtete Arsoli, das der moderne Straßenbau nicht mehr bedienen mag. An der schmalen Piazza unter dem mächtigen Baronalschloß der Massimo ist der 38. Meilenstein der Via Valeria aufgestellt, darauf montiert als Wappentier der Stadt ein gußeiserner Vogel Phönix, und in der Weihnachtszeit bisweilen auch ein blinkender elektrischer Weihnachtsstern, denn solche Antike gehört in den Alltag der Menschen und nicht ins Museum. Der Stein aus der Zeit Nervas dürfte an solch prominenter Stelle aufgestellt worden sein, weil die Inschrift ein gut erhaltenes und ausnahmsweise nicht abgekürztes Maximus zeigt (nämlich *pontifex maximus*): und das mag hier im *paese* des Fürsten Massimo gefallen haben.

Oben auf der Einsattlung angekommen (man nehme nicht die moderne Autobahn, sondern die ursprüngliche Straße, SS 5), gibt die Via Valeria mit einem weiteren prächtigen Straßenmonument endlich wieder einen unzweideutigen Anhaltspunkt für ihren genauen Verlauf: dem Ponte S. Giorgio, benannt nach der völlig zugewachsenen Klosterruine etwas weiter nördlich. Man erreicht die Brücke, indem man bei der heutigen Abzweigung nach Vivaro Romano die wenigen Meter links hinab bis zur Eisenbahnbrücke fährt, vor der sich der Ponte S. Giorgio befindet. Früher völlig mit Vegetation verhängt und kaum erkennbar, ist die Brücke nach ihrer Restaurierung gut zugänglich.

Die Via Valeria wendet sich nun wieder in ihre vorherrschende östliche Richtung und tritt – nach Überschreiten der Provinzgrenze Lazio/Abruzzi, in der sich die historische Grenzziehung zwischen Kirchenstaat und Königreich Neapel abbildet – in die weite Hochfläche des Piano dei Cavalieri ein, die, seit Thomas Ashby um 1900 ihren Eindruck beschrieb, durch wüste Bebauung inzwischen jeden Reiz verloren hat. Die antike Straße hat hier keine sichtbaren Spuren hinterlassen, Autobahn und Eisenbahn haben die Trasse besetzt, doch läßt sich der Verlauf einigermaßen bestimmen. Gleich nördlich der Straße, inmitten der Hochebene, lag einst das antike *Carseoli* oder *Carsioli,* alte Siedlung der Aequer, dann römische Kolonie: *frigida Carsiolis*, das «kalte Carsioli» in seiner Ebene, «nicht geeignet Oliven zu tragen, aber gut für Getreide», wie Ovid aus eigener Anschauung bemerkt, da er auf dem Wege zwischen Sulmona und Rom hier häufiger einen Bekannten aufsuchte: «Hier zog einst ich entlang in mein Heimatland der Paeligner ... dabei kehrte ich ein, wie stets, im befreundeten Hause» (*Fasti* IV 685–87). Dieses römische Carseoli, das sich an der Stelle des heutigen Weilers Civita befand (häufiger mittelalterlicher Name für römische Plätze), hat dann im 9. Jahrhundert, typisch für den Siedlungswandel des frühen Mittelalters, in Arsoli und Carsoli (man betone Ársoli, aber Carsóli) Nachfolgesiedlungen gefunden, die von der Natur besser geschützt waren.

Die Straße erreicht nun das nachantike Carsoli. Vor der Ortseinfahrt zur Rechten S. Maria in Cellis, eine Kirche des 12. Jahrhunderts, die eine große Zahl von Architektur- und Inschriftspolien aufweist, gewiß von Grabmälern der hier vorbeiziehenden Via Valeria. Vorbeiziehende Römerstraßen abzuräumen und sich ihre Grabbauten still einzuverleiben oder sichtbar anzuverwandeln, ist für früh- und hochmittelalterliche Kirchenbauten kennzeichnend.

Während nun, vom heutigen Carsoli an, Autobahn und jetzige Durchgangsstraße (SS 5 *quater*) in Richtung auf den Fucino weiter nach Norden ausholen, steuerte die alte Valeria – wie sich das für eine römische Straße gehört – ihr Ziel direkter an, ohne den Aufstieg über den Paß des Monte Bove bis auf 1220 m Höhe zu scheuen. Man folge darum vom östlichen Ortsausgang der alten – kurvenreichen, aber gut befahrbaren – SS 5 Tiburtina Valeria dem Turano talaufwärts.

Römische Straßen in ihrer unbeirrbaren Geraden zu verfolgen führt tiefer in die Landschaft als jeder dem Gelände angepaßte Wanderweg. Denn man muß auf den – von den kurvenreichen nachantiken Straßen aufgegebenen – geraden Strecken durch Gebüsch hindurch; kann nicht umhin (im wörtlichen Sinne um-hin), geradeaus und darum ohne Ausweichen auf wegsameres Gelände Landschaft zu durchdringen wie sie dort gerade ist, um in dichter Vegetation Pflasterbrocken oder wenigstens Terrassierungen aufzuspüren, und an den steilen Hängen tief eingeschnittener Schluchten hinabzusteigen ins Bachbett, um die Spur nicht zu verlieren. Das ist, wie andernorts beschrieben, bei jeder Straße anders je nach Formation der Landschaft und Ausstattung der Straße.

Bei km 74,6 erreicht man das Kirchlein Madonna di S. Vincenzo, bei der das *Corpus Inscriptionum Latinarum* noch einen Meilenstein verzeichnete, den eine neue Arbeit über die Meilensteine der Via Valeria dort aber schon nicht mehr fand. Wir sahen ihn indes, verkehrt herum tief in den Boden gerammt, als Sockel eines Missionskreuzes von 1945 wiederverwendet (Tetrarchen, 305/306 n. Chr.; wohl Meile IL ab Rom, inzwischen durch modernen Sockel ersetzt). Unter den großen Straßen um Rom dürfte es keine geben, bei der zwischen CIL und heute so viele Meilensteine verloren gegangen sind wie bei der Via Valeria. Doch kommen bei genauerem Zusehen einige wieder zum Vorschein.

Während die jetzige Fahrstraße hier bereits Höhe gewonnen hat und sich weiter den nördlichen Talhang hinaufwindet, um die abermals gut 300 m Höhendifferenz zwischen Carsoli und Colli di Monte Bove in 9 km zu schaffen, scheint die antike Via Valeria sich zunächst noch unten im Talgrund gehalten zu haben, um dann am nördlichen Hang in gerader Linie steil aufzusteigen. Die antike Trasse könnte dann in dem Pfad weiterleben, der bei Höhe 762 in gerader Linie den Talhang hinaufzieht, dort bei einem verfallenen Bahnwärterhaus die Gleise überquert und endlich unsere Asphaltstraße bei deren km 78,3 spitzwinklig schneidet: ein schmaler, stellenweise tief eingeschnittener und zum Bachbett gewordener Eselspfad, gewiß ein Altstraßenzug, der aber an keiner Stelle Reste zeigt, die ihn zweifelsfrei als römisch erweisen würden. Vermutlich war das auch nie ein Fahrweg: wie dann der Abstieg vom Paß des Monte Bove, so würde auch diese Art des Aufstiegs eine Befahrbarkeit der antiken Via Valeria auf dieser Strecke mit einiger Wahrscheinlichkeit ausschließen. Irgendwo hier müßte auch die Straßenstation *In Monte Grani* der Peutingerschen Tafel gelegen haben.

Vor uns nun in extremer Hanglage die Häuser von Colli di Monte Bove, die, bei rund 100 m Höhendifferenz zwischen Castello oben und Kirche unten, vom Massiv des Monte Bove in das hier tief eingeschnittene Tal hinunterzurinnen scheinen und bisweilen geradezu aus der Wolkendecke herabhängen; rechts darüber die Einsattelung, durch die die Via Valeria ihren Weg finden muß. Der Eisenbahn (Roma-Tagliacozzo-Pescara) wird es nun zuviel: sie verschwindet im Berg.

Folgt man jenem bei km 78,3 schneidenden Maultierpfad, in dem sich wahrscheinlich die römische Trasse abbildet, erreicht man bald ein altes Brunnengewölbe. Von diesem anziehenden Platz setzt sich der Altstraßenzug, die jetzige Fahrstraße bei km 79,1 schneidend, jenseits in gleicher Richtung nach Colli di Monte Bove fort und durchquert den Ort an seiner unteren Kante, während die heutige Straße die obere Kante berührt. Daß nicht der obere, sondern der untere Straßenzug der ursprüngliche ist, erkennt man schon daran, daß sich im Innern dieses nachantiken Ortes vieles eben auf diese untere Straße bezieht: der kunstlose Torbogen, der ehemalige Brunnen, die behauenen Hausportale, das Kirchlein S. Antonio.

Diese Straße steigt vom östlichen Ortsausgang kräftig und gerade bergan und vereinigt sich, nun nur noch ein undeutlicher Pfad, mit der neuen Straße erst wieder, wenn diese von ihren Kurven abgelassen und in eine Gerade zurückgefunden hat, bei km 82,95: Für die beschriebene Strecke um Colli di Monte Bove zwischen km 79 und 83 verwendet die alte Straße nicht einmal 2, die heutige Straße 4 km!

War der Befund bisher über weite Strecken undeutlich und unbefriedigend, so beginnt nun ein Abschnitt, auf dem die antike Via Valeria eindeutig zu fassen und durch schöne Landschaft zu verfolgen ist – auch wenn sie mangels geschlossener Pflasterung auf den flüchtig Interessierten nicht den Eindruck der großen Konsularstraßen machen wird. Dabei hält sich im folgenden die alte Straße bis zur Paßhöhe stets links der heutigen Straße, also etwas höher am Hang, der, immer besonnt, trotz der Höhe von rund 1100 m auch im Winter den Schnee nicht lange hält: ein bei Gebirgsstraßen nicht zu vernachlässigender Faktor. Der mit Silberdisteln bedeckte, locker bebuschte Hang über dem sanften, von Herden beweideten Talgrund mit seinem weidenbestandenen Bach ist leicht zu begehen.

Die antike Trasse bekommt man am besten zu fassen, wo sie über km 84,0 dicht unterhalb des Waldrandes als angedeutete Geländeterrasse den Hang entlangzieht, erkennbar bergseitig an der Abarbeitung der Felsnase über km 84,1 und talseitig an einer Reihe polygonal zugerichteter Blöcke *in situ* als unterster Lage der Straßensubstruktion. Von dieser unzweifelhaften Stelle aus kann man den alten Straßenzug nun sowohl zurück wie nach vorn verfolgen und wird immer wieder – wenn auch spärlich und oft undeutlich – auf hangseitige Abarbeitung (z. B. in Höhe von km 83,8) und einzelne Blöcke der rechten Straßenkante stoßen, immer in polygonalem Zuschnitt in deutlichem Unterschied zu den hier später kunstlos geschichteten, zeitlosen Trockenmauern, die man keineswegs mit antiken Substruktionsmauern verwechseln darf! Doch sind die polygonal gearbeiteten Blöcke, wenn einzeln außerhalb ihres Mauerverbandes, nicht leicht von der Gestalt zu unterscheiden, zu der hier der anstehende Stein bricht.

Folgt man der Straße weiter bergan, trifft man auf eine nächste Abarbeitung bei km 84,5. An anderen Stellen ist die Trasse – wie das Altstraßenzügen im Gebirge auch sonst widerfährt – durch herabkommendes Geröll nicht mehr erkennbar. Die alte Straße passierte sodann nördlich (nicht südlich wie die heutige SS 5) den Felsen bei km 85,1 und ist von hier aus als eindeutig künstliche Terrasse klar zu verfolgen, mit geringen Resten talseitiger Stützmauern. Klare Abarbeitungen in Höhe von km 85,4 (besonders deutlich durch die stehengelassene Stufe für den Straßengrund) und km 85,5 (auch hier ist der Straßenuntergrund in den Felsen gekerbt), mit Resten der talseitigen Böschungsmauer; bei km 85,7 liegt die antike Trasse, mit deutlichen Abarbeitungen, dicht oberhalb der heutigen Fahrstraße.

Die mit niedrigen Dornbüschen, Haselsträuchern und wilden Rosen bedeckte, hoch am Steilhang führende, nur noch von Tieren begangene römische Straße, die sich stellenweise zu kleinen, von

Pferden beweideten Rasenplätzen weitet und durch stille Landschaft langsam hinauf gegen die Paßhöhe zieht, ist ein wahrhaft arkadischer Platz. Und sogar die jetzige Fahrstraße ist seit dem Bau der Autobahn still geworden.

Daß Pflasterung nirgends feststellbar ist, wird man in felsigem Gelände nicht anders erwarten. Auffallender ist, daß auch auf dem künstlich abgearbeiteten Felsgrund nirgends Radspuren sichtbar werden, die doch gerade in solchem Gelände – nämlich bei Abwärtsfahrt mit gebremsten Rädern – zu erwarten wären, und an den vertikalen Abarbeitungen des Felsens nirgends die Scheuerstellen von Radnaben. Was die Abarbeitungen als solche angeht, so ist natürlich nicht auszuschließen, daß sie in nachrömischer Zeit noch erweitert wurden, da solche römischen Straßen ja noch lange – bis zum Bau neuer Fahrstraßen und somit oft bis ins 19. Jahrhundert hinein – benutzt wurden. Aber die Beobachtungen sprechen doch eher dafür, daß man sich hier nur Saumtransport, nicht Wagenverkehr vorzustellen hat.

Bei km 86,0, zur Linken jenseits der aufgegebenen Kurve der vorigen SS 5, wieder ein lohnendes Stück der alten Valeria: am halbrund ansteigendem Hang zuletzt ein schönes, bis zu 2,30 m hoch noch erhaltenes Stück Polygonalmauer als talseitige Unterfangung der Straße, die dann, die nächste abgearbeitete Felsnase umrundend (auch die weiteren Stellen lassen deutlich die Kerbe zwischen vertikaler und horizontaler Abarbeitung erkennen), ohne größere Geländeschwierigkeiten auf die nahe Paßhöhe zuhält: letzter idyllischer Platz vor der Herbheit der Paßlandschaft.

Von der Paßhöhe des Valico di Monte Bove auf 1220 m Höhe, die endlich erreicht wird, öffnet sich ein eindrucksvoller Blick die absteigende Via Valeria entlang auf das nahe Bergnest Roccacerro – und auf eine gänzlich andere Landschaft. Die alte Straße überstieg den Paß etwas weiter östlich als die heutige Fahrstraße, also direkt am Fuße des Monte Bove, um dann auf dieser Linie nach Roccacerro hinunterzufinden, ohne daß man die alte Trasse hier immer genau bezeichnen könnte. Eindeutig zu fassen bekommt man die alte Straße erst wieder, wo sie am Nordrand des Dorfes, von nur je einer Häuserzeile schmal begleitet, sich durch die enge Schlucht hinabzwängt. Denn nun beginnt ein atemberaubender Abstieg, wie ihn sonst keine der römischen Straßen aufzuweisen hat: 500 m Höhenunterschied auf 4½ km Luftlinie – und die Via Valeria zeigt ja die mörderische Neigung, die Luftlinie zu nehmen.

Der beste Überblick über den weiteren Verlauf bietet sich oben von der Kirche des Ortes: links tief unter uns die alte Straße, die dann bei einer Kapelle hinter der Felsnase verschwindet; halbrechts im Mittelgrund gegen Osten eine rundliche Talebene, die am gegenüberliegenden Rand eine markante Kerbe aufweist, auf die die Via Valeria nun zuhalten wird, um durch sie hindurch auf die Talstufe von Tagliacozzo hinunterzufinden. Und über all dem das majestätische Profil des Monte Velino (2487 m), der im Laufe eines Tages ganz unterschiedliche Farbtönungen annimmt; rechts dahinter der Monte Sirente (2348 m), dann die – oft unter einer Dunstschicht liegende – Ebene des einstigen Lago di Fucino, an deren Nordrand die Via Valeria herziehen wird, und darüber in der Ferne die früh verschneite Maiella-Gruppe und die Berge gegen das Molise (Abb. 8).

Folgt man nun von Roccacerro bergab der heutigen Fahrstraße, die einen völlig anderen, kurvenreichen Verlauf nimmt, so trifft man bei km 90,0 dieser SS 5 wieder auf die römische Valeria, ihr Niveau erkennbar an der Kapelle links über der Straße. Daß es sich um den römischen Straßenzug handelt, wird unzweifelhaft durch vier erhaltene Stellen polygonaler Substruktionsmauer, die (etwa auf Höhe von km 89,9–90,1) von der Fahrstraße aus sichtbar werden: sie müssen freilich auch in vegetationsloser Jahreszeit erst freigelegt werden, und der Abstieg zu ihnen ist nicht ungefährlich. Ebenso eindeutiges Anzeichen sind, nahe der Kapelle, die großflächigen Abarbeitungen der bergseitigen Felswand (wobei wiederum nicht auszuschließen ist, daß sie in neuerer Zeit noch erweitert wurden): stellenweise ist deutlich die Kerbe zwischen senkrechter und waagerechter Abarbeitung stehengeblieben.

Die römische Via Valeria muß hier nun irgendwo (wahrscheinlich im Zuge des Weges, der von km 91,6 am Hang des breiten, gegen Tagliacozzo ziehenden Rückens abwärts führt) den Abstieg rechts hinab auf den Talboden und dann durch den markanten, weithin sichtbaren Geländeeinschnitt nach Tagliacozzo gefunden haben. Man

Abb. 8. Landschaft der Via Valeria. Unter den römischen Straßen Mittelitaliens ist die Via Valeria, die im Zuge entschiedenen Vordringens nun auch nach Osten die soeben eroberten Abruzzen an Rom anschließen sollte, die am wenigsten bekannte, ihr Gelände das unwegsamste, ihre Streckenführung die kühnste. Hier zieht sie, nach Überwindung des Monte-Bove-Passes (1220 m), in atemberaubendem Abstieg hinab; vorbei an der Felsnase unten links, hinunter in die Talebene vorn, durch die markante Gelände-Kerbe (rechts außen) hinab nach Tagliacozzo (820 m). Und weiter durch das Becken des Fucino (im Hintergrund rechts die verschneite Maiella) hinüber in das bereits zur Adria führende Tal der Pescara. Ferdinand Gregorovius beschreibt, nach abenteuerlichem Ritt auf der Valeria durch «gigantische Bergwildnis», beeindruckt diesen Blick von Roccacerro hinein ins Land der Marser: «Es ist ein überwältigend großes Panorama von farbigen Bergreihen, die in riesigen Abstufungen übereinander zum Himmel steigen. Majestätisch steht der Monte Velino da; aus der Ferne strahlen auch die Berge Sulmonas und die von Sora, während im Mittelgrunde die zersplitterte Burg von Tagliacozzo auf der schwarzen Felsenmasse sich monumental erhebt».

mache sich aber klar, daß Tagliacozzo eine nachantike Stadt ist, und daß die Via Valeria hier einst weiterhin durch freie Landschaft lief: erst im Frühmittelalter wird sich Siedlung an die Straße ankristallisieren, nicht anders als in Arsoli und Carsoli.

Lassen wir die Straße, durch die Bergscharte hinab, Tagliacozzo durchzogen haben – und blicken noch einmal zurück auf das Gebirge. Das ist der Blick, den Ferdinand Gregorovius hatte, als er 1871 in Gegenrichtung von Tagliacozzo hinauf nach Roccacerro und dann über Colli di Monte Bove weiter nach Rom ritt: «In Tagliacozzo endet die Via Valeria wie in einem Sack. Keine Fahrstraße führt in die Sabina, wohin wir gelangen wollten, nur Saumpfade gibt es über das steile Grenzgebirge. Wir mieteten Gebirgspferde, starkknochige große Tiere, welche diese steinigen Pfade zu erklettern gewohnt sind. An einer Leine führte ein jedes sein Führer, gleich ihnen ans Klettern gewöhnt. So ritten wir von Tagliacozzo hoch aufwärts in die gigantische Bergwildnis hinein und acht Stunden lang fort über hohe Felsenmassen, durch tiefschattige Buchen- und Eichenwälder, in Rinnsalen von Bergwassern, über Flüsse und sie durchwatend, wo es keine Brücken gab … Ein entsetzlicher Pfad von Felsengeröll führte uns nach Colle, einem in der Wildnis an Abgründen schwebenden Felsennest». Das ist, nur in umgekehrter Richtung, genau der von uns begangene Weg durchs Gebirge. So beschreibt ihn ein Gregorovius.

Wo die Via Valeria in Tagliacozzo den Talboden erreicht (und früher, im Stadtpark, zugehörige Meilensteine aufgestellt waren), nimmt sie wieder ihre Richtung auf, um möglichst gerade nach Osten als nächste römische Stadt Alba Fucens anzulaufen. Man folge der heutigen Straße, die hinab gegen Scurcola Marsicana führt mit seinem imposanten, von den Orsini errichteten Kastell (ich folge nicht der vorgeschlagenen Alternative eines Verlaufs durchs Gebirge über Sorbo wegen der vielen Meilensteine dort auf der – darum so genannten – Piazza Milliaria: es sind nämlich keine). Während die moderne Straße bei km 107,2 inmitten der Talebene scharf nach Südosten abbiegt, um auf Avezzano zuzuhalten, behält die antike Valeria die Richtung Nordost bei und läuft nun in beharrlicher Geradheit weiter auf ihr nächstes Ziel zu, auf Alba Fucens, dessen in eine Kirche verwandelter Apollo-Tempel bereits oben auf der Höhe sichtbar wird.

Die antike Valeria lebt in jenem unscheinbaren Weg fort, der von der genannten Straßenverzweigung bei km 107,2 geradeaus ins offene Gelände führt, stellenweise alte (aber nicht antike) Pflasterung aufweist, und nach rund 1300 m von der Autobahn unterbrochen wird: schönes Beispiel eines jener Wege über aufgegebener römischer Straße, die trotz kleiner Schwingungen nach beiden Seiten dann doch immer wieder in eine Gerade zurückfinden und auch damit ihren römischen Ursprung zu erkennen geben. So mache man es auch sonst: macht eine heutige Fahrstraße, unter der man eine antike Straße vermutet, plötzlich eine Kurve oder einen Knick, gehe man einfach geradeaus weiter ins Gelände, und findet womöglich die römische Trasse. Wie hier.

Die alte Straße tritt hier in die Palentinischen Felder ein und berührt damit die Stätte einer denkwürdigen Schlacht, die schon von Dante nach dem nicht eben nahen Tagliacozzo benannt worden ist: die Schlacht von 1268, in der der junge Konradin von Schwaben dem französischen Thronprätendenten Karl von Anjou unterlag, und mit der die Hohenstaufen ihr Ende fanden.

Hier auf den Palentinischen Feldern, am Fuß der 1700 m aus der Ebene aufsteigenden großartigen Flanke des Monte Velino, trafen die beiden Heere am 23. August aufeinander, wobei in der Ausgangsposition die Via Valeria die beiden Treffen geteilt haben dürfte: der Staufer nördlich, der Anjou südlich der alten Straße. Konradin war von Rom auf der Via Valeria anmarschiert (ab Carsoli aber in einem Bogen durch das Cicolano nördlich ausholend), Karl auf der Via Valeria in Gegenrichtung. Als Dank für seinen Sieg errichtete Karl von Anjou auf dem Schlachtfeld an der Via Valeria die Zisterzienserabtei S. Maria della Vittoria, von der unmittelbar nordwestlich jener Straßenverzweigung bei km 107,2 unter Vegetation noch spärliche Reste zu sehen sind.

Um die alte Trasse jenseits der Autobahn wieder aufzunehmen, folge man der SS 5 bis Cappelle (dort sah Mommsen noch einen unterdes verlorenen Meilenstein) und von dort der SS 578 nordwärts Richtung Magliano de' Marsi unter der Autobahn hinweg bis km 82,2, wo wir wieder auf die römische Trasse treffen. Am Kreuzungspunkt unter Dorngebüsch der unansehnliche Zementkern eines römischen Grabbaus der Via Valeria, das sogenannte Grab des Perseus – eine lokale historische Mystifikation abgeleitet aus der Tatsache, daß König Perseus von Makedonien als Verbannter in Alba Fucens starb. Man kann der antiken Trasse weiter nach Nordosten folgen (leider ist sie übel zugerichtet, und auch die schöne Ebene füllt sich zusehends mit Supermärkten, Baustofflagern und Zweithäusern): ein beidseits von Gebüsch begleiteter Fahrweg, der sich nach Überqueren der Straße Cappelle-Alba Fucens indes im Gelände verliert.

Die Via Valeria hat nun bereits ihren Aufstieg nach Alba Fucens begonnen. Sie betrat, ihre seit Scurcola beibehaltene Gerade rund 1200 m zuvor aufgebend, den fast 3 km langen Polygonalmauerring der Stadt durch die besonders gut gesicherte Porta Fellonica im Norden, mit dem Zementkern eines monumentalen Grabes. Die Valeria durchlief sodann, seine Hauptachse bildend, den Ort: an dieser Hauptstraße, inmitten der Stadt, fanden die Ausgräber 1949 *in situ* den 68. Meilenstein, errichtet 350/51 zu Ehren des Kaisers Magnentius; merkwürdig bei einem Meilenstein das Relief unter der Inschrift.

Für eine römische Straße ist es ganz ungewöhnlich, wegen einer Stadt um rund 250 m auf fast 1000 m zu klimmen und unmittelbar darauf wieder auf den gleichen Talboden herabzusteigen, statt geradeaus weiter durch die Ebene zu ziehen und die Stadt mit einer Stichstraße zu bedienen. Man ersieht daraus die Bedeutung, die dieser Stadt, ursprünglich Zielpunkt der Straße, auch später noch beigemessen wurde. Alba Fucens war 303 v. Chr., ohne Spur einer Vorgängersiedlung, als römische Kolonie mit 6000 (!) Siedlern angelegt worden: also ziemlich gleichzeitig mit Carseoli (Livius X 1,1 bzw. 13,1), und wie Carseoli an der – damals oder wenig später erbauten – Via Valeria errichtet im Zuge systematischen Vordringens nach Osten, fortan in allen mittelitalischen Kriegen Roms ein verläßlicher Stützpunkt. Der Ort sah erlauchte Verbannte, sie kamen aus allen Zonen: aus Afrika der Numiderfürst Syphax, aus dem Osten der Makedonenkönig Perseus, aus Gallien der Arvernerfürst Bituit. Die Regulierung des Fuciner Sees in der frühen Kaiserzeit (mit der festlichen Eröffnung des Emissars durch eine veritable Seeschlacht unter Claudius 51 n. Chr.) dürfte wie der Region, so auch der Stadt anhaltenden wirtschaftlichen Aufschwung gebracht haben.

Blüte und Niedergang sind aus dem Befund der belgischen Grabungen ablesbar. Die Krise des 3. Jahrhunderts n. Chr. erfaßte auch Alba und leitete einen Niedergang ein, der sich im 4. und 5. Jahrhundert vollendete: verlassene Stadtteile, Brandschichten, kümmerliche Behausungen unter Spoliierung öffentlicher Bauten; zum Kalkbrennen aufgehäufte Götterstatuen (Venus, Pan und andere erwarteten so ihren Feuertod), keine Fundmünze mehr seit Theodosius, mochte auch während der Gotenkriege 537 noch einmal eine byzantinische Truppe hier Quartier beziehen. Dann legt sich das Dunkel der *Dark Ages* über den Platz. Auf der alten Akropolis im Norden bildet sich später eine kleine Burgsiedlung; auf dem gegenüberliegenden, dem Fucino zugewandten Hügel im Süden richtet sich im Frühmittelalter ein Benediktinerkonvent beim alten Apollo-Tempel ein und verwandelt ihn in eine Peterskirche.

Von diesem Tempel stehen die Cella-Wände noch in voller Höhe aufrecht. Im 12. Jahrhundert wurde die antike Cella nach vorn erweitert (die beiden äußeren Frontsäulen gerieten so, noch heute *in situ*, in die Kirchenschiffsmauer), rückwärtig mit einer Apsis versehen, der Innenraum durch zwei Reihen prachtvoller – nicht von diesem Bau stammender – Spoliensäulen gegliedert. Eine Besonderheit dieses Baus sind die antiken und mittelalterlichen Graffiti im Innern, die ganz unmittelbar Einblick in früheres Leben geben. So an der rechten Wand in Höhe des Osterleuchters die Ritzzeichnung eines Schiffes mit beigefügter Beschriftung *navis tetreris longa* (Kriegsschiff mit vier Ruderreihen; statt des lateinischen *quadriremis* hier also das griechische Wort) mit Rammsporn und Auge (zweiter Block von vorn, vierte Blockreihe von unten). Sowie weitere Graffiti (Verse auf eine Flavia; eine Reparatur-Inschrift mit Konsulatsdatierung *Maximino et Africano consulibus*, 236 n. Chr.; Graffiti auf verstorbene mittelalterliche Priester). Auch in Kanzel und Chorschranken lebt Antike weiter, denn diese sogenannte cosmateske Ausstattung – hier sogar ausdrücklich von einem Marmorarbeiter aus Rom signiert – verwendet die wertvollen Buntmarmore, die man vor allem in den Ruinen Roms finden konnte, und die von den Cosmaten systematisch verarbeitet wurden.

Von der Bergkuppe beim Tempel und dem daran angebauten,

nun verlassenen Konvent mit seinem zugewucherten Innenhof bietet sich ein großartiger Rundblick über das Marserland: gegen Nordwesten der Blick zurück auf die Via Valeria, deren Gerade sich bis zurück nach Scurcola klar in der Ebene abzeichnet; gegen Norden, über den malerisch zugewachsenen Ruinen des (beim Erdbeben von 1915 völlig zerstörten und nicht wieder aufgebauten) mittelalterlichen Albe, das grandiose Massiv des Monte Velino; gegen Südosten das weite Becken des ehemaligen Fuciner Sees; zu Füßen die Palentinischen Felder, gemeinsam mit dem Becken des Fucino natürlicher Kreuzungspunkt wichtiger Verbindungen zwischen Rom und Mittelitalien, zwischen tyrrhenischer und adriatischer Küste.

Die Via Valeria verließ die Stadt durch die Porta di Massa im Osten und stieg von hier steil bergab, den Talboden bald erreichend. Daß dieser Weg tatsächlich die alte Via Valeria darstellt, zeigen die römischen Turmgräber: schon vom Hügel von S. Pietro herab sind sie unten auf der Talsohle zu erkennen, dazu die alte Trasse, wie sie in südöstlicher Richtung geradeaus auf den Fucino zuläuft (Man kann die Trasse und die Grabtürme auch aus der Gegenrichtung erreichen, indem man von Antrosano aus in nordöstlicher Richtung auf sie zuhält: 42°04′ 32″/13°25′ 16″, Abb. 9). Bei S. Pelino muß sie ihre Hauptrichtung wieder aufgenommen haben: eine Gerade, die am Fuß des Gebirges, bei der alten Gebäudegruppe der Taverna di Cerchio (km 131,0), endet. Irgendwo zwischen Celano und hier abzweigend, wird eine Verbindungsstraße ins nahe *Marruvium* geführt haben, den Hauptort des Marserlandes an der Stelle des heutigen S. Benedetto dei Marsi (Reste des Amphitheaters und zwei Grabtürme, die sogenannten *Morroni*), das, bis zur Trockenlegung durch die Torlonia in den Jahren 1869–75, am Ostufer des Fuciner Sees lag.

In Collarmele, der Stelle des alten *Cerfennia*, begann die (gewiß längst vorhandene) Fortsetzung, die Kaiser Claudius offiziell als Via Claudia Valeria bis Pescara ausbauen ließ. Sichtbare Reste haben sich von dieser Straße, bis auf die Trasse als solche, auf der nun folgenden Strecke wenig erhalten. Die einst so wichtige, wohl auch für die Transhumanz der Herden genutzte, aber durch den Autobahnbau schön vereinsamte Straße zieht nun bergan in große, kahle Landschaft. Gut der weite Blick von hier zurück auf das Becken des Fucino: es ist die Landschaft Ignazio Silones, der in «Wein und Brot» verschiedentlich die Via Valeria zwischen den Palentinischen Feldern und der Forca Caruso vorkommen läßt.

Die Straße, die inzwischen die 1000 m-Grenze überschritten hat, betritt nun zwei kleine, von Herden beweidete Talebenen, in denen die alte Trasse deutlich sichtbar geblieben ist: im Campo San Nicola, zwischen km 140,8 und 142,1, geradeaus als Straßendamm mitten in der Ebene in ziemlichem Abstand zur heutigen Fahrstraße; im Piano di San Rufino, ab km 142,4, hingegen am Hang dicht unterhalb der heutigen Fahrstraße als schmale Geländeterrasse, die talseitig stellenweise kunstlos mit unbearbeiteten Steinen gesichert ist – gewiß eine Altstraße, vielleicht die römische, doch fehlt in beiden Fällen jedes sichere Indiz für römischen Ursprung. Als Gregorovius diese Straße zog, galt die Gegend noch als wildes, menschenleeres Land, bewohnt nur von Herden, Schäfern und Briganten. «Hinreißend ist der Blick in die ungeheure Wildnis rötlicher Felsenmassen, die kühn ineinander geschoben und tausendfach in Schluchten auseinandergebrochen sind».

Denn mit der Paßhöhe der Forca Caruso steigen wir bereits vom Land der Marser hinab ins Land der Paeligner. Der Paß, der *Mons Imeus* der *Tabula Peutingeriana*, ist mit 1107 m Höhe nur wenig niedriger als der von der Via Valeria vor Tagliacozzo überwundene Monte Bove-Paß. Und ähnlich brüsk wie dort steigt die römische Straße auch hier ab. Während die heutige SS 5 Tiburtina Valeria nun weit nach Norden ausholt und sich von der Paßhöhe bis Raiano bei gut 700 m Höhendifferenz 27 km erlaubt, begnügt sich die alte Straße, über Goriano Siculi, bis zum gleichen Ort mit 18 km: so kommen die 16 Meilen zustande, die die römischen Itinerarien für die Strecke Cerfennia (Collarmele) – Corfinio ansetzen.

Die römische Streckenführung ist nicht genau bestimmbar, aber einigermaßen vorgegeben durch das Gelände. Umso wichtiger der Fund des Meilensteins im nächsten Ort, bei Goriano Siculi, wohl dem antiken *Statulae* der Tabula Peutingeriana. Der Stein ist, ebenso wie der vorige Stein in Alba Fucens, erst von Magnentius (350–353), das Inschriftformular wirkt in seiner Lautstärke (*liberatori orbis romani, restitutori libertatis* usw.) umgekehrt proportional zur wirklichen Macht dieses Usurpators, in dessen Regierungszeit anscheinend einiges für diesen Abschnitt der Via Valeria getan wurde. Die Meilenzahl XC zeigt, daß ab Rom gezählt ist, Via Claudia Valeria und Via Valeria als ein Ganzes behandelt werden, während ein bei Chieti gefundener Stein aus der Bauzeit der Claudia Valeria noch von der Nahtstelle Cerfennia (Collarmele) an zählte. Heute gibt die SS 5 schon ab Carsoli auf den Richtungsschildern das dort noch sehr entfernte Pescara, Zielort der alten Claudia Valeria, als ihr Hauptziel an.

Diese Meilenzahl 90 ist nun auch die Distanz, an die sich – als Entfernung zwischen seiner Vaterstadt Sulmona und Rom – Ovid noch in der Verbannung am Schwarzen Meer erinnert: … *milia qui novies distat ab Urbe decem* (*Tristien* IV 10, 4). Gewohnt, Zahlen beim Wort zu nehmen, hat die Straßenforschung über diese Stelle schon viel Tinte ausgegossen. Poesie und Meilensteine in Einklang zu bringen erfordert einige Akrobatik, die über unsere Absichten hinausgeht. Man halte sich vielmehr vor Augen, daß 90 gerade noch poetisch ist, 91 oder 104 hingegen nicht. Mit 90 Meilen kommt man auf der Via Valeria, so viel ist immerhin sicher, bis auf Sichtweite von Ovids Sulmona.

Der weitere Verlauf, von Goriano hinab in die Talebene von Raiano, ist nicht gesichert und wird von Straßenforschern (wie van Wonterghem oder Gardner) unterschiedlich trassiert. Römische Reste finden sich zwischen Goriano und Raiano nicht.

Wie die Via Claudia Valeria hier auch gelaufen sein mag: in jedem Fall öffnet sich von den Höhen gleich hinter Goriano ein grandioser Blick hinab auf die Conca Peligna, die weite Talebene von Sulmona und ihre erhabene Gebirgseinfassung. Rechts im Mittelgrund, halb verdeckt durch den markanten Kegel des Monte S. Cosimato, das alte Sulmona (die Einwohner erbaten sich 1410 vom König das Recht, nach dem Ovid-Vers *Sulmo mihi patria est* aus *Trist.* IV 10, 3 die Buchstabenfolge S.M.P.E. als Stadtwappen führen zu dürfen: «auf rotem Grund vier goldene Buchstaben mit der Bedeutung ‹Sulmo ist meine Vaterstadt›» – und dabei ist es bis heute geblieben). Darüber die gewaltige Maiella, links davor der lange Gebirgsrücken des Morrone, der die Conca Peligna gegen Osten begrenzt. Tief unter uns – fast

500 m Höhenunterschied bei nur 3 km Entfernung in Luftlinie! – am Beginn der Ebene das kleine Raiano. Dahinter die auffallende Gerade der Via Claudia Valeria (nach 29 *milia passuum* der Entbehrung endlich wieder sichere römische Straßenreste!), durch die fruchtbare Ebene zulaufend auf Corfinio, das alte *Corfinium* der Paeligner. Fern zur Linken Popoli, die Engstelle bewachend, durch die die Via Claudia Valeria dann die Talebene in Richtung Adriatische Küste verlassen wird. Vor uns hoch am Hang des Morrone, über der großen Turmspitze der Badia Morronese, die Einsiedelei von Pietro Angeleri, «Peter vom Morrone», den man zu kurzem, unglücklichem Pontifikat dort herunterholte, bis er im *gran rifiuto* (Dante, *Inf.* 3, 60), seiner «großen Verweigerung», noch im gleichen Jahr 1294 der Welt wieder entsagte: der – vor Benedetto XVI. – einzige Papst, der je von seinem Amt zurücktrat. Und, sehr bedeutungsvoll, senkrecht unter der Eremitage die gewaltigen Terrassenanlagen eines römischen Heiligtums, dem des *Hercules Curinus*, die im Mittelalter von den Sulmonesen, wie vieles hier, mit ihrem Landsmann Ovid in Verbindung gebracht wurden: hier soll er seine Liebestränke gebraut haben.

Endlich also *Corfinium*. Die Stadt, im Bundesgenossenkrieg 90 v. Chr. zum Hauptort Italiens gegen Rom gewählt, kündigt sich auf der Via Claudia Valeria durch eine Steigerung der straßenbegleitenden Grabmonumente an, beginnend bei km 172,6 mit einem ersten unansehnlichen Rest, und endlich den kolossalen Resten zweier Turmgräber. Schräg gegenüber entstand, wohl im 12. Jahrhundert, die Residenz der Bischöfe von Valva in Form eines (auf den Zementkern eines römischen Grabes gesetzten) Wohnturms neben ihrer Kathedrale, so daß hier an der Via Valeria nun ein seltsamer Wald von Türmen für Lebende und Tote emporragte.

Das ist eine Situation, wie sie sich an römischen Straßen in Stadtnähe im frühen Mittelalter häufiger bildet. Die Nekropole nämlich, wenn sie ein Märtyrergrab enthält wie in diesem Fall das des (angeblich unter Julianus Apostata in Corfinio getöteten) heiligen Pelinus, führt zum Bau einer Kirche hier draußen über dem Grab; und diese Kirche – zumal wenn zur Kathedrale geworden – zieht dann häufig wiederum das Siedlungszentrum an sich, gruppiert also, als neuer Pol, das Siedlungsgewebe um, wie sich bekanntlich an vielen Städten des

Römischen Reiches in nachantiker Zeit auch außerhalb Italiens beobachten läßt. In diesem Fall erwies sich freilich der andere Trieb nachantiker Siedlungsgeschichte als stärker: sich nach dem Ende der *Pax Romana* in den natürlichen Schutz etwa einer Spornlage zu flüchten. Und so drängte sich das mittelalterliche *castrum de Pentoma* schließlich auf dem Sporn im äußersten Nordosten des antiken Siedlungsgebietes zusammen und nistete sich im dortigen römischen Theater ein: der Hauptplatz des Ortes, die Piazza Corfinio, bildet an seiner Süd- und Ostseite das Halbrund des Theaters ab; von seinen Substruktionen, in die sich Kirche und Wohnhäuser eingerichtet haben, ist, außer in den Kellern, ein unscheinbarer Mauerrest an der Einmündung der Via delle Fortificazioni sichtbar geblieben.

Die Errichtung von S. Pelino bzw. des nächstbenachbarten Oratorio di S. Alessandro inmitten der straßenbegleitenden Nekropole hatte zur natürlichen Folge, daß man sich des hier reichlich vorhandenen römischen Baumaterials bediente, sozusagen die Grabmonumente der Via Claudia Valeria abräumte. Allein an Inschrift-Spolien finden sich am Oratorio di S. Alessandro und der Torre episcopale 21 Stücke, daneben wiederverwendete Architekturfragmente, die dann stellenweise auch am Bau imitiert wurden. Ja man hat festgestellt, daß die Blöcke eines etwa 350 m entfernten runden Mausoleums (bei S. Maria delle Grazie) im 11. oder 12. Jahrhundert für den Bau von S. Alessandro verwendet wurden: die Apsis dieser Kirche hat denn auch denselben Durchmesser wie jener römische Rundbau!

Die Via Claudia Valeria läuft an dieser Kirchengruppe vorbei weiter durch das – heute nur noch dünn besiedelte – antike Siedlungszentrum auf den nachantiken Ort zu, in dessen bereits genannten Hauptplatz sie heute nach rund 900 m mündet. Und auf dieser schlichten italienischen Piazza mit ihrer vom römischen Theater kaum wahrnehmbar geprägten Gestalt, ihrer Brunnenfigur, ihrer Bar dello Sport, der Kirche und dem kleinen kommunistischen Parteilokal, sei unsere Fahrt entlang der Via Valeria beendet.

IX

Landschaft im Verfall. Die Wahrnehmung von Verwahrlosung und Verheerung freier Landschaft in der Spätantike

Das ganze Land siehst Du wüst, aufgegeben, verkommen, still, düster» (*vasta omnia, inculta squallentia muta tenebrosa*). «Was früher als Boden ganz passabel (*tollerabilis*) war, ist heute versumpft oder von Gestrüpp überwuchert». Mit diesen Worten beschreibt, die Notwendigkeit einer vom Kaiser gewährten Steuererleichterung ausmalend, ein Rhetor von Autun im März 312 n. Chr. vor Kaiser Konstantin die zunehmende Verwahrlosung der Agrarlandschaft, wie sie sich von der Straße Autun-Auxerre dem Reisenden darbot. Und weiter: die Entwässerungskanäle seien nicht mehr in Betrieb und darum alles ein Sumpf, die Weinberge «nur noch ansehnlich für die, die nichts davon verstehen», die Wurzeln der Weinstöcke so alt und «tausendfach ineinander verknorzt» (*milies replicando congestae*), daß man sie nicht mehr bearbeiten könne. Und neue Weinstöcke irgendwo hinzusetzen wie in Aquitanien gehe auch nicht, denn hier sei es oben zu felsig und unten zu feucht (auch heute noch ist in Burgund der Weinbau ja beschränkt auf die *Côte* in halber Höhe und die Gegend von Chablis).

Das ist Landschaft im Verfall, und auf solche Beobachtungen haben wir es hier abgesehen.

Natürlich wird Verfall mehr an Städten und Bauten wahrgenommen und beschrieben, und auch diese Eindrücke werden hier einbezogen, soweit die verfallenen Bauten zum Bestandteil der Landschaft, die verschwundenen Städte selbst Landschaft geworden sind. Aber es sei doch auf die Wahrnehmung nicht nur verfallender Städte, sondern gerade auf den Verfall des Landes geachtet und auf Szenen in freier Landschaft, mag der Verfall nun aus kriegsbedingter Verheerung oder aus altersbedingter Verwahrlosung herrühren. Oder aus noch Größerem: dem Ende der heidnischen Götter. Denn ein derart elementares Ereignis muß sich, so meinte man offensichtlich, auch in der Landschaft ausdrücken: wenn das Delphische Orakel nicht mehr spricht, wird auch der kastalische Quell versiegen; wenn die Götter sterben, werden auch ganze heilige Haine verdorren. Jede Zusammenstellung solcher Beobachtungen wirkt wie eine elegische Quellensammlung zum Ende der Antike.

Doch es gibt auch Verfall aus gewöhnlichem historischen Alterungsprozeß ohne kriegerische Zerstörung. Und damit sei hier begonnen. Wenn man Pausanias auf seinen Wanderungen durch die Peloponnes, durch Arkadien begleitet (sie sind auf etwa 160–175 n. Chr. zu datieren), wird man ihn – im friedlichen, ja glücklichen 2. Jahrhundert n. Chr. – überall Verfall beobachten sehen. Dabei ist die Landschaft durchaus präsent, ja der Gang beschreibt Stellen, wie wir uns arkadische Plätze vorstellen: «von Wasser durchströmt und voller Bäume stehend», unter Eichen verschiedenster Art und Gestalt; als Grenzmarken zwischen den kleinen entlegenen Orten oft ein Altar oder Statuen am Wege, in den Ruinen einer Stadt eine heilige Grotte, eine Marmorstatue, ein Brunnen mit Wasser aus einem Felsen. Aber Pausanias sieht bei seinem Gang durch die Landschaft Städte zu Dörfern geschrumpft («nicht mehr Stadt, sondern Dorf») oder sogar ganz verödet, erkennbar nur noch an ihren Ruinen oder nicht einmal mehr daran: «zu meiner Zeit waren es Ruinen und auch davon das meiste nicht mehr erkennbar»; von der Stadt Lousioi «waren nicht einmal mehr Ruinen übrig»: «zu meiner Zeit ganz verödet»; «heute unbewohnt»; «außer dem Erdboden nichts übrig geblieben». Auch Dörfer können völlig verschwinden und wieder zur Landschaft werden: «Reben sind gepflanzt auf der ganzen Fläche des Dorfes».

Und die verfallenen Tempel und Heiligtümer in den Ruinenstädten oder draußen in offener Landschaft, die Statuen oft schon gestürzt: «Von dem Tempel war nichts mehr übrig als die Säulen, vor dem Tempel der Göttermutter steht keine Statue mehr, aber die Basen waren noch sichtbar, auf denen einst Statuen standen»; Tempel «ohne Türen und ohne Dach»; «das Dach eingestürzt»; «ohne Götterbild und ohne Dach»; «nur noch Trümmer»; «das meiste lag bereits am Boden»; «von der Statue war nur noch der Kopf übrig». Solcher Anblick gibt ihm Gelegenheit, über die Hinfälligkeit allen Menschenwerks zu räsonnieren: Mykene, Delos, Babylon, was ist aus ihnen geworden ...

Beim Gang durchs Gelände, von der Baumgruppe zum Grenz-Altar, vom Flußufer zur Tempelruine, ist die Landschaft erfüllt von Göttern und ihrem Wirken, von Heroen und ihren Taten, von Menschen und ihrem Handeln in historischer Zeit. Kein Schritt ohne daß davon erzählt und daran gedeutet würde. So ist der Weg durch die Landschaft zugleich ein Weg aus mythischer Zeit durch die griechische Geschichte bis zur Gegenwart. Und die allgemeine Anteilnahme daran ist groß und lebhaft: dasselbe – mythische oder historische – lokale Ereignis wird hier mal so, vom Nachbarort aber so erzählt, wie wir von Pausanias erfahren. Bei den Statuen – auch bei denen im Gelände – weiß man oft noch die Namen der Bildhauer.

Das ist nicht das von Vergil «entdeckte» und mit Schäfern angefüllte Arkadien: das ist die wirkliche, betretbare, dem historischen Verfall ausgesetzte Landschaft, das «banale» Arkadien (Snell). Darum in diesem wirklichen Raum noch einige Schritte im Zusammenhang, von Megalopolis ins Innere, mit Beobachtung von Verfall (aber auch in anderen Landschaften ist Pausanias' Beschreibung verschwundener Städte, dachloser Tempel, letzter verbliebener Statuen eindrucksvoll). «Dreizehn Stadien von Megalopolis entfernt liegt die Skias genannte Gegend, doch das Heiligtum der Artemis von Skias ist verfallen. Von dort aus kommt man nach ungefähr zehn Stadien zu den geringen Überresten der Stadt Charisiai .... Auch Trikolonoi war ehemals eine Stadt; es gibt dort heute jedoch nur noch einen dem Poseidon geweihten Hügel mit einer heilen Statue, und um das Heiligtum liegt ein Hain von Bäumen ... Zu meiner Zeit aber waren beide verlassen. ... Geht man von Paliskios aus den Elaphos, der nicht immer Wasser führt, zur Linken etwa zwanzig Stadien weiter, kommt man nach Peraitheis, wo neben anderen Ruinen nur mehr das Heiligtum des Pan erhalten ist. ... In den Trümmern von Mainalos sind die

Spuren des Athenatempels erhalten ... Das Mainalosgebirge selber ist, glaubt man, dem Pan besonders heilig, und daher sagen die Umwohner, sie hörten ihn die Syrinx blasen. ... Die Hälfte des Weges geht am Fluß Alpheios entlang, nach seinem Überschreiten folgen in zwei Stadien Entfernung vom Alpheios die Reste von Makareai; von dort sind es sieben Stadien zu anderen Ruinen, denen von Daseai, und ebenso viele von Daseai zu dem Akakesion genannten Hügel. Unter diesem Hügel liegt die Stadt Akakesion, und auf dem Hügel steht jetzt noch eine Marmorstatue des Hermes Akakesios. Der kleine Hermes soll hier aufgewachsen sein ... Etwas höher liegt der Mauerring von Lykosoura, und es sind noch einige Einwohner darin. Von den Städten, die die Erde auf dem Festland oder den Inseln aufwies, ist Lykosoura die älteste».

> «Wegen dieser Demeter kam ich vor allem nach Phigalia und opferte der Göttin, wie es auch die Einheimischen machen, nichts anderes, nämlich Obst von Obstbäumen und Weintrauben und Bienenwaben und Wolle, die noch nicht zur Verarbeitung gekommen ist, sondern noch voll Schmutz, was sie auf den Altar, der vor der Höhle gebaut ist, legen, und dann gießen sie noch Öl darüber ... Um die Höhle steht ein Eichenhain, und kaltes Wasser sprudelt aus einer Quelle. Das von Onatas geschaffene Kultbild war aber zu meiner Zeit nicht mehr vorhanden. ... Von denen, die ich sprach, sagte der älteste, drei Generationen vor seiner Zeit seien Steinblöcke von der Decke auf die Statue gefallen, und von diesen sei sie zertrümmert worden und ganz und gar verschwunden. Und an der Decke war auch für uns noch deutlich zu erkennen, wo die Blöcke sich gelöst hatten. ... An der Alpheiosquelle steht ein Tempel der Göttermutter, der kein Dach mehr hat.»

All das sind Verfallserscheinungen im natürlichen historischen Alterungsprozeß, in friedlichen Zeiten: Ursache die Marginalisierung Griechenlands im römischen Reich, der Bevölkerungsschwund, die begrenzten finanziellen Mittel wenn nicht gerade das Auge des Kaisers auf der Landschaft ruhte. Der eigentliche, der unumkehrbare Verfall wird erst noch kommen. Dazu rechnet man den verheerenden Zug Alarichs und seiner Westgoten durch die Peloponnes in den Jahren 395/396 n. Chr. («Korinth brannte, daß beide Meere dampften», wie der Dichter Claudianus in einem starken Bilde sagt). Und vor allem die Erdbeben, die Pestzüge und die Slawen-Einfälle des 6. Jahrhunderts.

Dann schweigen die Quellen. Lassen wir darum hier einmal die Archäologen, am Beispiel von Olympia, das Bild weiterzeichnen. Bald schweigen auch die Inschriften. Der offene heilige Bezirk wird, wohl in Erwartung des Einfalls der Heruler 267 n. Chr., durch hastig aus Säulentrommeln, Architraven und Friesblöcken der umliegenden Gebäude geschichteten Mauern zwischen Zeustempel und Südhalle zur Mini-Festung, die Erzbilder irgendwo darin gestapelt. Zwar wird, um 300, noch einmal am Tempel restauriert. Dann besorgen Erdbeben und Slaweneinfälle im 6. Jahrhundert den Rest, der Alpheios geht darüber hin und macht die Ruinenstätte zur Auenlandschaft.

Ganz anders bedingt, und ganz anders beschrieben, der Verfall, wie ihn in seiner bekannten Schilderung Rutilius Claudius Namatianus, hoher Beamter aus senatorischer Familie Galliens, im Herbst 416 auf seiner Reise von Rom zurück in die Heimat wahrnahm. Nun ist alles Krieg, Verwüstung, Germaneneinfall (der verheerende Zug Alarichs und seiner Westgoten war erst wenige Jahre her). Statt der Via Aurelia, die er für schwer passierbar hielt (obwohl sie dort ja nicht in schwierigem Gelände verläuft), wählte er den Seeweg und beobachtete vom Schiff aus die tyrrhenische Küste. «Den Seeweg habe ich gewählt, weil zu Lande die Straßen in der Ebene von Flüssen überschwemmt, auf den Höhen von Geröll übersät sind. Seit Etrurien und die Via Aurelia unter den Schwertern und Brandfackeln gotischer Horden aufs ärgste gelitten haben, seit die Wälder des Landes keine Herberge mehr bieten und die Straße die Flüsse nicht mehr mit Brücken überspannt, ist es besser, sich der trügerischen See anzuvertrauen».

Nun also die Küste entlang. «Was ehedem kleine Städte waren, sind heute nur noch große Landgüter (*nunc villae grandes, oppida parva prius*). Schon weist der Seemann auf die Ländereien um Caere hin … Wir fahren dicht an Castrum vorbei, dem Lager, das Fluten und Zeiten (erobert) haben; ein altes Tor verrät noch die Lage der halbverfallenen Stadt». Dann Civitavecchia und die Mündung des Ombrone. Statt in einer Hafenstadt übernachten sie am Strand. «Wir errichten kleine Zelte: gekreuzte Ruderpaare wurden in die Erde gesteckt und eine Ruderstange quer darübergelegt, so entstand schnell ein Dachfirst». Dann erblicken sie Populonia, auch hier nur Verfall: «Man kann die Denkmäler der Vorzeit nicht mehr erkennen; die gefräßige Zeit hat die gewaltigen Mauern zerfressen. Das Gemäuer ist dahingesunken, nur Spuren sind geblieben, unter einem weiten Trümmerfeld liegen die Häuser begraben.» Und so gehen seine tristen Beobachtungen weiter, die einst so belebte Küste Etruriens entlang.

Das ist Landschaft von Krieg verwüstet, verheert von durchziehenden Germanen: «Wenn der ganze Ozean über Gallien gekommen wäre, dann wäre nach solcher Überschwemmung doch mehr übrig geblieben» als nach den zehn Jahren mit Vandalen und Goten: «kein Vieh mehr und keine Saaten; kein Platz mehr für Olivenbaum und Weinberg ...» Womit Prosper von Aquitanien gewiß übertrieb, denn diese germanischen Stämme, nicht einmal sehr zahlreich, wollten ja auch in den nächsten Jahren noch aus diesem Lande leben; und Sidonius Apollinaris konnte, im gleichen 5. Jahrhundert, auch zwischen Goten noch intakte Landschaft beschreiben, wie sie sich von der Straße darbot: waldiger Hang mit Quelle, dichte Wiesen mit Blick auf den Fluß, der Morgennebel schwindet, dann läuft die Straße durch grünende offene Ebene. Sommermorgen auf einer Straße in Südfrankreich.

Aber Rom vermochte sich der Feinde nicht mehr zu erwehren. Hatte Ausonius bei seiner Beschreibung der Mosel-Landschaft noch (gewiß schon übertreibend) behaupten können, die alten Kastelle seien nun überflüssig und zu Scheunen geworden (*non castra sed horrea*); hatte man in diesem 4. Jahrhundert noch den Rhein überschreiten und dabei, auf nun alemannischem Gebiet, in der Landschaft auf Reste trajanischer (also 250 Jahre alter) Schanzwerke stoßen können, wie Ammianus Marcellinus beschreibt: damit war es nun zu Ende, an allen Fronten. Im Zug der «verbrannten Erde» werden ganze Landschaften abgefackelt, damit etwa der persische Feind kein Futter mehr finde: Abbrennen ganzer reifender Getreidefelder, «so daß von den Ufern des Tigris bis zum Euphrat kein grüner Halm mehr zu sehen war; dabei verbrannten auch viele wilde Tiere, vor allem Löwen». Ganze romanische Restbevölkerungen, die aggressive Nachbarschaft der Germanen nicht mehr ertragend, lassen sich erst in feste Städte, und schließlich, 487, geschlossen nach Italien umsiedeln, wie in der Vita S. Severini für die Donaugrenze in Ufer-Noricum geschildert ist.

Wie die Kriege, so vernichteten auch die häufigen Erdbeben nicht nur zahlreiche Städte, sondern verformten stellenweise auch das Relief der Landschaft, wie damals aus Griechenland berichtet wird: Erdspalten, die sich gebildet hatten, schlossen sich an einigen Stellen nicht mehr, «so daß die dortigen Einwohner nur noch auf langen Umwegen zueinander kommen können». Und wie Erdbeben und Kriege, so entvölkerten in diesem schrecklichen 6. Jahrhundert Pestepidemien ganze Landstriche, vernichteten mit den Menschen auch die Arbeitskraft und führten schon damit zur Verwilderung der Landschaft: «Die Herden waren noch auf der Weide, aber kein Hirt sah mehr nach ihnen». Überall tiefe Stille, denn wer die Pest überlebt hatte, war geflohen. «War die Zeit der Ernte vorbei, waren die Getreidefelder immer noch unberührt, waren die Weinberge, schon ohne Laub, immer noch nicht abgeerntet ... Die Weiden waren zu Friedhöfen geworden».

Das ist bei Ammianus Marcellinus, Prokop, Paulus Diaconus Beschreibung eines Zustands. Daneben wird Verheerung und Verfall nun häufig als verdiente Strafe Gottes aufgefaßt und vor allem darum beiläufig beschrieben. Etwa bei Salvianus von Marseille, der in seiner vielzitierten, um 440 verfaßten Schrift *De gubernatione Dei* zwar eine durch seinen moralischen Grundton wenig anziehende Lektüre ist, aber in seinem Vorsatz, den Niedergang ganz den Lastern der Römer und der Keuschheit der Vandalen zuzuschreiben, als Beleg doch manche konkrete Information bietet: Mainz zerstört, Köln von Feinden besetzt, Trier schon viermal erobert; mit eigenen Augen habe er die Leichen da liegen gesehen, nackt, in Lumpen, von Vögeln und Hunden angefressen.

Sonst aber, wenn nicht Verheerung zu beklagen war, tritt Landschaft mit ihren Bauten im Verfall nur selten in den Blick. Denn warum sollte man offene Landschaft ohne bukolische Absicht beschreiben? Im übrigen wird allmähliche Verwahrlosung von Kulturlandschaft zu Anfang nicht von jedermann gleich wahrgenommen (Abb. 9).

Abb. 9. Verwahrlosung von Landschaft läßt sich nicht abbilden: Alberto Moravias Bäuerin Cesira begreift kopfschüttelnd, daß es offenbar kennerischen Blicks bedarf, um Verwahrlosung zu erkennen, wo gewöhnliche Menschen, gerade umgekehrt, prangenden Pflanzenwuchs zu sehen glauben. Und schon ein spätantiker Rhetor meint von den Weinbergen um Autun, sie seien «nur noch ansehnlich für die, die nichts davon verstehen». In freier Landschaft markierten noch am ehesten verfallende Bauten früh und unverkennbar auch allgemeinen Verfall, wie hier die seltsame Versammlung von entkleideten römischen Grabtürmen (an der Via Valeria unter Alba Fucens), die wie rohe Beton-Zähne aus dem Boden ragen. Daß beides auseinandertrat und sich Ruinen sichtlich von bestelltem Boden abhoben, wird erst auffallen, als die Bevölkerungsvermehrung des frühen und hohen Mittelalters dazu zwang, wieder mehr Erde unter den Pflug zu nehmen.

Alberto Moravias *Cesira*, als Bäuerin der Ciociaria, bemerkt an den Feldern in Frontnähe (1943), deren Anblick Städter für völlig normal, ja herbstlich prangend ansahen, an zahlreichen Anzeichen sofort, daß sie aufgegeben, die Bauern vor dem Krieg geflohen waren.

Neuer Anlaß zur Beachtung auch entlegener Landschaft wird in dieser Übergangszeit zwischen Heidentum und Christentum die Überzeugung auf christlicher Seite, die heidnischen Götter und Dämonen, aus den Städten bereits vertrieben, suchten Zuflucht nun draußen in abgeschiedener Landschaft. Dort draußen seien denn auch in entlegenen Talgründen letzte heidnische Kultplätze zu finden, die es noch zu zerstören gelte.

Daß sich in Spätantike oder frühem Mittelalter heidnischer Kult in abgelegenen ländlichen Plätzen noch einige Zeit hielt, ist keine Frage, und man kann es sich vorstellen, wenn man beim Wandern auf vereinsamten römischen Straßen einer Geländefalte folgt, weit hinein zu einer Grotte, einem mächtigen Baum, einem antiken Gemäuer: tatsächlich mögen da draußen letzte heidnische Bauern eingeschüchtert ersten christlichen Landpriestern begegnet sein und nur noch verstohlen ihre Votivbänder und Votivlappen (*vittae*) in letzte heilige Bäume gehängt haben. Das hatte schon Kaiser Theodosius verboten, das mußte noch Kaiser Justinian verbieten. Letzte kleine Stücke Sakrallandschaft (*idilliaco sacrale* würde man bei pompejanischer Malerei sagen). Nur daß sie jetzt von tiefem Verfall gezeichnet waren.

Wie letzte heidnische Kultplätze draußen in der Landschaft zerstört werden, wird genüßlich berichtet. Auf einem Berg bei Cassino verwüstet der Hl. Benedikt ein vom Landvolk immer noch aufgesuchtes Apollonheiligtum, brennt den heiligen Hain nieder, verwandelt den Tempel in eine Martins-Kirche. Gregor von Tours läßt sich von einem Wulfilaich erzählen, wie er, der Langobarde, über der Zerstörung eines heidnischen Kultplatzes zum Säulenheiligen wurde: Auf einer Anhöhe am Rande der Ardennen findet er – umgeben von kleineren Götterbildern, die er sogleich mit eigener Hand zertrümmert – die große Statue einer ‹Diana› (wohl einer lokalen Muttergottheit), von den umwohnenden Bauern immer noch verehrt. Hier errichtet er sich eine Säule, auf der er auch im Winter ausharrt, Eiszapfen im Bart, die Fußnägel vor Frost abgeplatzt. Den neugierig sich nahenden Bauern predigt er so eindringlich, daß sie ihm endlich helfen, das große Standbild umzustürzen und mit Hämmern zu zermalmen. Ein weiterer heidnischer Kultplatz in freier Landschaft war entschärft.

Nur noch draußen in der Landschaft, und in der Dunkelheit, wagen die Dämonen einander aufzusuchen, ihr Schicksal zu beklagen, böse Werke zu verabreden. Wie bei dieser Dämonenversammlung um Mitternacht in einem Apollontempel an der Via Appia in den Monti Aurunci, bei der sich, belauscht von einem Reisenden, die Dämonen erzählen, «was jeder von ihnen Böses getan hatte» (der Bischof von Fondi, an dessen Verfehlung sie sich weiden, verwandelt den Tempel flugs in eine Andreas-Kirche). Der Platz, an dem dieses geschah, und der Tempel lassen sich für einmal genau identifizieren. Wer von Süden auf der Via Appia nach Fondi zieht, stößt in einem Tal der Monti Aurunci hinter Itri auf «eines der schönsten Stücke Appia überhaupt» (Quilici), mit weit erhaltener Pflasterung, starken Böschungsmauern berg- und talseitig, hohen Fels-Abarbeitungen, begleitenden Grabbauten – und imposanten (von den Spaniern im 16. Jahrhundert zum Sperrfort ausgebauten) Terrassierungen für einen Tempel des Apollon, der im Mittelalter dann vom Hl. Andreas verdrängt wurde; denn Tal und Festung tragen seinen Namen. Hier also – auch heute unbesiedelte Landschaft – fanden heidnische Dämonen noch im 6. Jahrhundert einen verlassenen Tempel für ihre Zusammenkünfte.

Oder dieses Zwiegespräch (um wieder auch ein Beispiel von nördlich der Alpen zu nehmen). Der irische Wandermissionar Gallus, mit Columban am Bodensee das Christentum predigend, vernimmt, als er eines Nachts auf dem See fischt, das Zwiegespräch zweier letzter Dämonen hinweg über weite Landschaft. Er hörte einen Geist «von der Bergspitze herab nach seinem Gefährten im tiefen See rufen. Als dieser sich meldete: ‹Hier bin ich›, rief ihm der Berggeist zu: ‹Komm, hilf mir, denn Fremde sind gekommen und haben mich aus meinem Tempel vertrieben. Sie haben die Götzenbilder zerschlagen …›» Aber der Wassergeist, mit dem Hl. Gallus im Boot über sich, konnte ihm auch nicht helfen. Götterdämmerung am Bodensee.

Ganze Sakrallandschaften wurden abgeräumt. Wo man einmal in

das Innere aufgegebener Tempel hineinblicken konnte, sah man «die Wände von Spinnweben überzogen und die Kultstatue mit soviel Staub bedeckt, daß weder Nase noch Augen noch sonst ein Teil des Gesichts erkennbar war. Von den Altären sind nur Reste zu sehen, zum großen Teil zerbrochen, und ringsum von soviel Unkraut umgeben, daß man das für einen Müllhaufen halten würde, wenn man nicht wüßte, daß es Altäre sind». Sahen die Christen noch ein Kultbild im Tempel, pfiffen sie durch die Zähne wie es Julianus Apostata im Athenatempel in Ilion/Troja beschreibt; meist aber waren die Kultstatuen schon zerschlagen oder längst verschwunden. Die Anbauflächen des zugehörigen Tempelbesitzes, soweit er nicht sogleich in kaiserlichen oder kirchlichen Besitz überging, wurden vernachlässigt und trugen zum Eindruck verwildernder Landschaft und zum Problem der *agri deserti* bei, zu deren Wiederbestellung anzuregen oder zu nötigen die Sorge vieler spätantiker Kaiser war. Hier wuchs nicht mehr das, was noch Diokletians Preisedikt an Agrarprodukten aufführte.

Andere verfallende Gebäude werden beschrieben und in die Mirakelgeschichten einbezogen, wobei vor allem – auch auf dem Land – Thermen genannt werden, dort also wohl die Badeanlagen großer luxuriöser Villen. Denn dieser Bautyp bot mit der Vielfalt seiner Räume (rechteckige, runde, mit Apsiden versehene, und das alles in sinnvoller Abfolge) die beste Voraussetzung zu einer Wiederverwendung. Etwa wenn eine Mönchsgemeinschaft sich – außerhalb der Stadt natürlich – ansiedeln wollte: ein spätantikes Kloster mit dem Namen *Balneum Ciceronis*, «Ciceros Bad», dürfte draußen in einer Thermen-Anlage eingerichtet worden sein. Die Reste römischer Thermen über heißen Quellen, in den benachbarten Waldschluchten noch die heidnischen Kultstatuen herumstehend und diese neue Wildnis von Bären und Wölfen durchstreift: so wird uns Columban auf seiner Suche nach entlegener Stelle zur Gründung eines Klosters geschildert. Daraus wird, um 590, Luxeuil.

Aber ein solches verfallendes Labyrinth von Räumen, die düsteren Feuerungskeller womöglich noch erkennbar, regte auch die Phantasie an, gerade in solchen Thermen Sünder büßen und im Feuer leiden zu sehen. Zwei Fälle erzählt von Gregor dem Großen, also noch aus dem 6. Jahrhundert: da sieht man in der entlegenen Terme Taurine bei Civitavecchia, zwischen den Dämpfen heißen Wassers, die die Ruinen noch heute durchwehen, den Geist eines Sünders ausharren; sieht in den Thermen von Angulum bei Pescara den Geist eines Diakons, der heiligmäßig gelebt, aber bei einer Papstwahl den Falschen gewählt hatte, in der Glutwärme (*in caloribus*) stehen und anderen Personen Dienste tun. Ohne diese Wundererzählungen wären die antiken Gebäude gar nicht mehr in unseren Blick getreten.

Auch die Straßen, immer ein unübersehbarer Bestandteil der Landschaft, sind nun im Verfall: «Schon zerfurchen Wasserläufe den Straßenkörper, stürzen Brücken ein, überwuchert Gebüsch die Straßenränder», beschreibt Cassiodor um 530 den Zustand der Via Flaminia; und Prokop sieht die Via Ostiensis «mit Vegetation bedeckt» und «völlig vernachlässigt».

Im Verfall gehen sogar Amphitheater, fast immer außerhalb der Städte errichtet, ganz in die Landschaft ein. Sie werden zu einer bloßen Mulde im Gelände, herabgeschwemmtes Erdreich deckt die Sitzstufen zu, in deren lichtlosen Untergewölben man letzte heidnische Dämonen oder erste Drachen hausen weiß. Oft wird die Fläche im Innern, die Arena, von den Bauern für Getreidesaat oder Gartenbau genutzt. Die alten Zugänge in der Hauptachse sind dann die Zufahrten der Erntewagen.

Aquädukte, ohne dauernde Instandhaltung immer schon Wasser verlierend (denn «Baumwurzeln sprengen sowohl die Abdeckung als auch die Seitenwände der Kanäle», Bäume sind «samt der Wurzel abzusägen», *radicitus amputari*, schreibt der Aquäduktexperte Frontinus vor), speien nun ihr Wasser ins Leere und lassen das Gelände versumpfen, ja werden bei Belagerung absichtlich unterbrochen wie die Aquädukte Roms bei der Belagerung durch die Goten.

Ganze Städte werden in den endlosen Gotenkriegen (535–552) vernichtet und bilden sich zur Landschaft zurück. Urbisaglia ist so gründlich zerstört, daß nur noch der kümmerliche Rest eines Tores und des Straßenpflasters übriggeblieben war. Ein in den Ruinen zurückgelassener Säugling wird von einer Ziege gesäugt, sie verteidigt das Kind auch gegen Prokop, der diese schmerzlich bukolische Szene als Augenzeuge beschreibt: «laut meckernd kam sie herangesprungen und stellte sich schützend über den Säugling». Daß auch sonst Menschen in den Ruinen hausten, ist in den Quellen gar nicht mehr der Erwähnung wert, so alltäglich war der Anblick geworden. In der gleichen Gegend ist ein Städtchen niedergebrannt, sein nächstes Umfeld zur Pferdeweide geworden. Ja Rom selbst war zeitweilig völlig verlassen: «An einfachem Volk waren nur 500 in der ganzen Stadt geblieben ...»; dann «ließ Totila in Rom niemanden mehr wohnen, und so blieb die Stadt vollkommen entvölkert zurück». Zwar wird sich Rom spärlich wieder bevölkern, aber die weitaus größte Fläche innerhalb der Aurelianischen Stadtmauern wird für die nächsten tausend Jahre Landschaft und Viehweide bleiben.

Der Anblick sterbender oder gestorbener Städte wird, bei heidnischen wie christlichen Autoren, geradezu zum Trostmotiv, allerdings zu einem wenig tröstlichen (‹Wenn schon ganze Städte sterben, kannst Du doch nicht um eine einzelne Person trauern!›). Dabei werden jeweils konkret Ruinenstädte der Zeit benannt: Rutilius Namatianus nennt (416 n. Chr.) andere Orte als Ambrosius (387), Ambrosius andere Orte als Sulpicius Severus Rufus (45 v. Chr). Beispiele gab es früh offensichtlich genug, an der tyrrhenische Küste, oder auf der Via Aemilia reisend, oder auf dem Weg von Kleinasien zurück nach Italien.

Es waren die verheerenden Gotenkriege und die furchtbaren Pestepidemien des 6. Jahrhunderts, die durch die drastischen Bevölkerungsverluste in den Städten und auf dem Lande zur Ausbreitung des Ödlands, der Versumpfung, des Waldes führten. Die erzählenden Quellen schweigen in diesen quellenarmen Jahrhunderten zwischen Antike und Mittelalter, aber schon die Orts- und Flurnamen der frühmittelalterlichen Urkunden öffnen den Blick auf die alte Landschaft und ihren Wandel: die Ausbreitung des Waldes (die *Gualdo*-Orte, von langobardisch ‹Wald›, längs der Via Flaminia); die Ausbreitung der Macchie über einstige Kulturlandschaft (darum als *macula*, als ‹Fleck› anderen Bewuchses auffallend und zum Flurnamen geeignet); die Ausuferung nicht mehr eingefaßter Rinnsale (in den zahlreichen *cannetum*, ‹Röhricht›-Toponymen). Und andere Indizien mehr.

Zwischen diesen Wäldern, Feldern und Hütten die Reste römischer Villen und Grabtürme, die zum Bestandteil der Landschaft geworden waren und nun, in den gleichen frühmittelalterlichen Urkunden, als Landmarken bei Grenzbeschreibungen dienten. Denn diese römischen Monumente überragten unübersehbar das Land und waren auch nicht in einer Nacht beiseitezuräumen wie ein Grenzstein. Das verschafft uns das Vergnügen, bei der in der Urkunde beschriebenen Grenzbegehung in Begleitung der Zeugen durch frühmittelalterliche Landschaft zu wandern und den angegebenen Grenzmarken zu folgen: von einem großen Baum zu den *crypte*, den Kellergewölben einer Villenruine, und weiter zu einer Quelle zu einem Waldrand zu einem marmorweißen Turmgrab zu einem Bach – und was es sonst noch an *mausoleum, monumentum, balneum, columna* in solch antikenhaltiger Landschaft zu sehen gab. Ein Landschaftsbild, das man sich aus dieser Quellengattung nicht erwartet.

Diese Verwahrlosung der Landschaft wird erst seit dem 8., vor allem dem 10. Jahrhundert rückgängig gemacht, das Land wieder flächig kultiviert werden, weil die Bevölkerungsvermehrung das erforderte (und umgekehrt: der erweiterte Anbau eine Bevölkerungsvermehrung möglich machte). Diese Arbeiten gruppierten sich immer um eine – meist von den grundbesitzenden Klöstern erbaute – Kirche oder Kapelle, deren älteste in die Spätantike zurückreichten. An ihre Stelle traten später, mit zunehmendem Landesausbau und entsprechend mehr Menschen, neue Kirchen, die außer dem Taufrecht nun auch die anderen kirchlichen Amtshandlungen übernahmen und Mittelpunkt ländlicher Pfarrbezirke wurden. Das sind die vor- und frühromanischen Landkirchen, die heute einsam in der Landschaft stehen und sich vielleicht nur einmal im Jahr, dem Tag ihres Heiligen, mit Menschen beleben; einige von ihnen im Innern mit Stücken der Ausstattung ihrer Vorgängerkirche, in den Mauern wiederverwendete Spolien, in ihrer Lage noch auf das antike Straßennetz bezogen.

Das ist Landschaft in ihrem Wandel, von ihrem Verfall in der Spätantike bis zum Wiederaufleben im frühen Mittelalter. Pan, der einst mit seiner Gegenwart und seinem Flötenspiel die Landschaft erfüllte, hatte sie längst verlassen. Auf einem Schiff, das in abendlicher Windstille vor der Insel Paxos trieb, vernahmen die Menschen – so berichtet Plutarch – wie von der Insel eine Stimme dem Steuermann herüberrief: «Wenn Du in die Höhe von Palodes kommst, dann verkündige dort, daß der große Pan tot ist.» Als man auf die Höhe von Palodes kam (der Lagune von Butrint östlich Korfu, unweit von Paxos), da habe der «vom Heck aus zum Lande herübergerufen, wie er es gehört hatte: ‹Der große Pan ist tot!› Kaum habe er aber geendet, da habe sich ein großes Stöhnen erhoben nicht wie von einem, sondern von vielen Menschen zugleich, gemischt mit Erstaunen».

REISENDE

X

Der Pilger: Gemeinsame Reise – unterschiedlich berichtet. Parallele Reiseberichte von Jerusalem-Pilgern (1480–1519)

Unter den Quellen, in denen auch einmal gewöhnliche Menschen zu Worte kommen, sind Reiseberichte eine besonders anziehende Gattung. Hier werden schlichte Menschen zu Autoren, die in keinem Verfasserlexikon berücksichtigt werden. Aber gerade auf diese Menschen haben wir es hier abgesehen.

Während die Einbeziehung mittelalterlicher Reiseberichte in Darstellungen meistens so vorgeht, daß mehrere – auch zeitlich entfernte – Reiseberichte zu einem kollektiven «mittelalterlichen» Reise-Erlebnis zusammengezogen werden, sei hier einmal der umgekehrte Weg begangen und gerade das individuelle Erleben des Einzelnen in den Blick genommen. Die Auffassung, in einer erzählenden Quelle zwischen «subjektiver» und «objektiver» Aussage unterscheiden und der «objektiven» einen höheren Wert geben zu müssen, sei bei unserer Thematik einmal vom Kopf auf die Füße gestellt: je subjektiver, desto besser. Denn wir wollen hier nicht Ereignisse rekonstruieren, sondern Menschen.

Natürlich sagt schon jeder Vergleich von Reiseberichten viel Persönliches über die Autoren aus. Und in diesem Sinn sind Vergleiche auch gehandhabt worden. Wir wollen diese Frage nach individuellen Zügen durch strikte Anwendung des Vergleichs hier versuchsweise einmal auf die Spitze treiben. Um dies zu erreichen, lassen wir die Autoren dieselben Dinge sehen, dieselben Ereignisse unter denselben Bedingungen erleben. Auf diese Weise könnte sich womöglich deutlicher erkennen lassen, was ihre persönliche Perspektive ist. Wir geben dem Erlebten sozusagen einen gemeinsamen Nenner – das ist wie eine Versuchsanordnung, die das individuelle Erleben umso klarer hervortreten läßt.

Diese Möglichkeit unmittelbarer Gegenüberstellung bieten parallele Berichte aus ein und derselben Reisegruppe. Nicht schon dieselbe Route, dasselbe Ziel, dieselbe Zeit soll dafür genügen, sondern nur dieselbe Galeere. Denn da diese Menschen gemeinsam reisen, sind die Erlebnisse, die sie haben, im Prinzip völlig identisch: der Sturm, der sie auf dem Meer überfällt, hat für alle absolut dieselbe Windstärke – und wird doch unterschiedlich beschrieben. Die Städte, die sie betreten, werden unter absolut identischen sozialen und atmosphärischen Bedingungen angetroffen – und werden doch unterschiedlich erlebt. Die Gerüchte über drohende Gefahr seitens Seeräubern oder Türken (in diesen Jahrzehnten durchaus ernstzunehmen) dringen auf dem Schiff in gleicher Stärke an ihr Ohr – und werden doch mit unterschiedlicher Nervosität aufgenommen.

All diese Bedingungen, und auch das Verhalten der muslimischen Behörden – mal schikanös mal korrekt – konnten von Reise zu Reise sehr verschieden sein. Nur innerhalb derselben Reisegruppe sollte man darum Texte vergleichen, wenn man, im Sinne unseres Vorhabens, Ereignisse und Umstände wirklich unter demselben gemeinsamen Nenner sehen will.

Solche Parallelberichte, deren Wert natürlich auch früher schon erkannt (aber mehr im Sinne der Ergänzung als der Abweichung genutzt) worden ist, gibt es vor allem von der Pilgerfahrt nach Jerusalem, die, als meistberichtete Reiseroute des Mittelalters, Berichte in der erforderlichen spezifischen Dichte bietet. Unserem Vorhaben kommt dabei zugute, daß im Spätmittelalter die Fahrt nach Jerusalem nur noch auf dem Seeweg, und auch dann praktisch nur in einer begrenzten Saison mit oft nur ein oder zwei venezianischen Galeeren vonstatten gehen konnte. Diese Tatsache nötigte die Pilger, nötigte also alle potentiellen Autoren, zusammen auf dasselbe Schiff: ab Venedig sehen alle diese Reisenden, zusammengesperrt, dieselben Küsten, dieselben Städte, dieselben Wolken.

Natürlich ist stets zu bedenken, daß jeder Wallfahrtsbericht gattungstypische Züge hat: daß solche Berichte oft sichtlich von Vorgängerberichten und von Pilgerführern abhängig sind; daß auch dem ungeistlichsten Bericht noch die geistliche Dimension inhärent ist, die eine Pilgerfahrt erst begründet. Doch soll hier nicht die religiöse Motivation im Mittelpunkt stehen, sondern die reale Welt, wie sie sich in den Augen der Reisenden wiederspiegelt. Der Vergleich ist eben auch insofern reizvoll, als die Pilger vieles beobachteten und beschrieben, was mit dem eigentlichen, religiösen Anliegen ihrer Reise wenig zu tun hatte: die Hafenstädte an der Küste (Abb. 10), den Fernhandel und seine Schiffe, und vieles andere, was persönliche Veranlagung und persönliches Interesse sie sehen ließ.

Daß sich daraus unterschiedliche Sicht- und Darstellungsweisen ergeben, ist natürlich eine alte Erkenntnis, die hier durch den engen Vergleich von Parallelberichten nur noch akzentuiert werden soll. Schon jetzt wird man aber sagen dürfen, daß die in der Forschung häufig anzutreffende Unterstellung standestypischer Merkmale (der Ritter ist weltzugewandt, er sieht darum dies und schreibt darum so; der Mönch ist weltabgewandt, er sieht darum dies und schreibt darum so, usw.) in vielen Fällen ganz und gar nicht zutrifft. Nichts Frömmeres als ein alter Ritter (mag er unter dem erzwungenen Verzicht aufs Waffentragen auch besonders leiden und ihn beim Anblick brüchiger muslimischer Festungsmauern auch manchmal Kreuzzugsgelüst ankommen). Und nichts Weltzugewandteres als ein Bettelmönch, der mit allen Sinnen, lebensnah und sprachfähig wie in seinen Volkspredigten, die Welt aufnimmt und sich nicht vor ihr abschließt wie Mönche der früheren Orden. Am ehesten wird man noch vom Kaufmann sagen dürfen, daß sich beim Anblick von Schiffen, Häfen, Zöllen, Märkten, Gewürzen sein alles taxierender Blick verrät.

Grundsätzlich unterschiedlich ist dabei – damals wie heute – nicht nur die Veranlagung, Umwelt zu erleben und darzustellen, sondern auch die Fähigkeit, Staunen und Befremdung in eigene Worte fassen zu können. Unterschiedlich ist auch die Intention, was von dem Erlebten man berichten *will* und was nicht. Zum Beispiel, ob man Empfindungen, Stimmungen, einmalige Episoden für berichtenswert hält, oder ob man eher die (geographische und politische) Situation der besuchten Länder beschreiben und nachfolgenden Pilgern nütz-

Abb. 10. Jerusalem-Pilger fuhren fast immer auf venezianischer Galeere die mittelmeerischen Küsten entlang ins Hl. Land, wobei sie, unter absolut gleichen Bedingungen (wie Parallelberichte aus demselben Schiff zeigen), je nach Veranlagung, Empfänglichkeit und Interesse oft ganz Verschiedenes wahrnahmen. Darunter vieles, was mit dem religiösen Anliegen ihrer Reise nicht eigentlich zu tun hatte: den Fernhandel mit seinem reichen Waren-Angebot, fremdes Leben und fremdartige Gebräuche, Hafenstädte wie das hier gezeigte Rhodos mit seiner von Windmühlen bestandenen Hafenmole und seinen gewaltigen Festungsmauern, die soeben noch der türkischen Belagerung standgehalten hatten. Schon der – nördlichen Pilgern fremde – Schiffstyp der Galeere, hier im Vordergrund mit dem Markus-Löwen an der Kajüte und dem Jerusalem-Kreuz am Bug (dieses Schiffsbild wurde sogar in den Druck von Columbus' Entdeckungsbrief übernommen!), war ihnen eine Beschreibung wert. Holzschnitt des 1483 mitreisenden Erhard Reuwich zum Druck des Pilgerberichts Bernhards von Breydenbach 1486, Ausschnitt.

liche Hinweise für ihre Reise geben möchte; ob man nur Selbstgesehenes berichten, oder angelesene Landeskunde in den eigenen Bericht einarbeiten will. Wichtig ist immer die Frage, an welchen Leserkreis der Autor dachte: ob er nur für sich selbst und eine engere Bekanntschaft schrieb, oder ob er einem breiteren Leserkreis Erbauung, Abenteuer und Information bieten wollte. Einigen Pilger-Autoren gelingt, ohne literarische Ansprüche, eine wunderbare Komposition mit treffender Dosierung all dieser Elemente. Daß die Gattung der Reiseberichte im Spätmittelalter eine neue Qualität von Erlebnis und Darstellung gewinnt, ist längst erkannt worden.

Und nun zu den Parallelberichten selbst. Wenn man bedenkt, daß auf den großen Galeeren, welche die Pilger von Venedig nach Jaffa transportierten, im 15. und frühen 16. Jahrhundert im Durchschnitt knapp 100 Pilger vereinigt waren, dann darf man ohne weiteres unterstellen, daß auf jeder dieser Galeeren mehrere Reiseberichte geschrieben worden sind. Doch was davon erhalten blieb, ist – angesichts des rein privaten Überlieferungsweges dieser Berichte – wenig und rein zufällig. Zwei Parallelberichte sind eher häufig, drei schon selten; wir beschränken uns hier auf die Fälle von vier Berichten. Doch ist wichtig nicht nur die Quantität, sondern auch die Art der Zusammensetzung: sind es drei Florentiner Berichte, oder sind es vier Schweizer Berichte, oder sind die überlieferten Texte nach Herkunft und Stand der Verfasser schön gestreut? Und sind die Autoren einander wert, oder steht gegen den suggestiven Redefluß eines Klerikers nur der einsilbige Bericht eines kleinen Ritters?

Unter den überlieferten Parallelberichten seien hier zunächst die vier Berichte des Jahres 1480 gewählt. Für die Pilgerreise-Saison dieses Jahres hatte der Rat der Serenissima ausdrücklich nur *ein* Schiff zugelassen, um dem Reeder Agostino Contarini die Gelegenheit zu bieten, die im Vorjahre unverschuldet erlittenen Verluste wieder einzufahren. Umso besser für unsere Fragestellung: denn so haben wir für dieses Jahr sogar vier parallele Berichte aus demselben Schiff! Sicherlich sind in dieser dichten Reisegruppe von auch diesmal rund 100 Pilgern noch mehr Berichte niedergeschrieben worden, die uns verloren oder noch nicht bekannt sind: einer dieser vier Berichte (Pierre Barbatre) ist denn auch erst spät und zufällig in Familienbesitz entdeckt worden.

Machen wir uns mit den vier Pilger-Autoren eingangs kurz bekannt.

1. Ein Mailänder, Santo Brasca, damals 35jährig und schon im gehobenen Dienst der Herzöge von Mailand, wo er weitere Karriere machen wird. Der Bericht dieses wohlinformierten Laien ist von tiefem religiösen Ernst, Gebetstexte durchziehen seine ganze Darstellung. Er reist in leicht bevorrechtigter Stellung, genießt Achtung und Aufmerksamkeiten des Schiffsherren. Was er unterwegs sieht und kommentiert bekommt, ist sozusagen vom Kapitänsdeck aus gesehen.
2. Ein französischer Priester, Pierre Barbatre aus der Normandie, 55jährig. Er ist als Beobachter äußerst präzise, ja rechenhaft, aber doch auch mehr als das: sein ausgeprägtes Interesse für Architektur macht seinen Bericht besonders interessant. Überhaupt versteht er, genau hinzusehen und eigene Beobachtungen in eigene Worte zu fassen.
3. Ein weiterer französischer Pilger, dessen Name unbekannt ist (darum im folgenden als Anonymus bezeichnet), vermutlich ein Geistlicher aus Paris, wie seine häufige Bezugnahme auf diese Stadt vermuten läßt; sein Bericht will eingestandenermaßen Erlebnisbericht sein und nicht Landeskunde vom Schreibtisch. Tatsächlich wirkt der Verfasser frei vom Vollständigkeitszwang anderer Pilger-Autoren. Er will nicht systematisch sein und ist es auch nicht.
4. Endlich Felix Fabri, Dominikaner in Ulm aber aus Zürcher Familie, bekannt vor allem durch die Beschreibung seiner zweiten Jerusalemfahrt 1483: ein vortrefflicher Bericht, der Fabri in der Pilgerberichtsforschung zum meistgenannten Autor überhaupt gemacht hat. Etwa 40jährig ist er bei Antritt seiner ersten (nämlich unserer) Jerusalemfahrt von 1480. Sein Bericht ist der einzige lateinische, die anderen schreiben in ihrer Muttersprache.

Lassen wir die Pilger in Venedig eingetroffen sein (denn erst von hier an werden die Erlebnisse vergleichbar) und ihre Quartiere beziehen. Von diesen ihren Quartieren aus entdecken die Pilger nun Venedig, jeder das seine. Während Brasca hier eher knapp und summarisch bleibt (die beiden Franzosen schreiben über Venedig viermal so viel, der Mailänder dafür ein Mehrfaches über das Hl. Land) und Fabri über das Venedig seiner ersten Reise kaum Worte verliert, zeigt Barbatre hier bereits sein auffallendes Interesse und seine besondere Begabung für die Beschreibung von Architektur. Wo der Mailänder, darin den meisten Pilgern ähnlich, von Kirchen nur gerade zu sagen weiß, sie seien *bellissime*, begreift und beschreibt Barbatre das eigentümliche Detail: wie die Apsis eingewölbt ist, daß S. Marco ein Zentralbau ist mit Kuppel und überhaupt von fremdartigem Stil, *point de la fasson de celles de France*. Nicht daß Brasca flüchtig beobachtet hätte: den Dogenpalast besichtigt er sogar ausführlich, *da la cima al fondo* – aber was er beschreibt, ist eher Verfassungsgeschichte; er sieht durch die Fassade hindurch auf die Funktion des Baues als Rathaus, als Gehäuse von Verfassung. Dagegen sieht Barbatre das, was vor Augen ist: ob das Material Backstein ist oder Quader, ob das Mauerwerk verkleidet ist oder nicht, ob als Stützen Pfeiler oder Säulen verwendet sind. Anders als beim durchschnittlichen Beobachter, der Kirchen allenfalls nach ihrer Größe unterscheidet, sind bei Barbatre etwa Kathedrale und Frari-Kirche wirklich zwei verschiedene Baukörper mit unterschiedlicher Raumwirkung.

Oder er notiert verständnisvoll, zum Orgelspiel in S. Salvatore kämen die Leute *pour l'ouyr plus que par devocion*, «mehr zum Hören als aus Andacht». Zwischen Prozessionsordnung und Ablaß einige Beobachtungen, die nicht aus dem Pilgerführer abzuschreiben waren, über die venezianische Damenmode etwa: ziemlich schulterfrei, und der Damenschuh unglaublich hoch. Manche seiner Gänge durch die Stadt mag Barbatre mit seinem französischen Landsmann unternommen oder sich doch abends in ihrem Hotel *Uomo selvaggio*, «Zum wilden Mann» bei S. Marco, mit ihm ausgetauscht haben, so häufig stimmen beider Informationen überein, ohne daß man aus den Formulierungen auf eine gemeinsamen schriftliche Vorlage schließen müßte.

Neben das Erlebnis des monumentalen, des überzeitlichen Venedig tritt in den Berichten zunehmend die düstere Aktualität: das Venedig des Frühsommers 1480 mit seinen Türkenflüchtlingen und seiner Nervosität angesichts der (trotz des demütigenden Friedens von 1479 andauernden) türkischen Bedrohung nach 16jährigem Krieg:

eine Nervosität, die sich unvermeidlich auf die Pilger übertrug, denn sie mußten dieser Gefahr geradenwegs entgegengehen. In der Tat hatten die Pilger dieses Sommers 1480, von der politischen und militärischen Lage her gesehen, einen äußerst gefährlichen Augenblick gewählt, wie man mit dem Wissen des Nachhinein feststellen muß. Jede eintreffende Nachricht verdüstert den Horizont, und es ist reizvoll zu sehen, wie unterschiedlich sich in den Berichten diese Informationen niederschlagen und sich aufs Gemüt legen.

Und so betreten die Pilger mit Zagen die Galeere, die Anfang Juni endlich hinausgleitet auf ihre ungewisse Fahrt.

Das geruhsame Leben an Bord läßt, wie Ereignislosigkeit stets, ihre Beobachtungen zunächst einmal auseinandertreten. Barbatre scheint viel an der Reeling zu stehen, mehr als seine Mitpilger beobachtet er das Spiel der Fische und notiert, was man sich an Bord Sagenhaftes darüber und über die gesichteten Küstenplätze erzählt. Sein Pariser Landsmann vermerkt mehr die kleinen, einmaligen Szenen: der fortgewehte Hut eines armen spanischen Pilgers, der gefährliche Windstoß vor der Küste Istriens. Der deutsche Mönch erinnert von dieser seiner ersten Reise vor allem Mitmenschen und Atmosphärisches, wie noch auszuführen sein wird. Der Mailänder Beamte sieht wenig, aber vernimmt viel: er läßt weniger erkennen, was er erlebt, als was er weiß. Und er gibt schon hier deutlicher als andere seinen frommen Empfindungen Ausdruck: er verzeichnet die Gebete, die allabendlich auf der Galeere gesprochen werden, notiert alle Franziskanerkonvente an der Route, und weiß immer wieder von der unmitttelbaren Wirkung gläubigen Gebets zu berichten. Allen gemeinsam aber sind Ungeduld und Unverständnis des Landbewohners dafür, daß Fortbewegung derart abhängig von Wind und Wetter sein kann.

So läßt das Leben an Bord unsere Pilger je nach Temperament und Interesse die unterschiedlichsten Beobachtungen machen, die sich dann bei bestimmten, gemeinsam erlebten Episoden immer wieder bündeln und so erst recht vergleichbar werden. Ein Landgang auf kahler kleiner Insel, zu der sich die Galeere an dalmatinischer Küste vor aufziehendem Sturm hatte flüchten müssen, ist ihnen allen vor Augen – aber jeder erinnert etwas anderes. Auch eine weitere Episode – das herabstürzende Großsegel erschlägt ein Mitglied der Besatzung – wird in eigenen Worten dargestellt: Fabri ist es wieder einmal ganz persönlich widerfahren, und dem Mailänder dient es wieder zur Belehrung:

ANONYMUS:

> «Gegen Ende des Tages kamen wir zum Hafen von Korçula, und beim Herablassen des Großsegels entglitt eines der Seile einem Matrosen; und das Segel fuhr so heftig herab, daß sich die Seile entzündeten (*que le feu s'en alluma ès cordes*) und es einen Matrosen traf, der getötet wurde und tot unter dem Segel liegen blieb. Am folgenden Tag, dem St. Servasius-Tag, wurde er durch die Kanoniker von Korçula anständig begraben.»

BRASCA:

> «Beim Herablassen des Großsegels ließen die Matrosen die Seile fahren, und das Rahsegel kam mit solcher Geschwindigkeit und Gewalt herab, daß die Seile Feuer sprühten (*l'anthena caschoe con tanta celerità et impetto che le dicte sartie gettavano fuocho*) und einen der Armbrustschützen töteten, der zusammen mit den anderen das Segel barg. Darum sollten alle, die diese Reise machen, vorsichtig sein, wenn man die Segel herabholt oder wendet und wenn man Anker wirft; man gehe ans Heck oder an andere sichere Plätze, damit einem so etwas nicht passiert.»

FABRI:

> «Als sie das Rahsegel hochzogen (*dum vero antemonem sursum traherent*), kam es durch die Unaufmerksamkeit eines Matrosen herunter, traf einen anderen Matrosen und tötete ihn. Ganz nah bei diesem Unfall stand der Bischof von Sens, und ich mit vielen anderen neben ihm, und es fehlte nicht viel, so wären wir alle erschlagen und getötet worden. Den toten jungen Matrosen wickelten sie in ein Leintuch. hängten einen Sack mit Steinen an seine Füße (*sacculum cum lapidibus ad pedes ejus appenderunt*) und warfen ihn so ins Meer.»

Unter den Pilgern an Bord (Brasca zählt deren 90, der Pariser 80–100, Fabri 110) steigt die Spannung, je mehr sich die Galeere türkisch beherrschten Gewässern nähert. Dann sichten sie die erste besetzte Stadt, Valona, der Hafen voll belegt mit türkischen Kriegsschiffen (und man darf hinzufügen: die werden in wenigen Wochen von hier auslaufen und drüben in Italien die Einwohner von Otranto niedermetzeln!). Eine türkische Galeere nähert sich in der Abenddämmerung, auf den Bergen flammen in der Dunkelheit Feuer auf, die verängstigten Pilger halten mit der Besatzung neben den schußbereiten Kanonen Nachtwache.

Unter allen vier Berichten ist die Darstellung Fabris hier am absichtsvollsten auf das Erlebnis der Türkengefahr abgestellt. Und als sich nun unter Pilgern und Besatzung die Frage stellt und debattiert wird, ob man unter diesen Umständen nicht besser umkehren solle, ist Fabri ganz in seinem Element, der Beschreibung von Menschen und Gruppen; zu beobachten, wie Menschen sich miteinander und in bestimmten Situationen verhalten. Nun in Korfu, bei der Entscheidung über Weiterfahrt oder Umkehr, läßt er die Gemüter heftig aufeinanderprallen und widmet diesem gruppendynamischen Schauspiel fast drei Seiten seines nicht eben langen Reiseberichts. Daß «die Franzosen», *homines superbi et passionatissimi*, sich zur Umkehr entschließen, damit nach Gottes Ratschluß «so die Galeere gesäubert würde» (*ut galea sic repurgaretur*, man denke!), erfüllt ihn mit Befriedigung, so sehr reizten diese Franzosen andauernd «uns Deutsche», die wir alle zur Weiterfahrt entschlossen waren. Bei Fabris bekannten Tiraden gegen alle Welschen ist jedoch Vorsicht geboten: daß keineswegs alle Franzosen umkehrten, dafür sind unsere beiden französischen Pilger-Autoren ja der lebende Beweis! Andererseits spricht der Anonymus von zwei umkehrenden deutschen Rittern, von denen nun wiederum Fabri nichts weiß.

Während Fabri das Für und Wider in lebhafter Argumentation vorbringt, sind die anderen drei sehr viel zurückhaltender, wo sie über die Auseinandersetzungen dieser Tage schreiben. Der Anonymus bringt ohne große Worte wieder das treffende, aus sich selbst glaubhafte Detail: wie der venezianische Admiral, zu seiner Entlastung, von den Pilgern eine schriftliche Erklärung darüber verlangt, daß sie auf eigene Verantwortung die Reise fortsetzen wollen. Die Gesichtspunkte aber, die unter den Pilgern debattiert und dann für ihre Entscheidung bestimmend wurden, sind wohl am klarsten und nüchternsten bei Brasca wiedergegeben: Nun bin ich schon so weit gekommen, habe die Fahrtkosten schon bezahlt (die Rückerstattung wäre geringfügig gewesen, nur 10 von 55 Dukaten, weiß der Anonymus), und zurück – an Valona wieder vorbei! – wäre kaum weniger gefährlich als die Weiterfahrt vorbei am belagerten Rhodos.

Nach einigen Tagen bangen Wartens auf bessere Nachrichten kriecht die Galeere endlich weiter die Küste entlang, südwärts in die Geborgenheit des nächsten venezianischen Flottenstützpunktes, Modone (heute Methoni) an der Südwestküste der Peloponnes. Während in der Regel Pilger auf der Hinreise nur das große Ragusa/Dubrovnik beschreiben, aber diese kleineren Häfen kaum oder nur pauschal zur Kenntnis nehmen, ließ bei dieser Fahrt die akute Gefährdung die Pilger nur noch beklommen von Stützpunkt zu Stützpunkt denken und diese Plätze darum intensiver erleben als bei glatterer Reise – und sei es auch nur das heruntergekommene, inzwischen rings von Türken umgebene und an dieser prekären Lage leidende Modone.

Modone ist ein schönes Beispiel dafür, wie unterschiedlich Beschreibungen einer überschaubar kleinen Stadt sein können. Beim Anonymus ist es der Anblick der ärmlichen Hütten vor den Mauern mit ihren (von anderen Pilgern *zingari*, «Zigeuner» genannten) halbnackten Bewohnern, oder der reichgekleidete Türke, der vor dem Rathaus der Stadt drohend seinen christlichen Leibeigenen zurückfordert. Bei Barbatre hingegen mit seinem Blick für architektonische Szenerien ist es das eigentümliche Ensemble von schlüsselverschlossenem Brunnen, Porphyrblock und steinernem Markus-Löwen auf der kleinen Piazza inmitten kanonenbestückter, windmühlenbestandener Stadtmauer. Ortsbeschreibungen bleiben hier wie sonst bei Brasca dürftig und unspezifisch («flach», «sehr schön»), beim Fabri der ersten Reise fehlen sie, anders als in seiner zweiten Reise 1483, fast ganz:

ANONYMUS:

«Modone ist eine feste Stadt, gut ausgestattet mit Artillerie und mit Mauern sehr gut umschlossen. Vor der Stadt gibt es einen schönen Hafen, um Galeeren und Schiffe aufzunehmen, umgeben von schönen Mauern, die die Meeresbrandung brechen. In der Stadt selbst sind alles Griechen, soviel es an verschiedenen Nationen gibt, die alle möglichen Sprachen sprechen. Die Schulen und Kirchen sind fast alle griechisch. Auf den Mauern und rings um die Stadt gibt es mehrere Windmühlen. Außerhalb der Stadt gibt es eine große Menge von ganz kümmerlichen Häusern: es sind bloß ärmliche Unterkünfte voll mit armen Leuten, die wie Wilde sind, schwarz wie halbe Mohren, häßliche Menschen, fast alle nackt mit langen Bärten und langen Haaren, und alle zusammen sind Christen, Juden und Muslime (*gens qui sont comme sauvaiges, noirs comme demy mores, et sont laides gens, presque tous nudz, qui ont grandes barbes et longz cheveulx et sont chretiens, juifs et sarrazins ensemble*). Brot und Fleisch sind billig zu kaufen, aber die Weine sind so stark und brennend und schmecken so stark nach Pfeffer, daß man sie nicht trinken kann. Um die Stadt herum sind alles Türken und Ungläubige. Wir sahen drei Türken, die zum Stadtrat gekommen waren, um ihren Vertrag mit den Venezianern zu verlängern. Der Vornehmste der drei war gekleidet in schwarzfigurigen Samt mit Goldblatt drauf (*de veloux noir figuré et feuilleté de drap d'or*). Am Abend, als wir in unserer Galeere schlafen gingen, gab es vor dem Rathaus einen großen Auflauf. Besagter Türke wollte einen armen Christen ausgeliefert bekommen, von dem er sagte, er sei sein Untertan und schulde ihm Tribut.»

Barbatre:

«Die Stadt Modone liegt in Morea [Peloponnes] und ist jetzt ein armer Ort … Die Hauptkirche ist vom Hl. Johannes gegründet worden. In der Stadt sind mehrere Kirchen von den Griechen; die Franziskaner sind vor der Stadt. Alles ärmliche Kirchen; und die Stadt ist nicht mehr so reich wie sie früher war, denn das Land ist von den Türken besetzt und zerstört. In der Stadt wohnen mehrere Juden, und tagtäglich sind Türken hier wegen der Waffenruhen, die sie mit den Venezianern haben (*a cause des tresves qu'ils ont aulx Veniziens*). Die Stadt ist nicht groß, hat zwei Türme ohne eine Burg, aber sie ist die am besten mit schwerer Artillerie ausgerüstete Stadt die ich von Venedig bis hier gesehen habe. Auf den Mauern sind vier oder fünf Windmühlen, und drei außerhalb. Süßwasser gibt es nicht, außer etwas Regenwasser. Wasser holen gehen sie außerhalb der Stadt an einem großen Brunnen, es ist wenig wert; aber in 2 Meilen Entfernung gibt es eine Quelle, da kostet das Wasser 2 Marzellen das Fass. Die Stadt ist recht schön, mit schönen und breiten Straßen; auf dem Platz gibt es einen Brunnen, der mit einem Schlüssel verschlossen ist. Dabei ist ein großer Stein aus Porphyr, und darauf ein großer steinerner Löwe (*auprès y a une grande pierre de pourfil et dessus y a ung grant leon de pierre*). Und gleich dabei, vor dem Rathaus, ist die Wache aus Söldnern.»

Brasca:

> «Diese Stadt liegt eben und hat einen sehr schönen und großen Hafen, wo alle Schiffe halt machen, die in die Levante fahren oder von dort kommen. Außerdem gibt es dort auf den Mauern der Stadt viele Mühlen, die mit Wind mahlen. Die Stadt ist sehr befestigt, und das ist nötig, weil sie auf nur drei Meilen an die Türken grenzt (*perchè confina con turchi a tre miglia*).»

Daß Griechenland den Reisenden besondere Empfindungen oder klassische Erinnerungen eingegeben hätte, läßt sich nicht erkennen. Daß den Pilgern hier vom trojanischen Krieg erzählt worden ist, läßt sich aus manchen Berichten vermuten. Vom Koloß von Rhodos (und daß der Apostel Paulus darum den Kolosserbrief geschrieben habe!) wissen Brasca und andere Pilger. In Verona wird er sich das Amphitheater zeigen lassen, doch ohne darüber Worte zu verlieren – immerhin ist es ihm ein *Coliseo che hora si chiama l'Arena* und kein «Palazzo di Rolando» wie anderen Pilgern das Amphitheater von Pola. Darüber hinaus aber wird man auch bei diesem sicherlich gebildeten mailändischen Beamten keine besonderen Äußerungen humanistischen oder auch nur antiquarischen Interesses finden. Zum Erlebnis des gegenwärtigen Griechenland hingegen gehört die Begegnung mit dem orthodoxen Ritus: daß die Priester griechisch sprechen, bemerkt jeder Pilger, aber Barbatre macht sich darüber hinaus klar, daß die Gläubigen somit – anders als im Abendland – im Gottesdienst den Priester verstehen *comme se on parloit françoys*, «als spräche er französisch».

Inzwischen nähert sich die Galeere dem zweiten Gefahrenzentrum, dem türkischen Aufmarschgebiet um das belagerte Rhodos – für Fabri Grund genug, alles wieder nur atmosphärisch wiederzugeben: die Deutschordensritter in Modone raten uns von der Weiterfahrt ab, die türkischen Kaufleute auf Kreta raten uns von der Weiterfahrt ab. Die Ängste, die die Passagiere in diesen Gewässern auszustehen hatten, finden in allen vier Berichten ihren beredten Ausdruck: die gewaltige türkische Belagerungsflotte in unmittelbarer Nähe zu wissen und ihr bei ungünstigem Wind unentrinnbar in die Arme getrieben zu werden! Um so bewegter erinnern sich die Pilger des günstigen und kräftigen Windes, der sie wider Erwarten rasch an der türkischen Gefahr vorbeitrug und sich darum ihnen allen gleichermaßen ins Gedächtnis prägte.

Endlich, nach sechs Wochen angstvoller Seefahrt, zeigt sich am Horizont die Küste des Hl. Landes. Das letzte Stück ihrer Pilgerreise steht ihnen nun greifbar vor Augen – und wird ihnen doch so lang werden. Denn fühlten sie sich bisher strapaziert, so sehen sie sich fortan schikaniert. Die Einreise-Formalitäten der islamischen Behörden am Strand von Jaffa werden seit jeher in jedem Bericht beschrieben, vor allem die verfallenen antiken Hafen-Gewölbe, in denen die Pilger zunächst einmal eingesperrt und registriert wurden. Brasca gibt in seiner unanschaulichen Art von Jaffa nur wieder wenig mehr als das übliche Schema des Pilgerführers (Jaffa gegründet von Noahs Sohn Japhet, früher volkreich jetzt in Ruinen, hier erweckte Petrus die Tabitha, usw.). Weit lebensvoller ist der Anonymus, an dessen schlichter und doch so treffender Darstellung wieder die farbigen, unverwechselbaren Szenen auffallen: das Waten durch die Brandung, die Verschmutzung des berüchtigten Gewölbes (*comme une estable à pourceaulx et puante, car lesdictz Sarrazins y avoyent faict leur aysement*); oder wie dann die Muslime in Ramla auf ihren benachbarten Hausdächern die im Innenhof des Pilgerspitals zelebrierte Messe verlachen; wie sie den Christen ihre Musikinstrumente vorführen, und diese sich mit Zauberstückchen revanchieren.

Das sind Szenen, wie sie für diesen Autor typisch sind: Episoden wie die vom Matrosen, der zwei Hemden nachspringt ins Meer, oder vom Koch, der beim Wasserholen das Gleichgewicht verliert und vom Beiboot aufgefischt wird, sind Momentphotographien, die andere Verfasser vielleicht auch absichtlich aus ihren Berichten fernhalten. Ähnliche Szenen wird man am ehesten noch bei Fabri finden, dort aber mit einem gewissen Anspruch, mit solchen Episoden nicht nur punktuell Erlebtes zu erzählen, sondern Allgemeineres auszusagen: Menschliches, Verhaltensmuster, Völkerpsychologisches, Situationskomik, Stimmungen. Denn Fabri berichtet Vorgänge, Situationen, Nachrichten nicht einfach als solche, sondern immer auch in ihrer Wirkung auf den Menschen: nicht die Gefahr allein wird beschrieben, sondern vor allem die Panik, die sie an Bord auslöst; nicht die Schwere kretischen Weins einfach konstatiert, sondern auch am

Menschen demonstriert: die Pilger torkeln an Bord unfähig, Stufen zu bewältigen. Alles löst sich auf in menschliches Verhalten.

Fabris Bericht seiner ersten Reise ist gewissermaßen nur die atmosphärische Einleitung zu dem mit Recht berühmten, präzisen und farbigen Bericht seiner zweiten Fahrt von 1483. Aber man kommt nicht umhin, die dramatisierende Tendenz seiner Erzählung festzustellen, auch bei der Handhabung von Zahlen: die ärgerliche Liegezeit im Hafen von Jaffa dehnt er kurzerhand von 4 auf 7 Tage, den ersehnten Aufenthalt im Hl. Land verkürzt er von 19 auf 9 Tage – auch so etwas läßt sich mithilfe von Parallelberichten erkennen.

Diese kurze Aufenthaltsdauer am Ziele war stets allen Pilgern ein Ärgernis – aber schließlich wollten die Schiffseigner die Frachtkapazität ihrer großen Galeeren mit ihrer teuren Maschinerie, nämlich den vielen essenden Ruderern, nicht lange ungenutzt am Strand von Jaffa liegen lassen, wo es wenig zu holen, nur Pilger *ab*zuholen gab. Diesmal freilich mußte das Mißverhältnis zwischen langer, gefahrvoller Anreise und kurzer Aufenthaltsdauer den Pilgern besonders auffallen, und so überzeichnete Fabri es noch auf seine Weise.

Kennzeichnend ist auch, wie diese Pilger jeden Landsmann notieren, den sie unterwegs treffen. So wie der Mailänder Brasca jeden Lombarden, dem er unterwegs begegnet, freudig registriert (in Venedig bringen sie ihn aufs Schiff, auf Zypern bewirten sie ihn, auf Rhodos werden sie ihm das Schlachtfeld zeigen) und der deutsche Mönch auch den deutschen Bordellwirt auf Kreta nicht verschweigt, so verzeichnet der normannische Priester Barbatre mit sichtlicher Bewegung jeden normannischen Landsmann, dem er unverhofft in der Fremde begegnet: in Venedig ist es ein Sänger an S. Marco, in Korfu ein Mann aus Vernon, auf Kreta die junge Ehefrau eines deutschen Bäkkers, der hier den Schiffszwieback für die venezianischen Galeeren herstellt, auf Rhodos der Kanonier Colin mit seiner griechischen Frau, und andere. Dem Historiker sind solche Angaben interessant, da sie Migration anzeigen, die er auf dieser niedrigen Ebene schwer zu fassen kriegt.

Mit dem Eintreffen in Jerusalem sei der Vergleich der vier Parallelberichte abgebrochen, denn im Hl. Land gleichen sich Pilgerberichte – durch die Pilgerführer und Ablaßverzeichnisse – stark aneinander an (kennzeichnend, daß der Jerusalem betreffende Teil bei den zwei französischen Pilgern jeweils nur ein Drittel, bei Brasca hingegen zwei Drittel des ganzen Berichtes ausmacht). Allerdings bringt auch die Rückfahrt dramatische Ereignisse, deren Beschreibungen sehr persönlich sind und den Vergleich lohnen. Etwa die Reaktion auf die Nachricht, die Belagerung von Rhodos durch die Türken sei soeben aufgehoben worden – und wie sie dann den Anblick der Stadt so unmittelbar nach fast dreimonatiger Belagerung mit ihrem mörderischen Artilleriebeschuß schildern. Man spürt in den vier Berichten die Erregung und die Betroffenheit von Augenzeugen. Noch ist der Strand mit Toten hoch bedeckt (*como l'anguile in la botta*, «wie Aale im Faß»). Brasca, der selten mit Augen sieht und sich selten ereifert, hier reißt es ihn fort: *questi cani, questi porci*, wie sie die arme Stadt zugerichtet haben, mit Kugeln «Umfang 11 Spannen von den meinen», schwelgend in Kalibern und Schußfrequenzen und Gefallenenzahlen. Fabri beschreibt das grausige Szenario mit gewohnter Anschaulichkeit. Barbatre findet bewegend warme Worte spontaner Zuneigung und Ergriffenheit über die Begegnung mit den tapferen Einwohnern der geschundenen Stadt.

Doch sei das hier nicht weiter ausgeführt: Ereignisse, die unter der Perspektive großer Politik und hoher Diplomatie in vielen Quellen überliefert und von der Geschichtsforschung analysiert worden sind: hier sind sie erlebt und beschrieben aus der niedrigen Augenhöhe gewöhnlicher Menschen, jeder mit seiner eigenen Wahrnehmung, jeder in seinen eigenen Worten.

Nehmen wir noch eine weitere Vierergruppe von Berichten in den Blick, geschrieben von Reisenden in einer der beiden venezianischen Pilgergaleeren von 1519. In diesem Fall ist die Gesellschaft sehr kompakt, kannten die Verfasser einander, so daß sie gegenseitig in ihren Erzählungen vorkommen. Denn von den 102 Pilgern dieser Galeere waren nicht weniger als 18 Schweizer, die schon vieles gemeinsam unternommen hatten. In der Epoche der Mailänderkriege, auf dem Höhepunkt der helvetischen Expansion in die Lombardei, hatten sie, einige von ihnen in führender Stellung als Kommandanten von Truppenkontingenten oder als Unterhändler bei den beteiligten europäischen Mächten, an den Feldzügen persönlich teilgenommen, erst den triumphalen Siegen (Pavia 1512, Novara 1513), dann den bitteren Niederlagen (beginnend mit Marignano/Melegnano 1515). Nun ließen sie, die erprobte Kameradschaft gemeinsamer militärischer Erfahrungen auf weniger kriegerischem Feld fortsetzend, eine gemeinsame Expedition ins Hl. Land folgen.

Hier die vier Autoren, deren Reiseberichte für einen Vergleich verfügbar sind:

1. Ludwig TSCHUDI, aus führender Familie von Glarus, seit 1513 an mehreren Feldzügen in Oberitalien und Frankreich teilnehmend, bei Antritt der Pilgerfahrt 24 Jahre alt. Sein Reisebericht ist, wegen starker Überarbeitung durch seinen gelehrten Bruder Ägidius Tschudi, für den Vergleich nur begrenzt tauglich. Aber auch Ludwig selbst hatte beim Abfassen seines Reiseberichts, wie er selbst bekennt, auf bekannte Berichte (darunter Felix Fabri) zurückgegriffen und sich, während der Fahrt, eng an den gebildeten adeligen Mailänder [Marcantonio] di Landriano und dessen Aufzeichnungen angeschlossen.
2. Melchior ZUR GILGEN, aus angesehener und vermögender Familie von Luzern, früh Mitglied des Kleinen Rats, 1510 Gesandter zu Papst Julius II. und 1515 (nach der Niederlage von Melegnano) zum französischen König. Mit 45 Jahren der älteste unter den vier Pilger-Autoren. Das Originalmanuskript seines Berichtes ist in Familienbesitz erhalten.
3. Heinrich STULZ, aus alteingesessener Familie von Stans in Unterwalden, Benediktinerbruder der Abtei Engelberg und deren tatkräftiger Thesaurar, damals 32jährig.
4. Hans STOCKAR von Schaffhausen, teilnehmend an verschiedenen Feldzügen (Pavia 1512, Novara 1513, Melegnano 1515), später in hohe Ämter seiner Stadt gewählt; damals 29jährig, betrieb Handel mit Wein, Salz und Pferden. Sein Bericht betrifft nur die Rückreise.

Von den Jerusalem-Reisenden dieses Jahres 1519 haben wir sogar noch einen weiteren Bericht, den in niederdeutscher Sprache verfaßten des Dietrich VON KETTLER. Er machte die Reise in den gleichen Tagen wie die Eidgenossen, jedoch nicht auf derselben Galeere (auf der *Dandola*, nicht der *Dolfina*), so daß sich beide Reisegruppen unterwegs nur hin und wieder zu Gesicht bekamen: im strengen Sinn ist das also kein Parallelbericht, und bleibe darum hier beiseite.

In der schweizerischen Gruppe gab es noch mehr Kriegsteilnehmer als die Genannten, nur daß sie keinen Reisebericht hinterlassen haben. Darunter vor allem Peter Falk Schultheiß von Fribourg, der am Hofe des Sforza ein mächtiger Mann, ja einer der vier eidgenössischen «Residenten» im besetzten Mailand gewesen war. Nun war er offensichtlich der Organisator der Reise: daß ein erprobter Mann wie er ein zweites Mal nach Jerusalem aufbrechen wollte, gab gewiß vielen den Anstoß. Sie kannten also einander von manchem italienischen Feldzug, und sie kannten, als sie nun von daheim nach Venedig aufbrachen, als Kriegsschauplätze die Orte, die sie nun als Touristen wiedersahen: kannten Mailand (der französische Statthalter läßt ihnen nun sogar Ehrengeschenke überreichen, darunter einen großen Käse), kannten Venedig sowohl als Alliierten wie als Gegner und als Ort von Verhandlungen. Als sich dort nun ein subalterner Beamter herausnimmt, ihnen aus der jüngsten Vergangenheit beleidigende Dinge zu sagen («die Schweizer seien treulose Leute und hielten ihre [Bündnis-]Abmachungen nicht, das könne man in den Chroniken nachlesen»), da protestierte diese – stets solidarisch handelnde – Gruppe, die gewiß selbstbewußt auftrat, sofort an höchster Stelle, und mit Erfolg.

Und sie werden wiedererkannt: auf Zypern begegnen sie einem Adeligen, der in Mailand Dienst getan hatte und sich ihnen nun erkenntlich zeigt; begegnen sie einem Schweizer Söldner, den sie, wie andere Landsleute, jeweils auf deren dringende Bitte aus venezianischem Dienst lösen und um teures Geld in die Heimat zurückführen, rührendes und konkretes Beispiel von Kameradschaft auch über den Krieg hinaus. Es wird sie auch nicht wundern, wenn der Schiffsherr, kaum daß er Seeräuber sichtet, sich zu allererst an seine Schweizer Passagiere wendet und dabei – froh, Schweizer nun einmal auf der eigenen Seite zu haben, buchstäblich im gleichen Boot mit ihnen zu sein – auf ihre gerühmte Kriegserfahrung anspielt. Die ließen sich das nicht zweimal sagen («Das gefiel uns sehr wohl, wir hatten Lust dazu», selbst der sonst so einsilbige Bericht Zur Gilgens wird da beredt) und wußten, was zu tun war: wählten einen Hauptmann und einen Büchsenmeister, schickten die anderen Passagiere unter Deck, legten die Waffen zurecht, umgürteten sich aushilfsweise mit Matratzen (Italiener wären wohl lieber gestorben, als einen solchen Anblick zu bieten!) und rüsteten sich singend zum Gefecht: *Und welcher nitt harnisch hatt, der hüw ein loch an micz in sin madraczen und schlouf mitt dem houpt darinn, das er schirm hette für die phil und das liecht geschücz.* Doch ging die Gefahr vorüber. (Wie diese Begegnung hätte ausgehen können, sahen die Pilger bald mit Grausen in einem zypriotischen Hafen: eine venezianische Galeasse, die von jenen Seeräubern fast geentert worden war, schrecklich verwüstet durch Beschuß, mit vielen Toten und Verwundeten). Und als dann der Tod unter sie tritt, nicht durch die Hand der Piraten, sondern als Folge einer Epidemie, werden sie sich nicht «wie die andern Nationen» von der Schiffsführung befehlen lassen, ihre Toten, Peter Falk und Melchior Zur Gilgen, im Meer zu bestatten, sondern werden sie auf geschlepptem Beiboot zur Bestattung in christlicher Erde mit sich führen. Und der Schiffsherr verweigerte ihnen voll Respekt nicht, was er anderen sicherlich verweigert hätte.

Der Vergleich der Berichte sei hier nicht im einzelnen durchgeführt, sondern es soll nur auf einige charakteristische Verschiedenheiten hingewiesen werden. Doch sei von vornherein auf eine generelle Eigentümlichkeit aufmerksam gemacht. Während man in der Frage der gegenseitigen Abhängigkeit von Texten in der Regel, auch bei Pilgerberichten, an schriftliche Vorlagen denkt, muß man bei Berichten aus derselben Reisegruppe (zumal wenn die Autoren einander persönlich so nahestehen wie diese vier Eidgenossen) auch damit rechnen, daß sie sich mündlich ausgetauscht haben, etwa abends am gleichen Tisch ihre täglichen Eindrücke niederschreibend – und daß sich so die stellenweise wörtlichen Anklänge erklären. Stulz, als originellster Erzähler, kann nicht von Zur Gilgen abgeschrieben haben.

Das beginnt schon in Venedig. Jenseits der gemeinsamen Züge fast aller Pilgerberichte in der Beschreibung dieser Stadt (Kirchen, Reliquien, Prozessionen, das Arsenal) erweisen sich Wahrnehmung und Interesse dieser Reisenden unterschiedlich akzentuiert. Einen Tschudi interessiert der Rat der Serenissima und sein Sitzungssaal, er registriert, wie Zur Gilgen, genau und befriedigt die ehrenvolle Plaçierung, die der Rat ihnen, nicht weniger als den französischen Gesandten, bei der feierlichen Messe in S. Marco zugesteht. Daß dem kleinen Mönch aus dem Gebirgskloster nicht derselbe Platz wie den Patriziern angewiesen wird, und er schon darum alles (auch jenen Zusammenstoß mit dem Subalternen) aus anderer Perspektive sieht, versteht sich.

Dafür hat Stulz mehr Sinn für das Atmosphärische und für das spezifische Detail. Ob eine Stadt links oder rechts der Route liegt, ist ihm ziemlich egal; berichtenswerter ist ihm, wie die Stimmung in der Gruppe war. Und während Tschudi bei der ersten Begegnung mit ihrer Galeere (zu der der Schiffsherr, Lodovico Dolfin, die Pilger wie gewohnt persönlich einlud) nicht dieses eine Schiff, sondern sozusagen die *Gattung* sieht, sieht und beschreibt Stulz wirklich das eine Schiff, das er betritt: hoch aufragend (*hoch schier wie ein klein schlosz*) weil noch unbeladen, neu, auf Kreta gebaut, ungeheuer die Tuchfläche des Hauptsegels (für jemanden, der bisher nur die Segel auf Schweizer Seen kannte); Wein und Trompetengeschmetter zur Begrüßung, die Glöckchen an den Fahnen klingen im Wind. Und während alle den Preis der Schiffspassage nennen (43 oder 46 Dukaten), geht Stulz, dessen Reise von Gönnern gesponsert werden mußte, weiter und nennt (wie dann auch Stockar, der Kaufmann) interessanterweise die Gesamtsumme seiner Ausgaben. Die Ausgaben insgesamt (also auch Anreise, wochenlanger Aufenthalt in Venedig, Selbstverköstigung in allen Häfen, Trinkgelder, Mitbringsel u. a.) erreichten insgesamt 300 Dukaten und somit rund das Sechseinhalbfache des offiziellen Billett-Preises!

Die Reisegesellschaft von Pilgern, die sich nun auf dem Schiff zusammenfand, war mit 102 Personen (und weiteren 90 auf jener anderen Galeere) sehr zahlreich: das waren vorreformatorische Zahlen, an die die venezianischen Reeder bald nur noch mit Wehmut zurückdenken werden, denn der neue Glaube wird das Interesse an der Jerusalemfahrt bald drastisch reduzieren. Am 21. Juni läuft die Galeere endlich aus. Abschied und Einschiffen sind bei Stulz in unvergleichlicher Weise wie in einer Folge von Momentphotographien beschrieben (wie es auch ein Felix Fabri nicht lebhafter hätte erzählen können), bei Tschudi hingegen wieder ganz deskriptiv, Zur Gilgen bleibt wortkarg und farblos. Auch diese beiden Herren dürften sich an kleinen Szenen gefreut haben, hielten aber solche einmaligen Episoden (die bei Stulz manchmal tatsächlich von schrecklicher Trivialität sind) vielleicht nicht für berichtenswert. Zur Gilgen verrät uns nicht einmal, daß er unterwegs ein Äffchen kaufte: das erfahren wir nur durch einen anderen.

Endlich ist das offene Meer erreicht. Dies pflegt der Augenblick zu sein, wo die Pilger beginnen, sich an Bord umzusehen, und sich – wie wohl die Passagiere aller Zeiten – zu fragen: wer ist denn sonst noch an Bord, sind die anderen nett, vor allem (und da wird es sozialgeschichtlich interessant): sind die etwas Besseres als ich? Der Mönch aus der hoch zwischen alpinen Weiden gelegenen Abtei bezieht, in schöner Regung seines Herzens, auch das Wohlbefinden des an Bord geschafften Schlachtviehs in sein soziales Blickfeld ein und findet kennerische und teilnehmende Worte (schlecht ernährt, viel zu eng untergebracht) für diese unfreiwilligen Mitreisenden.

Die Fahrt durch Adria und Ägäis sei hier nicht verfolgt, stattdessen diesmal mehr die Rückfahrt berücksichtigt und verglichen. Wie in allen mittelalterlichen Reiseberichten, so zeigt sich sogar in dieser so kompakten Gruppe der unterschiedliche Blick in den herangezogenen Vergleichen. Um dem Leser daheim Größe, Gestalt, Entfernungen besser begreiflich zu machen, übertragen die Autoren sie in die heimischen Proportionen (und nichts liegt näher, solange man noch nicht auf illustrierte Landeskunden, Atlanten u. a. verweisen konnte). Im Fall dieser Schweizer beginnt das schon bei ihrem obligaten Besuch des Arsenals von Venedig: so groß wie Chur oder Solothurn, schätzt der Mann aus Glarus die Fläche des Arsenals; so groß wie das Luzern links des Flusses, meint der Luzerner; so groß wie die Stadtseite von Luzern rechts des Flusses, findet der Engelberger Mönch.

Und so naht endlich der große Augenblick, dem alle Pilger entgegenharren, und der eine jener Stellen ist, auf die man bei Pilgerberichten zu achten hat, weil sie in aller Regel persönlich formuliert und nicht voneinander abgeschrieben sind: der erste Anblick des Heiligen Landes. Am unmittelbarsten und beredtesten vermag hier wieder Stulz seinen Empfindungen Ausdruck zu geben. Besonders treffend ist die gespannte Erwartung beschrieben, mit der die Pilger der ersten Begegnung mit den Repräsentanten des Islam entgegensehen (bei Stulz nicht weniger als ein Viertel, bei Tschudi nur ein Zehntel des gesamten Hinreise-Berichts): wie die Muslime da an Bord kamen, und «sie sahen uns an, als hätten wir Hörner; wir sahen sie auch an, als wären sie wilde Tiere».

Dann der Ritt durch die staubigen Straßen von Ramla, ein wahrer Spießrutenlauf, «denn das boshafte Volk weiß, daß die Pilger keine Waffen bei sich tragen dürfen und auch niemanden schlagen dürfen» – man hört bei Tschudi, wie aus anderen Reiseberichten ritterlicher Pilger, mehr als beim Mönch Stulz, das Zähneknirschen, mit dem diese Waffenfähigen, nun waffenlos, solche Übergriffe tatenlos hinnehmen müssen. Das waren für einen Ritter traumatische Erlebnisse und nur durchzustehen, wenn man sie den Demütigungen zurechnen konnte, die der Pilger, Christi Leidensweg folgend, geduldig auf sich zu nehmen hatte. Doch prägte das natürlich auch ihr Bild vom Moslem.

Und so kommt endlich jener Augenblick, da sie voll Ergriffenheit die Stadt erblicken, die zu sehen sie vor Monaten aufgebrochen waren: Jerusalem. Die tiefe Bewegung, die sie ergreift und zu stillem Gebet auf die Knie sinken läßt, wird die Kriegsleute unter ihnen nicht lange hindern, die Stadtmauern dann gleich zu taxieren, wie Tschudi es tut: 200 Bewaffnete würden genügen, die Stadt zu erobern, zurückzuerobern. Das sind Spionagelüste und Kreuzfahrer-Allüren, wie man sie in manchen Jerusalem-Schilderungen ritterlicher Pilger antrifft.

Die Abschnitte über das Hl. Land seien hier wieder übergangen, denn die Beschreibung der heiligen Stätten sind oft aus Führern, Ablaß- und Reliquienverzeichnissen übernommen und lohnen darum den Vergleich nicht so sehr wie die persönlichen Erlebnisse der Reise selbst. Persönlich aber wird es dort, wo unsere Pilger *leiden* – und dazu haben sie im Hl. Land Gelegenheit genug: leiden unter dem Streß des gedrängten Programms, unter der Hitze und dem Durst; leiden unter den Flöhen, die sogar die Grabeskirche bevölkern; unter den dreisten Trinkgeldforderungen; der jämmerlichen Unterbringung; leiden vor allem unter den Despektierlichkeiten, die ihnen «die

Schelme, die Heiden» immer wieder antun («und manchmal zeigen sie einem den Hintern und lassen einen Furz gehen», oder sie urinieren auf die in einem Sandloch ruhenden Pilger). Und obwohl Melchior Zur Gilgen ausdrücklich in demselben Sandloch lag und buchstäblich dasselbe über sich ergehen lassen mußte, wird der Patrizier solche Episoden aus Wortkargheit oder Scham übergehen. Tschudi sieht den Salut der Schiffsoffiziere, als sie nun endlich auf die Galeere zurückkehren dürfen, Stulz (aus einem Blickpunkt immer einige Zentimeter niedriger als jener Edelmann) sieht stattdessen die durcheinandergebrachten Kojen – aber er vermag auch wieder den Empfindungen aller am besten Ausdruck zu geben: «und da war uns, als wären wir schon daheim». Die Nähe zur Realität, die treffende Episode, der Ausdruck von Empfindungen: so schreibt auch in anderen Reisegruppen am ehesten der geistliche Verfasser, etwa Felix Fabri oder Pietro Casola.

Für die Rückfahrt von Jaffa nach Venedig seien wieder nur einige wenige, der Gegenüberstellung dienliche Episoden ausgewählt und dabei vor allem Hans Stockar von Schaffhausen das Wort gegeben, dessen ergiebiger Bericht erst jetzt einsetzt: fortan wird der Vergleich zwischen Stockar und Stulz der lohnendste sein, umso mehr als diese beiden Texte ganz unabhängig voneinander sind.

Stockar bringt ein neues Element ins Bild: mit dem Blick des Kaufmanns nimmt er, anders als seine Mitreisenden, auch die ökonomischen Realitäten wahr. Nur er fragt sich, was die Galeere, außer Pilgern, denn sonst noch geladen habe, und informiert sich über die riesigen Verkaufserlöse venezianischer Kaufleute. Nur er begreift, daß sich in den Hafenstädten auch die einfachen Ruderknechte am Handel beteiligen. Auf Zypern zeigt ihm ein Blick ins Hafen-Magazin neben den Exportgütern auch das Sortiment des Imports, darunter «aus deutschen Landen» Eisen, Stahl und Holzbalken (gewiß für den Handel mit dem Islam, obwohl diese Güter, wegen des immer noch gültigen päpstlichen Kreuzzugs-Embargos, eigentlich verboten waren!). Und während die anderen, wie alle Touristen, hier und da Preise notieren, weiß er auch von den saisonalen Schwankungen (z. B. auf den Winter zu fallende Pferdepreise).

Am klarsten aber zeigen sich Interesse und Kompetenz dieses Reisenden, der daheim selbst mit Salz handelte, bei der Beschreibung der Salinen. Dieses mit hoher Rendite ausgebeutete Naturphänomen wird, beim Landgang auf Zypern, von allen Pilgern erwähnt, kurz auch von Zur Gilgen und Tschudi und natürlich – lebhaft aber ohne Sachverstand – von Stulz. Die ausführliche Beschreibung durch Stockar aber ist die anschaulichste und sachkundigste von allen Pilgerberichten überhaupt. Er beschreibt den Vorgang der Salzgewinnung, die Zeiträume der Bildung neuen Salzes, Zahl und Arbeitszeit und Löhnung der Arbeiter, die Formatierung des Produkts, seine Verladung als Ballast im Kielraum venezianischer Schiffe usw., und tut es aus bloßem Augenschein mit eigenen Worten ohne Rückgriff auf andere Texte.

Dafür sind auf Zypern Tschudi und Zur Gilgen wieder in ihrem Element, wenn es um aktuelle Information über die politischen und sozialen Zustände auf der Insel geht. So etwas konnte man nicht aus Pilgerführern abschreiben, an solche Informationen kam nur, wer Zutritt zu den entsprechenden Kreisen fand. Und da erweisen sich nun wieder, wie schon auf Rhodos, die beiden Adeligen als die Informierteren und Interessierteren. Was ihnen den Zutritt erleichterte, war die Tatsache, daß sie zypriotischen Adeligen wiederbegegneten, die sie während der Mailänderkriege kennengelernt hatten. Was Tschudi und Zur Gilgen da an gastlicher Tafel erfuhren, war das Lamento des einheimischen Adels, der die Übernahme der Insel durch die Venezianer (1489) noch nicht verwunden hatte und offensichtlich von der Dynastie Lusignan sprach wie von einer guten alten Zeit.

Die Rückfahrt hat aber auch dramatische Augenblicke. Noch vor Zypern werden Seeräuber gesichtet, der Schiffsherr Lodovico Dolfin bittet die kampferprobten Schweizer, für das zu erwartende Gefecht das Kommando an Deck zu übernehmen: jene oben bereits erwähnte Episode, die auch von den wortkargen Patriziern lebhaft, von dem friedlichen Mönch kriegerisch, von dem rechenhaften Kaufmann stolz erzählt wird.

Schrecklich die folgende Etappe. Die Galeere hat, seit dem Auslaufen von Zypern, die Pest an Bord. Bald trifft es auch unsere Gruppe: der neunte Tote ist Melchior Zur Gilgen, der zehnte ist Peter Falk. Die Überlebenden berichten erschüttert vom Verlauf der

Krankheit, jeder auf seine Weise: Tschudi schwer und einsilbig; Stulz vermag seinem Empfinden, seinem Mitleiden beim Todeskampf Zur Gilgens wieder beredten Ausdruck zu geben. Und Stockar, lebhaft und präzise wie Stulz, aber in seinen Ausdrücken drastischer und wahlloser, geht unbefangen in die gräßlichen Details und spricht offen von der Überwindung, die ihn die Pflege des Sterbenden gekostet hat – nicht einmal für 30 Dukaten (seltsame Präzision, auch hier spricht der Kaufmann) werde er diesen Freundschaftsdienst noch einmal tun! So wie sich Stockar auch sonst über Mitmenschen äußert, dürfte er in der Reisegruppe nicht gerade der Sympathischste gewesen sein. Abstoßend auch (wenngleich mehr für uns als für die Zeitgenossen) die Szene, wie er auf Rhodos die von der Hitze gedörrten 50 Türken dort am Galgen besichtigt, aus deren Nachlaß er sich von den Johannitern ein schönes Gewand schenken läßt («die waren schon ausgetrocknet, so heiß war es …; und die drei Ordensritter hatten das Gewand von den großen türkischen Herren erbeutet, die ich am Galgen habe hängen sehen»).

Dramatisch endlich auch der schreckliche Sturm, der die Galeere in der Adria überfällt, und dessen ausführliche Beschreibung sichtlich über das Sprachvermögen Stockars geht. Aber gerade darin liegt auch der Reiz, nämlich einen Sturm mit eigenen Worten stammelnd, und nicht mit entliehenen Worten literarisch beschrieben zu sehen: wie die schweren Reise-Truhen unter Deck zwischen die Menschen poltern; wie die Pilger sich gegenseitig die Beichte abnehmen und nächste Wallfahrten geloben; wie die Galeere auf die Klippen zutreibt und die Matrosen aufschreien, und selbst die Schiffsführung verzweifelt.

Vier Berichte aus demselben Schiff zu haben und vergleichen zu können, ist freilich selten. Doch bedarf es eines solchen Bestandes auch nicht, um den besonderen Wert von Parallelberichten zu zeigen. Es genügen sogar zwei – unter der Voraussetzung, daß sie verschieden genug und einander wert sind. Stellt man, für die Fahrt von 1494, etwa den Bericht des Mailänder Domherrn Pietro Casola, einen der bemerkenswertesten Berichte der gesamten Gattung, neben den schlichten seines anonymen deutschen Mitreisenden (vielleicht Freiherr Ludwig von Greifenstein), so wird man schon bald das Übergewicht Casolas bemerken. Im übrigen kommen diese fremden Pilger, diese «ungeduldigen Deutschen» und «bissigen Franzosen» in Casolas Bericht selber vor, nicht als Einzelporträts, aber als Gruppenphoto: man müsse diese *ultramontani* vorauflaufen lassen, dann könne man sich alles in Ruhe ansehen (so könnten Italiener auch heute noch von deutschen Mitreisenden sprechen).

Der etwas treuherzige Bericht des Deutschen erhält durch das Gegeneinandertreiben ein wenig mehr Relief. Diese ungleichen Reisegenossen erleben alles gemeinsam oder doch in Sichtweite voneinander: gemeinsam sitzen sie beim Picknick an der Quelle des Elisa (der eine sagt, *was* er gegessen hat, der andere: *wie* er gegessen hat); gemeinsam sehen sie nach der abendlichen Rast am Brunnen von Emmaus den Mond aufgehen (beim einen scheint es eher Zeitangabe, beim anderen vielleicht auch Stimmung). Beide werden sie hinaufklettern zum Kastell von Ios: der eine preist den Rundblick, sogar Troja will er von dort gesehen haben; der Mailänder sieht mit kritischem Blick ganz anderes. Beide beobachten die furchterregende Windhose auf See – und doch, wie unterschiedlich ist sie erlebt und beschrieben.

Doch sei das hier nicht weiterverfolgt. Es sollte nur gezeigt werden, daß solche Berichte, mögen sie über weite Strecken gleichförmig wirken, an Relief gewinnen, wenn man sie als Parallelberichte liest und dabei die Autoren gegeneinandertreibt, statt ihre Berichte sich nur gegenseitig bestätigen zu lassen und sie so zu einem kollektiven Reiseerlebnis ihrer Zeit einzuebnen. In den Berichten bleiben Züge, die sich aus Stand, Beruf oder Herkunft nicht gänzlich erklären lassen, und deren unteilbaren Rest man nicht anders als «individuell» bezeichnen kann. Das aber gibt ihren Verfassern ein Gesicht: gewöhnlichen Menschen, die es uns wert sein sollten, daß wir ihre Bekanntschaft suchen.

XI

Der Ablaßkollektor: Eine Reise durch Deutschland in die Niederlande anhand einer Spesenabrechnung (1470–1472)

Reisen lassen sich vor allem in Reiseberichten nacherleben, weil hier Reiseverlauf und Reiseerlebnisse auf persönliche Weise erzählt werden. Doch gibt es auch eine Quellengattung, der man solche Einblicke nicht ebenso zutraut: die Buchführung über Reiseausgaben. Aber auch eine solche Quelle läßt sich zum Sprechen bringen. Das sei im folgenden versucht.

Im Vatikanischen Archiv findet sich unter der Signatur *Secretaria Camerae 222*, im schmalen hohen Format des Rechenheftes, die Reisekostenaufstellung, mit der ein Ablaßkollektor, Angelus de Cialfis, Kanoniker von Camerino, nach Ende seines Auftrags Rechenschaft über Einnahmen und Ausgaben legte. Er hatte für den von Paul II. 1468 verkündeten Kreuzzugsablaß gegen die Hussiten, insbesondere gegen den böhmischen «Ketzerkönig» Georg Podiebrad, auf einer Reise zwischen August 1470 und April 1472 von Wien quer durch die süd- und westdeutschen Diözesen bis nach Flandern die von den Gläubigen in die Ablaßkisten gespendeten Gelder erhoben und dem päpstlichen Legaten Lorenzo Roverella verfügbar gemacht, der sie dem ungarischen König Matthias Corvinus für die Bekämpfung Podiebrads zufließen ließ.

Wir wissen, aus der Vorgeschichte der Reformation, viel über das Aufsehen solcher Ablaßkampagnen, zumal sich die Plenarablässe, durch die um 1475 einsetzende inflationäre Vermehrung bisweilen auf lokaler Ebene sogar in Konkurrenz zueinander, in ihrem Gnadenwert schließlich nicht mehr steigern ließen. Aber wir wissen wenig darüber, wie eine solche Ablaßkampagne vor Ort tatsächlich ablief und mit welcher Mühsal sie verbunden war.

Wie italienische Ablaßkollektoren ihrem Ärger über die Mühsal solcher Reisen und die Renitenz der Deutschen Luft machten, sehen wir an dem päpstlichen Kollektor Marinus de Fregeno, der in diesen gleichen Jahren, zwischen 1457 und 1478, Mittel-, Nord- und Osteuropa zwei Jahrzehnte lang zu bereisen hatte und von seinen Erfahrungen mit diesen Deutschen einen bemerkenswerten Bericht gegeben hat. Marinus' knappe Charakterporträts deutscher Fürsten fallen bitter aus. Zwar sieht er unter diesen Barbaren auch Tugenden (bei deutschen Wirten gibt's kein Feilschen, aber sie machen auch keine falschen Preise; in deutschen Gottesdiensten gibt's kein Herumlaufen, da wird mit Andacht gebetet), und im Westen Deutschlands seien die Menschen ja noch recht zivil und beweglich. Aber die Deutschen an der Ostseeküste! Alle antirömisch, antiklerikal, versoffen, von grobem Verstand! Und wie sie sich von Rom ausgebeutet fühlen!

Tatsächlich fühlten sich die Deutschen, mehr als andere Völker, von Rom finanziell ausgebeutet und sagten es lange vor der Reformation laut heraus. Dem Historiker kann dabei der Verdacht kommen, daß dieser fatale Eindruck auch mit der banktechnischen Rückständigkeit zu tun haben könnte: die eingesammelten Gelder tauchten hier nicht gleich in die unsichtbaren Kanäle bargeldlosen Transfers ab, sondern gingen sozusagen zu Fuß nach Rom bzw. bis zur nächstgelegenen italienischen Agentur. Einen wandernden Wechselbrief sieht man nicht, eine wandernde Geldkiste aber sehr wohl.

Doch nicht die finanziellen Aspekte einer Ablaßkampagne und nicht die Vollmachten von Ablaßkommissaren interessieren hier, sondern einmal nur die Einträge, die uns erlauben, die Reise mitzumachen. Wir müssen uns aber darüber klar sein, daß solche Abrechnung nicht einer Nachwelt den Gefallen tun will, über den Verlauf dieser Dienstreise zu informieren, sondern einer aufsichtführenden Behörde Rechenschaft ablegen und eventuellen Rückfragen von vornherein zuvorkommen möchte. Das läßt sie über Dinge schweigen, die sie beim Adressaten als bekannt oder unerheblich voraussetzen darf, die *wir* aber gerne wissen würden. Doch was nichts kostet oder unstrittig ist, findet in solche Buchführung gar nicht erst hinein.

Wir wüßten gern, wie weit dieser italienische Kollektor bei seiner

Reise quer durch Deutschland der deutschen Sprache mächtig war, schließlich bewegte er sich nicht nur unter lateinsprechenden Klerikern: die Wirte, die ihn beherbergten, die Schmiede, die die Geldkisten öffneten, sie verstanden das Lateinische nicht, und auch nicht die Räuber, die ihn vor Würzburg überfallen werden. Begleitet wurde er von zwei deutschen Bettelmönchen, Bruder Bernardinus von Ingolstadt und Bruder Bonaventura von Bayern, sowie auf die Dauer von zwei Dienern, Pancratius und Ludovicus, von denen mindestens der erste ein Deutscher war, denn er besucht in Regensburg seine Verwandten. Zeitweilig ritt ein Kommissar des ungarischen Königs mit, ein Kroate. Sonst waren sie zu drei Pferden, dazu ein Berittener (bisweilen mehrere) als bewaffnetes Geleit.

So also haben wir uns den kleinen Trupp vorzustellen, der da durch die Lande zieht, auch der Kollektor natürlich zu Pferd. Die Reise beginnt am 4. August 1470 in Wien mit der Öffnung der Kiste im Stephansdom. Die eingekommenen Summen wurden natürlich nicht auf die Reise mitgenommen, sondern gleich in Wien beim Abt des Schottenklosters deponiert und dort zur Verfügung des Legaten gehalten. Das war die praktischste Lösung, denn nun begann die lange Reise, die ihn erst nach 20 Monaten wieder an den Ausgangspunkt Wien zurückführen wird.

Zunächst geht es in die Steiermark, nach Graz, wo sich Kaiser Friedrich III. damals gerade aufhielt. Hier waren die für das Unternehmen erforderlichen kaiserlichen Schreiben an Reichsfürsten und Reichsstädte ausgefertigt worden. Dann geht es weiter nach Bruck an der Mur. Hier wird – sozusagen eingangs als Modell, um die folgenden Öffnungen dann nur noch knapp vermerken zu müssen – die Zeremonie der Ablaßkistenöffnung besonders ausführlich protokolliert, die Inhaber der Kistenschlüssel und die wichtigeren Zeugen beim Namen genannt, ja sogar der Wortlaut der vom Kollektor jeweils ausgestellten Quittung inseriert: «Hiermit bekenne ich, aus der Ablaßkiste von Bruck heute soundsoviel Gulden erhalten zu haben …, und entlaste die zuständigen Kommissare». Die Ablaßkisten in den Pfarrkirchen von Leoben bringen magere Ergebnisse, allerdings hatte sich an einer der drei Kisten schon der Pfarrer zu schaffen gemacht, gegen den nun vorgegangen wird. Dann geht es nordwestwärts die

Tauern entlang, durch Enns- und Trauntal, das Itinerar erkennbar an den unterwegs geleerten Kisten. Endlich wird Salzburg erreicht, die Kiste im Dom am 9. September geöffnet.

Aus dem Salzburgischen geht es Mitte September ins Bayerische, zunächst ins Teilherzogtum Bayern-Landshut. Den Trompetern, die Herzog Ludwig IX. ihm entgegenschickt, zeigt sich der Kollektor mit 1 rhein. Gulden erkenntlich, den Notar der bischöflichen Kurie von Freising entlohnt er für seine Schreibarbeiten, als nun dort im Dom die Ablaßkiste geöffnet wird, am 4. Oktober auch die Kiste in der Stadtkirche von Landshut. Der herzogliche Kanzler ist bei der Öffnung zugegen, ihm und dem Stadtrat wird über den Empfang der Kollekte quittiert, die hier, in der reichen Residenzstadt (in fünf Jahren wird hier die fabulös teure «Landshuter Fürstenhochzeit» gefeiert werden), mit 207 ungarischen Dukaten, 658 rheinischen Gulden und 355 Pfund in *moneta parva* eine schöne Summe erreicht. In den folgenden Tagen treffen in Landshut noch Gelder aus den Kisten von insgesamt neun kleineren Orten der Diözesen Freising und Regensburg ein, *allata fuit pecunia ex cista ville Taufchirchin* beispielsweise, bescheidene Summen, darunter auch *mala moneta*, «schlechte Münze», und mal eine venezianische Münze.

Nun geht es weiter nach München zum Vetter, begleitet vom Herold des einen, und eingeholt von den Trompetern des anderen Herzogs (was wir wiederum nur wissen, weil beides unseren Kollektor ein Geschenk kostete): Herzog Albrecht IV. achtete, wie der Landshuter, genau darauf, daß nicht alle gesammelten Gelder dem Kollektor übergeben wurden, sondern – freilich zu gleicher Bestimmung, gegen die Hussiten – einiges davon im Lande blieb; ja er hatte sich sogar die Hälfte und nicht nur ein Drittel ausbedungen. Während de Cialfis über Augsburg noch einmal nach Landshut zurückkehrte, waren in einer Parallelaktion alle weiteren Opferstöcke im Teilherzogtum Niederbayern-Landshut geleert worden und hatten eine schöne Summe erbracht. Die detaillierte Abrechnung, die Bernard Planck als Kreuzzugs-Depositar darüber aufstellte, füllt eigene sechs Seiten und nennt mehr als zwei Dutzend Orte, von Burghausen über Traunstein und Kitzbühel im Südosten bis Ingolstadt im Nordwesten, und bis in die kleinsten Dörfer, also buchstäblich in die Kapillaren des

Landes hinein, unter genauer Aufführung aller Münzen in disparatester Zusammensetzung – manchmal resigniert nur *varie pecunie, reliquum de diversis monetis, de omni genere monete*, denn solches Kleinzeug zu sortieren und im einzelnen zu bewerten lohnte sich nicht.

So beginnen die Scherereien mit dem Münzgeld schon hier, und der Kollektor legt einen eigenen Abschnitt «Münzprobleme» an, in dem er zu seiner Entlastung die Kontrollinstanz (die ja vielleicht eine Wechselkurstabelle zur Hand haben und sich wundern könnte) auf Fälle hinweist, in denen ohne Hintergrundinformation die Abrechnung ein falsches Bild ergeben würde. So macht er in Bayern darauf aufmerksam, daß Einsammeln und Umtausch bayerischen Geldes «nicht in meiner Macht standen», *non erant in potestate mea*, sondern bei der herzoglichen Finanzverwaltung lagen, die ihm für den ungarischen Gulden nicht 9 sol. 10 den., sondern 9 sol. 20 den. berechnete und damit einen schönen Gewinn machte; «und so verhielt ich mich zu ihnen manchmal, wie man es gegenüber Mächtigen halt tut», *sic egi cum eis aliquando ut solet fieri cum potentibus*. Und das Elend mit Falschgeld und minderwertigem Geld, «wie es aus den Kisten herauskam», und ihm dann doch zum Nennwert in die Rechnung gesetzt wurde.

Botenlöhne und besorgte Geleitbriefe zeigen immer die Vorbereitung des weiteren Weges an, Reisespesen den dann zurückgelegten Weg: Ingolstadt, Eichstätt, Weißenburg, Nürnberg, Bamberg, ohne längere Aufenthalte in stetigem Ritt durch das novemberliche Franken. Unterwegs die kleinen Erfordernisse, auch sie mit Datum verbucht: da muß dem Diener Pankraz ein Hemd genäht und seinem Pferd Sattel und Steigbügel gerichtet, für das eigene und andere Pferde Zaumzeug, Hufbeschlag und Medizin besorgt, vor dem Aufbruch aus München eine Geldkatze, «eine lange Börse aus Hirschleder zum Transport von Geld», angeschafft werden.

Aber dieser Alltag hat auch seine bösen Überraschungen. Noch bevor er Würzburg erreicht, fällt er bei Ebrach unter die Räuber: «am letzten Novembertag überfielen uns unterwegs Räuber», heißt es auf der Ausgabenseite, *ut apparet in alia vachetta* – doch ist uns dieses Sonderheft über den Vorfall leider nicht erhalten. Anscheinend entstanden daraus rechenschaftspflichtige Ausgaben: nur gut, daß er fünf

Tage zuvor in Nürnberg höhere Summen bereits losgeworden war (Abb. 11). Denn das war in Deutschland östlich des Rheins mangels italienischer Agenturen gar nicht so einfach.

In Würzburg wird ein längerer Halt eingelegt und offensichtlich im Minoritenkloster zugebracht. Denn hier geht es nicht nur um den Kreuzzugsablaß, sondern auch um das Vorgehen gegen den Juristen und Diplomaten Gregor Heimburg, der seit Jahren in wechselndem Auftrag – zuletzt sogar dem von König Podiebrad – durch seine konziliaristischen Initiativen das Papsttum in Bedrängnis gebracht hatte und nun hier, in seiner engeren Heimat, seiner Güter verlustig gehen soll. Die Öffnung der Geldkiste im Dom (hier hat der Stadrat, anders als in Augsburg, dabei anscheinend nichts zu suchen) ergibt ein besonders breites Spektrum von Münzsorten, fast ein Dutzend verschiedene, darunter erstmals auch ein minderwertiger Postulatgulden («ist einen halben Dukaten wert»), dem der Kollektor dann viel am Niederrhein begegnen wird, so wie das aus Mellrichstadt südlich Meiningen herbeigetragene Opferstockgeld nun thüringische und sächsische Groschen enthält. Die Kollekte deponiert er hier bei den Benediktinern, wie zuvor in Nürnberg bei den Dominikanern. Pankraz der Diener hat wieder großen Verschleiß (Schuhe, Stiefel), Bruder Bonaventura muß sich rasieren lassen.

Zu Schiff geht es nun mainabwärts nach Frankfurt. Unseren Kollektor kostete das nur das Fahrgeld und keine weiteren Abgaben – Albrecht Dürer wird auf der gleichen Mainstrecke Würzburg-Frankfurt 1520 nicht weniger als 15 Zollstätten passieren (aber mit Zollfreibriefen durchkommen)! Anfang März wird Mainz erreicht. Der Geldkiste im Dom wird entnommen, was noch vorhanden ist (denn man hatte sie *ob metum furum*, «aus Furcht vor Dieben», sicherheitshalber schon einmal geleert) und der Wust verschiedenster Münzsorten sortiert (darunter eine erste französische Goldkrone); die *moneta minuta* wird gar nicht erst gezählt, sondern bloß gewogen, *quia noluerunt numerare* (oder wie im Problem-Kapitel formuliert wird: «Kleingeld pfundweise gewogen, weil Zählen zu lästig», *propter fastidium numerandi*), die umstehenden namentlichen Zeugen sind – ganz anders als im Dom zu Würzburg – ebenso unfeierlich, nämlich nur seine Reisebegleiter Pankraz, Bruder Bonaventura und Bruder Bernardinus.

Abb. 11. Auf seiner monatelangen Reise von Wien bis nach Flandern, deren Route sich aus den Reisespesen und der Leerung der Ablaßkisten genau verfolgen läßt, berührte der Ablaßkollektor auf Hin- und Rückweg auch das große Nürnberg. Die ihn begrüßenden Stadtpfeifer und die zu seinem Schutz abgeordneten Kriegsknechte kosteten und erscheinen auf der Ausgabenseite. Immerhin konnte er hier schon einmal Ablaßgelder loswerden und gegebenenfalls bargeldlos transferieren lassen: das war in Deutschland mangels italienischer Agenturen gar nicht so einfach. In stetigem Ritt quer durch fremdes, unverstandenes Land und durch alle Jahreszeiten, unter den Augen von begehrlichen Fürsten und romkritischen Deutschen und mit all den Ausgaben fürs Kistenöffnen, Fahnenbemalen, Münzensortieren: da muß sich am Ende die Frage stellen, ob der Ertrag den Aufwand überhaupt gelohnt habe. Bald wird ein Erdbeben mit dem Epizentrum Wittenberg diese Geldquelle verschütten. Albrecht Dürer, Blick auf Nürnberg, Aquarell.

Von Mainz dann den Rhein hinab nach Koblenz, ohne Abgaben an den Zollstationen. Über Koblenz noch ein Stück hinaus zu Schiff, und dann hinüber nach Aachen. Die Geldkiste, am 25. März geöffnet, ist in der Zusammensetzung ihrer Münzen nun schon völlig verschieden von denen in Franken. Da finden sich, neben den rheinischen Gulden, französische Goldkronen, Postulatgulden (minderwertige niederländische Goldgulden des erst «postulierten» – also vom Papst noch nicht bestätigten – Bischofs von Utrecht Rudolf von Diepholz), Utrechter Gulden, Arnoldgulden (besonders schlechte Goldgulden des Herzogs von Geldern Arnold von Egmond), Goldmünzen Philipps des Guten von Burgund, und andere. Sortiert und gezählt werden die Münzen hier von Mitgliedern des Stadtrats, denen diese Mühe mit 1 flor. vergolten wird. Und weitere Ausgaben: für die Bewacher der Kiste, die Glöckner, die Buben zum Herbeiholen der «Schlüsselhaber», dem Schmied für das Anbringen von drei Riegeln, und immerhin 2 flor. für den Maler, der das Papstwappen auf die übliche Fahne malt, die, neben der Kiste aufgepflanzt, dem Ablaß austeilenden Prediger die sichtbare Autorität verleiht (*pictori qui pinxit arma sanctissimi domini nostri*). Dann geht es nach Köln, wo er wahrscheinlich im Dominikanerkloster Wohnung nahm.

Das war nun endlich eine Stadt, von der unser Kollektor, außer von Nürnberg, wenigstens schon einmal den Namen gehört haben mochte. In Köln, von Römern gegründet und sogar von Petrarca gerühmt, konnte ein Italiener sich zu Hause fühlen, in dieser Stadt gab es Italiener schon seit dem 13. Jahrhundert. Und wenn es jetzt auch allmählich weniger wurden: hier konnte er leibhaftige Landsleute antreffen, die Wechselbriefe nach Rom ausstellten und Seide aus Lucca importierten – ja in italienische Seidenstoffe sah man sogar die Heiligen der Kölner Altarbilder von ihren Malern gekleidet, und antike Gemmen bemerkte man auch an den Händen deutscher Gesprächspartner. Im übrigen waren unter den deutschen Kurialen am päpstlichen Hof die Kölner noch am ehesten vertreten, kurz: Köln und Rom wußten ein klein wenig voneinander, und das wollte für Deutschland schon etwas heißen.

Als nun am 10. April die Kölner Ablaßkiste geöffnet wurde, waren die Erwartungen gewiß hoch. Ein Schmied mußte hinzugezogen werden, Stadtratsmitglieder standen zum Auszählen des Geldes bereit, das ihnen gebotene Essen kam mit 6 Gulden sehr teuer (darum setzt der Kollektor sicherheitshalber hinzu, daß das nicht seine Idee war). Hervor kamen rund 650 Gulden, fast ein Fünftel mehr als in Mainz, fast das Dreifache von Aachen. Praktischerweise notierte der Kollektor diesmal, um das Dutzend eingeworfener Münzsorten in den Griff zu bekommen, konsequent gleich ihre Umrechnung in Gulden. Wie sollte ein italienischer Domherr durch diese ganzen Stüber, Stooter, Weißpfennige usw. sonst auch durchfinden? Man sieht förmlich, wie da Häufchen gebildet und ihr Wert in Gulden bestimmt wird.

König Georg Podiebrad war inzwischen in beginnenden Versöhnungsverhandlungen gestorben – aber die Hussiten galt es weiter zu bekämpfen, und so war auch der Kreuzzugsablaß weiterzuführen. Rheinabwärts ziehend erreicht der Kollektor Ende April Nijmegen, die Kiste dort wird mit schönem Ergebnis geöffnet, ein Maler für das Malen des Papstwappens entlohnt (der in Aachen hatte mehr dafür bekommen); Anfang Mai ist er in Utrecht. Daß während der ganzen Reise die Ausstattung der Pferde – Hufbeschlag, Sattel, Zaumzeug, Medizinen (die *medicine* beim Schmied, nicht beim Veterinär) – immer wieder unter den Ausgaben erscheint, versteht sich.

Dann geht es in die Territorien Karls des Kühnen, von deren Wirtschaftskraft und wohlgeordneter Staatsfinanz sich Rom damals auch in anderen Initiativen einiges erwartete. Doch mußten dabei auch Beteiligungen hingenommen werden, ohne die der frühmoderne Staat die Ansprüche des Papsttums nicht mehr durchgehen ließ. Karl der Kühne, der sich soeben französischer Angriffe in Picardie und Hennegau mit Mühe erwehrt hatte, war damals gerade in Péronne; und das wird auch der Grund gewesen sein, weshalb wir den Kollektor drei Tage später eben dort, in Péronne, finden, so weit im Westen wie sonst nie auf seiner Reise. Es zieht ihn denn auch gleich wieder ostwärts zurück, noch am selben Tag erreicht er Arras, dann Lille (die Unterkunft zu 9–12, das Abendessen zu 6 Weißpfennigen), dann Brügge. Das war tatsächlich ein bißchen viel: «weil die Pferde müde waren», *quia equi erant fessi*, wird hier ein Ruhetag eingelegt.

Von Flandern nach Brabant, nach Brüssel und in das – gleichfalls burgundisch beherrschte – Fürstbistum Lüttich. Kisten werden hier keine geleert: das macht, zu besserer Kontrolle, die herzogliche Finanzverwaltung lieber selber, und tauscht dem Kollektor, zu seiner Entrüstung, das eingekommene Geld zu miserablem Kurs um.

In Roermond darf er wieder Kisten öffnen, denn das wird erst zwei Jahre später burgundisch. Dann setzt er über die Maas. Immer wieder Ausgaben fürs Übersetzen, fürs Essen (auch unterwegs im Freien, «beim Mittagessen am See»), fürs Schuhwerk der kleinen Truppe: *pro stivalibus, pro calceis, pro caligis*. Bei Neuss erreicht er den Rhein und fährt zu Schiff nach Köln, wo er um den 20. Juni eintrifft und erst einmal eine kleine Pause einlegt: die Pferde werden kuriert, die Wäsche gewaschen (*pro ... medicinis equorum, pro lotura pannorum*), dem einen Diener Stiefel, dem anderen ein Schwert gekauft.

Und dann noch einmal den Rhein weiter abwärts, in die Niederlande. Über Utrecht geht es nach Dordrecht, wo sie in der Geldkiste auch eine ziemliche Menge englischer Münzen finden, aber insgesamt nicht eben viel, so daß nach Abzug der Spesen von immerhin 12 flor. für Kiste, Riegel, Kreuz, Fahnen, Papstwappen, Bullen-Kopien und Personalkosten nicht mehr viel übrig bleibt. Das wird sich auch die römische Behörde sagen, darum wird alles genau notiert. Sodann zu Schiff ins Mündungsgebiet von Rhein, Maas und Schelde (20 *italienische* Meilen schreibt er sicherheitshalber, denn hier oben sind die Meilen länger) zur nächsten Kiste, in Bergen op Zoom, und weitere drei Tage später in Breda, mit schönem Ergebnis, wenn man die nicht weniger als 16 (!) Münzsorten hier erst einmal auseinandersortiert und umgerechnet hatte: daß die hier in Breda und überhaupt in den Niederlanden angetroffenen englischen Münzen (*stooter/groats*) meistens beschnitten waren, wird ihm beim Einwechseln in Köln noch 10% Verlust bringen. In Utrecht nötigt ihn der Bischof, für die Kirchenfabrik etwas dazulassen, das treibt die Ausgaben (darunter die Kosten für die Vervielfältigung seiner päpstlichen Bullen, *pro copiis plurimis bullarum apostolicarum*) insgesamt auf 16,5% der Einnahmen. Man hätte unter den Ausgaben für Vervielfältigungen gern auch einmal den Druck von Beichtbriefen gefunden, denn solche Formulare waren ja ein beliebtes Erzeugnis des Frühdrucks.

Die niederländische Reise, von Utrecht bis Utrecht, dauerte nur drei Juli-Wochen. Nun geht es zurück in die Diözese Köln; Wesel erbringt nur kümmerliche 7 Gulden. Die Rast in Köln ist diesmal nur kurz: am 27. Juli noch Hemdenkauf in Köln, *Colonie pro una camisia*, am 28. schon erste westfälische Gasthausrechnung, *in prima villa Vesfalie hospiti*.

Sein Auftrag führt unseren Kollektor nun in ein Gelände, das Italiener möglichst nie betreten haben, und das italienischen Kaufleuten und Bankiers nicht geheuer war: Norddeutschland östlich des Rheins. Während fast ganz Europa von einem Netz italienisch bedienter *piazze di cambio* überzogen war, von denen man in der Regel Wechselbriefe in alle Himmelsrichtungen finden, also bargeldlos überweisen konnte, hatte dieses Transfersystem östlich des Rheins ein auffallendes Loch – und auch das gehörte zur Rom-Ferne Norddeutschlands. Vielleicht waren unter den in Köln ansässigen italienischen Kaufleuten und Bankiers (und unter Kollektoren!) ja auch noch andere Ablaßkampagnen in Erinnerung wie die des Heiligen Jahres 1390, als der den Ablaß austeilende Nuntius und der ihn begleitende, in Köln tätige italienische Bankier den Rhein ostwärts überschritten hatten und – wie Quintilius Varus – nicht heil zurückgekehrt waren. Und so mag auch unser Kollektor diesen norddeutschen Boden nur mit leisem Bangen betreten haben. Für alle Fälle trug der Kanonikus, vielleicht erst nach der Erfahrung mit den Straßenräubern in Franken, ein Schwert bei sich, und das ließ er sich jetzt in Köln rasch noch instandsetzen, wie die Ausgabe *Colonie ... pro reparatione gladii mei* verrät.

Die erste Ablaßkiste sehen wir ihn, zwölf Tage nach Überschreiten des Rheins, am 8. August 1471 droben in Verden öffnen, das er, wie die bezahlten Geleite zeigen, über Osnabrück-Vechta erreicht hatte: magere 3½ Gulden, dazu noch ½ Gulden «von einer Frau» sind das Ergebnis, dabei war Verden Bischofssitz. Noch weniger willig ist man dann in Minden: der Italiener muß das Bier, zu dem ihn der Bischof nötigt, auf dessen Drängen auch noch bezahlen! (*solvi domino episcopo Mindensi pro cervisia ipso petente et instante*, «was er erbat und verlangte», wie der Kollektor zur Rechtfertigung der Ausgabe hinzufügt, da die Kontrollinstanz Gastfreiheit erwarten könnte).

In Osnabrück gönnt sich der kleine Trupp, der ja nun permanent unterwegs ist, etwas mehr Körperpflege: alle lassen sich den Kopf und die Kleidung waschen, gehen zum Barbier und ins Bad (*pro lotione capitum omnium et barbitonsore; pro lotione pannorum et balneo*). Dann wird am 30. August die Kiste geöffnet (hier findet sich auch lübische Münze, jedenfalls wird ihm ein Gulden als *flor. lubic.* bezeichnet), werden die Kosten für Kiste und Papstwappen dem Bischof ersetzt (10 flor.), wird mit Geleit weitergezogen nach Münster. Die Öffnung der Kiste hier im Dom am 4. September erbringt, mit Quittung an Kapitel und Bürgermeister, das erstaunliche Ergebnis von fast 700 Gulden: zum Auszählen des Geldes (in der Zusammensetzung der Münzen ist die Nähe zum niederländischen Wirtschaftsraum greifbar) wird nur Wein gereicht, da braucht – anders als beim opulenten Essen in Köln – der Kontrollinstanz nicht noch gesagt zu werden, daß man das nur auf den Rat anderer getan habe. Daß eines der Lastpferde lahm zurückgelassen, kuriert und währenddessen durch ein anderes Tier ersetzt werden muß, kommt schon halb so teuer wie die üblichen Spesen für Kiste, Schlösser, Kreuz, Papstfahne usw.; hier wird auch einmal von Übersetzung seiner Ermächtigungsschreiben gesprochen, *pro translatione commissionum mearum*.

Den Weg, den er dann, im September und in der ersten Hälfte des Oktober 1471, kreuz und quer durch das südliche und westliche Westfalen nahm, auch in den kleinsten Orten Ablaßkisten leerend, wollen wir nicht mehr im einzelnen verfolgen. Es sind die üblichen Ausgaben: dem Schmied fürs Öffnen der Kiste, den Bewachern der Kiste, den Boten; den Städten für das Geleit, Auslagen für den «Wein zum Zählen des Geldes»; für Papier, rotes Wachs, Hufbeschlag; kleine Anerkennungen für die Überbringer von Gastgeschenken, oder «für den armen Mann, der in Soest die [dann] aufs Rad geflochtenen polnischen Diebe ertappte». Dazu das Auf und Ab der in den Kisten vorgefundenen Summen (immerhin 234 flor. in Hamm, aber nur 4 in Iserlohn, nur 7 in Unna – doch förmlich quittiert werden auch sie). Und so geht es hin und her durch Westfalen von Ablaßkiste zu Ablaßkiste. Und endlich zurück an den Rhein und nach Köln.

Das Problem der westfälischen Kollekte war nicht so sehr das Auseinandersortieren und Umrechnen zahlloser Münzsorten (deren Vielfalt erst gegen die niederländische Grenze zunahm), sondern ein anderes, das der Kollektor sich – oder der kontrollierenden Instanz – in einem eigenen Abschnitt über spezifische Probleme ausdrücklich notierte: «Zum Geld von Westfalen muß man wissen, daß die oben genannten Gelder schwer in Gold einzuwechseln waren wegen des Mangels [an Gold] …: 3 Postulatgulden machten [zwar] 2 gewöhnliche rheinische Gulden, aber um *gute* rheinische Goldgulden zu kriegen, mußte man noch 4 Weißpfennige draufzahlen» (*sed ut fierent boni auri ren., erant deteriores in 4 albis*), und ähnliche Anmerkungen zum schlechten Wechselkurs der in den Kisten gefundenen Münzen.

Es war gewiß in Köln, daß unser Kollektor den größten Teil seiner westfälischen Münzen einwechselte: Köln war, wenn man über größere Entfernung bargeldlos transferieren wollte, sozusagen das Nadelöhr, durch das, von Osten, das Geld hindurchmußte, um dann, meist über das nahe Brügge, seinen weiteren Weg zu nehmen. Aber da konnte so einiges schiefgehen. Das sieht man bei Überweisungen an die Apostolische Kammer. In der Tat machen in den Büchern der Apostolischen Kammer Kölner Kaufleute nicht immer gute Figur.

Das Geld einzunehmen war allerdings nur die eine Seite des Problems. Man mußte das Geld, vor dem nächsten langen Ritt, auch wieder loswerden! Schließlich konnte man nicht Kisten voll Münzen, unter den Augen von Straßenräubern und begehrlichen Fürsten, lange über deutsche Landstraßen schleppen. Überweisungen aus dem deutschen Raum waren auch nach Rom nicht so einfach wie etwa aus Brügge oder London (obwohl auch die deutschen Gelder natürlich immer irgendwie angekommen sind, sonst wären diese Geistlichen ja nicht in den Besitz von Pfründe oder Amt gelangt). Aber zu überweisen waren die eingenommenen Summen diesmal nicht nach Rom, sondern nach Buda, zum Kreuzzugslegaten beim ungarischen König – und wenn nicht zu überweisen, so doch wenigstens irgendwo zu deponieren und verfügbar zu halten. Doch sollen uns die Probleme des Geld-Abflusses und seiner Aufteilung in Tranchen (eingeschaltet waren auch die Nürnberger Pirckheimer, Korrespondenten der Medici) hier nicht weiter beschäftigen.

Zurück ins Itinerar der Reise. Aus Westfalen zurückkehrend, war unser Kollektor um den 20. Oktober in Köln eingetroffen. In den nächsten Tagen mußte er das aus den westfälischen Suffraganbistümern Kölns herbeitransportierte Geld hier einwechseln und loswerden. Er deponierte «fast alle Gelder des Landes», *fere omnes pecunias patrie*, beim Abt von S. Martin. Der Abt hatte damit natürlich auch die Möglichkeit, ungeliebtes Kleingeld nur zu einem schlechteren Kurs anzunehmen, wie der Kollektor zu spüren bekam, beispielsweise nur zu 44 statt regulärer 52 flor.: das war bitter. Und wieder ist es Köln, wo Menschen und Pferde neu ausgestattet werden: Stiefel, Jacken (dem Preis nach nicht die schlechtesten), Hufeisen, Pferdegebisse, großer Geld-Transportsack. Dann geht es, wie die Geleite zeigen, bald südwärts an den Main, Lohr, Würzburg, Schweinfurt, wo er schon am 10. November nachzuweisen ist.

Wieder sieht er Franken im November. Zunächst macht er noch einen Vorstoß ins Thüringische, über Mellrichstadt und Meiningen bis nach Schmalkalden, dann geht es von Würzburg weiter nach Nürnberg, Ingolstadt, Regensburg (um nur noch die größeren Orte zu nennen). Zum Jahreswechsel 1471 auf 72 ist er wieder in Landshut, dann kurz in Salzburg, und schon wieder geht es nordwärts über Ingolstadt nach Nürnberg und Würzburg, und wieder zurück nach Regensburg und München.

Dieses dauernde Hin- und Herreiten durch das winterliche Oberdeutschland war gewiß eine Qual: die Ausgaben für das Schuhwerk nehmen sichtlich zu (achtmal im Dezember und Januar!), auch für das der Pferde: Hufeisen *ad glaciem*, «fürs Eis», setzt er erklärend hinzu (zweimal im Dezember und Januar). Oder sich in einer Winternacht von einem Bauern noch bis zum Ammersee führen zu lassen (*rustico qui duxit nos de nocte ad lacum versus Lamsperg den. 10*). Wenn es sich noch gelohnt hätte! Aber als er sich Mitte Februar zwischen Ingolstadt und Nürnberg die Kreuzzugskollekte der Diözese Eichstätt aushändigen läßt, sind das ganze 50 rhein. Gulden. Man hört ihn geradezu ungläubig murmeln: ‹Und mehr sind nicht zusammengebracht worden in der ganzen Diözese?› So jedenfalls schreibt er es, in seinem italienischen Latein, in sein Heft: *nec plures collecti erant per totam diocesim*!

Und teuer war dieses Herumreisen nicht einmal so sehr durch Unterkunft und Essen, sondern durch den Geleitschutz, den man wohl vor allem dann brauchte, wenn man auf dem Packpferd noch die Gelder der letzten Ablaßkiste mitschleppte: der Überfall der Straßenräuber bei Würzburg hatte ihnen die Notwendigkeit ja drastisch vor Augen gestellt. Wo das Geleit einmal etwas teurer kommt, setzt der Kollektor entschuldigend hinzu, daß es eben einige Kriegsknechte mehr waren: die fünf Kriegsknechte des Bischofs von Würzburg nach Nürnberg und die fünf Nürnberger selbst kosteten ihn beide Male je 5 Gulden!

Dann geht es Anfang April in Regensburg aufs Schiff, und donauabwärts über Passau und Linz nach Wien, endlich nach Buda zum päpstlichen Legaten Lorenzo Roverella, in dessen Auftrag unser Kollektor die Ablaßgelder eingezogen hatte. Was er dem Legaten als Ergebnis vorlegen konnte, waren – um nur die wichtigsten Regionen mit nennenswertem Ertrag aufzuführen – aus Bayern rund 9000 rheinische Gulden; aus dem Rheinland rund 1700 rhein. Gulden (davon gut 2/3 allein aus Mainz und Köln); aus den Niederlanden bzw. den nördlichen Territorien Karls des Kühnen rund 2700; aus Westfalen rund 1875 rhein. Gulden. Alles in allem mögen es rund 19 000 rhein. Gulden oder etwa 14 000 röm. Kammergulden gewesen sein. Zwar sollte dieser Kreuzzugsablaß nur eine Zugabe sein, nicht der Kern der Kriegsfinanzierung. Doch lange Krieg führen konnte man davon nicht.

Hatte sich das wirklich gelohnt? Diese Mühsal einer Reise von 20 Monaten, diese Spesen, dieses Gefeilsche mit den Fürsten, dieser Ärger mit den Domkapiteln, vor allem: dieses Aufsehen, diese antirömische Sensibilisierung des Nordens. Und das alles für diese Summe? Diese Kollektoren wußten noch nichts von dem Erdbeben mit Epizentrum Wittenberg, das diese Geldquellen bald ganz verschütten wird. Aber die Stimmung, die sie hier erlebten, wird sie vielleicht einiges haben ahnen lassen.

XII

Die Ware: Das Einzugsgebiet des Hafens Rom in der Frührenaissance

Das Mittelmeer ist groß, wie läßt es sich sinnvoll in beschreibbare Räume gliedern? Vielleicht so: das westliche Mittelmeerbecken als das der Genuesen, das östliche als das der Venezianer. Oder: die nördliche Mittelmeerküste die der Christen, die südliche die der Muslime. Oder: das Mittelmeer unter der Herrschaft Aragons, das Mittelmeer unter der Herrschaft der Türken. Aber die Raumgliederung muß die Interaktion zwischen den Räumen sichtbar lassen; muß auch den Wirtschaftshistoriker überzeugen; muß mit Quellen gut belegt sein. Eine Gliederung in Einzugsgebiete dürfte diese Voraussetzungen erfüllen. So wählen wir das Einzugsgebiet des Hafens Rom, nach erster systematischer Auswertung einer ungewöhnlichen Massenquelle: der römischen Zollregister.

Die römischen Zollregister, für die vier Jahrzehnte 1445–1485 ziemlich vollständig erhalten und mit jährlich rund 4500 Lieferungen zu Lande und 600 Frachten zu Schiff so materialreich, daß sie lange Zeit unbearbeitet blieben, geben Einblick nicht nur in das breite Spektrum der eingeführten Waren, sondern auch in deren Provenienz und in die Herkunft der Importeure: von Bauern der römischen Campagna, die mit ihren Feigen und Zwiebeln am Zoll stehen, bis hin zum Großkaufmann aus Florenz oder aus Flandern, der in einer einzigen Lieferung Waren im Wert von 2000 Dukaten verzollt.

Dabei beschränken wir uns auf den Teil des Imports, der zu Schiff nach Rom hineinkam und in den Hafenzollregistern der *Dogana di Ripa* erfaßt wurde. Flußgängige Schiffe konnten den Tiber aufwärts die *Ripa Grande* erreichen, den römischen Hafen gegenüber dem

Aventin (Abb. 12), wo ihre Waren entladen, registriert und zu 6½% vom geschätzten Warenwert (der sich aus der gezahlten Zollsumme leicht errechnen läßt) verzollt wurden. Man erkennt leicht die wachsende Nachfrage einer wachsenden Stadt: in den 1450er Jahren sind es um die 400 einlaufende Schiffe, in den 1460er Jahren rund 500, in den 70er Jahren rund 600 Schiffe jährlich; mit Frachtwerten, die für eine venezianische Gewürzgaleere oder ein genuesisches Rundschiff zwar nicht viel waren, aber doch ganz schön für ein Schiff, das mitten in Rom anlegen konnte. Dabei registriert der Hafenzoll, anders als der Landzoll, auch den (zollfrei) an den Hof gehenden Teil des Imports, und so erfahren wir, was der Kardinal Rodrigo Borgia oder der Kardinal Guillaume d'Estouteville, der Konvent von S. Paolo-fuori-le-mura oder die Schwester des Papstes aus den Schiffen abnahmen. Überhaupt zeigt ein Blick auf die detaillierten Frachtlisten (mit bis zu 50, 70, ja 80 Posten pro Schiff!), woran Rom vor allem Nachfrage hatte. Denn wir betreten sozusagen mit dem Zolbeamten die am Hafenkai liegenden Schiffe, lassen uns Namen und Herkunft des Schiffsführers und den Schiffstyp (von der *barca* über die *saettia* bis zum großen *navilio*) nennen und alles zeigen, was ausgeladen wird.

Aber es geht hier nicht um die Wirtschaft Roms, sondern um Räume: um den Raum, den man als Einzugsgebiet seines Hafens bezeichnen könnte. Dabei muß man sich darüber klar sein, daß es der Hafen einer besonderen Stadt ist. Denn Rom hat eine zusätzliche, eine geistliche Dimension, die auch im Wirtschaftsleben dieser Stadt wirkt und sogar in den Hafenzollregistern erkennbar wird. Wir sehen Pilger aussteigen, sehen im Heiligen Jahr den Import von Wein gewaltig anschwellen, immer ein unfehlbares Indiz für ein Anschwellen auch der Menschenzahlen, denn der Wein ist damals noch das Getränk schlechthin: schwillt der Import nur zeitweilig an, dann ist es *Konjunktur* wie in Heiligen Jahren; oder steigt er kontinuierlich, dann ist es ein *Trend* wie beim raschen Anwachsen der Stadtbevölkerung in diesen Jahrzehnten. Wir sehen aus den Zollregistern sogar, wie sich bei längerer Abwesenheit des Papstes das ganze Wirtschaftsleben der Stadt auf zwei Drittel reduziert (wie während der Abwesenheit Pius' II. 1459/60), sehen es auch am Hafenbetrieb, denn da kommen dann auch nur noch 60–70% der gewöhnlichen Schiffszahlen herein.

Abb. 12. Der Flußhafen Roms, die *Ripa*, gesehen vom Aventin flußaufwärts gegen den Ponte S. Maria (heute *Ponte Rotto*), mit der Kuppel des Pantheon und den Bauten auf dem Kapitol. Vorn, zwischen Kirche und Turm, die Hafenrampe hinauf zur Zollstelle, die alle ausgeladenen Güter registrierte. Die Zollregister lassen das Einzugsgebiet des Hafens erkennen: in Nah- und Fernhandel das westliche Mittelmeerbecken. Zwar mußten manche Frachten erst auf flußgängige Schiffe umgeladen werden, doch liefen auch portugiesische Karavellen Rom an und brachten bereits Güter aus Schwarz-Afrika (auch Columbus' Lieblingsschiff *Niña* wurde einmal nach Rom verchartert, hätte also unter den im Hafen gezeichneten Schiffen sein können, doch kam die Fahrt nicht zustande). So gelangte neben Massengütern auch manch Exotisches aus fernen Zonen durch den römischen Zoll: Papageien, Affen, Robbenfelle, Pelze. *Codex Escurialensis,* fol. 56v (Ende 15. Jh.).

Dabei muß man, für Import und Konsum, zunächst einmal die Abnehmer, sozusagen die beiden Hälften Roms unterscheiden: den Hof und die Stadt, die Höflinge und die Römer. Den Luxuskonsum des Hofes bekommen wir nicht recht zu fassen, weil diese Artikel in der Regel zu Lande hereinkamen (besonders aus Florenz) und, weil zollfrei, gar nicht registriert wurden. Aber auch unter den Zollzahlenden waren noch genug anspruchsvolle Abnehmer: römische Adelsfamilien, die die Nähe des Hofes suchten, fremde Gesandte, die den Hof umkreisten, sie alle waren auf Sichtbarmachung des eigenen Ranges und auf entsprechende Garderobe und Ausstattung angewiesen. Bei den Hafenzollregistern ist hingegen zu ersehen, welchen Teil der Hof abnahm, z. B. welcher Kardinal von den Import-Weinen (denn die lokalen Weine der Umgebung Roms kamen ja noch hinzu) die meisten und wer die teuersten abnahm. Manchmal kauften sie allein ganze Weinschiffe leer.

So sehen wir, neben gemischten Frachten, ganze Gemüseschiffe, ganze Weinschiffe, ganze Waffenschiffe in den Tiberhafen einlaufen. Auch ganze Bauschiffe (wie beim Bauboom der Renaissance-Paläste zu erwarten), und erfahren dann, wieviele Balken und wieviele Bretter der Kardinal Stefano Nardini für seinen Palazzo Nardini oder der Kardinal Latino Orsini für seinen Palazzo Orsini oder sein S. Salvatore in Lauro abnahm.

Doch nun zum Einzugsgebiet des Hafens Rom. Die kürzesten Radien des Einzugsgebietes bilden natürlich die näheren und weiteren Häfen und Häfchen der tyrrhenische Küste zwischen Palermo und Ventimiglia, mit häufiger Nennung von Trapani, Neapel, Gaeta, Pisa, Portovenere. Aber schon die Transporte aus dem nahen Civitavecchia gelten oft Waren aus größeren – z. B. venezianischen – Handelsschiffen, die nicht in den Tiber einliefen und lieber dort draußen blieben. Auch das weitet den Horizont des Einzugsgebiets beträchtlich, denn mit venezianischen Schiffen kann vieles nach Rom kommen, vom Londoner und Brügger Tuch bis zum indischen Gewürz oder dem «Ingwer aus Mekka». Und für Rom als Zentrum der Christenheit ist Einzugsgebiet ohnehin die ganze bekannte Welt.

Nimmt man ‹Einzugsgebiet› aber im engeren, wörtlichen Sinn, um spezifischer über Rom und seinen Hafen aussagen zu können, so wird man als erstes sagen dürfen, daß Rom nach Westen blickt: was in den Tiberhafen einläuft, kommt (außer natürlich von der ganzen tyrrhenischen Küste) aus dem westlichen Mittelmeerraum, selten – trotz der Mittellage Roms – aus dem Osten. Vom Süden der tyrrhenischen Küste und von Sizilien kommen Thunfisch, Zucker, Apfelsinen, Käse, Marzipan, also vor allem Konsumgüter; aus dem Norden, der Toskana und Ligurien, vor allem Investitionsgüter wie Bauholz, Baubeschläge, Metalle, Halbfabrikate, Tuche, Waffen. Daß Rom als Sitz eines anspruchsvollen Hofes enge Lieferbeziehungen zu Florenz und seiner Kunst- und Luxus-Produktion habe, war zu erwarten; von dort kommt 1445 auch die bronzene Grabplatte Martins V., die man bisher, Vasari folgend, in Rom gegossen glaubte.

Natürlich kriegen wir im Zollregister nur das Schiff zu fassen, das den letzten, den in Rom endenden Teil der Strecke gefahren war. Aber seine Ladung, die vom Zollbeamten registrierten Waren, lassen uns weiter blicken und erkennen, daß womöglich Fracht von ferneren Schiffen übernommen worden war: ein Schiff aus Sizilien, das Papageien oder einen schwarzen Sklaven an Bord hat, wird sie nicht in Sizilien angetroffen haben.

Das Einzugsgebiet des Hafens Rom war begreiflicherweise ein Gebilde von ganz unterschiedlicher Gestalt je nach Provenienz der angelieferten Güter. Madonnenbilder kommen nach Rom aus Florenz und aus Flandern, aber nicht aus Spanien; Wein kommt nach Rom aus Korsika und aus Süditalien, aber nicht aus dem Veneto; Lauten und Brillen kommen aus Deutschland, aber nicht aus England; Pelze natürlich nur aus dem Osten, über Brügge oder London. Und so fort (und das ist, wohlgemerkt, der Import zu Schiff, nicht der zu Lande). Legt man diese Provenienzen einzelner Warengattungen wie transparente Folien übereinander, so ergibt sich das Bild eines Einzugsgebietes, das, je nach Schnittmenge, an zentralen Stellen dunkel gefärbt ist, aber mit helleren Krakenarmen nach exotischen Zonen ausgreift: nach Norwegen, nach Sibirien, in den Golf von Guinea.

Und diesen langen, dünnen, durch Umladung verlängerten Wegen wollen wir, zu besserer Veranschaulichung der weiten Horizonte, noch mit wenigen Beispielen folgen. Das Besondere an Rom ist dabei, daß die – ohnehin immer vorhandene – Verflechtung von

Handel und Finanz besonders sichtbar wird. Denn wenn ein Bischof dort oben, zwischen Trondheim und Reval, seine *servitia*, seine Ernennungsgebühren, nach Rom zahlen mußte, gingen sie womöglich erst als Naturalien, in Form von Walroßzähnen oder Eichhörnchenfellen an eine nördliche *piazza di cambio*, am besten nach Brügge, wo italienische Bankiers den Verkaufserlös dann bargeldlos nach Rom überwiesen. Was solle er denn mit all den Seehundsfellen und Walroßzähnen machen, die er als Zehnten aus Island und Grönland bekommen habe, fragte der päpstliche Kollektor von Norwegen bei der Apostolischen Kammer an. Sie verkaufen, war die Antwort. Doch kamen Eichhörnchenfelle (z. B. 1200 *pancie di vaio,* 80 *armellini*) auch leibhaftig bis nach Rom.

Daß das ferne Flandern ein solches Gewicht unter den Importen nach Rom einnahm, hatte seine besonderen Gründe: die Rolle von Brügge als wichtigstem Finanz- und Handelsplatz des Nordens; die gerühmte Qualität der von dort hereinkommenden Produkte, vor allem Wolltuche, Messingfabrikate und Mengen von gemalten Madonnen (flämische Malerei war im Italien der Renaissance sehr begehrt, auch Memlings ‹Jüngstes Gericht› war eigentlich für Florenz bestimmt und schon in Brügge verladen, doch da kaperte ein hansischer Korsar 1473 das Florentiner Schiff, und so sieht man das berühmte Bild heute in Danzig und nicht in Florenz). Aber es spielte auch das Problem hinein, die unausgeglichene Zahlungsbilanz zwischen Nord und Süd auszutarieren. Denn die Italiener verkauften im Norden mehr, als sie kauften, und das Papsttum vergrößerte das Problem noch, indem es seinerseits (rein ökonomisch gesprochen) sozusagen Bischofsernennungen, Pfründen, Ablässe dorthin «lieferte» und dafür die Zahlung von Servitien, Annaten usw. einforderte. Wo Geld fließt, da fließt auch Ware: hier galt das in besonderer Weise.

Weisen Walroßzähne und Seehundsfelle in den Zollregistern auf den Norden, so Elefantenzahn (*dente d'alinfante*), Papageien, Straußenfedern auf den tiefen Süden. Nur ein Beispiel exotischen Sortiments. Da läuft im Januar 1475 eine *caravella* in Rom ein (dieser Schiffstyp, der in den portugiesischen Entdeckungen eine so große Rolle spielt, war im römischen Hafen selten zu sehen) und lädt, neben Fisch und Zucker, 98 Papageien aus, drei Meerkatzen (also Affen von südlich der Sahara, zwei davon nimmt sich der Kardinal Francesco Gonzaga), und einen schwarzen Sklaven. Kurz: wir sind mitten in den portugiesischen Frühentdeckungen, Rom weiß schon davon und interessiert sich dafür, wie der Import von «15 Weltkarten auf 50 Blatt» (*15 mappamondi in 50 fogli*) 1462 durch einen Nürnberger vermuten läßt. Mittelalterliche *Schema T*-Karten mit Jerusalem als Mittelpunkt der Welt werden das schwerlich gewesen sein, davon hätte man so viele damals nicht einmal mehr in Rom absetzen können.

Daß die Produkte aus dem soeben entdeckten Amerika bald auch Rom erreichten, ist sicher, läßt sich durch den Verlust der Zollregister nach 1483 aber nicht nachweisen: erster Beleg sind vielmehr die in der Villa Farnesina des Papstbankiers Agostino Chigi um 1518 von Raffaels Werkstatt in den Fresken der Loggia abgebildeten Produkte Mais, Sonnenblume und Kürbis. Immerhin soll die Niña, Columbus' Lieblingsschiff, zwischen zweiter und dritter Amerika-Fahrt gegen seinen Willen zu einer Fahrt nach Rom verchartert worden sein (wie es in den *Pleitos de Colón*, den Prozessen gegen seine Erben, heißt). Doch habe die Fahrt vorzeitig geendet – sonst wäre das die weiteste Schiffsfahrt in den römischen Hafen gewesen, und wir hätten die Niña womöglich im Zollregister registriert gefunden!

Die Iberische Halbinsel, von der diese gewaltigen Entdeckungen ausgingen, gehörte immer schon fest in das Einzugsgebiet des Hafens Rom: auch Portugal mit Lissabon, seit im frühen 15. Jahrhundert regelmäßig die Seeroute Italien-Lissabon-Flandern befahren wurde und sich eine starke Kolonie von Genueser, Florentiner und Venezianer Kaufleuten in Lissabon bildete. Wie die in den Zollregistern als *Portuguese* oder *de Lisbona* bezeichneten Schiffsführer zu erkennen geben, fuhren sie auch im Direktverkehr zwischen Portugal und Rom und lieferten unter anderem das portugiesischste aller Erzeugnisse, das Leder.

Und natürlich die Mittelmeerhäfen Aragons. Die durch den bedeutenden Handelsplatz Barcellona immer schon dichte Verbindung wurde jetzt, im 15. Jahrhundert, noch enger, als der König von Aragon seine Ansprüche auf das Königreich Neapel endlich durchsetzen konnte und seit 1443 als König auch in Neapel herrschte: Alfonso il

Magnanimo. Und das galt auch für Rom selbst, als mit der Wahl des ersten Borgia-Papstes, Calixts III. 1455, sich eine große Familie Aragons in Rom festsetzte und danach alle Anfeindungen überdauerte unter der umsichtigen Führung des jungen Kardinals Rodrigo Borgia, bis dieser 1492 selbst Papst wurde: Alexander VI. Borgia. So füllten sich, beinahe gleichzeitig, zwei große Höfe Italiens mit anspruchsvollen Katalanen.

Auch hier muß für den Handelsverkehr mit Rom ein beredtes Beispiel genügen, das die Seerouten und Umladehäfen zu erkennen gibt: der Import von Maiolica. Es handelt sich um die bekannte, spanisch-moreske Keramik, im Zollregister als *de Maiorica, de Valencia, de Catalogna* bezeichnet, die in der Zone von Valencia produziert wurde. Ihr seltsamer Glanz faszinierte im Spätmittelalter ganz Europa, sie wurde zum begehrten Geschirr der Höfe und all derer, die sich diese Ware leisten konnten. Als teuerste und angesehenste Keramik hat sie ihre eigene Sozialgeschichte und erfaßte mit Ware geringerer Qualität auch breitere Schichten. Nach Mallorca wurde sie benannt, weil sie dort (nicht produziert, aber) weit überwiegend für den Vertrieb über See verladen wurde. Neben anderen iberischen Waren kamen also große Mengen von Tellern, Schüsseln, repräsentativen Kühlgefäßen (die man sogar in personalisierten Sonderanfertigungen bekommen konnte, indem man – was namhafte Florentiner gern taten – der Bestellung das Familienwappen beilegte) zu Schiff nach Rom. Meist kam die Ware nicht direkt, sondern war umgeladen in Pisa (und dann von großen Florentiner Firmen umdirigiert nach Rom), oder auf der südlichen Schiene über Trapani, Palermo, Neapel, und vor allem Gaeta, das, nun aragonesisch besetzt (wie vorher von Genua dominiert), ein wichtiger Umschlagplatz war. Daß sie hier auch ankamen, zeigen neben Zollregistern, Nachlaßinventaren und stadtarchäologischen Grabungen auch Gemälde der Madonna, denn zu ihrer schönen Zimmerausstattung gehörte immer auch Maiolica (Filippino Lippi, Domenico Ghirlandaio u. a.).

Neben dem Gütertransport ist natürlich der Personentransport zu beachten, zumal er in Rom anders motiviert war als bei anderen Zielhäfen. Pilger kommen zu Schiff von Barcellona, Marseille, Savona, Palermo; portugiesische Verbannte fahren, wenn sie dann mit ihrem

Absolutionsgesuch die römische Kurie aufsuchen, vor allem vom marokkanischen Ceuta ab; andere, die ihren persönlichen Kreuzzug gegen die Türken gelobt haben, treffen erst einmal aus Spanien oder Frankreich in Rom ein.

Da Rom vor allem geistliche Dienste produzierte, aber sonst nur Kälber und Käse, war die Gegenrichtung, der *Export* zu Schiff, wenig bedeutend. Das änderte sich erst, als im Jahre 1462 unerwartet reiche Alaunvorkommen bei Tolfa im nördlichen Latium vor den Toren Roms entdeckt wurden – gerade in dem Augenblick, als die Gruben dieses für Textil- und Lederverarbeitung unentbehrlichen Minerals bei Phokäa/Foça in Kleinasien an die Türken verloren gingen. Die Euphorie war begreiflich (so als hätte man in der Ölkrise von 1973 in Europa gewaltige Erdölvorkommen entdeckt), der Papst verpachtete den Vertrieb sogleich an finanzkräftige Firmen wie zunächst die Medici; bald erschien das päpstliche Alaun auch auf nordwesteuropäischen Absatzmärkten, sah man auch Schiffe aus dem Baskenland im Verladehafen Civitavecchia.

Um dem Bild des Handels im westlichen Mittelmeerbecken – und somit im Einzugsbereich des römischen Hafens – noch eine interessante Schattierung hinzuzufügen, sei kurz noch eine (gleichfalls erst jüngst bearbeitete) Quelle hinzugezogen, die Aufschluß über den Handel zwischen muslimischer Südküste und christlicher Nordküste gibt: die Bittschriften, die man bei Verstößen gegen kirchenrechtliche Bestimmungen an den Papst zu richten hatte, und die von der Penitenzieria Apostolica registriert und entschieden wurden. Die Kirche hatte nämlich seit den Kreuzzügen den Handel mit den Muslimen mit einem Embargo auf kriegswichtige Waren belegt. Das konnte vieles sein (Metalle sowieso, aber auch Holz, Schlachtvieh), und war im Alltag des Mittelmeerhandels unmöglich zu befolgen. Entsprechend häufig sind die Absolutionsanträge von Reedern, Kaufleuten, ja kleinen Schiffsbeladern, und da sie in diesen Suppliken erst einmal genau Auskunft über die Umstände ihres Vergehens geben mußten (Ladung, Zielhafen, Gewinn usw.), erhalten wir unerwartet tiefen Einblick in die Praxis des christlich-muslimischen Mittelmeerhandels.

Hier nur so viel: Da sehen wir, in lauter Einzelfällen, Schiffe aus Genua, Palermo, Barcellona, Sevilla, Lissabon die Häfen des Maghreb oder Ägyptens ansteuern und den *Saraceni* Getreide, Reis und andere Güter liefern (der Hafen Rom wird nicht direkt genannt, war aber durch die großen Umschlaghäfen in diesen Handelsaustausch integriert); venezianische Konvois – wie die unter der Bezeichnung *Trafego* und *Barbarie* – berührten geradezu fahrplanmäßig die nordafrikanischen Häfen. Wir hören die rechtfertigenden Begründungen, ob sie nun stimmten oder nicht (doch wurden alle Anträge positiv beschieden, allerdings gegen eine Geldzahlung auf den von der *Dataria* vermuteten Gewinn): ein Sturm nötigte uns, in den Hafen einzulaufen und unsere Ladung an die Muslime zu verkaufen; oder: die Nachricht, daß die Preise in Nordafrika gefallen (oder für Verkäufer: gestiegen) seien, ließ uns statt Sizilien Nordafrika anlaufen; oder auch: soll ich denn auch noch dafür verantwortlich sein, wenn die von mir an Christen gelieferten Waren dann von denen an die Ungläubigen weiterverkauft werden? Oder gar: *causa solacii*, «aus Vergnügen» bin ich hinübergefahren.

Und die Nebenfolgen solch alltäglichen Umgangs. Was ist, wenn ein christlicher Kaufmann dort einem muslimischen Geschäftspartner ein kleines Gastgeschenk aus Metall überreicht? Wenn er, in muslimischer Gefangenschaft, zum Islam übertritt? Wenn ein Christ dort eine Muslimin heiratet und dann zurückkehrt? Ja ein Geistlicher bekennt sogar, christlichen und muslimischen Glauben verglichen zu haben, und nicht zum Vorteil des christlichen: *fidem Saracenorum meliorem christiana fore*, «der muslimische Glaube sei besser als der christliche». Das war schon nicht gut. Kompliziert aber wurde es, wenn sich solche religiösen Diversitäten mit Handels- und Besitzproblemen verbanden. Ein Korse hatte im muslimischen Nordafrika einen Viertelanteil an einem Schiff an einen Christen verkauft, und der verkaufte dann seinen Anteil dort drüben an einen Juden. Wie sollte man das entflechten?

Das ist mittelmeerischer Alltag in allen denkbaren Konfigurationen. Aber gerade diese unentwirrbare Gemengelage von Handelsinteressen, Religionen, Kapitalien, kirchlichen Verboten und kommerziellen Geboten spiegelt die Verhältnisse im Mittelmeerraum wieder, wie immer man ihn gliedert. Und hier gilt keine Ringparabel.

XIII

Die Nachricht: Wie die Meldung von der Eroberung Konstantinopels 1453 nach Venedig kam

Wie Menschen und Güter sich in historischen Räumen bewegen, läßt sich weitgehend in den Quellen verfolgen. Wie Nachrichten über weite Strecken wanderten, ist hingegen schwieriger zu ersehen und darum auch weniger erforscht. Wir versuchen es am Beispiel einer besonderen historischen Nachricht: nicht weil ihr Weg durch Quellen besonders gut belegt wäre, sondern weil es eine Nachricht von schrecklicher Aktualität und von weltgeschichtlicher Bedeutung war: die Nachricht, Konstantinopel sei von den Türken erobert worden.

Die Nachricht, die unerwartet eintraf und nicht nur das unmittelbar betroffene Venedig, sondern das ganze Abendland in Schrecken versetzte: wie kam diese Nachricht aus dem brennenden Konstantinopel nach Venedig, nach Rom, und über welche Kanäle verbreitete sie sich weiter? Dem sei hier aus den Akten des venezianischen Senats und allen sonst verfügbaren Quellen nachgegangen. Konstantinopel 29. Mai, Venedig 29. Juni, das ist ein ganzer Monat zwischen dem Ereignis der Eroberung und dem Eintreffen der Nachricht (und wird uns darum auch einiges über damalige Kommunikationssysteme, Kommandostrukturen und Entscheidungsprozesse lehren). Ein ganzer Monat, und wir fragen uns erschrocken: Konstantinopel längst erobert – und das wußten die in Venedig immer noch nicht?

Wir wollen sozusagen die Augenhöhe der Zeitgenossen einnehmen, die – im Unterschied zu uns Späteren – noch nicht wußten, was längst geschehen war, und wie es weitergehen werde. Es ist für den Historiker, der urteilen muß, immer wieder heilsam, zuvor diese Perspektive der Menschen in ihrer jeweiligen Gegenwart zu erkunden, denn Geschichte besteht nicht nur aus stattgefundenen Fakten und ihren Folgen, sondern auch aus Erwartungen, Ängsten, Hoffnungen. Wir könnten den Menschen in ihrer Blindheit – für die wir selbst, in unserer Gegenwart, Nachsicht in Anspruch nehmen – nicht gerecht werden, wenn wir nicht das gleiche Verständnis auch ihnen zubilligen würden.

Zur Belagerung, deren zahlreiche Augenzeugenberichte von Agostino Pertusi gut zusammengestellt und veröffentlicht worden sind, hier kurz nur so viel zum Verständnis des Folgenden. Der türkische Sultan Mehmed II. beginnt die Belagerung der Stadt – auf die das byzantinische Reich inzwischen praktisch geschrumpft war – am 6. April 1453, mit großer Übermacht und unter massivem Einsatz riesiger Kanonen, die die alten Stadtmauern bald zerbrechen. Auf Seiten der Verteidiger kämpfen, an der Seite der Griechen, die Angehörigen der seit langem in Konstantinopel tätigen Kaufmannskolonien: die Genuesen und vor allem die Venezianer. Nach achtwöchiger Belagerung dringen die Türken in die Stadt ein, der letzte byzantinische Kaiser, Konstantin (XII. Dragasès) Paläologus, fällt in tapferem Kampf. Und hier beginnt unsere Geschichte. Wie aus dem Inferno einer eroberten Stadt, wie aus dem Kessel eines eingeschlossenen Hafens (Abb. 13), Menschen und Nachrichten noch herauskommen und Venedig erreichen, ist der erste Teil unserer Geschichte.

1453 ein welthistorisches Datum also. Schon die Zeitgenossen haben das Ereignis in großen Zusammenhängen gesehen: als Ende des Römischen Reiches (das im Westen schon 1000 Jahre früher zu Ende gegangen war), ja als Angriff des Ostens auf den Westen. Man sagte sogar (denn es war ein Spielchen der Humanisten, Türken und Trojaner gleichzusetzen): die Eroberung von Konstantinopel sei eine Revanche der Barbaren, eine Revanche des Orients dafür, daß die Griechen einst Troja erobert hatten. Wie damals die Nachricht von der Eroberung Trojas nach Griechenland kam, wird uns von Aischylos zu Anfang seines *Agamemnon* (Verse 279–316) anschaulich beschrieben: mit Feuerzeichen, deren Abfolge, von Berg zu Berg springend – vom Ida nach Lemnos zum Athos und zuletzt nach

Abb. 13. Das belagerte Konstantinopel, Blick von Westen. Vorn, gegen die Landmauer, das türkische Belagerungsheer unter Sultan Mehmed. Zur Linken, im Hafen des Goldenen Horns zwischen der Stadt und dem befestigten Italiener-Viertel Pera, am Ausgang die Hafen-Sperre, und vorn die türkische Ponton-Brücke, an der bereits einige (über den links angedeuteten Landweg herbeitransportierte) türkische Schiffe liegen. Unter den Mauern von Pera venezianische, genuesische und kretische Schiffe, von denen einige im Augenblick der Eroberung, letzte Flüchtlinge aufnehmend, aus dem Hafen ausbrechen und durch die Dardanellen entkommen werden. Sie sind es, die die Nachricht von der Eroberung nach Kreta und Venedig bringen. Miniatur zu Bertrandon de la Broquière, Voyage d'Outremèr (Paris, Bibliothèque Nationale), Ausschnitt.

Argos – uns Klytaimnestra feuertrunken schildert. Und das alles in nur einer Nacht («in der Nacht, die den heutigen Tag gebar»). Das wird jetzt, 2000 Jahre nach Aischylos, etwas länger dauern.

Wo dürfen wir das Eintreffen der Schreckensnachricht auf westlichem Boden am frühesten erwarten? Gewiß in den nächstgelegenen maritimen Stützpunkten, die die letzten aus Konstantinopel entkommenen Verteidiger mit ihren Schiffen ansteuerten, also die venezianischen und genuesischen Inseln des Ägäischen Meeres, die nun den heißen Atem des Eroberers im eigenen Gesicht spürten: für Genua vor allem die Insel Chios als Handels- und Informationszentrum, für Venedig Negroponte (auf Euböa) mit den Sporaden und Kykladen; und natürlich Kreta, für viereinhalb Jahrhunderte die große Flottenbasis Venedigs in zentraler mittelmeerischer Position.

Und tatsächlich finden wir hier auf Kreta (das wie Negroponte unmittelbares Herrschaftsgebiet Venedigs war, während die kleineren Inseln venezianischen Vasallen unterstanden) ein datiertes Zeugnis vom Eintreffen der Nachricht, überliefert allerdings auf etwas ungewöhnliche Weise. Nämlich als kurze Notiz in einem Buch, einer Sammelhandschrift von kirchlichen Texten (heute im British Museum), in das ein Schreiber eingetragen hat, im Hafen von Candia seien am 29. Juni, einem Freitag, aus Konstantinopel drei kretische Schiffe eingetroffen, die Schiffe von *Sguros*, von *Hyalinas* und von *Philomatis* (die zu den letzten Verteidigern von Konstantinopel gehörten und auch aus anderen Quellen bekannt sind), und hätten die Nachricht gebracht, Konstantinopel sei am 29. Mai, einem Dienstag, in die Hände der Türken gefallen und der Kaiser getötet worden. «Und in Kreta war großer Schmerz und großer Jammer über diese schreckliche Nachricht, denn Schlimmeres war nie geschehen und wird nicht geschehen».

Die Nachricht muß Kreta schon vor dem 29. Juni erreicht haben, dafür gibt es Indizien (wie wir uns überhaupt vorstellen müssen, daß die Nachricht mit Windeseile auf kleinen Schiffen zwischen den benachbarten Inseln ausgetauscht worden ist). Aber hier sind es die letzten entkommenen kretischen Schiffe selbst, die – gewiß von Gefechten zerzaust und an den ersten christlichen Stützpunkten unterwegs anlegend – die Nachricht und die Augenzeugen nach Candia bringen. Ab Anfang Juli gibt es dann aus Candia mehrere alarmierende Briefe, geschrieben von Augenzeugen selbst oder sich auf Flüchtlinge berufend (*qui ipsimet interfuerunt*).

Am gleichen Tag, dem 29. Juni, werden auch die Schiffe der letzten venezianischen Verteidiger von Konstantinopel Venedig erreichen. Nach Venedig kam die Nachricht nicht über Kreta, sondern über die andere Flottenbasis Venedigs im griechischen Meer, Negroponte auf Euböa.

Man wüßte die schreckliche Nachricht gern auf dem Wege zu sehen, sie unterwegs zu fassen zu kriegen. Zum Beispiel eine datierte Notiz aus den Hafenstädten, die auf dieser bekannten Route von den Schiffen regelmäßig berührt wurden: Modone, Korfu, Korçula, Zara usw., und wo die Schiffsbesatzungen zumindest die venezianischen Behörden informiert haben müßten (ob sie die Schreckensnachricht auch in den Straßen verbreitet haben, ist eher zweifelhaft, denn damalige Regierungen, auch die venezianische, reagierten empfindlich auf alles, was sie als Panikmache ansahen). Aber entsprechende Nachrichten haben wir, mit der Ausnahme von Korfu (wie wir sehen werden), aus diesen Hafenstädten nicht.

Denkbar wären (um etwas von der Methode zu vermitteln, mit der man die Wege von Nachrichten verfolgt) auch Meldungen aus Galeeren, die diesen Schiffen unterwegs begegneten und denen die traurige Nachricht hinübergerufen wurde, so daß eine Positionsbestimmung solcher Begegnung zugleich den Weg datieren würde, den die Nachricht von Konstantinopel nach Venedig nahm (daß also ein Loredan oder ein Contarini sich erinnerten: wir erfuhren die Nachricht bereits am, sagen wir: 19. Juni auf der Höhe von Valona, als unserer Galeere jene aus Negroponte entgegenkam). Auf dieser Route einem der regelmäßigen venezianischen Galeeren-Konvois zu begegnen, war im Prinzip gut möglich, aber nicht in dieser Jahreszeit. Denn die Galeeren-Konvois ins Schwarze Meer, *le galee de Romania*, liefen in aller Regel erst Ende Juli aus, die nach Syrien erst im August, die nach Ägypten erst Ende August/Anfang September.

Da kommt eine weitere Kategorie von Galeeren-Verkehr zu Hilfe: die Galeeren zum Transport von Pilgern ins Heilige Land. Diese ein bis zwei Galeeren nach Jaffa liefen meist im Mai/Juni aus, nach Himmelfahrt oder um Fronleichnam, also in den Wochen, die wir für unsere Zwecke brauchen. Und aus diesen Pilgergaleeren gibt es eine reiche Überlieferung. Denn viele Pilger – ergriffen von ihrer ersten Begegnung mit dem Meer und begierig, ihr Pilgererlebnis mitzuteilen – beschrieben ihre Seefahrt in ausführlichen Berichten, ja es gibt Galeeren, aus denen bis zu vier verschiedene Berichte erhalten sind! In der Regel notieren die Pilger in ihren Berichten auch die Begegnungen mit anderen Schiffen, vor allem mit venezianischen. Denn daß die venezianischen Galeeren einander mit Salutschüssen und Trompetensignalen begrüßen, ist für die Passagiere ein berichtenswertes Schauspiel. Da heißt es etwa: wir begegneten der venezianischen Galeere, die den neuen Kommandanten zur Ablösung in die Seefestung Modone brachte, oder: venezianischen Schiffen, die Malvasier-Wein von Kreta transportierten. Die Chance, der Schreckensnachricht auf ihrem Weg nach Venedig unterwegs zu begegnen, ist am größten also bei einer Pilgergaleere, die 1453 ins Heilige Land fährt.

Tatsächlich begegnet die *Loredana*, die von Antonio Loredan kommandierte Pilgergaleere, die am 13. Mai aus Venedig ausgelaufen war, den die Nachricht bringenden Galeeren 20 Meilen vor Modone (heute Methoni an der Südwestküste der Peloponnes), wie wir aus dem Bericht von Peter Rot, einem Pilger aus Basel, erfahren. Er schreibt:

> «Und am Dienstag vor St. Veit (12. Juni) begegneten wir drei Galeeren 20 Meilen von Modone. Die Galeeren ... hatten zu Handelszwecken ins Schwarze Meer fahren wollen, aber als sie Konstantinopel passierten, hielt man sie zurück, weil die Türken die Stadt belagerten. Die Besatzung dieser Galeeren sagte uns [riefen das von Bord zu Bord], daß die Türken am 29. Mai die Stadt erobert und den Kaiser und viele Leute getötet hätten, und auch sie hätten ihren Schiffsherrn und einige von ihrer Mannschaft dabei verloren (*und och si iren patron und etwa manigen der iren och do verloren hetten*). Als das die Offiziere und Ruderer unserer Galeere hörten, meinten sie einmütig, nicht weiter mit uns zu fahren» (*do meinten si uberein, nit furer mit uns ze faren*).

Die Pilgergaleere trifft also, im offenen Meer auf der Höhe der Flottenbasis Modone, zwei Wochen nach dem Fall von Konstantinopel, die drei Galeeren des Schwarzmeer-Konvois: nicht, wie man aus dem Bericht des Pilgers zunächst heraushören könnte, des Konvois dieses Jahres 1453, der dann am belagerten Konstantinopel nicht mehr vorbeigekommen wäre ins Schwarze Meer; sondern es waren die Galeeren, die im Sommer des Vorjahres, 1452, also sozusagen «fahrplanmäßig», aus Venedig ausgelaufen und aus den Zielhäfen des Schwarzen Meeres auch wieder umgekehrt waren. Sie waren aber dann nicht nach Venedig zurückgekehrt, sondern zum Einsatz im bedrohten Konstantinopel geblieben.

Und damit geraten wir – schon mit dieser unscheinbaren Notiz des kleinen Pilgers – mitten hinein in das dramatische Geschehen: diese Schiffe und ihre Mannschaften, denen die Pilgergaleere auf See begegnet, hatten an der Verteidigung von Konstantinopel teilgenommen, ihr jetziger Kommandant sogar in führender Position, als Kommandant des Hafens; die Kommandanten der Kriegsgaleeren, Gabriele Trevisan und Zaccaria Grioni, waren in türkische Gefangenschaft geraten, der der dritten Handelsgaleere, Jacopo Coco, war gefallen. Und diesen venezianischen Galeeren war es, nachdem die Türken im Morgengrauen des 29. Mai durch die Mauerbreschen bei der Porta di San Romano in die Stadt eingedrungen waren, noch gelungen, aus Konstantinopel auszubrechen. Die venezianischen Schiffe hatten die Hafenketten am Ausgang des Goldenen Horns gekappt und noch einen Augenblick gewartet, um letzte fliehende Verteidiger aufzunehmen: so war Nicolò Barbaro, Schiffsarzt und Verfasser des besten Augenzeugenberichts, noch an Bord gekommen (und beschreibt die gespenstische Szenerie: die Leichen, die da im Wasser trieben «wie [bei uns in Venedig die vom Gemüseschiff heruntergefallenen] Melonen in den Kanälen», *come fà i meloni per i canali*!). Und in letzter Minute, schwimmend, auch der Florentiner Kaufmann Jacopo Tedaldi, der gleichfalls einen wertvollen Augenzeugenbericht geschrieben hat. Gut also auch für uns, daß beide noch auf die Schiffe entkamen.

Diesen Galeeren also gelang das Entkommen; ebenso jenen drei kretischen Schiffen. Die venezianischen Galeeren hatten stracks auf die nächste wichtige Flottenbasis Venedigs zugehalten, auf Negroponte, hatten dort am 3. Juni die eben erst – also zu spät – eingetroffene Entsatzflotte unter Jacopo Loredan angetroffen, und waren dann weitergefahren um die Peloponnes herum (dort begegnen sie unserer Pilgergaleere), um möglichst rasch Venedig zu erreichen.

Das alles erfahren nun, von Bord zu Bord, Besatzung und Passagiere der Pilgergaleere. Man spürt die Erregung, die sich des Schiffes bemächtigt, das solchen Gefahren entgegenfährt, und versteht, daß die Besatzung unter solchen Umständen nicht weiterfahren will. Aber unter den Pilgern ist ein hoher Herr, der selbst von einem Loredan pfleglich behandelt werden muß: Markgraf Friedrich von Brandenburg, immerhin Kurfürst und Erzkanzler des Reiches. Wenn der Fürst die Fahrt tatsächlich fortsetzen wolle, werde er, Loredan, das riskieren. Der Fürst will, und so erreichen sie die Südspitze der Peloponnes. Hier, zwischen den beiden Seefestungen Modone und Corone (man nannte sie damals «die beiden Augen Venedigs») fühlte man sich sicher, Modone wird von fast jedem Pilger erwähnt und wird erst 1500 in die Hand der Türken fallen.

Gegen den Widerstand von Schiffsoffizieren und Besatzung erbietet sich also der Schiffseigentümer Antonio Loredan, die Fahrt nach Osten trotz der akuten Gefährdung fortzusetzen. Antonio Loredan: auch hier sind Zusammenhänge zu sehen. Jacopo Loredan kommandiert die verspätete kleine venezianische Entsatzflotte, die nicht mehr in Konstantinopel eingegriffen hatte (seine Instruktion vom 7. Mai hatte ihm im übrigen befohlen, sich rein defensiv zu verhalten – mit solchem Verhalten war einer belagerten Stadt von außen nicht zu helfen): Jacopo Loredan hatte gerade erst Negroponte erreicht, das diese drei entkommenen Galeeren am 3. Juni passierten; Gouverneur (*bailo*) von Negroponte war damals ein weiterer Loredan, Paolo; ein vierter Loredan, Giovanni, war bei der Eroberung Konstantinopels in Gefangenschaft geraten.

Tatsächlich hat die Pilgergaleere die Fahrt nach Osten fortgesetzt: der Markgraf von Brandenburg geht 11 Tage später, am 23. Juni, in Jaffa an Land und erhält (da er für die Rückfahrt um ein Geleit für Rhodos gebeten hatte) kurz darauf einen Brief des Großmeisters der Johanniter, datiert Rhodos 30. Juni, daß Konstantinopel gefallen sei und daß man annehme, Mehmed sei schon beim Bau einer riesigen Flotte, um die ganze griechische Inselwelt zu erobern und womöglich den Westen anzugreifen. So verbreitete sich die Schreckensnachricht sofort und (hier: von Rhodos nach Osten) in alle Richtungen. Und noch bevor die drei Galeeren, die aus Konstantinopel entkommen waren, am 4. Juli in Venedig einliefen, hatte ein kleineres, ab Korfu vorauseilendes Schiff, ein *grippo*, die Nachricht, datiert Korfu 17. Juni, bereits am 29. Juni in die Stadt gebracht.

Damit haben wir für den Weg, den die Nachricht – zunächst bis Venedig – damals genommen hat, die folgenden Stationen beisammen: sie verläßt am 29. Mai das soeben eroberte Konstantinopel, ist am 3. Juni in Negroponte, am 12. Juni auf der Höhe von Modone (Pilgerschiff), am 17. Juni in Korfu, und erreicht am 29. Juni Venedig.

Bevor wir uns der Wirkung und dem weiteren Weg der Nachricht zuwenden, noch eine kurze Reflexion, denn man sollte über dem Berechnen von Tagesdaten ja zu allgemeinen Erkenntnissen gelangen. Dabei sei grundsätzlich hervorgehoben, daß Venedig eine hervorragend informierte Stadt mit einem gut funktionierendem Nachrichtensystem war. Man vergleiche einmal am Beispiel der Mailänderkriege, wie dürftig die eine involvierte Macht, Bern, mit Nachrichten vom Kriegsschauplatz versorgt war, und welcher Schwall von Nachrichten Tag um Tag, ja mehrmals am Tag in Venedig eintraf: die *Diarii* des Marin Sanudo geben davon einen Eindruck. Sie wirken so, als habe Sanudo diese gleichsam aus dem Fernschreiber tickernden Nachrichten einfach abgerissen, mit Tag und Stunde versehen und zu einem Text zusammengeheftet.

Aber zu Schiff sind die Bedingungen von Nachrichtenübermittlung eben andere. Wenn sogar eine Nachricht von solcher Dringlichkeit wie der Fall von Konstantinopel einen ganzen Monat brauchte, um ins Machtzentrum zu gelangen, zeigt sich daran ein fundamentales Problem der Seeherrschaft Venedigs: die Distanz. Die Bewältigung der Entfernung ist, vor Erfindung des Telegraphen, ein zentrales Problem jeder Seeherrschaft, ob das nun Venedig oder die Spanier oder die Engländer waren. Man kann das an konkreten Beispielen zeigen, bei denen ein in der Ferne operierender Generalkapitän auf die Instruktionen aus Venedig gar nicht warten konnte – und dann vielleicht völlig anders handelte als die zu spät eintreffende Instruktion ihm befahl. Und so auch in unserem Fall: die Nachricht braucht einen Monat her, die darauf reagierende Instruktion braucht wieder einen Monat hin. Die so getroffenen Entscheidungen waren nicht notwendigerweise schlechter als die heutigen in Echtzeit. Aber die Distanzen, die Zeiten waren ein besonderes Problem in einem Seereich, das sehr ausgedehnt war und gebildet aus einem dünnen Küstenstreifen mit Flottenbasen ohne Hinterland. Eine Alternative, den Landweg, gab es damals nicht, denn der Balkan war bereits türkisch besetzt.

Am 29. Juni also war, mit dem den großen Galeeren vorauseilenden kleinen Schiff, die Unglücksnachricht in Venedig eingetroffen. Es war gegen Abend, der Senat gerade zu einer Sitzung zusammengetreten, als die Briefe aus dem schnellen *grippo* hereingebracht wurden. Es war ein Brief der venezianischen Behörden von Korfu vom 17. Juni, und dieser Brief bezog sich auf andere Briefe, die über Lepanto und von einem Arseni di Coranto (also von Korinth) und einem Zuanne Spagnuolo, *che stava con i signori della Morea* (also wohl aus Mistra), in Korfu eingegangen waren.

Das läßt einen weiteren Ast des Nachrichtenweges nach Venedig erkennen. Diese Nachricht muß von Korinth/Mistra (vielleicht auch: Negroponte) via Lepanto (gegenüber Patras im Golf von Korinth) direkt nach Korfu gelangt sein. Natürlich hatte auch Jacopo Loredan als Generalkapitän aus Negroponte geschrieben.

Die Wirkung der verlesenen Nachricht war niederschmetternd, der Schock schrecklich, der an diesem 29. Juni Venedig erstarren machte. Man hatte mit der Eroberung im Grunde nicht gerechnet. Man wußte Konstantinopel bedroht, aber bedroht war die Stadt schon seit vielen Jahrzehnten, ja sie wäre wahrscheinlich schon ein halbes Jahrhundert früher erobert worden, wenn nicht damals die Bedrohung des Osmanischen Reiches aus dem Osten durch die Mongolen (die vernichtende Niederlage des Sultans Bajazit durch Tamerlan 1402) Konstantinopel noch eine Gnadenfrist beschert hätte. Man hatte im übrigen in Venedig damals an vieles andere zu denken als nur an die Levante. Wenn man in Venedig im Archiv die Protokolle der Senatssitzungen dieser Monate liest, gewinnt man einen Eindruck davon: die Kämpfe gegen Mailand für die Ausdehnung der Terraferma nach Westen in die Lombardei kosteten Venedig viel Aufmerksamkeit und Mittel und treten auch in diesem fatalen Monat zwischen Eroberung und Eintreffen der Nachricht in den außenpolitischen Beratungen (*Senato Secreti* reg. 19 fol. 197r–202r) deutlich hervor. Wir Historiker isolieren die Handlungsstränge, die wir beschreiben (hier: Venedig und Konstantinopel) und sollten darüber doch nicht die Gemengelage der Herausforderungen und Entscheidungen vergessen, die damals anstanden.

Die Register des *Senato Mar*, die sich im 15. Jahrhundert, in immer stärkerer Differenzierung nach Zuständigkeiten, aus den vermischten *Deliberazioni* ausgliedern, enthalten nun die Beratungen, die den *Stato da Mar*, Venedigs Seereich, betreffen. Blättert man einmal in den Beratungen dieses einen Monats nach dem Fall von Konstantinopel, dem Juni 1453 (*Senato Deliberazioni Mar* reg. 4 fol. 192r–198r), so findet man den ganzen Alltag von Venedigs Seereich zwischen adriatischem und griechischem Meer – und da durchfährt den Lesenden immer wieder der Gedanke: aber die Beratenden wissen noch nicht, daß Konstantinopel längst erobert ist! Da geht es um Gehaltszahlungen für Beamte in Trogir/Trau, Split/Spalato, Nafplio/Nauplia; um Anordnungen für (und da mußten die Instruktionen ja erstmal hinkommen!) Zadar/Zara, Šibenik/Sebenico, Shkodër/Scutari, Bar/Antivari (aber auch Schiffsbewegungen im Arsenal, die Flanderngaleeren u. a. werden bedacht). In Korfu und Kotor/Cattaro sollen die Schiffe besser untergebracht werden; nach einem Schiffbruch vor Kreta wird geholfen (*vix evaxit a morte nudus reversus est Venetias*, fol. 195r); ein deutscher *bombarderius* auf Korfu kann von dem Gehalt mit seiner Familie nicht leben, da wird eine Regelung gefunden (105 sind dafür, 3 dagegen, 4 Enthaltungen, fol. 197r). Aber auch Brač/Brazza, Hvar/Lesina, Korçula/Curzola, Durrês/Durazzo, Methoni/Modone, Koroni/Corone, Kreta, Negroponte werden genannt: das liest sich wie ein Ortsregister der Küste zwischen Venedig und Konstantinopel und ist doch die Wirklichkeit dieses seltsamen Seereichs ohne Hinterland. Dann plötzlich, unter dem 30. Juni, der unscheinbare Eintrag: «wegen der Neuigkeiten aus Konstantinopel und dem Verlust vieler Schiffe dort im Hafen», *cum propter nova que habentur de*

Constantinopoli et de amissione multarum navium que erant in illo portu ... (fol. 197r).

Und jetzt also die Nachricht, daß Konstantinopel schon vor einem Monat gefallen war, der Sultan also vielleicht, wer weiß, schon nachsetzte und auf dem Wege nach Westen war! Man stelle sich das Szenario vor, das sich nun, zwischen realistischer Einschätzung und verängstigter Phantasie, vor den Augen der Venezianer aufbaute. Ganze traditionelle Handelsbereiche waren auf einmal weggebrochen: das Schwarze Meer, das ja, über seine Absatzmärkte und Handelsprodukte hinaus, Ausgangspunkt einer wichtigen Route nach Fernost, nach China war, der Route Marco Polos! Aber man war sich auch darüber im klaren, daß Mehmed nun auch in den ägäischen Raum oder gar nach Italien ausgreifen werde. Ja man wollte sogar wissen, Mehmed plane bereits, eine Brücke vom Festland, von Marghera/Mestre nach Venedig zu bauen, um Venedig direkt anzugreifen (*costruire un ponte da Megara* [Marghera] *a Venezia per aprire una via per la quale i soldati possano passare*). Er rühme sich sogar, im nächsten Jahr auch Rom anzugreifen (*aestate futura venturum Romam*). Oder: *in 18 mesi passarà dal canto di qua in Italia ad exterminio de' christiani,* «in 18 Monaten wird er nach Italien hinüberkommen, um die Christenheit auszulöschen»: der Sultan habe bereits eine Karte von Europa, «die er mit allen Königreichen und Ländern habe zeichnen lassen». Und was es an Schreckensphantasien sonst noch gab. Tatsächlich wird es noch zu Lebzeiten von Mehmed drei türkische Einfälle ins Friaul geben, wird man 1477 vom Campanile von S. Marco die Feuersäulen zwischen Tagliamento und Piave aufsteigen sehen, werden die Türken 1480 auch nach Süditalien übergreifen und Otranto erobern!

Vor allem aber der unmittelbare Eindruck der augenblicklichen Verluste: nicht nur Schiffe, Kaufmannsgut, Kapitalien, sondern Menschen! Und nicht allein Angehörige venezianischer Familien von Rang, die in Konstantinopel im Kampf gefallen, nach der Eroberung hingerichtet oder als Gefangene auszulösen waren: Loredan, Contarini, Trevisan, Barberigo, Persönlichkeiten, deren Fehlen man spürte, ja buchstäblich sah: man sah ja in den *collegi*, im Senat, ihre leeren Sitze!

Aber nicht nur die hohen Herren aus adeligen Familien waren im Kampf engagiert und gefallen, sondern auch die gewöhnlichen

Schiffsmannschaften, so daß die fliehenden Schiffe kaum noch bemannt werden konnten. Und auch auf diese Menschen wartete man nun mit Bangen, wie eine Quelle beschreibt: «Alle standen am Fenster oder auf den Balkons und warteten zwischen Hoffnung und Angst auf neue Nachrichten: über das Schicksal des Vaters, oder des Sohnes, oder des Bruders (*stava ognun sopra la finestra et balconi aspettando tra speranza et timor saper che nuove portavano* [le navi] …, *et chi del padre* [chi] *del figlio chi del fratello*). Schon jener erste eintreffende Brief sprach von einem Massaker bei der Eroberung, und davon, daß die Türken alle Einwohner über 6 Jahre (*ab sex annis supra*) getötet hätten, und das wurde gleich weitergegeben an den Papst und den König von Neapel (*Senato Secreti* reg. 19 fol. 202r).

Der 29. Juni war ein Freitag. Begeben wir uns nun in den Senat, dessen Beratungen und Entscheidungen wir Tag für Tag in den Archivfonds *Senato Secreti* und *Senato Mar* verfolgen können, und sehen, wie Venedig reagiert.

Schon am nächsten Tag wird der Papst informiert, die versprochene Ausrüstung von fünf Galeeren angemahnt, die Fortführung der eigenen Anstrengungen versichert: 157 Ja-Stimmen gegen 9 Nein bei 3 Enthaltungen. Der Tenor des Briefes ist ungewöhnlich dramatisch. Es geht um das Überleben der Christenheit! Noch ist nur der Vorausbrief aus Korfu eingetroffen, noch nicht die Galeeren aus Konstantinopel mit genauerem Bericht. Diese abzuwarten beschließt man zwei Tage später, am Montag. Tatsächlich sieht man weitere zwei Tage später, am Morgen des 4. Juli, die drei Galeeren einlaufen, «ohne aufgezogenes Markus-Banner oder andere Banner, ohne Trompeten und Pfeifen …» Noch am Morgen des Ankunftstages berichtet der Kommandant dieses Geschwaders, Alvise Diedo, vor dem engsten Rat um den Dogen. Schon am nächsten Tag, Donnerstag 5. Juli, gehen die neuen Instruktionen hinaus: an den Kommandanten der Flotte, und an den Gesandten, der (noch in Unkenntnis der Eroberung!) an Sultan Mehmed abgegangen war: im Tenor vorsichtig weil an die vielen gefangenen Venezianer denkend, nicht kämpferisch. Ein Chiffrierschlüssel liegt für alle Fälle bei.

Da Venedig Grund zu der Annahme hatte, der Papst werde eher eine Art Kriegserklärung an den Großtürken erhofft haben, wurde schon am folgenden Tag der päpstliche Legat über die Gesandtschaft in Kenntnis gesetzt: die Eroberung von Konstantinopel habe große materielle und menschliche Verluste gebracht, 40 Adelige seien in Gefangenschaft geraten, an Venezianern, Kretern und anderen Untertanen seien mehr als 500 tot; die venezianischen Besitzungen im Osten seien, nach 200 Jahren relativen Friedens, wenig befestigt; wenn die jonischen Plätze fallen würden, könnten die Türken ohne weiteres in Apulien landen; darum die Gesandtschaft, die einen Waffenstillstand und die Auslösung der Gefangenen erreichen solle; der Papst möge die Fürsten der Christenheit gegen die türkische Gefahr einen.

Die erste Benachrichtigung des Papstes, ausgegangen noch vor Eintreffen der Galeeren, war am 8. Juli in Rom eingegangen (am 4. Juli wird sie, unterwegs nach Rom, in Bologna gemeldet). Die Wirkung war niederschmetternd. Man erinnerte sich mit Scham an die byzantinischen Gesandtschaften, die unverrichteter Dinge aus Rom weggeschickt worden waren. Nun war es geschehen.

Um hier weiterhin die Kommunikationswege zu verfolgen: Was in den folgenden Tagen an Informationen am päpstlichen Hofe zusammenströmte, ersieht man wie in einem Brennglas aus dem Bericht eines Kurialen, Heinrich *de Zomern/Sömeren*, der in seinem Bericht über die Eroberung von Konstantinopel mehrere Berichte verarbeitet, die der Kardinal Domenico Capranica in Kopie hatte, darunter fünf Briefe 5.–15. Juli aus Candia.

Und so könnte man den Weg, den die Schreckensnachricht in die Welt nahm (wo sie zunächst oft nicht geglaubt wurde), weiter verfolgen: Bologna 4. Juli, Rom 8. Juli, Wien 5. Juli, Kaiserhof in Graz 11. Juli – wohin die Nachricht für einmal nicht via Venedig, sondern über Serbien kam, *ex Rascia*, wie Enea Silvio Piccolomini, damals Sekretär der kaiserlichen Kanzlei in Graz, in seinen Briefen ausdrücklich sagt (also auf dem Landweg, aber nicht schneller). Und so in viele Städte. Ja man könnte die Orte gleicher Ankunftsdaten mit Linien verbinden, Isodistanzen zeichnen.

Es fehlte nicht an Stimmen, die das Verhalten Venedigs als nicht kämpferisch, nicht heldisch genug befanden – Stimmen damals und Stimmen heute (Historiker neigen dazu, mehr Falken als Tauben zu sein, und das ist im Nachhinein ja auch kein Kunststück). Vor allem Papst Pius II. (1458–64) wird dann die Venezianer aufs kritischste beobachten und als egoistische Krämerseelen brandmarken: «Die Peloponnes wollen sie, nicht Jesum!» (die nachtridentinische Zensur strich das *non Jesum* aus dem Text: das schien im Munde eines Papstes denn doch zu viel). Aber wer fiel denn im Kampf gegen die Türken? Piccolomini-Nepoten oder venezianische Patrizier? Und die Flotte, an deren Spitze sich der sterbende Papst 1464 im Hafen von Ancona gegen die Türken setzen wollte, war eine venezianische! Daß die Venezianer nicht gesonnen waren, klein beizugeben, zeigt der mörderische, 16 Jahre währende Krieg, den sie nach der türkischen Eroberung des Königreiches Bosnien bis 1479 durchhielten.

Die Eroberung der wichtigen Flottenbasis Negroponte auf Euböa 1470, mit Niedermetzelung der Einwohner, führte in Venedig zu einer Erregung kaum geringer als nach dem Fall von Konstantinopel, und in den darauf folgenden Monaten zu einer Flut von Klagen, Versen, Reden, Mahn- und Trostbriefen – ja man könnte auch in diesem Fall die Ausbreitung der Nachricht über Europa, wie die seismischen Wellen eines Erdbebens um das Epizentrum Negroponte oder Venedig, verfolgen, zumal inzwischen (zwischen 1453 und 1470) ein neues Medium erfunden worden war, das zur raschen Verbreitung von Nachrichten und literarischen Produkten jeder Art beitrug: der Buchdruck. Einer der frühesten Drucke überhaupt, Gutenbergs sogenannter *Türkenkalender* vom Dezember 1454, beginnt mit der Eroberung von Konstantinopel; die Eroberung von Negroponte wurde augenblicklich mit Frühdrucken aus Rom und Köln in all ihren Einzelheiten bekannt gemacht.

Weitet man den Blick von den bloß und unmittelbar mitteilenden Briefen auf die ganze Produktion von politisch-propagandistischen, literarischen, religiösen Schriften, rhetorischen Übungen, Klagen (darunter die *Lamentationes de Constantinopoli* in Musik gesetzt von dem großen zeitgenössischen Komponisten Guillaume Dufay), so eröffnet sich ein weites Feld, das von der Forschung intensiv bearbeitet worden ist. Aber das gehört nicht mehr zu unserem Thema.

Der Fall von Konstantinopel erzeugte ein Echo, das lange nachhallte. Die Griechen empfanden das weiterhin als die Ur-Katastrophe. Als der deutsche Archäologe Theodor Wiegand 1909 auf der Insel Samos Ausgrabungen beginnen wollte, wurde alles für den Vertrag über die Konzession vorbereitet. «Heute, Dienstag, nun wollten wir den Vertrag unterzeichnen [berichtet Wiegand]; da sagten aber alle übereinstimmend, Dienstag gelte als ein Unglückstag, und nie habe man in Samos erlebt, daß an diesem Tag ein Abkommen unterschrieben worden sei». Und warum nicht? Weil es ein Dienstag war, an dem Konstantinopel erobert wurde.

XIV

Die andere Begegnung mit Italien. Kriegsknechte und Arbeitssuchende erleben den Süden

Wie man Italien zu sehen habe, und was an Italien das Wesentliche, das Eigentliche sei: das erfahren wir – seit der Renaissance, dem *Grand Tour*, dem neuen Reisestil des 19. Jahrhunderts – aus zahllosen Reiseberichten, in denen Literaten, Gelehrte, arrivierte Künstler, Bildungsreisende ihr Italien-Erlebnis in Worte faßten und bisweilen sogar mehr erzählen, als uns erfahrenswert scheint. Daß es daneben andere gab, die nicht in dieses Land kamen, um Italien mit der Seele zu suchen und hier besondere Regungen zu empfinden, sollte uns für einen Augenblick der Aufmerksamkeit wert sein.

Diese Menschen bleiben meist im Dunkeln, da sie kaum eine Chance haben, in einer historischen Quelle zu Worte zu kommen. Es bedarf deshalb besonderer Umstände, um ihren Italien-Aufenthalt überhaupt faßbar zu machen. Im folgenden sei das an zwei Fällen vorgeführt, bei denen jeweils Archivbestände zugrunde liegen, die erst zu erschließen waren. Daß dabei eine «Begegnung mit Italien» womöglich mehr über den begegnenden Menschen als über das begegnete Land aussagen wird, liegt in der Natur der Sache. Und doch ist das Land nicht austauschbar, ist es immer Italien.

Es sind Schweizer Kriegsknechte, die während der Mailänderkriege 1510–1515, als die Eidgenossenschaft auf dem Höhepunkt ihrer Macht stand, in kurzen, entschiedenen Feldzügen die französisch besetzte Lombardei eroberten und, siegreich und beutegierig, das Land ganz anders sahen als Rom-Pilger, frühe Humanisten, kaiserliches Gefolge auf dem Italien-Zug zur Krönung. Und es ist, zweitens, der breite Strom von deutschen Handwerksburschen, Arbeitssuchenden, stellenlosen Kellnern, chancenlosen Invaliden und anderen Hilfsbedürftigen, der um 1900 in einer römischen Quelle greifbar wird – wobei man sich auch bei den *misérables* natürlich fragen muß, ob nur Marktbedingungen oder nicht auch das Zauberwort Italien ihren Weg in den Süden bestimmt haben. Jedenfalls war ihr Italien ein anderes, sahen sie Italien buchstäblich von unten.

I

> «Noch nie haben Eidgenossen so herrliche und reichliche Lager gesehen, wie wir sie bisher in den Städten und auf dem Land gehabt haben. Worauf der Mensch Lust hat, davon findet er genug. Darum stecken die Knechte voll von Geld und großartigen Dingen, die den Franzosen gehörten und überall erbeutet worden sind ... Es geht uns so glücklich und wohl, daß wir Gott dem Herrn ewig dafür Dank schuldig sind.»

Mit solch euphorischen Worten gibt im Juni 1512 Peter Falk, der Anführer des Freiburger Kontingents, in einem an Bern weitergeleiteten Brief der freudig erregten Stimmung Ausdruck, die das Schweizer Aufgebot auf seinem unwiderstehlichen Zug nach Pavia und Mailand erfaßt hatte. Das mag eher stimmungshaft sein und unterhalb der großen Politik bleiben. Aber es entspricht unserem Vorhaben, neben der diplomatiegeschichtlichen Darstellung der Mailänderkriege auch einmal die persönliche Perspektive der Teilnehmer in Erfahrung zu bringen (denn nur so können wir auf die «andere» Begegnung mit Italien treffen) und gerade das Atmosphärische einzubeziehen: die ungeheure Sogwirkung des Krieges auf Menschen, die aus ihren Gebirgstälern und der Gleichmäßigkeit ihres bäuerlichen Alltags staunend hinaustraten in eine größere Welt, Italien, deren Versuchungen sie wie in einem Rausch erlagen, um als andere zurückzukehren – wenn sie überhaupt zurückkehrten.

Das Erlebnis der Mailänderzüge, von zeitgenössischen Chronisten wie Valerius Anshelm der Nachwelt in anspruchsvoller Geschichtsschreibung überliefert, sei hier einmal vor Augen geführt anhand unscheinbarer, wenig benutzter Quellen, die nicht an eine Nachwelt dachten, sondern ganz aus dem Alltag für einen reinen Gegenwartszweck geschrieben sind und umso unmittelbarer wirken. Es sind Mannschaftslisten, Abrechnungen, Briefe, Verhöre, wie sie vor allem in einem umfangreichen Berner Archivfonds überliefert sind, dessen bloße Bezeichnung «Unnütze Papiere» bereits zu erkennen gibt, daß es sich nicht um Verträge, Amtseinsetzungen, amtliche Missiven und dergleichen Staatsaktionen handelt, sondern um Bruchstücke eines Alltags, der bis ins frühe 19. Jahrhundert als nicht überlieferungswürdig galt und schon von den Zeitgenossen nicht absichtlich überliefert worden ist. Die spezifische Überlieferungs-Chance der hier herangezogenen Quellen lag vielmehr darin, daß Spesen belegt sein mußten für die Rückvergütung, daß Werbepraktiken gerichtsnotorisch gemacht werden mußten für die Ahndung übertretenen Reislauf-Verbots, daß Mannschaften erfaßt sein mußten für die Soldzahlung seitens der Verbündeten. Und sie lag auch in der Berner Langsamkeit, die sogar für «unnütz» erklärte Akten nicht so bald wegwirft. Briefe aus dem Felde finden sich in der offiziellen Korrespondenz oder gegebenenfalls in den Gerichtsakten.

Von solchen Aufgeboten oder Mannschaftslisten, sogenannten Reis-, Sold- oder Auszugs-Rodeln (wobei ‹Reise› Kriegszug meint) sind in Bern viele überliefert: allein für 1512 sind es 21 Rodel! Sie haben sich in der Schweiz vielfach auch sonst erhalten, Listen oder zugehörige Akten sogar in kleinen Archiven des Berner Umlands (die ich mit meinem Seminar zum Thema ‹Mailänderkriege› reihum aufgesucht habe), in La Neuveville, Murten, Biel, Estavayer, Thun. Daß aber für einen großflächigen Staat der Eidgenossenschaft wie Bern das gesamte Aufgebot einer Landschaft bis in ihre letzten Winkel mit Namen dokumentiert ist und im einzelnen, nach Aufgebotenen und Freiwilligen gesondert und nach Talschaften bzw. Amtsbezirken gegliedert, durch mehrere Listen hindurch verfolgt werden kann – das ist es, was das Berner Material so anziehend macht. Wir konzentrieren uns dabei auf einen Feldzug, der besonders gut überliefert und doch seit Bernhard Emanuel von Rodts guter Darstellung von 1812 anhand der hier interessierenden Quellengattungen nicht mehr behandelt worden ist, der sogenannte «Pavierzug» von 1512.

Zunächst in aller Kürze die politische Konstellation des Augenblicks. Der Italienzug Karls VIII. von Frankreich 1494/95 hatte das geringe Eigengewicht der italienischen Mächte aufgedeckt und den Kampf der großen Mächte um die europäische Hegemonie auf dem Boden Italiens eingeleitet. Die Eidgenossenschaft, durch ihre Siege über Karl den Kühnen erst seit kurzem zu einem eigenen Machtfaktor geworden, wird sogleich in diese Auseinandersetzungen zwischen Frankreich und Habsburg-Spanien hineingezogen: zunächst als Reservoir begehrter Söldner, dann auch in eigener Sache auftretend. Nach ersten chaotischen Vorstößen 1510 und 1511 und anschließenden triumphalen Erfolgen (Pavia 1512, Novara 1513) führt die Niederlage von Marignano (Melegnano) gegen den französischen König 1515 zu der Einsicht, daß solch ausgreifende Politik die Kräfte der Eidgenossen überdehne. Und sie werden daraus die Konsequenzen ziehen.

In den wechselnden politischen Konstellationen jener wenigen Jahre, in denen die Eidgenossenschaft souverän in die Verhältnisse Oberitaliens eingriff, war die Lage des Jahres 1512 die, daß die Eidgenossenschaft mit offiziellem Auszug im Sold der «Heiligen Liga» Papst Julius' II. und Venedigs gegen das von Frankreich beanspruchte und besetzte Herzogtum Mailand vorging. Der triumphale Pavierzug endete schon nach wenigen Wochen mit der Eroberung Pavias am 15. Juni. Frankreich, eben noch in der Schlacht von Ravenna siegreich, mußte aus Mailand weichen, die Eidgenossen setzten den jungen Massimiliano Sforza, Sohn von Lodovico il Moro, selbstherrlich zum Herzog ein. Mailand wird eidgenössisches Protektorat.

Das ist die Situation, in deren Zusammenhang der Berner Auszug von 1512 zu stellen ist, der uns so gut dokumentiert wird wie kein anderer. Und das nicht, weil es der Höhepunkt des schweizerischen Ausgreifens nach Oberitalien gewesen wäre, sondern weil sich der Berner Hauptmann Burkard von Erlach gegen die Anschuldigung zu rechtfertigen hatte, nicht korrekt über die empfangenen Soldgelder abgerechnet zu haben. Die Listen wurden zu Unterlagen eines Untersuchungsverfahrens, und darin lag die Chance ihrer Überlieferung.

Selbst die Mannschaftsrodel geben uns noch Einblick in das Schicksal des Einzelnen, da sie hinter die Namen nachführende Bemerkungen setzen (Soldzahlungen, Zwischenmusterungen, Verwundung, Beurlaubung usw.) und uns so wissen lassen, wie es dem Bendicht Berger aus dem Hasli oder dem Hans Gering aus dem Obersimmental (manchmal sind das noch heute die Leitnamen in den Tälern, wie das Telephonbuch zeigt) in Italien ergangen ist: *ist kranck* (manchmal in ganzen Krankheitswellen medizinischer oder psychischer Ansteckung); *durch ein arm geschossen*, oder gar *ist tod zuo Paffy* (Pavia); oder nach der Schlacht: *ist hinweg*. Denn Schweizer Kriegsknechte ließen sich nicht lange zusammenhalten oder gar zu Belagerungen gebrauchen: da erinnerten sie sich plötzlich an die Pflichten der Erntezeit.

Soweit sie nicht Aufgebotene waren, sondern «freie Knechte», also Freiwillige, begann ihr Abenteuer mit der Anwerbung (und wir beziehen zur Veranschaulichung der Werbepraktiken auch die aus anderen Jahren und die verbotenen – und darum in Gerichtsakten gut dokumentierten – Fälle ein). Wir wüßten gern, ob der Werber unterschiedlich argumentierte je nachdem, ob es mit dem französischen König in die Picardie oder für den Papst nach Italien ging: Ob er also ein besonderes Bild Italiens vor Augen stellte.

Natürlich waren es in erster Linie wirtschaftliche Motive, die so viele Menschen damals in den Reislauf trieben. Das erfahren wir auch ausdrücklich: was denn ein Vater mit fünf oder sechs Söhnen anfangen solle, wenn der Reislauf verboten werde, fragte Signau bei einer bernischen Ämteranfrage empört zurück. Eine amtliche Inventarisierung beschlagnahmten Besitzes erlaubt überraschend Einblick in die Lebensverhältnisse einiger Thuner, die trotz Verbotes 1495 auf den italienischen Kriegsschauplatz gezogen waren. Natürlich gibt es auch da die Bettelarmen (*hett nüt*; *hat nüt denn sin gwand*, usw.). Aber interessanter ist der Fall jener anderen, die – wie das Besitzverzeichnis zeigt – keineswegs der Unterschicht angehörten, aber gegenwärtig in Nöten waren: der Sägemüller hatte den Kaufpreis für die Mühle noch gar nicht, der Bader den Kaufpreis für die Badstube erst teilweise bezahlen können; bei anderen übersteigen die Schulden den Wert des Hausrats um das Doppelte, Dreifache, Fünffache. Mit drei Monatssolden von einem Italienzug zurückzukehren, bedeutete unter diesen Umständen viel. Aber schon der Erbsohn des wohlhabenden Bauern droben in Heiligenschwendi hatte solche Gründe nicht, als er zur Erbitterung des Vaters den Hof verließ, und auch bei manch anderem mochten die Motive sehr persönlicher Natur sein. Ging der eine, weil er keine Frau hatte, so der andere ebenso ausdrücklich, eben weil er eine Frau hatte, die er ernähren mußte – oder die er verlassen wollte (*das wäre die ursach sins hinziechens das er sinem wib nitt hold wäre unnd nitt by ir sin möchte*). Und dann sahen sie, wie in den Wirtshäusern, in den besseren Stuben nebenan, insgeheim an höhere Herren Pensionen verteilt wurden, im «Löwen» in der Gerechtigkeitsgasse französische, im «Schlüssel» in der Rathausgasse päpstliche Gelder.

Jedenfalls hatten es die Werber nicht schwer, mit ihren Argumenten (auch dem der Kameraderie: «Deine Freunde sind doch schon alle aufgebrochen!») junge Männer zu gewinnen, die es nicht in ihren Tälern hielt und die spontan vom Wirtshaustisch, vom Acker aufbrachen (unter den Teilnehmern waren ja viel mehr Landleute als Stadtberner). Da wirkte dann auch ein Trieb, den Schaufelberger als schweizerische «Feldsucht» diagnostiziert hat. Tatsächlich nahmen viele bemerkenswert häufig an den Italienzügen teil: der Obersimmentaler Jörg Sparen 1509 am (offiziell untersagten) Zug gegen Venedig, im Frühsommer 1512 am Pavierzug, im Herbst schon wieder an der Besetzung von Lugano. Ebenso der Niedersimmentaler Stefan Schmeling und viele andere auch bei den folgenden Zügen. Aus Biel zogen 11 Männer fünfmal, 25 Männer dreimal! Das Erlebnis Italiens begleitete sie also in wichtigen Jahren ihres Lebens. Und doch konnte es nur eine «andere» Begegnung mit Italien sein, die wir hier einmal verfolgen können, weil uns die Verhöre in den Gerichtsakten die Motive der Einzelnen, die Argumente der Werber, die kollektive Erfahrung der Truppe erkennen lassen.

Nun also auf nach Italien, in dieses nahe und doch so fremde Land, dessen Namen ihr alemannischer Mund so seltsam zersprach (*Fischgondt* für Visconti, *Frischgast* für Brusasco, *Ougstal* für Aosta, *Wersel* für Vercelli, usw.), und von denen sie den einen oder anderen Ort vielleicht schon kannten als fernen Markt, auf den sie – aus der Innerschweiz oder aus dem Berner Oberland – ihr Vieh verkauften. War erst einmal der Paß bestimmt, den das Aufgebot nehmen sollte, konnte der Aufbruch beginnen. Da 1512 die Terraferma des verbündeten Venedig Ausgangsbasis der Operationen sein würde, wählten die Eidgenossen einen (für Bern und die anderen westlichen Orte eher ungewöhnlichen) östlichen Übergang: sie zogen über Chur, Albula- und Ofenpaß durch den Vintschgau nach Trient und Verona, wie immer lawinenartig anschwellend auf das Zwei- bis Dreifache, für das der Kardinallegat so viele Soldgelder gar nicht dabei hatte. Das war nun nicht Sache der Schweizer. Der Papst wollte ihren Marsch auf das französische Mailand, und den konnte er jetzt haben.

Wir wüßten gern, wie das Erlebnis des neuen Landes auf diese Männer wirkte. Massenhafte Erkrankung durch Klima, Strapazen, ungewohnte Ernährung gehörten jedenfalls zum Erlebnis Italiens dazu. Ebenso die Wirkung des Weins (immer wieder wird der schwere Malvasier-Wein gerühmt – oder was man ihnen dafür ausgab); oder der Kaufrausch beim Anblick der Luxusartikel in den Straßen Mailands. Welchen Eindruck aber mag der Anblick nie gesehener Bauwerke auf sie gemacht haben? Dazu gab es bald Gelegenheit: in Verona das Amphitheater, das ihnen in Gestalt, Monumentalität und Funktion unerklärlich blieb (ein Schweizer beschreibt damals ein anderes Amphitheater Oberitaliens als Palast und Turnierplatz Karls d. Gr. und innen so weit, «wie ein Mäher nicht einmal in einem ganzen Tag abmähen könne» – italienische Humanisten maßen damals schon in Zuschauerkapazitäten). In Pavia der Dom, in Mailand S. Maria delle Grazie, wo man buchstäblich aus der Gotik (dem Langhaus) in die Renaissance (Bramantes grandiose Choranlage) hineinschreiten konnte. Und nebenan Leonardo da Vincis bereits fertiggestelltes Abendmahl.

Aber diese patrizischen Offiziere, die einen Palazzo durchaus von einem Wohnhaus unterscheiden konnten, schreiben in ihren Briefen nicht: Und im eroberten Mailand sahen wir eine ganz neue wunderbare Kirche und ein Bild, wie unser Herr Jesus mit seinen Jüngern das Abendmahl einnimmt, sondern sie schreiben: «Herzliebes Änneli, hier kommen acht oder neun hübsche Banner, die sollst Du gut aufschlagen und an ein oder zwei Stangen aufhängen» (so der Freiburger Peter Falk aus dem Pavierzug 1512 an seine Frau). Der augenblickliche Eindruck italienischer Kunst und Architektur mag groß gewesen sein. Aber in ihren Mitteilungen sind ihre Prioritäten andere, überhaupt ist eine nachhaltige Wirkung nicht zu erkennen und nicht zu erwarten, dazu waren solche kurzen Feldzüge nicht die geeignete Gelegenheit. Eben eine andere Begegnung mit Italien. Auch in Niklaus Manuels malerischem und graphischem Werk lassen sich Einflüsse seines Italienaufenthalts als Reisläufer nicht erkennen.

Das eigentliche Erlebnis dieses kurzen, ungestümen Feldzugs war der Kampf, der Rausch des leichten Sieges und der großen Beute. Erfüllt von der Gewißheit ihrer gottgerechten Sache, erfüllt auch von einer für italienische Soldheere schwer nachvollziehbaren Lust, sich zu schlagen (*es sind all mentschen begierig an die Frantzosen zuo geratten*), fielen die Eidgenossen über das reiche Land her, mit Sauforgien nach leichten Siegen (in der eroberten Burg von Vallegio beim Übergang über die Mincio-Linie fanden sie *unsaglich ding an wyn, des die knecht über die mäßen truncken*). Nun erfaßte sie ein Gefühl der Unwiderstehlichkeit: sie drängten vorwärts (*unnd nitt ein nacht an not zu ligen do man die ander gelegen ist*) und genossen ihre Wirkung auf den Feind: *si sind über alle mäßen erschrockenn, als wir in einem brief geläsen unnd gesächen haben.* Der päpstliche Kardinallegat hatte sie ausdrücklich ermuntert, sich erst einmal aus dem Lande schadlos zu halten: *und was ier gewuinent, das hend fuir das uiwer.* Das ließen sie sich nicht zweimal sagen.

Der ungestüme Vormarsch führte binnen weniger Tage zum Zusammenbruch der französischen Position im Herzogtum Mailand. Triumphierend schrieb Obwalden an das Hasli (das den Brief nach Bern weiterreichte) mit dem für Eidgenossen damals kennzeichnenden Selbstbewußtsein, es sei im Sinne Gottes, daß sie als schlichte Bauern auch unter den hohen Herren immer mal nach dem Rechten sähen. Ein Überlegenheitsgefühl besonderer Art, das man bei ihrem Blick auf das reiche Italien in Rechnung stellen muß.

Der Feldzug von 1512 hatte das Herzogtum Mailand praktisch zu einem Protektorat der Eidgenossenschaft gemacht. Auf die Euphorie des Sieges folgte nun der Alltag der Besatzung. Die triumphale Liste der Eroberungen (*die grossen stett haben sich all ergeben*), jetzt wurde sie zur Last. Zwar gab der Sieg von Novara im folgenden Jahr Mailand noch tiefer in die Hand der Eidgenossen, so daß sie rings keinen Feind mehr sahen (*das wir keinen vyend habent noch wissend*). Aber die

Umtriebe des französischen Königs und seiner Parteigänger unter dem mailändischen Adel ließen nicht nach, und die Eigenheiten italienischer Politik waren für Menschen nördlich der Alpen schon damals nicht zu begreifen. Dieses Gefühl der Machtlosigkeit und die Lust, gereizt dazwischenzufahren und diesem Spiel ein Ende zu machen, wird tief in ihr Italien-Bild eingehen, wie in vielen Berichten und Briefen zu spüren ist.

Auch ihr Protégé dort, der junge Herzog Massimiliano Sforza, war ihnen zutiefst unsympathisch. Denn zwischen der Mentalität dieser schlichten Krieger und dem Fürsten eines italienischen Renaissance-Hofes lagen Welten. Dieser junge Sforza schlafe tags und lebe nachts: *Er duott nüt den schlafen den gantzen tag und dienett gott klein und lost* [hört] *kein mes und lebt, als hätty er das leben von im selber. Die nacht duott er nüt den stechen und jubylieren und duott als ob er foeggli gefangen heig und fürett gar ein unordelich wesen für ein fürsten.* Das war für einen Berner zuviel.

Wenn man sich hatte einreden lassen, als Helfer und Befreier gekommen zu sein, dann sah man bald mit Verbitterung *nitt anderer danck dan gros verrätery über al inn dem land* – Animositäten, die sich in schrecklichen Repressalien entladen konnten. Andererseits fühlten sie sich in ihrer Kampfkraft bewundert und genossen es: wie sie in Venedig bei der Prozession gleich hinter dem Dogen eingereiht wurden; wie sie sich in Rom selbstbewußt weigerten, hinter den Florentinern eingereiht zu werden (und obwohl protokollwidrig, ließ es der Papst für diesmal geschehen). Allerdings merkten sie vielleicht nicht, was die Italiener am Straßenrand beim Anblick dieser Schweizer dachten, denen man in Venedig mit Schwert und Gebetsschnur, *con spade soto et paternostri in mano*, begegnete und denen man in Rom vorsichtshalber «richtige» Kleidung entgegenschickte.

Man liebte die Schweizer nicht und fürchtete sie als Verbündete fast ebenso wie als Gegner. Sie führten den Krieg, so fand man, unnötig blutig ganz im Unterschied zu italienischen Soldheeren, die das Betriebskapital des Condottiere, des «Kriegsunternehmers» darstellten und darum – was Machiavelli nicht eben rühmlich fand – nach Möglichkeit geschont wurden. Was die Schweizer machten, war für die Italiener nicht Krieg als Kunst, nicht «Kriegskunst». Sie galten darum als aggressiv, unberechenbar und beutegierig und waren in ihren Soldforderungen dreister als selbst Italiener. Beim Durchgehen unserer Namens-Listen aus dem Oberland sollte man gar nicht meinen, daß diese biederen Männer in der Lage waren, italienische Diplomaten von Rang wie Francesco Guicciardini an den Rand des Nervenzusammenbruchs zu treiben!

Für die föderative Organisation des politischen Gebildes Eidgenossenschaft hatten Italiener überhaupt kein Verständnis, sie wirkte eher anarchisch, da eine zentrale Autorität – ein Fürst, ein Signore – nicht zu erkennen war. So begriff man die Eidgenossenschaft immer nur als Söldnerreservoir und nie wirklich als politische Macht. Die Gier nach Geld schien darum einziges Motiv, und man erklärte sich das aus ihrer Armut: diese Schweizer Bauern verkaufen das einzige, was sie haben: ihre Körperkraft. Darum war es nur folgerichtig, daß die Schweizer, als sie gegen die Franzosen im Kampf um Mailand 1515 bei Marignano den Ruf ihrer Unbesiegbarkeit verloren, in den Augen der Italiener das einzige verloren, was sie überhaupt hatten.

Und tatsächlich war die Aussicht auf Sold und Beute für die meisten natürlich der Beweggrund für ihren Italienzug gewesen. 36 Berner Pfund oder 18 Gulden als Sold waren für den gewöhnlichen Fußknecht eine schöne Summe, die er zuhause im Oberland in barem Geld vielleicht noch nicht in der Hand gehabt hatte. Hinzu kamen womöglich Doppelsold für Gewehrschützen, Gratifikationen wie Übersold oder gar erpreßte Lösegelder. Und Beute, auch brutale: im Mailänder Dom kippten sie die frische Leiche des Duc de Nemours, des Siegers von Ravenna 1512, als exkommuniziert aus dem Sarg und zerschlugen den wertvollen Sarkophag dann in handliche Beutestücke. Aber man konnte Beutegegenstände nicht beliebig über die Alpen schleppen: das war die Stunde der Aufkäufer, die jedem Heer folgen und auf ihre Weise dazu beitragen, daß der Erlös klein und die Sache im Lande bleibt.

So löste das plötzlich verfügbare Geld angesichts nie gesehener Produkte einen Kaufrausch aus, der für viele vielleicht der Kern ihres Italien-Erlebnisses bleiben wird. Ein Kaufrausch, der am Ende eine Art Recycling bewirkte: die aus dem Land gepreßten Kontributionen und Beute-Erlöse flossen dort in die Produktion von Luxusartikeln zurück, bewirkten sozusagen eine Umverteilung zwischen den verschiedenen wirtschaftlichen Sektoren. Mailändische Seide war etwas Unwiderstehliches: wir hören von Bernern, die (auch ohne dazu beurlaubt worden zu sein) nach Mailand hineinreiten, um Seide zu kaufen, *sidenn kouffen – als zuo Novarra grosz regenwätter war …, ritte er mitt andern houbtluten gan Meiland und hätte dehein passporten* [Urlaubslizenz], *und kouffte vil side.* Da kommen nie gesehene Modefarben (Gelb!) über die Alpen, erhält die Berner Damenmode befremdliche Accessoires; da verschuldet sich ein Berner Hauptmann hoch, nur um Unmengen modischer Hosenbändel einzukaufen – und andere Tollheiten italienischer Mode, die dann in Berns Gassen spazierengeführt wurden. Aber selbst unter die Bauern, selbst auf die Höfe dringt der Luxus-Boom. Dabei will dem Berner Chronisten Valerius Anshelm nicht in den Kopf, was einem Italiener damals längst selbstverständlich war: daß bei der Preisbildung von Luxusartikeln die Verarbeitung oft teurer kommt als das Material (*dass die arbeit und die kost vil me wen di hab wert ist*) – Schuhe, die gerade noch an den Zehen hängen und doch doppelt so teuer sind wie ein solider Bundschuh!

So brachten sie Fremdes heim – und waren daheim doch auch vielen fremd geworden. Einige fanden nicht mehr in den arbeitsamen Alltag zurück und wurden, die Erfahrung der italienischen Kriege weiter auslebend, daheim zum Räuber, zum Wegelagerer, wie wir aus Gerichtsakten jener Jahre wissen, ja bildeten ganze Banden (hatten *glich nach unserm vergangnen krieg einander gstupft in eids wyse mitt rouben, stelen, brönnen, mörden*): dem Schlachtentod waren sie entgangen, nun wurden sie gehängt. Bei anderen entluden sich heftige Generationenkonflikte: «Hätte dich deine Mutter doch im ersten Bad ertränkt», schreibt der Vater Hetzel an seinen Sohn, für dessen politische Sünden er von den aufrührerischen Bauern gelyncht werden wird, mit weiteren Verfluchungen von geradezu alttestamentarischer Sprachgewalt. Daß die Entfremdung zwischen den Generationen damals stark empfunden wurde, findet seinen Ausdruck als Konfrontation zwischen «alten und jungen» Eidgenossen in Spiel und Bild und Chronik dieser Jahre.

Die menschliche Bilanz dieser Feldzüge war erschreckend auch hinsichtlich der Verluste, jedenfalls nach den großen Niederlagen von

Marignano 1515, Bicocca 1522, Pavia 1525, die in der Erinnerung die triumphalen Italienzüge der Jahre davor bald überlagern und die Eidgenossen dazu bewegen werden, sich auf immer in ihr Gehäuse zurückzuziehen (damals beginnen die Jahrhunderte schweizerischer Neutralität). Klage und Anklage. Da verflucht ein Berner nach dem Schlachtentod seines 14jährigen Sohnes den Legaten des verbündeten Papstes, den Kardinal Matthäus Schiner, als *mörderschen und verreterschen, schantlichen böszwichtz*. Da werden die Berner Bauern rebellisch und schreien den *gnädigen herren* von Bern ihre Meinung über den «Ausverkauf der Untertanen auf der Fleischbank des Krieges» ins Gesicht.

Da äußern sich natürlich auch die Heimkehrer aus Italien bei den sogenannten Ämterbefragungen, wie sie der Berner Rat vor allem in der Zeit der Mailänderkriege durchführte, um die Stimmung im Lande zu sondieren – eine ungewöhnliche Quelle, die uns die politische Meinungsbildung ganz unten zu fassen erlaubt (neun Befragungen sind es allein im Jahre 1513, doch eine landständische Verfassung wird daraus nicht folgen). Sie sprechen nicht gerade im Sinne ewigen Friedens und nicht unbedingt in richtigerer Beurteilung der politischen Lage in Italien (woher sollten sie, eingeigelt in die Kameraderie einer kämpfenden Truppe, sie auch nehmen?). Aber sie hatten, mehr als zuvor, eine eigene Meinung, und werden sie deutlicher und mit mehr Gewicht ausgesprochen haben. Schließlich glaubten sie, die Probleme zu kennen, die da vom Berner Rat zur Stellungnahme vorgelegt wurden; hatten sie Lugano doch selbst gesehen, um dessen Annektion es nun ging; kannten sie die Führer doch persönlich, um deren Bestrafung jetzt angefragt wurde. Wer übertritt denn das Reislauf-Verbot wenn nicht gerade die Berner selbst?, entrüstet sich das Hasli; redet doch gefälligst selbst mit Euren Junkern: jeder von denen wird Hauptmann und führt dann unsere Leute aus dem Land, meint Aeschi; wenn Ihr Euch die Auseinandersetzung mit diesen Herren nicht zutraut, werden wir Euch gerne dabei helfen, bieten Büren und Seftigen drohend an. Auch diese dunkleren Schattierungen gingen nun in das Italien-Erlebnis ein.

In Wirtsstuben waren sie häufig angeworben worden; in Wirtsstuben, in die durch aufgerissene Türen erste Nachrichten von Sieg oder

Niederlage hineingerufen wurden, erzählten sie nach der Rückkehr von ihren italienischen Kriegserlebnissen. Und es gab viel zu bereden, Unerhörtes auszumalen, Heldentaten nachzuschmecken. Wer einmal fassungslos 18 000 Münzen auf einem Tisch hatte liegen sehen, der wird das wohl immer wieder angebracht haben (bei kleinen lokalen Chroniken hat man manchmal den Eindruck, als seien sie ganz aus solcher Wirtshaus-Perspektive geschrieben). Der Vergleich der Feldzüge von 1510, 1511, 1512, 1513, 1515 aus Selbsterlebtem gab unerschöpflichen Gesprächsstoff: «Daß man die, die bei Novara dabeiwaren, eigentlich allesamt zu Rittern schlagen müßte». Aber auch: Hätten wir bei Marignano nicht doch noch siegen können? (und nur über dem *Wie* und *Wenn* prallten die Meinungen dann aufeinander). «Unbesiegt seit Julius Caesar» (nämlich seit der Niederlage der Helvetier bei Bibracte) – und nun das! Es war nicht zu fassen.

Und so verdüsterte sich die Begegnung mit Italien bald schon für die, die es eben noch im hellen Licht ihrer Siege gesehen hatten. Noch grundsätzlicher sah es der Berner Chronist Valerius Anshelm: «Italien hat den alten Kern der Eidgenossenschaft ganz zermahlen und aufgezehrt».

II

Eine wiederum «andere» Begegnung mit Italien hatte eine Kategorie von Personen, deren Aufenthalt im Süden um das Jahr 1900 eher zufällig greifbar wird: wandernde Handwerker, Fabrikarbeiter auf Arbeitssuche, auftragslose Maler, Kellner außerhalb der Saison, stellenlose Dienstboten, gelegentliche und professionelle Schnorrer und Bettler. Während Schriftsteller, Diplomaten, Künstler, Journalisten, Bildungsbürger ihr Italien-Erlebnis in ansprechender Form veröffentlichten, fühlten sich jene anderen weder veranlaßt noch in der Lage, ihre Erlebnisse niederzuschreiben. Es war ihnen nicht gegeben, Italien aus der Augenhöhe der Bildungsreisenden zu sehen. Sie nahmen das Land aus ganz anderer Perspektive wahr, erlebten es buchstäblich von unten.

Solche Menschen haben kaum einen Weg, in historische Quellen hineinzufinden (es sei denn, sie würden kriminell). Hier ist es eine ungewöhnliche, ganz und gar nichtliterarische Quelle, die Einblick gewährt in das so ganz andere Italien-Erlebnis Tausender von Menschen, die nicht aus Bildungsbeflissenheit und Erholungsbedürfnis, sondern auf Arbeitssuche und aus Wandertrieb nach Italien gezogen waren. Es handelt sich dabei um die Buchführung des «Deutschen Evangelischen Comités zu Rom», kurz «Hilfscomité» genannt, die alle eingehenden Unterstützungsgesuche registrierte und, für die Jahre 1896–1903 geführt, im Archiv der Deutschen Evangelischen Gemeinde Rom verwahrt wird. Zu den Dienstleistungen des Hilfscomités gehörte ein «Handwerkerbüro», das – nahe beim Sitz von Gemeinde und Botschaft auf dem Kapitol – wandernde Handwerksburschen durch Arbeitsnachweis beraten und mit kleinen Spenden unterstützen wollte. Die Einrichtung verstand sich ausdrücklich nicht als Sozialhilfestelle. Doch kamen als Hilfesuchende, wie zu zeigen sein wird, keineswegs nur arbeitsbegierige Handwerksburschen. Die Zahl der Vorsprechenden und der Anteil der rein karitativen Fälle war von Anfang an so groß, daß diese Dienstleistung die Möglichkeiten der Gemeinde überstieg und das Büro nach wenigen Jahren seine Arbeit einstellen mußte.

Die Register enthalten insgesamt 5792 Fälle von Januar 1896 bis September 1903, von denen rund 2000 nicht erhalten sind (es werden die Fälle, nicht die Personen gezählt). Was diese Quelle so ergiebig macht, ist die Breite der erfragten Angaben zur Person. In große Registerbücher wurden Namen und Geburtsdatum, Herkunft, Beruf bzw. Beschäftigung, Konfession eingetragen; gewährte Geld- oder Sachspende, letzter Aufenthalts- oder Arbeitsort, nächstes Ziel, vorgewiesene Papiere, Militärdienst (darin nahm man es sehr genau!); dann aber auch – und das gibt den Einträgen oft Farbe – weitere nicht formalisierte «Bemerkungen» zu Lebensumständen, Bemühen um Arbeit usw., und immer wieder eine Bewertung von Auftreten und Glaubwürdigkeit des Petenten (Abb. 14).

Erstaunlich ist daran, daß das kirchliche Hilfscomité, als sei es der verlängerte Arm des Staates, die Personalien aller erfaßt (manchmal auch derer, die leer ausgehen!), nach den Papieren, nach Woher und Wohin fragt. Das hat etwas von polizeilicher Fürsorglichkeit, an der sich eigentlich nur der auf solche Details erpichte Historiker freuen

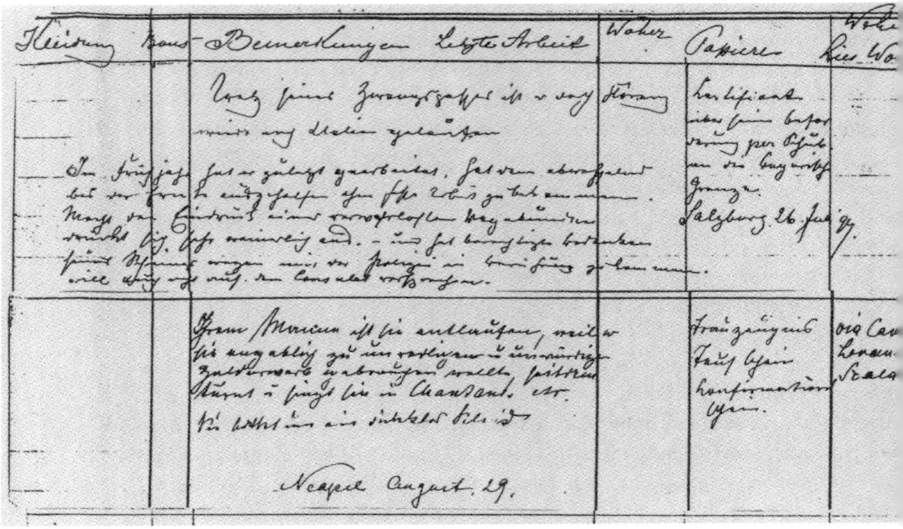

Abb. 14. Arbeitssuchende und Hilfsbedürftige erlebten Italien anders als die Bildungsreisenden, deren Berichte unser Italienbild prägen: sie erlebten es buchstäblich von unten. Von ihren Erfahrungen weiß kaum eine Quelle zu berichten – es sei denn, sie wären in eine polizeiliche oder in eine karitative Buchführung wie die des Hilfscomités der deutschen evangelischen Gemeinde in Rom geraten, die um 1900 in strenger Fürsorglichkeit Tausende von Vorsprechenden erst einmal auf ihr Woher und Wohin befragte und oft sogar den persönlichen Eindruck notierte, dann aber auch half. Hier die Einträge über einen 47jährigen arbeitslosen Gärtner und eine 25jährige gestrandete Sängerin (Archiv der Deutschen evangelischen Gemeinde Rom). – Und wiederum anders das Italien-Erlebnis schweizerischer Kriegsknechte, von deren Italien-Zügen 1510-15 wir hier einmal aus guter Akten-Überlieferung erfahren.

kann. Wer aber soeben in einem römischen Kloster ohne jede Rückfrage eine warme Suppe bekommen hatte, wird an solchem Inquirieren Anstoß genommen haben. So kam es auch zu Wortwechseln («da er frech wurde, wurde er hinausbefördert», oder einfach «rausgeworfen»). ‹All dies Theater für nur 20 Centesimi›, werden viele gedacht haben. Und wir denken es auch.

Gerechterweise sei aber gleich hinzugefügt, daß wie die Kontrolle, so auch die Hilfe effizient war: wenn die Behauptung, eine Anstellung im Hotel Hassler sei nur bei Besitz eines anderen Hemdes zu erhalten, der Nachprüfung standhielt, dann bekam der Mann unweigerlich sein Hemd. Und es kam auch zu echten Gesprächen, zu spontanen Gesten. Ein verhinderter Maler, den Eltern zuliebe zum Schneider geworden, zeigt zutraulich sein Skizzenbuch und seine «Wassermalereien à la Piloty».

Was ausgegeben wurde (Kleidung, vor allem die begehrten Schuhe, Essensbons, kleine Geldsummen), entschieden nach Gespräch mit den Hilfesuchenden die Vorstandsmitglieder, die wohl auch die Kasse speisten. Etwa der Maler Max Tubenthal (die Kunsthistorie weiß von ihm wenig zu vermelden), der sein Gegenüber, wie seine oft unangenehmen Vermerke zeigen, anscheinend in besonders insistenter, geradezu inquisitorischer Weise traktierte, allerdings mit gleichem Nachdruck auch zu helfen verstand. Ganz anders ein Mann, den man an diesem Posten nicht vermutet hätte: Christian Hülsen, damals 2. Secretar (Direktor) des nahen Deutschen Archäologischen Instituts, ein bedeutender Gelehrter; hier notiert seine feine Handschrift einmal nicht Anmerkungen zu Antikengärten oder zu Skizzenbüchern der Renaissance, sondern das Woher und Wohin von Hilfesuchenden. Oder der Archivar Robert Arnold, Mitarbeiter des jungen Preußischen Historischen Instituts (das das Kapitol eben erst verlassen hatte), wo er für das große Projekt des *Repertorium Germanicum* zuständig war.

Ein Blick zunächst auf das Ganze zeigt bei der Alterspyramide, daß die 18–28Jährigen überwiegen, eben die wandernden Handwerker, und das erstaunt nicht. Handwerker hatten ihrer Wanderpflicht zu genügen, und wandernden Handwerkern wollte das Hilfscomité ja vor allem beistehen. Eher selten finden sich «Arbeiter» oder «Fabrikarbeiter». Der agrarische Sektor fehlt völlig. Zahlreich sind die Kellner, und zahlreich die Maler (da kommen 1897 an einem einzigen Tag vier Maler ins Büro!). Freilich wird von ihnen kaum einer in Thieme-Beckers Künstlerlexikon hineinfinden (von den insgesamt 216 Personen, die sich als «Maler» bezeichnen, sind dort nur zwei nachzuweisen: so der – später im Umkreis Gustav Klimts in Wien erfolgreich tätige – Maler und Graphiker Ludwig Jungnickel und der dänische Maler William Seeger Stuhr). Auch die modernen Konkurrenten der Maler, die Photographen, kommen schon häufiger in die Situation, beim Hilfscomité vorsprechen zu müssen. Und nicht selten sind die Fälle, in denen man bereits außerhalb des eigenen Metiers sein Brot suchen mußte: der Bildhauer beim Zirkus, der Bergmann bei der Schauspieltruppe.

Denn schon treten die Älteren und spürbar Hilfsbedürftigen auf. Durch Italien zieht auch noch der 55jährige Kellner («ein alter Mann, bittet um Kleidung, keine Papiere»), der 56jährige Musiker, der 57jährige Bäcker, der 58jährige Gärtner, ein 59jähriger Elsässer («krank und gebrechlich»), ein 64jähriger Weberei-Arbeiter, ein 66jähriger Buchbinder aus Schweidnitz, ein 72jähriger Buchbinder aus Graubünden, ein 77jähriger Arbeiter aus Ungarn. Um als «alter Mann» zu gelten, muß man so alt gar nicht sein: als «alter Herr» tituliert wird schon ein 61jähriger Händler aus dem Elsaß, als «alter Herr» schon ein 56jähriger Schlosser; ja schon als 45jähriger kann man als «alter Mann» und chancenlos abgetan werden. Heute sagt man gern, früher sei man mit 50 eben schon alt gewesen; das stimmt nicht, «des Menschen Leben währet 70 Jahre, und wenn's hochkommt, so sind es 80», sagt Psalm 90: vielmehr handelt es sich um persönliche Fälle. Diese Älteren bringen denn auch eigene – meist düstere – Farben ins Bild, wie noch zu zeigen sein wird.

Der Weg, den die Wandernden (von ihrer Herkunft viele Sachsen und Bayern) nach Italien genommen hatten, ist auffallend oft der Seeweg. Zwar konnte man schon seit einiger Zeit (seit der Eröffnung der Brennerbahn 1867, der Gotthardbahn 1882) durchgehend mit der Eisenbahn nach Rom fahren. Aber Rom wird anscheinend weniger von Norden als von Süden her betreten, von Neapel her, also auf dem Seeweg erreicht. Neapel ist die mit Abstand meistgenannte Hafenstadt. Um sich die Schiffspassage leisten zu können, suchte mancher auf dem Schiff Arbeit als Heizer, Kohlenschlepper, Kellner. Die Anreise zu Land ist weniger deutlich zu verfolgen. Da bevorzugte man natürlich die Eisenbahn (wie schon die Hoffnung auf Freibillette zeigt), doch zogen viele auch zu Fuß nach und durch Italien. Wie weit sie in Italien vordringen, ist oft nicht ersichtlich, doch haben auch Handwerksgesellen ihren *Grand Tour* und kommen bis Neapel, bevor sie umkehren. Häufig wird Loreto mitgenommen, auch Protestanten erzählen von diesem Wallfahrtsort, wenn sie in Begleitung von Katholiken gekommen waren.

Wo sie in Rom eine billige Unterkunft fanden, auch das wird oft hinter den Namen vermerkt: vor allem in Armenherbergen, der päpstlichen im Vicolo Falcone im Borgo, der städtischen im Vicolo del Consolato, oder in der *Locanda tedesca* im Borgo, einmal als «die hiesige deutsche Penne» bezeichnet. Schlaf- und Essensmarken gelten bisweilen ausdrücklich für diese *Locanda tedesca.* Und wer auch in solchen Billig-Herbergen nicht unterkam, der schlief eben im Freien («im Freien gepennt»).

Was sie überhaupt zum Aufbruch in den Süden veranlaßt hatte, das zu erfahren führt in den Kern unserer Fragestellung. Zwar erleben sie Italien nicht von der Höhe des bemittelten Bildungsbürgers mit seinem Italien-Monopol, aber doch auch nicht aus der Froschperspektive des streunenden Bettlers. Auf entsprechende Fragen wurden Motive für solche Art von Italienreisen auch artikuliert: «Um Rom zu sehen», kommt ein junger Küfer aus Mainz. Ein 33jähriger Weber «ist aufs Geratewohl nach Italien hinein und bis nach Rom gelaufen, weil er soviel davon gehört hat», ohne Absicht auf Arbeit. Ein 37jähriger Tagelöhner aus Hessen «kommt Vergnügens halber: Rom sei das Ziel jedes Deutschen». «Wollte den Heiligen Vater sehen», bekennt ein (evangelischer) Schreiner aus dem Rheinland; «wollte den Vesuv sehen», gibt ein Feilenhauer aus Remscheid als Reisegrund an. «Hat in der Schweiz gearbeitet und ist nach Italien gekommen, um das Land zu sehen», heißt es von einem Klempner aus Chemnitz, und einem jungen Bäcker aus Sachsen wird anerkennend attestiert, er habe «Pompeji mit mehr Verständnis angesehen, als man ihm zutrauen sollte».

Daß der Weg das Ziel sei, konnte man wohl einem Hülsen erzählen, aber nicht den strengeren Herren des Hilfscomités. Tatsächlich gab es auch solche, die «immerfort in Italien wandern», oder den Eindruck erweckten, «alle Jahre eine italienische Reise zu machen» (ein 33jähriger Schuhmacher aus Dresden). Ein junger Schlosser «hat sich bis Messina herumgetrieben», ein Bäcker «in Brindisi und Bari herumgearbeitet» (eine bemerkenswerte Wortschöpfung, die Gelegenheitsarbeit nicht gelten läßt). Einige nennen denn auch spezifische berufliche Gründe, die sie nach Italien führen: Ein 20jähriger Kunstgärtner aus Sachsen «wollte sich die Gärtnerei in Italien ansehen», ein junger Destillateur «suchte Arbeit in Torin, um den bekannten Vermuto di Torino herstellen zu lernen, fand aber keine Arbeit».

In vielen Fällen aber dient der Italien-Aufenthalt der bloßen Arbeitssuche, sprechen die Befragten nicht vom Sog des Südens, sondern nur vom Schub der Arbeitslosigkeit daheim. Beides ließ sich noch miteinander verbinden, wo saisonbedingte periodische Arbeitslosigkeit Menschen jeweils für eine befristete Zeit freisetzte: «Findet um diese Jahreszeit [Winter] auch in Deutschland keine Arbeit und benutzte sie dazu, mit etwas erübrigtem Gelde nach Italien zu gehen, um hier Arbeit zu suchen resp. sich über die arbeitslose Zeit hinwegzuwandern» [sic], erklärt ein junger Maurer aus Gera. Zwei Anstreicher «hatten im Winter keine Arbeit» und gingen darum nach Italien; «will die geschäftslose Zeit ... durch wandern» (tatsächlich ist der Winter die Hauptsaison dieser Migranten); wandert in Italien, «da das Geschäft in Deutschland in dieser Zeit flau ist»; «im Sommer giebt es daheim nichts zu tun, so wandert er, macht aber [!] ordentlichen Eindruck», usw. Allerdings haben manche diese Zuversicht, andere Jahreszeit werde ihnen auch daheim wieder Arbeit bringen, schon aufgegeben. «Behauptet daß in Deutschland jetzt durch vermehrte Anstellung von Frauen keine Arbeit mehr zu bekommen ist»; «behauptet wegen zuviel Mädchenarbeit nicht in Böhmen ankommen zu können»; «glaubt daß es in Deutschland keine Arbeit mehr giebt», usw.

Frauen treten äußerst selten auf, unter den Tausenden von Hilfesuchenden sind es nicht einmal ein Dutzend. Altersangabe und Papiere werden ihnen nicht so grundsätzlich abverlangt wie den Männern, und sie erhalten auch meist einen höheren Satz.

Auch Katholiken (immerhin rund 20% der Vorsprechenden, darunter Theologiestudenten, Pilgerinnen ohne heimischen Pilgerschein) erhalten ihre Hilfe, so wie umgekehrt Protestanten beim Camposanto. Wenigstens wissen wollte man fürs Register die Konfession, gegebenenfalls mit kleinen Examinierungen (Wie viele Sakramente gibt es? «Hat keinen Schimmer.»). In Fällen falscher Konfessionsangabe wurde die Hilfe zwar nicht verweigert, doch machte sich die Verärgerung in unschönen Anmerkungen von kulturkämpferischem Getöse Luft. Auch Juden wurden nicht abgewiesen, wenn auch eigentlich die jüdische Gemeinde in Rom zuständig war (der Kölner Friseur, «ein armer Jude der in Rom überall abgewiesen wurde, weil er Jude ist»).

Was auf die Aufforderung, sich auszuweisen, vorgelegt und sorgfältig registriert wurde, sind Papiere von erstaunlicher Vielfalt, vom hochrespektierten Militair-Paß über den Konfirmationsschein oder die Mitgliedskarte eines Jünglingsvereins bis hin zu grotesker Ersatz-Legitimierung wie der verschämt vorgewiesenen – weil einzig verbliebenen – Entlassungsbescheinigung einer Strafanstalt. Immerhin war für viele eine Ausweiskontrolle in Italien nicht die vielbeschriebene folkloristische Episode, der man belustigt aus dem Reisewagen zuschaute, sondern eine existenzgefährdende Angelegenheit.

Seine eigentliche Aufgabe sah das Hilfscomité in der Vermittlung von Arbeit. Hier zeigen sich Funktion und Engagement dieser Stelle auf das schönste und lassen die negativen Eindrücke – die geradezu erkennungsdienstliche Tätigkeit und inquisitorische Schnüffelei – oft vergessen. Zunächst und vor allem versuchte man, deutsche Handwerker bei deutschen Betrieben in Rom unterzubringen. Ein junger Uhrmacher wird zum Uhrmacher Kohlmann in die Via Condotti geschickt, ein junger Photograph zu dem deutschen Photographen Plüschow, ein Bäcker aus Thüringen findet «Stellung beim Bäcker Lais», einer bayerischen, inzwischen italianisierten Bäckerfamilie, die seit dem 18. Jahrhundert eine, dann sogar mehrere Bäckereien in Rom betrieb (solche bloßen Namensangaben lassen sich jeweils über das damalige Adreß- und Branchenverzeichnis, die *Guida Monaci*, bzw. über Noacks Register identifizieren). Ein Buchbinder aus Chemnitz wird an den – in Rom äußerst erfolgreichen – westfälischen Buchbinder Glingler in der Via della Mercede gewiesen, ein Bildhauer aus Schleißheim an den alten Bildhauer Heinrich Gerhardt, seit 1844 in Rom und wiederholt Vorsitzender des deutschen Künstlervereins, auch des Flottenvereins, und darum dem Appell an nationale Solidarität vielleicht besonders offen. Und so fort.

Vor allem aber waren es die großen neuen Hotels, die sich für die Arbeitsvermittlung des Hilfsvereins als ansprechbar erwiesen, denn eine überdurchschnittlich große Zahl von Hotels gerade des gehobenen Anspruchs stand damals unter deutscher oder schweizerischer Leitung, und einige ihrer Geschäftsführer waren der deutschen evangelischen Gemeinde persönlich verbunden (Hassler, Grand Hotel, Victoria, De Russie und weitere).

Andere hatten resigniert, im erlernten Beruf Arbeit zu finden. Ein Kaufmann arbeitet nun als Laufbursche im Hotel, im Hotel nun auch ein Buchbinder und ein Goldarbeiter. Ein Zigarrenmacher verfertigt Körbchen statt Zigarren, ein Küfer und Brauer «sucht alle deutschen Häuser ab, um Stellung als Laufbursche zu erhalten» (schon diese Tätigkeit erforderte aber gewisse italienische Sprachkenntnisse, die oft nicht vorhanden waren). Auch andere sind, trotz Ausbildung, inzwischen «willens, jegliche Arbeit anzunehmen». Bei Arbeitsvermittlung in Rom schickte man den Mann nicht einfach los, sondern intervenierte womöglich vor Ort, verfolgte den Fall («hoffentlich gelingt es ihm»), notierte Erfolg oder Mißerfolg. Oft blieb die Arbeitssuche ganz ohne Erfolg: «in ganz Italien Arbeit gesucht, aber nicht gefunden», «hat Arbeit gesucht, aber keine gefunden», heißt es oft, «hat natürlich keine gefunden». Viele hatten «sich die Verhältnisse nicht so vorgestellt», «sehen sich getäuscht», und kehrten gleich um.

Und damit treten Menschen und Schicksale in unser Blickfeld, die düstere Töne in das Bild bringen. Verwahrlost, verbummelt, resigniert, am Rande des Existenzminimums balancierend, oder von persönlicher Tragik gezeichnet. Ob schuldig oder unverschuldet in Not geraten, man wird solche Fälle gerade bei einem Hilfsverein, gerade in solcher Quellengattung erwarten. «Scheint sich zum Vagabunden auszubilden», wird einem jungen Former aus Leipzig nach dem fünften Besuch attestiert; «beide waren sehr abgerissen und machten widerlichsten Eindruck von Vagabunden», heißt es von einem holländischen Maschinisten und einem Würzburger Metzger; «den vollkommenen Eindruck eines Vagabunden» macht ein junger Berliner Buchbinder; «machen beide den Eindruck echter Strolche». Manche «betteln in der weinerlichsten Art», «marquieren einen betrübten Sünder», oder denunzieren sich gegenseitig als Lügner, Konvertiten, Gauner, Fälscher. In solchen Fällen wird wenig Mitleiden spürbar, da wird geurteilt und gerichtet, zu gerechterer Verteilung der verfügbaren Mittel, aber wohl auch aus innerer Anlage.

Da gibt es ganze Lebensläufe, die in vielen Windungen nach Rom führen. «Durchwandert die Welt als Fußgänger und giebt überall wohin er kommt, musikalische Vorträge in privaten Gesellschaften und Lokalen. Hier hat er es übel getroffen und kann nichts verdienen, hat sein Instrument verpfändet in der Herberge usw. Er macht einen guten Eindruck» (ein 34jähriger Musiker aus Tübingen). «Er war in Sarajewo noch Tischler, dann packte es ihn und er wurde Maler. Nun tischlert er nicht mehr, sondern malt» (ein 28jähriger Hesse, der über Griechenland nach Rom kommt). «Aus seinen Papieren geht hervor, daß er sich schon in allem möglichen versucht hat, Bureau-Vorsteher bei Rechtsanwälten war, usw. Er scheint ein unruhiger Geist zu sein, der schwer Frieden hält ... Da er gute Kenntnisse der lateinischen Sprache besitzt, will er sich hier bei Priestern um irgendwelche Arbeiten bemühen» (ein 30 jähriger ‹Schreiber› aus der Provinz Posen).

Da treten eigenartige Gestalten auf, die es nach Italien verschlagen hat: der kränkliche, verwachsene Damenschneider aus dem Berliner Jünglingsverein; der Mann, aus dem «nichts herauszubringen ist als ‹Eid. Beten Peterskirche›»; der Zauberkünstler aus Königsberg, der um ein Hemd bittet; der Eisenbahndirektor aus Böhmen, der zunächst «mit den besten Papieren» beeindruckt und dann die erbetene Überbrückungssumme zurückzuerstatten «vergißt»; der Gymnasiast mit schlechten Zeugnissen, der, gegen den Willen der Eltern, zu Fuß durch Italien zieht, «um hier in Cafés zu singen und zu spielen», «ein Gemütsmensch»; der arbeitsunfähige Berliner Klempner, der nur noch in der Lage ist, «einer Kunstreiterbande im Carussellbetriebe» zu dienen. Manche Lebensumstände streifen das Komische, wüßten wir nicht, daß den Betroffenen alles andere als komisch zumute war. Oder andere, die unter schwierigen persönlichen Bedingungen durch Italien reisen: der taubstumme Schuhmacher, der sehbehinderte Gärtner, der epileptische Buchdrucker, der schwindsüchtige Akrobat. Oder das anrührende Bild des älteren herzkranken Gärtners, der auf ärztlichen Rat das heimatliche Schwiebus verließ und nun «mit seinem Kinde, einem Jungen von neun Jahren, zu Fuß durch Italien» zieht und Lebensunterhalt sucht.

Können wir hier nur ahnen, wieviel Kummer und Bitternis sich schon hinter solchen Angaben verbirgt, so tritt das in anderen Lebensgeschichten noch deutlicher zutage. Da gibt es das ältliche Dienstmädchen, das nach dem Tod des Verwandten allein in Rom zurückblieb und, seit Jahren ohne Arbeit, bereits seine Kleider verpfändet hat. Oder die verlorenen Söhne: «Will an seinen Vater, mit dem er zerfallen ist, schreiben», nimmt sich ein Schlosser aus Schlesien vor; «daß seine Mutter besucht wird, ohne ihr jedoch von seinem Elend zu sagen», fleht ein Lederfärber aus München. Einigen wird schon aus Altersgründen kaum noch eine Chance gegeben: «Ein alter Mann welcher viel Böses durchmachen mußte», wird zu einem erst 51jährigen Uhrmacher aus Guben angemerkt. Ein «alter gebrochener Mann» ist ein 62jähriger Portier, ein «alter unglücklicher Mann» ein 59jähriger Arbeiter.

Und so geht es abwärts bis zu wahrhaft tragischen Schicksalen: «Hat Frau und 8 Kinder verloren 1890. Seit 2 Jahren unterwegs», erfährt man von einem Fabrikarbeiter aus Böhmen. Und von einem Schmied aus Chemnitz: «Ein Mensch, der viel Unglück gehabt hat, dessen Frau im Irrenhaus sitzt, der selbst aus Kummer darüber planlos in der Welt herum läuft» und sich nur mit einem «Schein aus der Irrenanstalt in der sich seine Frau befindet» ausweist.

So sind einige bereits unten im Elend angekommen, in allen Abstufungen von «halbverhungert» (20jähriger Buchbinder aus Soltau) bis «ganz verhungert» (31jähriger Schuhmacher aus Bielefeld). Entsprechend erbärmlich ist das Äußere, in dem manche auftreten: «vollständig abgerissen», «sehr herunter», «in trostlosem Zustande». Und einige haben auch selbst das Empfinden, daß ihr Äußeres sie demütige.

All diese kleinen Lebensschicksale sehen wir von unserer Beobachtungswarte Rom nur flüchtig an uns vorüberziehen. Sie lassen menschliche Bedingungen sichtbar werden, die den – sozial ganz anders situierten – Autoren veröffentlichter Reiseberichte nicht überlieferungswürdig gewesen, ja unbekannt geblieben wären: Italien von unten erlebt.

XV

Die Praxis des Reisens: Eine Vorlesung an der Universität Göttingen (1772–1795)

Praktische Ratschläge für das Reisen hat es immer gegeben. Daß der mittelalterliche Pilger auf seiner Reise nach Jerusalem auf die veröffentlichten Erfahrungen anderer Pilger, und daß der Adelige des *Grand Tour* auf gedruckte Ratschläge zurückgreifen konnte, ist bekannt; ja Reiseberichte und Reisebriefe verstanden sich oft, beiläufig oder ausdrücklich, als Ratgeber für andere Reisende. Aber daß man im 18. Jahrhundert an einer bekannten Universität vom Katheder eines berühmten Professors herab akademische Vorlesungen über das Reisen – und nicht über die Idee des Reisens, nicht über die Sehenswürdigkeiten, sondern über die krude Praxis des Reisens! – hören konnte, ist weniger bekannt und der Beachtung wert.

Die Universität ist Göttingen, schon bald nach ihrer Gründung 1737 bekannt für ihren wenig orthodoxen wissenschaftlichen Stil, der, ganz pragmatisch und empirisch, im Geist der Aufklärung auf Lebensnähe und praktische Anwendung zielte. Und der Professor ist August Ludwig Schlözer (1735–1809), der an dieser Universität Universalgeschichte, Staatsrecht und Politik lehrte und mit seinen Publikationen und Vorlesungen durch unmittelbaren Praxis- und Gegenwartsbezug und freimütige Kritik an der Willkür der Obrigkeiten großen Erfolg auch bei den Studenten hatte (darunter nachmals berühmte Politiker und Reformer wie Stein und Hardenberg). Vor allem seine Zeitschriften «Briefwechsel» und «Staatsanzeigen», in denen er politische und ökonomische Informationen und aktuelles Zahlenmaterial über verschiedene Länder brachte und in schonungsloser Offenheit analysierte, machten ihn in ganz Europa, von Rom bis hinauf nach St. Petersburg, bekannt und bei den Regierungen gefürchtet. Durch lange Aufenthalte in Schweden und Rußland, dann Reisen nach Paris und, 1781/82, nach Italien (mit seiner Tochter Dorothea, 1787 erste Doktorin der Philosophie dieser Universität), verbanden sich seine gelehrten Analysen immer auch mit praktischer Erfahrung und wacher Anschauung: beides zusammen beste Voraussetzung dafür, praktische Ratschläge für das Bereisen dieser Länder zu geben. Aber von solchen Voraussetzungen bis zum Halten einer akademischen Vorlesung über die Praxis des Reisens war es doch ein weiter Schritt. In Göttingen konnte man diesen Schritt tun, erst recht wenn man Schlözer war; konnte man, neben üblichen Vorlesungen von gelehrtem Rang (Abb. 15), auch solche aus der kruden Erfahrungswelt hören.

Es handelt sich um eine Vorlesung, die dieser Gelehrte – neben seinen eigentlichen Haupt-Vorlesungen – zwischen 1772 und 1795 mehrmals gehalten hat, wie die damaligen Göttinger Vorlesungsverzeichnisse zeigen. Zur Charakterisierung dieser Vorlesung unterstrich Schlözer ausdrücklich, daß «ihr Inhalt nicht gelehrt, sondern praktisch» sei, und daß es um das Reisen selbst gehe und «nicht, wie bisher üblich, um das Aufführen von Sehenswürdigkeiten in großen Städten». Kein Wunder, daß diese Vorlesung, gedacht vor allem für adelige Studenten, die zwischen Ende des Studiums und Einstellung in den Staatsdienst gern noch eine große Reise einschoben, großen Zulauf hatte. Kurz: eine Vorlesung typisch für diese junge und doch schon berühmte Universität, die in ihrer bewußt pragmatischen, «modernen» Ausrichtung nicht mehr die herkömmlichen Fächer wie Rhetorik, Poetik, Grammatik lehren wollte, sondern experimentierende Naturwissenschaften, Agrar- und Forstwissenschaft, juristische Prozeß-Praxis, Technologie und andere, ganz aufs Praktische gerichtete Disziplinen – und von der Napoleon sagen wird, die Universität Göttingen «gehöre der ganzen Welt». In diesen – für damalige deutsche Universitäten revolutionären – Kontext gehört auch eine andere Vorlesung Schlözers über Zeitungen mit Erläuterung des historisch-politischen Hintergrunds der darin behandelten Ereignisse.

Wir kennen diese Reise-Vorlesung nicht als Manuskript Schlözers, sondern nur aus der Mitschrift eines Studenten der letzten Vorlesung (Wintersemester 1795/96), die von Wilhelm Ebel veröffentlicht wor-

Abb. 15. Göttinger Studenten konnten unter ihren Vorlesungen (wie hier bei Jacob Grimm) auch ganz praxisbezogene Kollegs hören, sogar über das Reisen. Zwar hatte der *Grand Tour* auch schon Veröffentlichungen über die praktischen Aspekte des Reisens hervorgebracht. Aber daß die krude Praxis des Reisens zum Gegenstand einer akademischen Vorlesung wurde und vom Katheder eines berühmten Professors herab zu hören war, wie man in Frankreich und wie in Italien Trinkgeld gebe; wo man feilschen dürfe und wo besser nicht; was beim Packen der Koffer zu beachten sei; wie man mit Kindern reise: das war doch etwas ungewöhnlich. Am ehesten war das in Göttingen zu erwarten, denn die junge und doch schon berühmte Universität hatte sich, ganz pragmatisch und empirisch, im Geist der Aufklärung einer neuen Haltung zugewandt, die auf Anwendung und Gegenwartsbezug ausgerichtet war. Einer ihrer Protagonisten war der weitbekannte, weitgereiste Staatsrechtler August Ludwig Schlözer, der diese Vorlesung zwischen 1772 und 1795 mehrmals gehalten hat.

den ist. Wie solche Mitschriften oft sind (wer seine eigenen Vorlesungsmitschriften später noch einmal zur Hand nimmt, weiß das), gibt der Text eine unvollkommene persönliche Auswahl des Gehörten, stellenweise verkürzend bis zur Unverständlichkeit (auch einiges banal Klingende wird man der Mitschrift und nicht der Vorlesung zur Last legen), läßt aber die für Schlözer kennzeichnende Lebhaftigkeit des Ausdrucks und Entschiedenheit im Urteilen erkennen.

Nicht daß Reise-Instruktionen damals als solche etwas Neues gewesen wären. Das 18. Jahrhundert ist voll von solcher Literatur, die auch im 17. Jahrhundert schon ihre Beispiele hatte. Man denke an die *Profitable Instructions* von William Davison 1622, *The Gentleman's Pokket Companion for Travelling into Foreign Parts* von 1722, oder *The Grand Tour* von Sir Thomas Nugent in vier Bänden 1749, aber auch an verbreitete Reisehandbücher von Franzosen wie François Maximilien Misson und Joseph-Jérôme de Lalande. Solche *travel literature* gab, oft in Form von Reiseberichten, praktische Ratschläge zu richtigem Verhalten (am Zoll, beim Trinkgeldgeben, gegenüber mitreisenden Damen); über die wichtigsten Qualifikationen eines Dieners, über geeignete Unterwäsche, gute Landkarten, Kreditbriefe, Handbücher zu Fauna und Flora; über mitzunehmende Ausrüstungsgegenstände von der Taschen-Sonnenuhr bis zum Picknick-Besteck (vor allem Engländer nahmen sich ja gern vertraute Ausrüstung mit, um im bemißtrauten Italien britisch autark zu sein); Informationen darüber, was in welchem italienischen Staat als *contrebande* gilt, welche Strekken nur mit bewaffneter Eskorte zu bereisen seien, und welche Typen von Kutschen die besten wären. Die Äußerungen vor allem englischer Reisender über die Verhältnisse in Italien konnten dabei derart kritisch sein, daß sie auf Italiener verletzend wirkten und zu Entgegnungen führten, wie 1766 bei der Kontroverse zwischen Samuel Sharp und Giuseppe Baretti.

Diese – überwiegend englische – Literatur war in Göttingen natürlich bekannt (denn der Landesherr, der Kurfürst von Hannover, war ja zugleich König von England, die Universitätsbibliothek stets mit englischer Literatur gut ausgestattet), und ist gewiß auch von Schlözer für seine Vorlesung konsultiert worden. Aber seine Auslandserfahrung (die, stärker als bei anderen Autoren, auch Nord- und

Osteuropa einbezog) und seine professionellen politisch-ökonomischen Recherchen und Analysen befähigten ihn dazu, Selbständiges beizutragen und dem Ganzen die anspruchsvolle Form einer akademischen Vorlesung zu geben.

Im folgenden seien die überaus reichen Forschungen zum *Grand Tour* und zu bürgerlichen Reisen des 18. Jahrhunderts nicht resümiert. Doch sei wenigstens auf einen – erst durch die Öffnung des Archivs der Inquisition 1998 erforschbar gewordenen – Quellenbestand hingewiesen, der in der Reiseforschung mehr Aufmerksamkeit verdient: die Observierung protestantischer Reisender durch die römische Inquisition. Vor allem Fernhändler wurden von der Inquisition in einem Maße beobachtet, das ihnen selbst gar nicht immer bewußt war, aber in diesem Quellenbestand nun in ganzer Schärfe hervortritt. Der Vorsatz, ganze Länder katholischer Konfession gegen die protestantische Häresie abzuschirmen, führte – angesichts der dichten Handelskontakte zwischen Süddeutschland und Oberitalien, oder zur See auch mit Nordeuropa – zu empfindlichen Konflikten, denn an Handel bestand ein «öffentliches» Interesse, und eine Kaufmannselite läßt sich von der Inquisition nicht so leicht aus der Bahn werfen. Kann man die englischen oder niederländischen Seeleute eines ganzen Schiffes verhaften? Kann man Protestanten zur Verehrung des Sakraments zwingen? Oder umgekehrt: wie sollten sich italienische Kaufleute in Nürnberg verhalten? Angepaßt? «Okkult»? Vertreten durch protestantisches Firmenpersonal? Die Verhöre der Inquisition berühren alle denkbaren Fälle und insistieren auf der dogmatischen Lösung. Aber gegenüber dem Fernhandel mußte auch die Inquisition zurückstecken.

Hier soll jedoch nur Schlözers – weitgehend unbekannt gebliebener – Vorlesungs-Text vorgeführt werden, vor allem die auf Italien bezüglichen Bemerkungen. Aber es sei doch auch ein gewisser Eindruck vom Ganzen dieser ungewöhnlichen akademischen Vorlesung gegeben: denn während die üblichen Instruktionen meist nach Ländern geordnet waren, liegt der Wert und der Reiz dieses Textes nicht zuletzt in dem ständigen Vergleich zwischen den Verhältnissen in den verschiedenen Regionen Europas.

Die Vorlesung beginnt, wie es sich gehört, mit einer systematischen Gliederung. Schlözer unterscheidet zunächst den *Zweck* von Reisen (Reise von Gelehrten, Reise als Anschauungs-Unterricht für angehende Staatsdiener, Reise als Selbstzweck, usw.); unterscheidet die *Art* des Reisens (zu Lande, zu Wasser; wo lohnt das eine mehr als das andere, und warum); und beginnt dann auch Teilabschnitte manchmal mit solch einführender systematischer Gliederung der Materie.

Zunächst Allgemeines über das Reisen, auch über die finanzielle Seite: «Allgemein stellt man sich das Reisen zu teuer vor. Man kann für 100 Pfund ein halbes Jahr in Paris zubringen. Für 100 Louis d'or in Rom, freilich ohne unterwegs zu lange zu verweilen». Auch Allgemeines über das Preisverhältnis Seereise : Landreise (1 : 12). Oder die allgemeine Maxime (im Widerspruch zu heutiger Auffassung), daß man im Winter in die kalten, im Sommer in die warmen Länder reisen solle, weil solche Länder dann am besten darauf eingestellt seien. Interessant ist die allgemeine Beobachtung, daß neben die Besuche von Paris – unter Deutschen ein besonders häufiges Reiseziel – jüngst die Reise nach Italien getreten sei (und erfreulichere Wirkung auf die Reisenden habe). Und daß es seit rund 20 Jahren gedruckte Reiseführer «für vernünftiges Reisen» gebe (womit er eine neue Generation von Guiden meint, so wie wenn wir heute vom neuen Typ des ‹Lonely Planet›-Führers sprechen), mit Hinweis Schlözers auch auf die verfügbaren gedruckten Italienbeschreibungen wie die weitverbreitete «Erdbeschreibung» seines Göttinger Kollegen Anton Friedrich Büsching, deren 10. Band mit äußerst informativen 779 Seiten, von 1786, Italien gewidmet war, aber keine Reiseinstruktionen gibt; oder die Reiseführer von Johann Jacob Volckmann, die auch Goethe konsultierte.

Unter den Arten der Reisen beginnt es mit der Schiffsreise gleich ganz praktisch, zum Beispiel: wie bucht man eine Schiffspassage, und liegt man in einer Koje besser unten oder besser oben? Wie sich bei Seesturm verhalten, und was gegen Seekrankheit tun? Was tun bei Schiffbruch, und von welchem Moment an gilt Strandrecht? «Nirgends lernt man Menschen besser kennen … als zur See: man heiratet sich beinahe». Wie geht man mit Matrosen um? Jedenfalls mit Respekt: «Wer Matrosen hat arbeiten sehen, wird begreifen, warum der

Admiral Vorrang vor dem Feldmarschall hat». Auf welchen Schiffen das Essen am besten ist und wie sich die Preise berechnen: nach Stockholm, nach Ostindien usw., und wieviel Koffer sind im Billetpreis inbegriffen?

Dann die Landreise: 1. zu Fuß, 2. getragen, 3. gezogen. Wie sind die Straßenverhältnisse in den verschiedenen Ländern? Vom römischen Straßenbau geht es quer durch die Geschichte bis zu den großartigen französischen Chausseen, jetzt endlich auch in Deutschland; «mit 3 Pferden kommt man jetzt oft soweit wie vormals mit 6», und nächtliches Verirren ist nicht mehr denkbar. Beobachtungen über Kosten und Rentabilität der Instandhaltung. Wo läßt sich etwas über die unterschiedliche Breite der Spur-Geleise in den verschiedenen Ländern erfahren? Mit Wagen engerer Spurbreite sei besser durchzukommen. Wie findet man in kalten Regionen bei Neuschnee die Straße? Man orientiere sich, in katholischen Ländern, an den Kruzifixen am Wege!

Für den Reisenden besonders wichtig die ausführliche Behandlung der Post, beginnend mit einer kurzen Geschichte des Postwesens. In welchen Ländern gibt es regelmäßige Post-Kurse, und wo nicht? Was unterscheidet ordinäre Posten von Extra-Posten? Was zeichnet den Wagentyp der *Diligence* aus? Welche Anzahl Pferde ist vorgeschrieben? «Am meisten klagt man über die deutschen Posten». Wie werden in den verschiedenen Ländern die Tarife kalkuliert, und müssen sie öffentlich ausgehängt sein? («In Modena war zwar die Verordnung aufgehängt, aber der Artikel vom Trinkgeld ausgeschnitten»). Was spricht für Reisen im eigenen Wagen, und was für Fahren mit der Post, was für das Mieten eines Lohnkutschers, des Vetturino mit seiner Kutsche? In Italien mache man den Vertrag mit dem Vetturino besser nicht über den Wirt, sondern über einen Advokaten. Man vereinbare mit dem Vetturino zugleich auch Verköstigung und Nachtlager: Kost meist nur einmal täglich, ihr Preis sei seit rund 80 Jahren immer derselbe.

Und weiter: Darf man in der Kutsche rauchen? Wieviel Gepäck darf man mitnehmen, und wie wird das Gepäck nachts betreut? (Bei soviel kruder Realität sei noch einmal daran erinnert: dies ist eine akademische Vorlesung!). Und alles immer unterschieden nach: welcher Typ Post, in welchem Land. Und dazwischen immer wieder alle erdenklichen Ratschläge: Was ist zu beachten beim Packen der Koffer? Beim Führen einer Reisekasse? Beim Siegeln von Reisebriefen? Wenn man aus Ostindien schreibt, mit Oblaten siegeln, weil Siegellack am Äquator schmilzt.

Wo von Änderungen der Verhältnisse die Rede ist (betreffend Post, Kurse, Straßen, Unterkunft, verfügbare Reiseführer und anderes), sind es, nach Schlözer, meistens Verbesserungen «seit 15 Jahren», «vor 20 Jahren», «seit 1770» usw. – es wird also ein Moderniserungs-Schub im dritten Viertel des 18. Jahrhunderts konstatiert, aber auch ein Preis-Schub: in den Reisekosten «ging seit 30 Jahren eine große Revolution vor, die Preise stiegen» (Das Bezugsdatum muß, da die studentische Mitschrift die letzte Vorlesung betrifft, das Jahr 1795/96 sein; beim ersten Halten der Vorlesung 1772 war diese relative Datierung, wenn überhaupt, also eine andere). Frankreich kommt in allem meistens recht gut in Schlözers Urteil weg, besser als Italien und Deutschland. Doch gilt das allgemein in der damaligen Reiseliteratur.

Vetturini, Herbergen und Sauberkeit sind die immer wiederkehrenden Themen jeder Reise-Instruktion, besonders für Italien. Und so auch hier. Nun also die verschiedenen Kategorien und Typen der Unterkünfte zwischen Spanien und Rußland, England und eben Italien. Zunächst geht es vom Alten Testament über Horazens *Iter Brundisinum* und frühchristliche *Xenodocheia*, Hospitalität der Klöster, der kaufmännischen *Fondachi* usw. quer durch die Geschichte, wird dann aber bald wieder ganz praktisch: Was darf der Reisende von einer Karawanserei erwarten (und was nicht)? Was von einer französischen, deutschen, schweizerischen, italienischen, osteuropäischen Herberge? Dazu eine Charakteristik der Wirte: deutsche Wirte lassen über den Preis nicht mit sich feilschen (das fällt einem Italiener schon im Quattrocento auf!); italienische Wirte seien in der Preisgestaltung «ungeheuer gerissen», und man solle sie besser nicht reizen, sonst zögen sie womöglich ihr Stilett. Aber auch die Alternative zum Albergo, bei längerem Aufenthalt, wird genannt: «in Rom bieten schon unter dem Tor Bürger Zimmer an», allerdings ohne Bedienung.

Dann praktische Ratschläge, um einen guten Gasthof ausfindig zu machen – besser nicht aus Reiseführern, und nicht auf Auskunft des

Postillons! Man logiere lieber in großen als in kleinen Alberghi, da sie billiger und besser bevorratet seien. Groß ist seine Klage über mangelnde Sauberkeit, nicht so sehr in großen Städten wie Mailand, aber in den Unterkünften der kleineren Orte. Der Zustand eines Abtritts (in Italien gebe es oft keine fest installierten; man erinnert sich an die drastische Episode in Goethes «Italienischer Reise», 12. Sept. 1786) sei überall das sicherste Indiz. Im Venezianischen halten die Wirte oft auch deutsche Kellner und bieten auch deutsche Kost, und diese Kellner geben Billets an andere deutsche Kellner, was bei mangelnden Sprachkenntnissen zusätzlich nützlich sei.

Im Urteil über Italien gibt Schlözer, der in seinen Zeitschriften statistisches Material auch über die politische und ökonomische Situation italienischer Staaten veröffentlichte, zu erkennen, daß er die hier angetroffenen, oft beklagenswerten Verhältnisse für Indizien nicht eines primitiven, sondern eines einst reichen, dann zurückgefallenen Landes hält: «Auf dem Wege von Venedig nach Loreto bietet sich ganz das Bild eines zurückgekommenen Landes und Volkes. Spuren verblichenen Wohlstands findet man überall in Italien. Die uralten Häuser sind massig, die Meubles elend dazwischen. Wirthshäuser mit Fenstern sind in den Städtchen auf jenem Wege selten. In Dörfern ist oft Papier [statt Fensterglas].» Ebenso triste Verhältnisse beobachteten damals bekanntlich auch andere Reisende, vor allem im Kirchenstaat, etwa jener von Schlözer zitierte Büsching, der die vorteilhaften Möglichkeiten und die enttäuschende Realität nüchtern einander gegenüberstellt: «So sollte man meinen, es sei kein blühenderer und glücklicherer Staat als der des Papstes. Man findet aber gerade das Gegenteil», nämlich nur «totes Kapital». Zu ähnlichen Urteilen kommen, nach der Eroberung des Kirchenstaats durch das revolutionäre Frankreich, Inspektionen einzelner Orte: die Ortsverwaltung völlig konfus, sogar Rathaus und Schule baufällig, im öffentlichen Brunnen tote Tiere «und viele andere Schweinereien», *e molte altre schifezze*.

Kurios seine Klage über das italienische Essen. «In Italien tödtende Einförmigkeit. Von Venedig bis Neapel fast einerlei Essen alle Mittage. Überall, in Dörfern wie in Städten, Nudeln mit Parmesankäse. Kein Rindfleisch, schon über Venedig hinaus nicht mehr … lauter

Geflügel, vornehmlich Tauben». Kritik auch an dem – ungefragt und kostenlos servierten – «untrinkbaren» Tafelwein. «Kein Wein hält sich in Italien, auch darin kam das Volk zurück». «Vor 20 Jahren konnte man durch ganz Europa für 8 Groschen eine Mahlzeit haben», in Rom für 3 Reali oder 9 Groschen. Die *table d'hôte* sei billiger als wenn man separat ißt; sie wurde aber von den Engländern gemieden, wie Schlözer in Paris und Bologna erlebte. Kaffee gibt es in Italien nur an öffentlichen Örtern, Milch selten, «manchmal Ziegenmilch, auch mit Puderzucker».

Oder: Was wird an Trinkgeldern erwartet, mit welcher Diskretion gibt man sie, in welchen Ländern legt man das Geld unter den Teller? «In Italien soll man sogar die Besuche bezahlen» (wie die Diener des Kardinals Herzan von Schlözer verlangten). Barbier und Friseur seien in Italien und Frankreich dieselbe Person, in Italien kommen sie oft nicht allein, sondern «meist zu drei Mann hoch».

Unter den vielen möglichen Bedienten wird für Italien als besondere *espèce* der ‹Cicerone› genannt. «Ehedem fanden sich in Italien Gelehrte, meistens Abbés, die sich vorzüglich auf Antikensuchen legten und vornehmen Fremden alles zeigten, mit ihnen speisten, pro 1 Pfund den Tag». Doch aus Büchern erfahre man oft mehr über das Land als von solchen Ciceroni. Beklagt wird auch die Höhe der Eintrittspreise bei Besichtigungen in Italien, etwa von Villen (doch müsse man auch in England, anders als in Paris, überall Eintritt zahlen).

Ganz allein zu reisen sei in Italien, wie in Spanien, riskant, besser in Begleitung eines Dieners – hier fällt Schlözer ins Lateinische, um diese Bemerkungen den (die adeligen Studenten in die Vorlesung begleitenden) Dienern unverständlich zu halten. Oder man nimmt einen Reisehofmeister, der alles Praktische erledigt, aber mehr ist als ein bloßer Diener: eine Funktion, die heute auch junge Gelehrte übernähmen, während das für sie in der Welt puren Geburtsadels noch vor 50 Jahren nicht anziehend gewesen sei.

Wie reist man mit Kindern? (Schlözer hatte deren fünf). Man sollte es jedenfalls tun, «durch bloßes Sehen schon kann ein Kind viel lernen, der Eindruck ist unauslöschlich, tausende von Ideen erwachen» – aber dann bitte nicht nur Dinge begucken, die die Erwachsenen interessieren. «Die Conversation macht [das Kind] um sechs Jahre älter». «Freylich muß man es unter die Leute jagen, sonderlich unter andere Kinder». Wie reist man mit Damen? Neben das Porträt der unleidlichen Reisebegleiterin («sie knurren bald über die Zimmer, bald über den Ort, bald über das Bett») werden auch die positiven Seiten gesetzt: Frauen «machen sich im Hause leichter bekannt, man ist sicherer dadurch vor Prellen, das Essen ist besser, denn die Köchinnen fürchten sich vor ihnen; ... sie dürfen mehr schimpfen, stiften leichter Frieden».

In der Frage des Sprachenlernens und den Graden der Sprachkenntnis wird empfohlen, wegen ihrer «distinkten» Sprache Prediger zu hören, das sei gerade in Italien ergiebig (distinkte Aussprache ist noch heute eine italienische Tugend). Empfehlungsbriefe brauchen deutsche Gelehrte auf Reisen schon deswegen, «da die Ausländer in deutscher Literatur unwissend sind». Wie die Empfehlungsbriefe zu platzieren sind (kleinere Orte haben den Vorteil, daß sie dort mehr Aufmerksamkeit finden), und an wen: in Finanzangelegenheiten natürlich an Kaufleute («der Bankier ist der natürliche Freund der Reisenden», nur in Italien seien sie nicht sehr einladend), sonst wenn möglich an Minister. Empfehlungsbriefe an Gelehrte seien hingegen ziemlich nutzlos, «meistens erhält man nur Gegenvisiten». Wenn man an einem Ort ganz unbekannt und ohne Empfehlungsschreiben sei, wende man sich notfalls an Barbiere oder Apotheker, in Italien vor allem an die Pfarrer.

Vor allem besuche man nicht nur Sehenswürdigkeiten («Guckdinger» ist wohl vom Studenten). Man beobachte auch Menschen, etwa auf Bauernhochzeiten oder bei militärischen Musterungen. Mit Lob bemerkt der Volkswirtschaftler Schlözer, daß Reisebeschreibungen inzwischen endlich sogar Manufakturen berücksichtigen. Konstantinopel und die Levante seien auch im 17. Jahrhundert beschrieben worden, «meist jedoch botanisch, nicht technologisch».

Soweit zu Schlözers Vorlesung. Daß sie in ihren Urteilen eher kritisch ist (worin sie von vielen englischen Autoren noch überboten wurde) hat seinen Grund nicht nur in Schlözers unbestechlichem Blick, sondern auch in der Absicht des Unternehmens: der Autor will nicht berichten von den Schönheiten Italiens, seinen unvergleichlichen Monumenten, den Begegnungen mit seinen liebenswürdigen Bewohnern – er will vielmehr einfach konstatieren, wie Reisen in Italien «funktioniert» und Ratschläge geben, was bei Abweichen vom Erwarteten zu tun sei. Reiseinstruktionen, wenn sie nicht mehr eingebettet in die Form eines Reiseberichts geboten werden, sondern krude als solche, bekommen eben einen anderen Charakter. Und noch wieder andere werden sie im Übergang vom *Grand Tour* zum Tourismus im frühen Ottocento.

Schlözers Instruktionen wirken wie das gerade Gegenteil der – genau gleichzeitigen – «Italienischen Reise» von Goethe, der bei der Beschreibung der (1786/87 unternommenen) Reise die negativen Erfahrungen der organisatorischen Seite, anders als sein Vater auf dessen Italienreise 1740 («In ganz Europa reist man für sein Geld nicht unbequemer und verdrießlicher als in Italien») weitgehend unterdrückte, um solche Trübungen von seinem Bild Italiens fernzuhalten («doch davon mündlich»). Wer Italien nur durchreist und nicht in die italienischen Verhältnisse eintaucht, weiß nicht, daß italienische Probleme italienische Lösungen finden, überraschende Lösungen mit menschlichem Gesicht, die den Fremden mit den institutionellen Schwächen Italiens versöhnen, ja ihm dann mehr Raum geben als das liberalste Reglement des Nordens. Viele Reisende wußten und bekannten das, wie etwa die jungen, für die *Monumenta Germaniae Historica* forschenden Gelehrten, die bei ihren Archiv- und Bibliotheksreisen ohne solche italienische Großzügigkeit gar nicht ihre Vorhaben hätten ausführen können: «Die Nonnen reichten mir alle ihre Urkunden Stück für Stück durchs Gitter, nebst Limonade und Zukkerwerk … Das Stadtarchiv ist in einem Versteck an der Sakristei durch einen Beichtstuhl absichtlich versteckt, der immer erst weggeräumt werden muß, ehe die Thür zum Vorschein kommt».

Aber solche menschlichen Lösungen kann man nicht einfordern, sie sind nicht einzukalkulieren – und darum haben sie in Reise-Instruktionen auch keinen Platz.

AN DEN RÄNDERN DER WELT

XVI

An den Rändern des Römischen Reiches. Inschriften vom Rande der Steppe und vom Rande der Wüste

Im Jahre 1947 wurde am Kaspischen Meer in den Klippen von Qobustan eine Inschrift entdeckt, deren Fund überraschte. Denn so weit östlich war noch keine römische Inschrift zutage getreten. Und auch ihr Inhalt war ungewöhnlich: die Inschrift sprach von der – hier ganz unerwarteten – Anwesenheit einer römische Truppeneinheit. Wir wollen anhand von Inschriften, die doch die unmittelbarsten Zeugnisse für die bewußte Präsenz von Menschen sind, einige Aufschlüsse über das Leben an den äußersten Rändern des Römischen Reiches gewinnen.

Bei der Erkundung der Klippen mit ihren zahlreichen Felszeichnungen von der Steinzeit bis ins Mittelalter, die man, rund 50 km südwestlich von Baku, in den letzten südöstlichen Ausläufern des Kaukasus gefunden hatte, stieß man nämlich auf einen großen Felsblock, dessen abgeschrägte, notdürftig geglättete Oberfläche die Inschrift trägt: IMP. DOMITIANO / CAESARE. AVG / GERMANIC / L. IVLIVS / MAXIMVS [dann *centurio* nur als Zeichen: >] / LEG. XII. FVL (Abb. 16). Demnach hat unter der Herrschaft des Kaisers Domitian, des Siegers über die Germanen, ein Centurio namens Lucius Julius Maximus von der zwölften, mit dem Blitz gekennzeichneten Legion diese Inschrift setzen lassen.

Es ist bewegend, vor dieser östlichsten römischen Inschrift zu stehen, hinter sich das nahe Gebirge, gleich vor sich das nur 3 km entfernte Kaspische Meer, an dessen jenseitigem Ufer die Steppe beginnt. Da die – sichtlich römischen, wenn auch wenig professionell

Abb. 16. Schriftliche Zeugnisse vom Leben an den äußersten Rändern des Reiches sind selten, und meist sind es Inschriften. Wie diese vom Ufer des Kaspischen Meeres, die, weit jenseits der Reichsgrenze, als die östlichste römische Inschrift gilt. Hier hat zur Zeit Domitians ein Centurio der 12. Legion, rund 900 km von deren Standort in Ostanatolien entfernt, auf einem Felsblock den Durchzug einer Einheit vermerkt, die wohl als Aufklärungstrupp im weiten Grenzsaum gegen die Parther operierte: in entlegenen, schon mythischen Zonen, wo Alexander der Große gegen die Völker der Apokalypse angeblich die Kaukasischen Tore errichtet hatte. Und wie in die Steppen Asiens, so lassen uns Inschriften vom Südrand des römischen Reiches in die Wüste der Sahara blicken. Hier sind es abkommandierte Truppenteile der 3. Legion, die die Außenposten des afrikanischen Limes hielten, die – damals noch fruchtbare – Vorwüste vor nomadischen Überfällen schützten, die Karawanenrouten des Transsahara-Handels und nächste Wasserstellen kontrollierten und in die Wüste hineinhorchten.

gemeißelten – Buchstaben auf anstehendem Stein und nicht z. B. auf einem Altar geschrieben sind, kann die Inschrift nicht verschleppt, muß der römische Trupp tatsächlich an dieser Stelle (40° 06′ 08.52″/ 49° 23′ 14.66″) gewesen sein. Jener Lucius Julius Maximus (ein Name römisch wie aus einem Jugendbuch) dürfte der kommandierende Centurio gewesen sein. Ob das Detachement hier auf dem Durchzug oder zeitweitig stationiert war, wissen wir nicht. Gegen Stationierung könnte sprechen, daß hier keinerlei römische Funde gemacht worden sind. Über den weiten Anmarschweg vom Standort der Legion bis zum Kaspischen Meer – immerhin 900 km! – und über den möglichen Auftrag wird noch zu sprechen sein.

Die *Legio XII Fulminata* («die mit dem Blitz»), von Caesar ausgehoben und im Gallischen Krieg wie im Bürgerkrieg eingesetzt, wurde seit Augustus auf Dauer im Osten stationiert. Nach unglücklichen Operationen in Armenien gegen die Parther kehrte die Legion nach Syrien zurück, wurde von Titus bei der Niederschlagung des Jüdischen Aufstandes und der Eroberung Jerusalems eingesetzt und dann nach Melitene in Ostanatolien verlegt, wo sie bis in die Spätantike stationiert blieb und vor allem an der Euphrat-Front gegen die Parther eingesetzt wurde. Doch finden sich Vexillationen (Detachements) dieser Legion zeitweilig auch in Phrygien, Kappadokien, in Trapezunt, ja in Nordfrankreich, und vielleicht auch bei den Daker- und Partherfeldzügen Trajans und dem Markomannenfeldzug Mark Aurels. Um das Jahr 75 n. Chr. errichteten Angehörige dieser Legion für das Klientelkönigreich Iberia am mittleren Kaukasus Befestigungen gegen die Parther. Auffallend ist, daß mit der 12. Legion mehrere christliche Märtyrer verbunden werden, darunter die «40 Märtyrer von Sebaste» (heute Sivas nordwestlich des Standquartiers der Legion).

Wie der Ehrentitel *Germanicus* anzeigt, kann die Inschrift erst nach 85/86 n. Chr., dem Sieg Domitians über die Chatten und der Annahme des Titels, geschrieben worden sein (bzw. als man im fernen Kaukasus davon erfuhr – wie lange mag auch die Nachricht von der Niederlage im Teutoburger Wald gebraucht haben, um nach Tomi am Schwarzen Meer zu Ovid, *Trist.* III 12, 47, zu gelangen?). *Parthicus* wäre hier der bessere Titel gewesen. Aber wenn nicht einmal Trajan, eine Generation später mit diesem Titel versehen, hier, wo kleine Klientelkönigreiche in Iberien und Albanien im südöstlichen Vorland des Kaukasus mal der einen, mal der anderen Seite Tribut zahlten (Tacitus *Ann.* IV 5 u. öfter, *Hist.* I 6), eine sichere Zone zu schaffen vermochte, mußte es wohl eine offene Wunde bleiben: gegenüber dem Partherreich erst (dessen Hauptstadt Nisa auf der anderen Seite des Kaspischen Meeres lag, ausgegraben und aufzusuchen im rasanten Bergland bei Ashgabad); seit dem 3. Jahrhundert dann gegenüber dem neupersischen Reich der Sassaniden. Auf die Beobachtung dieses – mal stillen, mal aktiven – parthischen Gegners zielte vermutlich die Abordnung der *vexillatio* an das Kaspische Meer. Es ist reizvoll, in solcher Ferne eine römische Truppe zwischen den Klippen und Schlammvulkanen Qobustans die schmale Küste entlangziehen zu sehen.

Das Standquartier Melitene, von dem die Expedition ihren Ausgang nahm (heute das türkische Malatya am oberen Euphrat) ist noch im 4. Jahrhundert auf der Tabula Peutingeriana geradezu ein Straßenstern mit Straßen nach Norden, Süden, Westen und eben auch nach Osten, zuletzt den Araxes entlang; und noch Prokop spricht im 6. Jahrhundert von Melitene als ehemaligem Standquartier der 12. Legion und von Justinians Ummauerung der daraus entstandenen Stadt. Von hier zum Kaspischen Meer mag unser Detachement erst den Euphrat aufwärts, dann den Araxes abwärts gezogen sein. Damals Grenzfluß zwischen Armenien und Medien (heute, als Aras, streckenweise Grenze zwischen Aserbeidschan und Iran), wußte man von seinem Verlauf seit den armenischen Feldzügen von Pompeius, dann von Gnaeus Domitius Corbulo. Ein von Statius, *Silvae* I 4, zur Zeit Domitians gedichteter Lobpreis auf einen zuvor auch in Armenien wirkenden hohen Staatsbeamten, Gaius Rutilius Gallicus, nennt ausdrücklich auch den Araxes mit einer vielleicht damals erbauten römischen Brücke. Dicht am Ararat vorbei, dessen Gipfel man bei bestimmten Wetterlagen majestätisch über dem Umland schweben sieht, fließt der Aras zuletzt in den Kura, der nur etwa 85 km südlich vom Qobustan unserer *vexillatio* das Kaspische Meer erreicht.

Daß man bei diesem Marsch die Route von Xenophons «Zehntausend» schnitt, mögen gebildete Offiziere gewußt haben. Und natürlich die Wege von Orestes, den Argonauten, den Amazonen, denn mythische Gestalten und mythische Völker häuften sich gerade an diesem Rand der bekannten Welt, zwischen dem Ostufer des Schwarzen Meeres und dem Vorland des Kaukasus. Hier wird später die empfundene Grenze zwischen Europa und Asien verlaufen (heute, unüberschreitbar, die Grenze zwischen Armenien und Aserbaidschan), wie in Kurban Saids Roman «Ali und Nino» (1937) erlebt und immer wieder beteuert wird, dem Kultroman über Baku und seinen Ölboom (in Gang gebracht von den Brüdern Nobel, von hier stammt ein guter Teil der Stiftungsgelder für den Nobel-Preis).

Nicht daß den Römern diese Region ganz unbekannt gewesen wäre. Das zeigen die Angaben der Geographen (die allerdings keine wirklichen Kenntnisse verraten), das zeigen Plinius und Tacitus; ja sogar Vergil (*Aen.* VI 789 ff.) und Horaz (*Carm.* II 9, 1 ff.) sprechen vom Kaspischen Meer. Aber es war doch eine ferne und fremde Zone, und es ist gewiß kein Zufall, daß sich frühe Mythenbildung gerade an dieser Weltgegend festmachte. Hinter den Kaspischen Toren habe Alexander der Große die endzeitlichen Völker Gog und Magog eingesperrt, von dort würden sie am Ende der Tage ausbrechen und über die Menschheit herfallen. Nur daß man sich nicht darüber einig war, wo denn nun diese von Alexander errichteten Sperrpforten genau zu lokalisieren seien: die «Eisernen Pforten» des Flavius Josephus; die «von vielen irrtümlich ‹Kaspische Tore› genannten, in Wahrheit kaukasischen Tore» des Plinius, mit denen er die Darialschlucht an der Grusinischen Heerstraße durch den Kaukasus nach Rußland meinte (die man nach dem Ossetienkrieg, wegen der von beiden Seiten eingestellten Straßenreparaturen, nur mit Schrecken befuhr). Hier an der Paßschlucht unter der Ostflanke des Fünftausenders Kasbek nennt Plinius (VI 30) auch eisenbeschlagene Tore und eine Sperrfestung Cumania, die den nördlichen Völkern den Weg durch den Kaukasus verwehren sollen. Hingegen sind die «Kaspischen Tore» im Elbursgebirge am Südrand des Kaspischen Meeres bei Teheran eigentlich keine mythische, sondern eine historische Paßbezeichnung. Doch wird gerade die Benennung ‹Kaspische Tore› beim frühmittelalterlichen Weiterspinnen der Legende von den endzeitlichen Toren sowohl im Abend- wie im Morgenland die vorherrschende sein, ja die koptische Apokalyptik ließ die Abessinier, die die heilige Stadt Mekka zerstören werden, «hinter ‹Nubischen Toren›, die den Kaspischen Toren ähnlich sind (*Caspiarum similes*)», eingeschlossen sein!

Die Tore, mit denen Alexander der Große die endzeitlichen Völker hinter den Kaukasus sperrte, könnten an der genannten georgischen Heerstraße, aber auch in der Lücke zwischen Kaukasus und Kaspischem Meer lokalisiert werden. Und damit wären wir wieder genau an der Stelle, an der die Einheit der XII. Legion zeitweilig eingesetzt war; wären zurück in der wirklichen Geschichte, und doch am Anfang des sagenhaften, des unendlichen Raumes: der Steppe.

Man kann nun, um das Leben an den Rändern des Reiches um weitere historische Erfahrung zu ergänzen, eine Inschrift vom diametral entgegengesetzten Ende, dem äußersten Südwesten, hinzunehmen und sich das Leben einer darin genannten Einheit vor Augen führen; historische Personen, und doch wieder an der Grenze eines sagenhaften, eines unendlichen Raumes: der Wüste.

In Nordafrika, wo Rom mit der Eroberung Karthagos längst Fuß gefaßt hatte, war ein weiteres Ausgreifen durch die Einrichtung der Provinz *Africa proconsularis* unter Augustus neu organisiert und nach Südosten die libysche Küste entlang vorangetrieben worden. Um 30 v. Chr. wurde die *Legio III Augusta* hierher entsandt. Während des Bürgerkriegs wohl von Octavian aufgestellt, wird sie, einzige Legion in den nordafrikanischen Provinzen, hier bis ins frühe 4. Jahrhundert nachzuweisen sein, mit Standquartier in Numidien, vor allem in Theveste, dann in Lambaesis. Unter Augustus und Tiberius mußte die Vorherrschaft noch erkämpft werden: der Prokonsul Lucius Cornelius Balbus schlug im Westen den Widerstand numidischer und mauretanischer Stämme nieder und stieß um das Jahr 20 v. Chr. tief in den Süden vor, in die libysche Sand- und Geröllwüste bis zum Fezzan, wo das vielgenannte Volk der Garamanten um den Oasenort Garama (heute Germa) die benachbarten Stämme dominierte und den Transsahara-Handel kontrollierte. Von Umfang und Zusammensetzung dieses transsaharischen Handels wissen wir allerdings wenig: die Forschung dachte an Elfenbein, Gold, Sklaven, Zirkusnachschub für Rom, doch wilde Tiere die fast 700 km hinauf an die libysche Küste zu transportieren ist doch etwas schwierig, da war das tierreiche Tripolitanien näher. Wenigstens mit diesen mächtigen, noch in der Spätantike erwähnten Garamanten scheint Rom dann vorläufig keine weiteren Auseinandersetzungen gehabt zu haben. Vergil (*Aen.* VI 794) nennt sie ein Volk am Rande der Welt. Und das waren sie ja auch wirklich.

Wie im Fall des Kaspischen Meeres, sei auch hier von einer Inschrift ausgegangen, die ein Detachement der nächststationierten Legion nennt. Denn nur solche abkommandierten Einheiten lassen uns bis in die letzten Außenposten an der Wüste kommen. Die Inschrift ist eine von acht in Ghadames gefundenen römischen Inschriften. Und Ghadames ist wahrhaftig ein Außenposten, noch heute. Im Nordwesten der libyschen Wüste gelegen, 500 km von der Küste bei Tripoli, ist der Ort doch leicht aufzufinden, sogar auf einer Weltkarte; denn er liegt dort, wo Algerien, Tunesien und Libyen in der Wüste aneinanderstoßen.

Die Altstadt von Ghadames mit ihren schmalen, meist gedeckten Gassen, in deren Halbdunkel zwischen weißgekalkten Wänden, Nischen und Steinbänken man auch bei grellstem Licht wandeln kann, um dann hinauszutreten in den Schatten der umgebenden Palmen, läßt einen in besonderem Maß die Faszination von Oasenstädten erleben, jede für sich ein Wunder. In diese Altstadt, heute verlassen, teilten sich einst sieben berberische Familienclans, mit eigenem Stadttor, eigener Hauptgasse, eigener Moschee und eigenem Versammlungsplatz. Diese längst bestehende, an wichtiger Karawanenroute gelegene Oasensiedlung bezogen die Römer ein, als unter dem – aus Afrika gebürtigen, an Afrika interessierten – Kaiser Septimius Severus (193–211 n. Chr.) zum Schutz des dichtbewohnten, hochproduktiven Küstenstreifens eine militärische Kontrollzone nach Süden an die Wüste vorgeschoben wurde: der *limes Tripolitanus.*

Spätestens damals, wenn nicht schon ein erstes Mal beim Vorstoß des Balbus in den Fezzan, dürfte die Oase Ghadames von einer Einheit der nun in Lambaesis stationierten 3. Legion besetzt und mit einem kleinen Kastell bewehrt worden sein, gewiß von der *vexillatio*, von der unsere – etwas spätere – Inschrift spricht:

[Imp(eratori)] Caes(ari) M(arco) Aureli[o Severo] [Ale]xandro Pio Fel[ici Aug(usto)] [et Iuli]ae Mamaeae Aug(ustae) [matri] Aug(usti) [e]t castrorum sub Fa[bio] [Fabiano l]eg(ato) Aug(usti) pr(o) pr(aetore) c(larissimo) v(iro) vexi[llatio leg(ionis) III Au]g(ustae) P(iae) V(indicis) Severianae per [?] uum c(enturionem) leg(ionis) eiusdem [?]fecit. [CIL VIII 10990]

Demzufolge lag zur Zeit des Kaisers Severus Alexander (222–235 n. Chr.) und seines Legaten Gaius Fabius Fabianus Vetilius Lucilianus hier eine *vexillatio* der 3. Legion, deren Centurio (sein Name ist verloren) dem Kaiser und seiner Mutter die Ehreninschrift auf einem nicht bestimmten Bau widmete.

Das Kastell ist archäologisch nicht festgestellt worden, doch gibt es genug Indizien römischer Präsenz an diesem – von den Römer *Cidamus* genannten – Platz: neben sieben weiteren Inschriften und Keramikfunden die Reliefverkleidungen von Grabbauten mit Figuren und landwirtschaftlichen Szenen, Darstellungen fern von jeder klassischen Auffassung, aber reizvoll durch die Reduzierung auf elementare Formen (wie noch eindrucksvoller in Ghirza weiter östlich am afrikanischen Limes, und überhaupt in der Provinzialkunst an den Rändern des Reiches, nur daß sie in der lokalen islamischen, die figürliche Darstellung verschmähenden Kunst, anders als im christlichen Europa, keine Nachwirkung haben werden). Aber auch Spolien an zweien der Moscheen bzw. ihren Waschbrunnen weisen auf römische Anwesenheit, doch sind sie weder zahlreich noch eindrucksvoll und stammen wohl aus der frühbyzantinischen Kathedrale, denn die Oase wurde noch vor der frühen islamischen Eroberung, unter Justinian, christlich, ja Bischofssitz. Fährt man von Ghadames nach Westen, vorbei an den unansehnlichen Stümpfen zweier römischer Turmgräber (von hier sind die Reliefplatten, jetzt im Museum), so sieht man bald, aber schon außerhalb des Oasengebiets, eine markante felsige Erhebung dunkel aus der Wüste ragen, den *Ras al-Ghul* («Kopf des bösen Geistes»), von dessen einst befestigter Höhe man den früheren Karawanenweg nach Norden und das Länderdreieck Algerien/Tunesien/Libyen überblickt.

Die Ghadames und der tripolitanischen Küste nächstwohnenden Stämme waren *Phazanii* und *Nasamones* in der Vorwüste (es geht dabei mehr um Stammesbereiche als um Territorien), in den Oasen weit dahinter im Süden die Garamanten. Starke Spannungen gab es nur im 1. und im 3. Jahrhundert, doch ging es in anderen Provinzen des Reiches viel schlimmer zu. Die 3. Legion wurde zur Befriedung solcher Situationen eingesetzt, entsandte aber auch Einheiten auf ferne Kriegsschauplätze (gegen die aufständischen Juden, gegen die Parther, die Markomannen). Ihre Verluste scheint sie, wie man aus den Namen der Grabinschriften geschlossen hat, zunehmend vor Ort aufgefüllt zu haben, sie wurde also immer afrikanischer. Häufig wurde die Legion zu Bauarbeiten – zum Straßenbau und zu Befestigungsbauten – herangezogen, und so auch, als mit dem verstärkten Ausbau jenes *limes Tripolitanus* um 200 n. Chr. (und gewiß auch voraufgehender, vorseverianischer Sperrwerke) mehrere neue Kastelle durch Vexillationen von Legionären oder von Hilfstruppen erbaut und bemannt sein wollten. Von sieben Posten wissen wir es ausdrücklich. Noch die *Notitia dignitatum* weiß jeden, von einem *praepositus* befehligten Limesabschnitt zu benennen.

Diese Militärgrenze war nicht eine durchgehende Sperrlinie, sondern – ungefähr auf der Höhe von Ghadames, also deutlich gegen die Wüstenstämme vorgeschoben – eine Abfolge von kleinen Grenzforts, Wachttürmen und Kontrollposten an mauerdurchzogenen Wadis und an Karawanenpisten, also keine flächige, sondern eine punkthafte Überwachung. Die Soldaten, in friedlichen Zeiten mehr Polizei- und Zollaufgaben ausübend, kontrollierten die eintreffenden Karawanen, beobachteten die Transhumanz, die bei ausgedehnter Viehhaltung in heißen Ländern unumgänglich ist, horchten in die Wüste hinein und überwachten die Migration zwischen der seßhaften Bevölkerung der Küstenzone und den nomadischen oder halbnomadischen Stämmen der Vorwüste und der Wüste. Die eigentliche Grenze, mehr als die militärische, war ohnehin die 1500 mm-Niederschlagslinie.

Der Limes deckte bewohntes, dicht angebautes küstennahes Land, das sich seinerseits schon durch befestigte Gutshöfe und Mini-Kastelle oder Türme (sogenannte *centenaria*) schützte, wie die Bauinschrift eines solchen *centenarium* (Gasr Duib), zum Schutz einer Straße errichtet, ausdrücklich sagt: «durch die Errichtung eines neuen *centenarium* die Straße den Einfällen der Barbaren verschlossen». So bot die

Grenzverteidigung zwar keine durchgehende Sperre, aber eine tiefe Staffelung. In der Spätantike wurde stabile Grenzverteidigung in der Regel den *limitanei* anvertraut, die zwar neben dem mobilen Feldheer, den *comitatenses*, integrierender Teil des römischen Heeres waren, aber durch ihren dauerhaft lokalen Einsatz an derselben Grenze, ihre lokale Rekrutierung, endlich ihre Ausstattung mit Grundbesitz zunehmend seßhaft wurden und zur beweglichen Abwehr größerer Einfälle nicht mehr geeignet waren. Für einen solchen Grenzer sah «Ferne» dann natürlich anders aus als für einen römischen Centurio am Kaspischen Meer.

Das Land zwischen Küste und tiefer Wüste, heute trocken und wüst, muß damals einen ganz anderen Anblick geboten haben, wie die Forschungen von englischen und französischen Archäologen nach dem Zweiten Weltkrieg feststellen konnten. Eine unerwartete Dichte und Vielfalt von Bauten und von landwirtschaftlicher Nutzung: Gutshöfe, wie wir sie auf den Mosaiken so zahlreich dargestellt finden; auch Gutshöfe und Speicherbauten so eingerichtet, daß sie notfalls verteidigt werden konnten; zahlreich festgestellte Ölpressen und andere Einrichtungen zum (paläobotanisch nachgewiesenen) Anbau von Weizen, Oliven, Wein, Gemüse, Feigen: jedenfalls Öl und Weizen auch in exportierbaren Mengen; Staumauern in Wadis für regulierte Wasserhaltung und Speisung von Zisternen; vollständig erhaltene Grabbauten mit ihren figürlichen Reliefs, in denen römische Bildtradition von einheimischen Bildhauern naiv umgesetzt wurde. Ein damals blühendes Land, von der Küste her durch Straßen erschlossen, wie schon der Meilenstein am Severusbogen in Leptis Magna von einem Prokonsul zur Zeit des Tiberius sagt: er habe «von der Stadt ins Innere des Landes (*in mediterraneum*) eine Straße von 44 Meilen Länge gelegt» (womit wohl die Südgrenze des Territoriums von Leptis Magna bezeichnet war). Zu den Zivilsiedlungen, die aber auch zur Grenzsicherung eingerichtet waren, scheint auch das gut erforschte Ghirza (nordwestlich von Bu Njem) mit seinen erstaunlichen Grabbauten gehört zu haben.

Doch geht es hier um den Wüsten-Limes, nicht um eine Beschreibung des Hinterlandes (oder nur insofern, als man wissen muß, was er schützen sollte). Einige der Grenzkastelle und Grenzposten dieses –

inschriftlich so genannten – *limes Tripolitanus* sind sorgfältig untersucht worden: das große Gheriat al Gharbia, der kleine *burgus* Gheriat es-Shergia, bis hinüber zum Kastell Bu Njem rund 250 km südöstlich von Leptis Magna, rund 570 km östlich von Ghadames.

Dieses Bu Njem, das antike Gholaia oder Golas, ein gemauertes Kastell von immerhin 138 x 93 m, hat neben Steininschriften erstaunliche Funde hergegeben. Denn man fand die Schreibstube des Kastells und, in den Kampagnen zwischen 1967 und 1976, nicht weniger als 146 in Form von *ostraca* auf Scherben gepinselte Schriftstücke, die von Robert Marichal vortrefflich ediert und kommentiert worden sind. Sie sind nicht so persönlich wie die Vindolanda-Täfelchen vom Hadrianswall, bieten aber doch tiefen Einblick in den Alltag einer kleinen Garnison an der Wüstengrenze. So können sie uns eine Vorstellung davon geben, wie Soldaten auch der anderen Grenzkastelle – auch der Vexillation in Ghadames – vor sich hin lebten.

Es sind Teile der Akten und der Dienstkorrespondenz aus den Jahren 254 bis 259 n. Chr., den letzten Lebensjahren des Kastells, das von 201 bis etwa 263 bestand: Briefe mit Lieferquittungen (Weizentransporte durch Kameltreiber mit afrikanischen Namen), und vor allem Tagesrapporte mit Zahl, Rang und Aufgaben der anwesenden Soldaten, etwa: «24. Dezember: 57 [insgesamt, davon] Reiter 8, auf dem Turm 1, krank 3» (usw., 10 Positionen). Im Durchschnitt gut 50 Soldaten: das war wohl der augenblickliche Bestand im Kastell; der *Numerus* der vollständigen Garnison war ein Mehrfaches, aber abkommandiert auf die Kontrollposten an Karawanenrouten, Wadis, Wasserstellen, an denen vorbei man, auch ohne Sperrmauer, schwerlich durch die Wüste kam. So konnte es bei einer einzigen in Nordafrika stationierten Legion bleiben. Das Gegenüber tief im Süden sind weiterhin die Garamanten (doch scheint das Verhältnis immer noch friedlich gewesen zu sein) und nomadische oder halbnomadische Stämme, die sich zeitweilig erhoben, weil sie durch das Vorrücken der Römer um ihren Lebensraum fürchten mußten.

Geschrieben wird mit allen Anzeichen mangelhafter Lateinkenntnis bei deutlich durchscheinendem punischen Substrat: in Vokabular (punische Worte), Flexion (Nominativ statt Akkusativ, das Punische kennt keine Kasusflexion), Konstruktion usw. mit seltsamen Ergebnissen: *un asinu cuis* [quis statt quem!] *nobis atulisti* (etwa: «ein Esl der Du uns brachtest»); *transmisi at te domine per kammellarius*, u. ä. Die Romanisierung scheint sehr oberflächlich. Das sei kein ‹latin vulgaire›, meint Marichal, das sei ‹latin créole›. Und tatsächlich ist man ja weit weg von Rom, man merkt es auch an der Datierung. Die Namen derer, die am 1. Januar in Rom das Konsulat angetreten haben, sind Ende Januar noch nicht bis in die Wüste gedrungen. So behilft man sich einfach mit der Wendung «unter den Konsuln, die auf die Konsuln X und Y (die bekannten Namen des Vorjahres) folgen werden».

Leben an der Wüstengrenze monatelang, jahrelang. Vielleicht mit Erlebnissen und Empfindungen, wie man sie in Erinnerungen von Fremdenlegionären, etwa in Friedrich Glausers *Gourrama* geschildert findet: der Handel mit den Einheimischen; Auflistung der Lebensmittellieferungen; die Angst vor dem nächsten Überfall; das Erlebnis heißer Nächte; der Stumpfsinn, das Durchdrehen Einzelner – kurz: die Gruppendynamik im Innern einer ganz auf sich selbst gestellten kleinen Besatzung.

Man könnte nun eine Inschrift vom äußersten nördlichen Ende des Reiches hinzunehmen, aus dem hohen Norden der Britischen Inseln, und sich die Welt einer darin genannten Truppe vor Augen stellen: etwa die Inschrift einer *vexillatio* der 20. Legion vom westlichen, dem Atlantik zugewandten Ende des Antoninus-Walls, des am weitesten gegen Norden vorgeschobenen Limes, zu dessen Bau sie abkommandiert war. Und wieder stünden wir an der Grenze eines sagenhaften, eines unendlichen Raumes: des Nordmeeres.

XVII

Die Erfahrung von Distanz und Ferne in nichtliterarischen Briefen des Mittelalters

Man kann weite Entfernungen in unendlichen Meilenzahlen denken und dahinter noch eine nebulöse Ferne ahnen. Und man kann weite Entfernungen in Tagen wirklicher Reise erfahren und dahinter eine – real existierende, aber noch ungekannte – Ferne wissen. Das ist die Wirklichkeit der Kaufleute, die in ihrem unvergleichlichen Realitätssinn die Welt anders vermessen als Pilger und Poeten. Wer als Kaufmann zwischen Lissabon und Alexandria oder zwischen London und Venedig unterwegs ist, oder wer für seine Geschäfte vom Maghreb bis Indien denken oder gar fahren muß, hat eine scharf kalkulierende Vorstellung von Distanz und Ferne, die er durch eigene Erfahrung weiter schärfen kann. Diese Horizonte, diese Dimension der von den Kaufleuten durchmessenen Räume wollen wir erkunden und nutzen dafür eine Quelle, in der sie – nicht einer Nachwelt, sondern schlicht ihresgleichen – ihre Erfahrungen und Überlegungen mitteilen.

Für das Hochmittelalter steht eine ungewöhnliche Sammlung zur Verfügung: die Dokumente aus der Geniza von Alt-Kairo. Die Geniza ist ein abgesonderter Raum bei einer Synagoge, in der von den Juden Schriftstücke jeder Art abgelegt wurden, weil sie – beispielsweise in der Wunschformel eines Briefes – den Namen Gottes enthalten und darum nicht einfach weggeworfen werden konnten (schon die hebräische Schrift galt als heilig). So wurden sie, ebenso wie unlesbar gewordene Thorarollen und andere liturgische, aber eben auch weltliche Texte, abgeschlossen in der Geniza für eine spätere rituelle Bestattung hinterlegt. Die Geniza von Alt-Kairo wurde erst im späten 19. Jahrhundert geleert, ihr bestaunter – vom 9. bis zum 19. Jahrhundert reichender – Inhalt bald in zahlreiche Sammlungen verstreut und erst von Gelehrten wie Samuel Goitein in jahrzehntelanger Forschung wieder zusammengeführt und ausgewertet.

Was dabei herauskam, ist in der Tat erstaunlich. Denn man stelle sich einmal vor: ein Raum im Laufe eines Jahrtausends ununterbrochen angefüllt, immer wieder durchwühlt, aber nie geleert! Unter den nichtreligiösen Schriftstücken private Briefe (oft in arabischer Sprache, aber hebräischer Schrift), Verträge über alles Erdenkbare, aber eben auch zahlreiche Briefe jüdischer Kaufleute des 11., 12., 13. Jahrhunderts von Marokko bis Indien. Aus diesem Gewühle lassen sich, geduldig sortierend und identifizierend, ganze Privatarchive rekonstruieren, etwa die gut 200 Briefe gerichtet an ein und denselben Kaufmann des 11. Jahrhunderts. Noch einmal: das sind nicht Kopien literarischer Briefe, sondern die Originale ganz persönlicher Alltagsbriefe, die damals, im Hochmittelalter, im christlichen Westen nicht die geringste Überlieferungs-Chance gehabt hätten!

So öffnet sich uns in diesen Briefen der Blick auf eine ferne Welt, die den Christen verschlossen war: der muslimische Orient und der Raum jenseits, der Indische Ozean. Verbunden waren christliche und islamische Welt durch den Handel. Eine globale Perspektive ergibt sich erst, wenn man beide – scharf getrennte – Hälften zusammenhält. Aber man sollte es tun: die mittelalterliche Welt ist immer so groß, wie man sie selber sieht.

Aus den Briefen der Geniza sehen wir, in welch großen Räumen diese Menschen agierten und dachten. Zwar lernen wir, wenig später, diese fernen Zonen auch mit Ibn Battuta kennen, der im zweiten Viertel des 14. Jahrhunderts von Gibraltar bis Java, vom Niger bis nach China reiste und darüber seinen anziehenden Bericht schrieb. Aber was uns die Geniza-Briefe erzählen, ist nicht die Reise eines Einzelnen, sondern der Alltag von vielen: Reise-Alltag zwischen Spanien, Marokko, Tunesien, Sizilien, Südeuropa, Ägypten, Mesopotamien, Indien; Kaufleute, Pilger, Gelehrte – aber auch Arme auf Wanderschaft: ein Almosen-Verzeichnis der jüdischen Gemeinde von Alt-Kairo vom 30. Oktober 1107 nennt 47 *al-Rûm*, also 47 Juden aus dem christlichen Europa und Byzanz, die sich damals in Kairo aufhielten. Daß diese Fernbeziehungen eine solide persönliche Grundlage haben konnten, zeigen die Heiraten zwischen jüdischen Familien in Marokko, Ägypten, Arabien. Und natürlich begegnen in diesen Briefen auch die christlichen Handelspartner, aus Venedig und Amalfi, Genua und Marseille: wenn ihre Schiffe einliefen, trieb das die Gewürzpreise in die Höhe («ich habe mit 150% Gewinn an die *Rûm* verkauft»); wenn sie ausblieben, war die Enttäuschung groß («verkauft habe ich nichts»). Auch wenn die Kopfstation des Mittelmeer- und Indien-Handels inzwischen Fustat/Kairo war: von Alexandria als wichtigstem Hafen Ägyptens und den Netzwerken der dort tätigen Kaufleute sprechen viele Briefe.

So betritt man Schiffe jeder Größe, hört von den Personen an Bord, hört von der Fracht, von Gewinn und Verlust, von der Dauer der Fahrt, den Preisen für Unterkunft in fernen Häfen, liest die – ganz unliterarische – Beschreibung von Stürmen. Dazu die Fernreisen auf dem Landweg: die Karawane, die regelmäßig von Sigilmassa im südlichen Marokko nach Alexandria in Ägypten zog (und Sigilmassa war seinerseits Kopfstation des Handelsweges von Timbuktu am Niger, vom Südrand der damals bekannten Welt; noch heute sieht man in Sigilmassa ein Schild: «Timbuktu 52 Tage»). Wir erfahren von den Gefahren zu Lande und zu Wasser, von den festen Loskauf-Tarifen (100 Dinar für 3 Gefangene, egal ob Christ oder Jude oder Moslem). Doch wenn in den Briefen von «Feinden» die Rede ist, wissen wir oft nicht, ob musulmanische oder normannische Piraten gemeint sind, oder Pisaner, oder vielleicht ein musulmanischer Korsar in normannischen Diensten.

Und der fernere Osten – und somit Entfernungen, bei denen sich Reisen und Abwesenheiten nicht in Monaten, sondern in Jahren bemaßen, und vielleicht auch die Nachricht vom Tod eines Reisenden erst nach einem Jahr daheim ankam (Karte 1). Handelsfahrten nach Indien waren nicht selten, wie aus den Briefen hervorgeht. Rund 70 Briefe sind allein an einen Kaufmann des 12. Jahrhunderts gerichtet, der in al-Mahdiyya (südlich Tunis) geboren war und mit Indien Handel trieb. Hier einige Auszüge aus einem Brief, den ihm 1139 aus Aden ein jüdischer Kaufmann nach Indien schrieb (und den der

Abb. 17. Zwischen fernem Westen und fernem Osten. Alexandria, hier in seinen antiken Umrissen, blieb Ägyptens wichtigster Hafen, auch wenn die Kopfstation des Mittelmeer- und des Indienhandels inzwischen Fustat/Kairo war. Der berühmte Leuchtturm stand noch aufrecht, der Hafen wurde (vielleicht unter Vermeidung des östlichen Beckens mit seinen Untiefen und Palastruinen) stark benutzt, ein Brief weiß 52 Schiffe auf dem Weg dorthin. Die Briefe des 11./12. Jahrhunderts aus der Geniza der Synagoge von Fustat reichen von Marokko bis Indien und nennen zu Alexandria Handelswege und Netzwerke der dort tätigen Kaufleute aus dem Maghreb- und dem Indienhandel, der jüdischen Kaufleuten nicht verschlossen war. «Wir werden in Aden, Fustat oder Alexandria leben»: das waren weite Lebenshorizonte. So wie die 150 000 Geschäftsbriefe im Archivio Datini zeigen, in welch großen Räumen italienische Kaufleute agierten und dachten. Rekonstruktion der antiken Stadt (Alexandria, Nationalmuseum), Ausschnitt.

Adressat dann irgendwann einmal von Indien mitnahm und in Kairo in den Abfallkeller der Geniza warf):

> «Nun zur Ladung aus Fandaraynâ [bei Cannanore/Kannur, Indien] …: das kleinere Schiff ist eingetroffen, und ich erhielt davon geliefert 1⅜ bahâr Pfeffer wie vorgesehen … und 1 bahâr ‹glattes› Eisen. Das größere Schiff allerdings kam in der Nähe von Berbera [im heutigen Somalia] in Schwierigkeiten und wurde gegen Bâb-al-Mandeb getrieben [die Meerenge zwischen Yemen und Dschibuti], wo es scheiterte. Der Pfeffer ging völlig verloren, Gott rettete nichts davon. Wegen der Eisen-Ladung wurden Seeleute aus Aden geholt, um nach dem Eisen zu tauchen und es zu bergen. Sie bargen ungefähr die Hälfte des Eisens, und während ich diesen Brief schreibe, bringen sie es gerade aus dem Zollhaus von Aden … Ich habe Dir auf meine Rechnung 10 Pfund gute Seide geschickt, weil ich hörte, daß sie sich in Malabar [Westküste Indiens] so gut verkauft; darum dachte ich mir, es sei besser, statt Gold Ware zu schicken, die sich mit Gewinn verkaufen läßt … Wenn sich die Möglichkeit bietet, dann kaufe dafür Betelnüsse und Kardamom [das Gewürz nach dem der Spekulatius schmeckt] … Ich schicke Dir als Geschenk nichts Besonderes, nämlich eine Flasche Zucker und eine gute abessinische Haut. Auf der Haut steht Dein Namen außen und innen an mehreren Stellen drauf».

Also ein sehr informativer und doch persönlicher Brief, wie man ihn sich für diese Zeit auch aus anderen Regionen wünschte.

Dieser gleiche Kaufmann Abraham, der Adressat des Briefes, hatte dort in Indien auch eine Bronze-Werkstatt, die ihre Rohstoffe nachweislich auch aus Spanien bezog und die fertigen Fabrikate dann zum Teil dorthin wieder zurück lieferte! Als Abraham dann nach vielen Jahren 1149 aus Indien reich zurückkehrte, schrieb er von unterwegs seinem Bruder nach Tunesien einen rührenden Brief, in dem er ihm und seiner Familie, in begründeter Sorge, alle seine Hilfe anbot (auch dieser Brief ist erhalten). Aber der war nicht mehr dort, sondern nach dem normannischen Überfall auf Tunesien 1148 unter Roger II. völlig verarmt nach Sizilien gegangen, von wo er sich erst Jahre später meldete (auch dieser Brief ist erhalten). Dieses Beispiel sei so ausführlich gebracht, weil es uns – die wir die Geschichte meist aus den westlichen Quellen kennen und sehen (in diesem Fall also: der siegreiche Zug des Normannen Roger gegen die nordafrikanische Küste) –

dasselbe Ereignis auch einmal von der Gegenseite sehen läßt. Und das am individuellen Schicksal einer Familie, die die ganze Größe dieses Raumes kannte: Indien, Aden, Ägypten, Tunesien, Sizilien in einem einzigen Brief!

Oder die Distanz zwischen Mittelmeer und Indien nicht gezählt in Monaten, sondern empfunden im Herzen eines Mannes, der, verzweifelt über die lange Trennung von seiner Frau und darüber schon zum Trinker geworden, seiner enttäuschten Frau die gewünschte Scheidung freistellt. Alles habe er zwischendurch einmal verloren, «ich kann doch nicht ohne irgendetwas nach Hause kommen!». Der Handel jenseits der Koromandelküste bringe ihm nun etwas ein.

Damit stehen wir schon am Golf von Bengalen. Aber es geht noch weiter nach Osten. Aus Schriftstücken der Geniza geht hervor, daß ein jüdischer Kaufmann aus Alexandria 1226 fern in Malaya starb, ein anderer – nach 15jähriger Abwesenheit – auf Sumatra! Wären sie nicht gestorben, wüßten wir nichts von ihrem Fernhandel (ihr Tod ist sozusagen ihre einzige Überlebens-Chance), oder hätten sie bei Sindbad dem Seefahrer einsortiert. Aber die Ränder der Welt lagen damals schon so weit im Osten und werden, mit Marco Polo, bald noch weiter nach Osten, nach China verschoben werden. Das ist die nördliche Umgehung des Islam, auf dem Landweg. Die südliche Umgehung, auf dem Seeweg mit den Portugiesen um Afrika herum, wird erst noch zu entdecken sein. Den geraden Stoß mitten hinein hatte kein Kreuzzug geschafft.

Ein anderer Schatz von Briefen, der unseren Zwecken dienen kann, ist mit dem Namen des bekannten Kaufmanns Francesco di Marco Datini verbunden, der unter dem Dach seiner Firma in Prato bzw. Florenz mehrere Handelsgesellschaften, mit Zweigniederlassungen bis nach Mallorca, sowie Produktionsstätten betrieb und ein gewaltiges Archiv hinterließ, das mit ca. 150 000 Blatt Geschäftsbriefen und ca. 600 Registerbänden das größte erhaltene Geschäftsarchiv des Mittelalters ist. Da Briefe damals in keinem anderen Tempo laufen konnten als dem der Menschen (die florentinische Geschäftskorrespondenz, deren Transport in eigenen *scarselle* organisiert war, lief gewiß nicht langsamer), muß ihre Laufzeit auch eine Vorstellung geben von den Reisezeiten

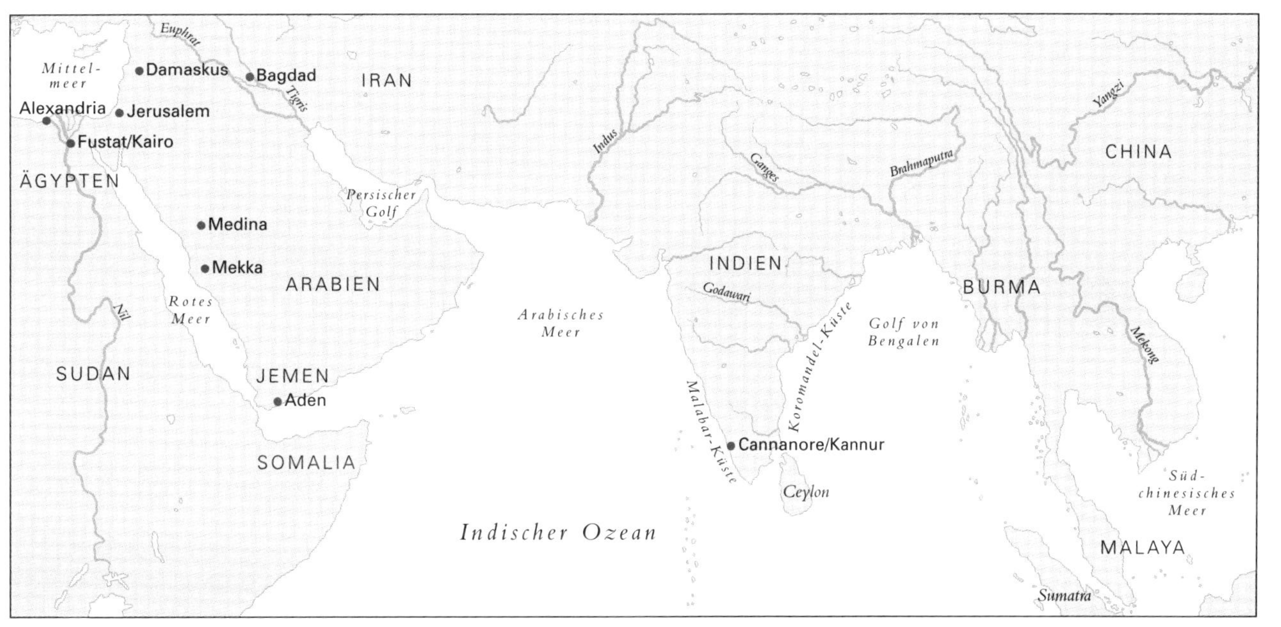

Karte 1: Route nach Indien

der Menschen. Und da in der Firma Datini die Empfänger immer auch das Ankunftsdatum auf den eingegangenen Briefen notierten, hat der Historiker, mit insgesamt rund 300 000 Absende- bzw. Ankunftsdaten, in den Datini-Briefen eine ungeheure Masse von Laufzeiten, in der er für seine Fragestellungen nach Belieben herumschneiden kann. Auch für unser Vorhaben, statt der Entfernungen in Luftlinien und Meilen, die die Wege der Götter und der Vögel sind, die realen, von den Menschen erfahrenen Entfernungen zu ermitteln: in Wirklichkeit ist das Mittelmeer nämlich nicht 3800 km, sondern 43 Tage lang.

Am Beispiel von Florenz. Ein Brief (und somit wohl auch ein reisender Kaufmann) aus Brügge erreichte Florenz um 1400 in 27 Tagen, von Paris in 21, von Barcelona in 23, von Lyon in 16, von Rom in 5 Tagen. Allerdings bewegen sich Menschen je nach Stand und Reiseanlaß unterschiedlich durch die Lande. Für den Santiago-Pilger ist die Mühsal des weiten Weges Teil des Gnadenerwerbs und darum willig zu ertragen, zumal wenn es Buß-Wallfahrt für besonders schlimme Verfehlungen war (wie wir sie aus den Akten der Penitenzieria Apostolica erfahren: einen Priester ermordet, die Hostie einem Esel gegeben); für die konnte – sozusagen nach Tarif – die Entfernung gar nicht weit genug sein, war die Lage des Pilgerziels *in finibus terrae* gerade recht. Für den Kaufmann auf dem Schiff von Pisa nach Southampton ist Cap Finistere nur eines der zu überwindenden Vorgebirge auf der Portolan-Karte seines Kapitäns.

Man kann, zu besserer Veranschaulichung, auch anders vorgehen und geradezu die Europakarte umzeichnen, indem man für die Abstände zwischen den Städten nicht die Luftlinien-Kilometer, sondern die Reisetage zum Maßstab nimmt: Venedig-Rom 10 Tage, Venedig-Lyon 10 Tage, Venedig-Ragusa/Dubrovnik 10 Tage; oder: im Radius von 20 Tagen um Venedig liegen Paris, Tunis, Kreta; im Radius von 33 Tagen London und Akkon. Trägt man diese Isodistanzen (oder hier besser: Isochronen) auf der Karte ein und paßt die kartographischen Konturen dementsprechend an, so zeigt sich ein anderes Europa, eben Venedigs Europa. Und Brügges Europa wäre wiederum ein anderes. Dies nur als Veranschaulichung, denn überwinden ließen sich alle Distanzen.

Daß gerade Kaufmannsbriefe sich in die Ferne öffnen, versteht sich. Im fernen Moskau habe es gebrannt, schreibt aus Lübeck 1446 ein Florentiner an die Medici, darum sei hier in Lübeck der Preis für Pelze aller Art um 15% gestiegen, denn es sei wenig hereingekommen: *Moschova è arsa, dove sono arse dentro tanti vai, ermellini e zibellini, che vaglono uno tesoro,* «Moskau ist abgebrannt, da sind viele Eichhörnchenfelle, Hermeline und Zobel verbrannt, die einen Schatz wert sind». In solchen räumlichen Dimensionen hatten Kaufleute zu denken, in allen Himmelsrichtungen: denn wenn ein Pelz aus Nowgorod zu Schiff in Genua ankam, hatte er ungefähr dieselbe Reise hinter sich wie der Pfeffer aus Indien nach Alexandria!

Oder aus den Weiten Asiens der Mongolensturm Timurs/Tamerlans, der nun sogar Damaskus erreicht hatte. Das konnte Folgen haben für den italienischen Levante-Handel, und so aktivieren Datinis Korrespondenten sofort ihr effizientes Informationsnetz: am 18. Dezember 1400 geht die schlimme Nachricht von Beirut ab nach Kreta (noch mit dem Zweifel: oder haben die Venezianer das nur in die Welt gesetzt, um ihre Gewürzpreise hochzutreiben?), von Kreta mit anderem Schiff nach Venedig. Von Venedig geht es an die Florentiner Ricci in Genua, die teilen es der Datini-Filiale dort mit, und die wiederum der Filiale in Barcelona. Barcelona hatte die Nachricht, die es nun nach Mallorca weitergab, inzwischen auch auf einem zweiten Wege erhalten: Beirut 13. Dezember, Kreta 8. Januar, dann Venedig, Genua; und, dritter Weg, von Venedig noch durch einen eigenen Kurier. Und so fort.

«Ferne» ist in Kaufmannsbriefen – ob nun Geniza oder Datini – freilich immer ein realer, ungefähr lokalisierbarer Ort, meistens die Herkunftsregion begehrter Waren, denen der Kaufmann am liebsten entgegengehen würde, um sie schon an ihrem Ursprung, und entsprechend billig, zu fassen zu kriegen. Ferne hingegen als Ort der Fabel, der Fremde, des Verlangens, des Abenteuers muß man in literarischen Schriften suchen. Aber es ist äußerst reizvoll, deren Autoren dabei zu beobachten, wie sie zunächst, in bekanntem Gelände, noch die Berichte wirklicher Reisen (etwa Jerusalempilger-Berichte) verwerten, um endlich, im versperrten islamischen Orient, notgedrungen (aber vielleicht auch gern) von der Wirklichkeit abzuheben und sich in phantastischer Ferne zu verlieren. Der verbreitete Reiseroman des Jean de Mandeville (um 1360) ist dafür ein gutes Beispiel, zumal man inzwischen alle seine Quellen hat identifizieren können, von enzyklopädischen Werken wie den *Specula* des Vinzenz von Beauvais über Kreuzzugsberichte von Albert von Aachen und Reiseberichte von missionierenden Mönchen wie Wilhelm von Rubruk bis hin zum Alexanderroman.

Giovanni Boccaccio hat in seinem *Decameron* solch phantastische Fernost-Reisen geradezu karikiert, wenn er den Bettelmönch Fra Cipolla vor den einfältigen Bewohnern des Val d'Elsa predigen läßt von seiner großen Reise, beginnend in realem Gelände, in Venedig, und fern in *Truffia ed in Bruffia*, in Lügien und Trügien endend. Dabei kannte Boccaccio gewiß den wirklichen Weg nach Fernost, denn als Angestellter der Florentiner Bardi-Handelsgesellschaft in Neapel wußte er sicherlich von dem Handelshandbuch, der *Pratica della Mercatura*, die der – auf Zypern für die gleichen Bardi arbeitende – Francesco di Balduccio Pegolotti soeben geschrieben hatte, und in der die Reise vom Schwarzen Meer nach Peking in allen ihren Etappen minutiös dargestellt war. Aber nicht davon wollte man hören, sondern von Truffien und Bruffien.

Sich in unbekannte Ferne an unbekannter Küste entlangzutasten wie an einer Wand in dunklem unbekannten Raum: das ist die extremste Erfahrung von Distanz und Ferne. Der Venezianer Alvise Ca da Mosto hatte das, im Dienst Heinrichs des Seefahrers, 1455/56 an der Westküste Afrikas getan und war zurückgekehrt. Die Vivaldi von Genua hatten es 1291 gewagt und waren nicht zurückgekehrt. Die grenzenlose Ferne, aus der es keine Rückkehr gibt – am großartigsten dargestellt bei Dante (*Inf.* XXVI 91–142), wenn er in eigenwilliger Aneignung des homerischen Stoffes Odysseus nicht endgültig nach Ithaka heimkehren, sondern mit seinem letzten Schiff, *per seguir virtute e conoscenza*, nach Westen hinausfahren läßt in die endlosen Weiten des Ozeans: der *folle volo,* die Reise ohne Wiederkehr.

XVIII

Endlose Weite. Ein Ritt vom Schwarzen Meer in das Innere Asiens

Die weiteste Strecke, die man auf diesem Kontinent zu Lande reisen kann, ist der Weg von Europa ins Innere Asiens. Eine endlose Weite, ein scheinbar geschichtsloser Raum, aus dem sich der Historiker wenig Quellen, wenig verläßliche Nachrichten erwartet, bevor Forschungsreisende gerade die Erkundung des Unbekannten zu ihrer ausdrücklichen Aufgabe machten. Und doch gibt es, aus zu schildernden historischen Umständen, schon vor Marco Polo (aus dessen Bericht die europäische Christenheit dann, ungläubig, erstmals Genaueres aus dem Innern Asiens erfuhr) einen Reisebericht, in dem ein Abgesandter des französischen Königs, Wilhelm von Rubruk, die 6000 km Ritt von der Krim bis in die Mongolei beschreibt. Diesem Bericht wollen wir hier folgen.

Wilhelm von Rubruk war ein flämischer Franziskaner, der 1248 König Ludwig IX. den Heiligen auf dessen Kreuzzug begleitete. Die Sorge, die Mongolen – im damaligen Sprachgebrauch ‹Tartaren› – planten weitere Vorstöße gegen Westen (der letzte Mongolensturm, Liegnitz 1241, war noch in aller Bewußtsein), und das Gerücht, der Großkhan neige dem Christentum zu, führten zu dem von König und Papst gefaßten Entschluß, Gesandte nach Zentralasien zu entsenden. Sie sollten den Großkhan vom Angriff auf christliche Völker abhalten und womöglich für das Christentum oder wenigstens für ein Bündnis gegen den Islam gewinnen, woran der französische König, nach dem katastrophalen Ausgang seines Kreuzzugs in Ägypten, besonderes Interesse haben mußte. Keine der Gesandtschaften führte zu einem Ergebnis, auch nicht die von Rubruk, der zwar im Auftrag und mit Empfehlungsschreiben des Königs, aber als Missionar auftretend und jeden offiziellen Auftrag leugnend, Anfang Juni 1253 von der Krim aufbrach. Nach seiner Rückkehr im Juni 1255 schrieb er aus Akkon in Form eines Briefes seinen ausführlichen Bericht an den König.

Rubruk steht zu Unrecht im Schatten Marco Polos, als dessen bloßer Vorgänger er meist behandelt wird. Dabei gehört sein Text zum Besten, was die Gattung der Reiseberichte je hervorgebracht hat: eine Mischung aus gut beobachteter Landeskunde und persönlichem Erlebnis, wie man sie so realistisch und anziehend vor allem in Reiseberichten – etwa Jerusalemfahrten – von Bettelmönchen (und Kaufleuten) findet: nicht abgeschriebenes Wissen, sondern eine Fülle sichtlich eigener, kritisch reflektierter Beobachtungen. Weltnähe und Sprachbeherrschung des predigtgewohnten Bettelmönchs, durch keine Autoritäten angeleitete Neugierde (sich die Zahl der Fliegenbeine nicht von Aristoteles – falsch – vorzählen zu lassen, sondern selber hinsehend, daß es sechs sind); die nie verleugnete subjektive Perspektive (*ich* habe es *so* gesehen, und unter *diesen* Umständen) – das ist eine Erfassung der Welt fast ebenso zukunftsweisend wie die der Humanisten, die nämlich ihrerseits Autoritäten verfielen, nur anderen. Dabei seien hier einmal nicht die – vielbehandelten weil wichtigeren – Abschnitte über Audienzen bei Mongolenfürsten, über theologische Gespräche und Streitgespräche, über Erscheinungsbild und Gebräuche der berührten Völker betrachtet, sondern die Textstellen, in denen einfach von der Landschaft, der unendlichen Weite, der Fremdheit Zentralasiens, den Mühen der Reise die Rede ist.

Der Bericht beginnt in Konstantinopel. Anfang Mai 1253 geht es zu Schiff von Konstantinopel zur Krim, den venezianischen und genuesischen Kaufleuten wohlvertraut, dann den Don aufwärts in Richtung Wolga («viermal so groß wie die Seine»). Er steuert zunächst das Lager von Sartaq an, dem Khan der Goldenen Horde, des westlichsten der vier mongolischen Khanate, dann das seines Vaters Batu Khan, mongolischem Teilherrscher nördlich des Wolgaknies schon auf dem östlichen Flußufer. Er umgeht das Kaspische Meer also nördlich, und wird viel nördlicher nach Fernost ziehen als Seidenstraße und Marco Polo.

Folgen wir zunächst seinem Weg von der Wolga bis ins Innere der Mongolei (nämlich von Batu Khan zu Möngke Khan, dem Großkhan der Mongolen 1251–1259, sie beide Enkel von Dschingis Khan) und in den Winter hinein: von Mitte September bis Ende Dezember endlose dreieinhalb Monate Reiten durch die kasachische Hungersteppe, dann südlich ausbiegend um den Balkasch-See durch fruchtbares, kultiviertes Land und wieder nach Nordosten über das hohe Altai-Gebirge: in unsäglicher Mühsal die letzten 2000 km in vier eisigen Dezemberwochen! (Karte 2)

Endlich die Ankunft am Hof des Großkhans, damals noch in der Ebene westlich von Karakorum lagernd, und die erste Audienz («platte Nase, mittelgroß, etwa 45 Jahre»). Unvermeidlich die Befremdungen und die Mißverständnisse zwischen so verschiedenen Welten bei so schwieriger Mission – wobei sich die Mongolenkhane für die Größeren hielten und sich Gesandtschaften, die nicht Unterwerfung und Tribut boten, gar nicht vorstellen konnten – und sich hier auch bestätigt sahen: ein barfüßiger Mönch als Abgesandter eines Königs?

Die Unterbringung ist bescheiden unter demselben Dach wie der Botschafter des (von den Kreuzfahrern aus Konstantinopel vertriebenen) byzantinischen Kaisers. Auch andere Fürsten erweisen Möngke Khan ihre Verehrung; so wie die Priester aller Religionen am Hofe, in falscher Hoffnung und in Eifersucht aufeinander, den Herrscher auf ihre Seite zu ziehen versuchen. Doch der glaubt, wie der Franziskaner bald begreift, an alles und an nichts; nicht Empfänglichkeit ist es, was den Khan nachsichtig zuhören läßt, sondern Gleichgültigkeit. Mit der Aufmerksamkeit des Missionars notiert Rubruk die in den durchrittenen Zonen und nun am Hofe angetroffenen Religionen und ihre Riten (Nestorianisches Christentum, Islam, Buddhismus, Schamanismus); mit auffallendem Interesse aber auch Sprachen und Sprachinseln (gotische Sprachreste auf der Krim, persische Sprachinsel im östlichen Kasachstan). Und er notiert auch die neugierigen Fragen, die ihm gestellt werden: Ob es bei uns viele Schafe, Rinder und Pferde gäbe? (zu erbeuten nämlich). Ob der Papst tatsächlich 500 Jahre alt sei? Manchmal, sagt Rubruk, hätte er platzen können vor Ärger über ihre Aufgeblasenheit. Nicht Gesandtschaften würde er denen mehr schicken, sondern lieber den Krieg gegen sie predigen! Aber er versucht doch sichtlich, ihnen gerecht zu werden.

Die eigentliche Residenz des Großkhans, zu der sich der Hof dann zurückbegibt, ist Karakorum auf seiner Hochebene am Orchon etwa 300 km westlich von Ulan Bator: von Westen kommend ein Ritt zwischen sanft gewölbten, selten schroffen, begrasten Hügeln und Berghöhen, in den Talebenen sieht man große Herden von zweihöckrigen Kamelen, seltsam mit Haaren behängten Yaks, Pferden, Schafen, Ziegen. Dann Karakorum, Hauptstadt des Großreichs schon unter Dschingis Khan (man begreift nicht, wie von solcher Jurtensiedlung – nicht von den Städten Chinas – je ein Sturm bis nach Europa fegen konnte). 1260 wird die Hauptstadt durch Kublai Khan nach Peking verlegt werden, dorthin und nicht mehr nach Karakorum wird darum Marco Polo ziehen. Der Palast hier sei «wie eine Kirche mit Mittelschiff und zwei Seitenschiffen ..., aber das Kloster St-Denis zehnmal mehr wert als dieser Palast» (da wird dann Marco Polo in Peking anderes zu beschreiben haben); ringsum ein chinesisches und ein muslimisches Handwerker- und Händler-Viertel, eine christliche Kirche, zwei Moscheen, zwölf Schamanen-Tempel: wieder Gelegenheit genug für ausführlich geschilderte religiöse Gespräche. Das ging meistens schief, denn der Dolmetscher, oft auch noch betrunken, sagte dann, dafür fehle ihm das Vokabular.

Die unendliche Entfernung von Europa kommt ihm auch zu Bewußtsein, als er in Karakorum mit Erstaunen auf Europäer trifft, die bei den letzten mongolischen Vorstößen gefangen hinweggeführt worden waren: die Frau aus Metz, die von den Schrecken der Verschleppung und dem leidlichen Leben jetzt erzählt; der Goldschmied aus Paris, Guillaume Boucher, der das Vertrauen des Hofes gewonnen und vor dem Palast in Karakorum einen kunstvollen Röhrenbrunnen in Gestalt eines silbernen Baumes gefertigt hatte, der Wein, Stutenmilch, Reis-Bier und Honigwasser spie, wenn der Engel obendrauf in seine Trompete stieß (eine Nachbildung nach Rubruks genauer Beschreibung sieht man heute in Karakorum aufgestellt); aber auch liturgisches Gerät für den christlichen Gottesdienst hatte er geschaffen. Oder der Sohn eines Engländers; oder ein armer Deutscher; von kriegsverschleppten Deutschen, eingesetzt als Bergarbeiter und Waffenschmiede, hörte er auch unterwegs im östlichen Kasachstan. So wie Priskos, in der Gesandtschaft des oströmischen Kaisers 449 n. Chr. zum Hunnenkönig Attila an der mittleren Donau, im hunnischen Lager zu seinem Erstaunen einen vor langem gefangenen, zum Hunnen gewordenen Griechen und einen Mauren trifft.

Nehmen wir nun unser Vorhaben auf, vor allem auf die Textstellen zu achten, in denen Rubruk seinen Eindruck vom Charakter der Landschaft wiedergibt, der Endlosigkeit durchrittener Steppen, dem Gefühl, dem Unendlichen zu begegnen und der absoluten Leere.

Schon auf dem Weg zur Wolga hatte er erste Gelegenheit zu solchen Beobachtungen. Ihm ist, «als beträte ich eine andere Welt». «Gegen Norden weite Ödnis in der Breite von 30 Tagereisen, da gibt es keinen Wald, keinen Berg, keinen Stein (*nulla silva, nullus mons, nullus lapis*), nur sehr gutes Gras». Und das war erst der Anfang. «Wir sahen nichts als Himmel und Erde» (*nil videntes nisi celum et terram*). «Von hier, sagte man uns, müßten wir noch 15 Tage weiterziehen, bis wir wieder auf Menschen träfen». «Wir wanderten drei Tage, ohne jemandem zu begegnen ... Als wir am vierten Tag endlich auf Menschen stießen, freuten wir uns wie Schiffbrüchige wenn sie den Hafen erreichen». Das also seien, bemerkt er, die Steppen, aus denen die Hunnen kamen.

«Wir ritten also durch das Land der Khangli vom Heiligkreuztag bis Allerheiligen [14. Sept.–1. Nov.], jeden Tag ungefähr die Strecke Paris-Orléans nach meiner Schätzung, *quolibet fere die quantum est a Parisiis usque Aurelianum* [130 km, das kann schwerlich sein, ist subjektiv überdehnt], manchmal auch mehr je nachdem wieviele Pferde wir kriegten. Wir mußten nämlich jeden Tag zwei- oder dreimal die Pferde wechseln. Aber es konnte uns auch passieren, daß wir zwei oder drei Tage keinem Menschen begegneten: dann mußten wir eben langsamer reiten. Von den 20 bis 30 verfügbaren Pferden bekamen wir, als die Fremden, immer die schlechtesten; sie nahmen sich erst einmal die besten, gaben mir aber, wegen meines großen Gewichts, immer ein robustes Pferd. Ob das Tier eine sanfte oder eine harte Gangart hatte, danach wagte ich gar nicht erst zu fragen, und mich auch nicht zu beklagen, wenn es mich hart trug: jeder mußte sich in sein Schicksal fügen. Daraus ergab sich für uns größte Mühsal: oft machten die Pferde schlapp bevor wir Menschen erreichten, dann mußten wir die Tiere schlagen und peitschen oder sogar unsere Sachen auf andere Pferde umladen, von unseren Reittieren auf die Lasttiere umsteigen, ja manchmal zu zweit auf demselben Pferd sitzen.».

«Hunger und Durst, Kälte und Ermüdung waren ohne Zahl. Essen gab es nur am Abend ... Manchmal mußte man das Fleisch halbgar oder fast roh essen, weil es nichts Brennbares gab, wenn wir auf freiem Feld waren und die Nacht verbrachten. Wir konnten dann nur den Mist der Zugtiere oder der Pferde aufsammeln, anderes Brennzeug fanden wir selten, höchstens Dornsträucher». Immerhin haben sie die Hilfe mongolischer Führer auf dem Weg zum Großkhan.

Hinter dem Balkasch-See dann durch Täler und felsige Engpässe, in denen der mongolische Führer ihn zu Gebeten gegen die lauernden Dämonen auffordert, hinauf ins Altai-Gebirge, im Dezember tiefverschneit und völlig menschenleer, da alle vor dem Winter nach Süden gezogen waren: darum besorgt und in Hast Tag und Nacht reitend und immer zwei Tagesetappen zusammenlegend.

Nicht anders hatte sein unmittelbarer Vorgänger den Weg und die Weite erlebt: Giovanni da Pian del Carpine, Franziskaner der ersten Generation, der den Hl. Franziskus noch persönlich gekannt hatte und 1245 im Auftrag Papst Innozenz' IV., in ähnlicher Mission wie Rubruk, zum Großkhan nach Zentralasien ging. Wertvoll der in seine Geschichte der Mongolen als letztes Kapitel eingefügte Reisebericht. Im fast völlig zerstörten Kiew trifft er auf die ersten Mongolen, reitet mit ihnen in scharfem Trab («oft sogar während der Nacht im Sattel») zunächst zu Batu Khan an der Wolga, dann in gleicher Hast, mit bis zu 7 Pferdewechseln täglich «daß wir uns kaum noch im Sattel halten konnten», die Tausende von Kilometern – er, der schon 60jährige Mönch, der unterwegs auch noch die 40 Tage Fasten beachtet! – zum Lager des neuen Großkhans bei Karakorum, um bei dessen festlicher Wahl und Krönung zugegen zu sein. Auch bei ihm darum lebhafte Worte über die Mühsal monatelangen Reitens, die endlosen Weiten, die Durststrecken in wasserloser Steppe mit «menschlichen Schädeln und Knochen herumliegend wie Dunghaufen» (*tamquam sterquilinium*). Oder gerade umgekehrt nun Kälte statt Hitze auf dem Rückweg: «Oft lagen wir die Nacht draußen im

Schnee in der Wildnis ..., denn es gab da keine Bäume, sondern nur niedriges Gestrüpp. Wenn wir morgens aufwachten, fanden wir uns ganz von Schnee bedeckt, den der Wind auf uns geweht hatte».

Zurück zu Wilhelm von Rubruk. Nun ist er also am Ziel, in Karakorum, im tiefsten Innern Asiens. Aber dahinter geht es ja noch weiter! Das erfährt er jeden Tag am Hof des Großkhans: «Hinter den Tibetern leben die ...»; 20 Tagereisen gegen Südosten liege China, und dahinter noch ein Land, in dem man, einmal eingetreten, nicht mehr altere. Und dahinter der Ozean. Im Norden sei nur noch elendes Volk in Kälte und ewigem Schnee (aber ohne die von Isidor von Sevilla behaupteten Monstermenschen). Und was er sich sonst noch von den äußersten Rändern der Welt erzählen läßt. Von Indien läßt er sich wenigstens die Himmelsrichtung zeigen, in der es liege. Noch weiter wird dann Marco Polo in die Ferne sehen, schließlich hatte ihn Kublai Khan in den Dienst seines chinesischen Großreichs genommen.

Dann die Eindrücke von Rubruks Rückreise zur Wolga, zwei Monate und zehn Tage, nun im Sommer und darum auf einer Route noch nördlicher als auf der Hinreise. «Wir sahen keine einzige Stadt, nicht die Spur eines Gebäudes (*nec vestigium alicuius edificii*) außer Gräbern. Wir ritten zwei und manchmal drei Tage ohne etwas anderes zu uns zu nehmen als Stutenmilch. Manchmal waren wir in großer Gefahr: wir trafen keine Menschenseele, hatten nichts zum Essen, und die Pferde waren erschöpft». Nie ein Acker, nur Steppe und Weide (darum kein Brot)! Endlich wird die Wolga erreicht, er folgt ihr zum Kaspischen Meer und passiert zwischen Westufer und Kaukasus (November 1254, endlich die erste Stadt, die ersten Reben!) die Eisernen Tore, hinter denen Alexander der Große einst die apokalyptischen Völker Gog und Magog – und jetzt ahnte man: die Skythen, die Hunnen, die Mongolen – eingeschlossen hatte.

Eine ferne, fremde Welt, die man in der Mongolei über weite Strecken noch heute vor Augen haben kann. Die Jurten aus hölzernen Scherengittern unter Filzbahnen, in denen man sich so ganz anders fühlt als im Zelt, und deren Aufbau, Transportierbarkeit und innere Ordnung von Rubruk – und dann auch von Marco Polo – aufs genaueste beschrieben werden. Die Herden von Yaks, von Kamelen, von Pferden (aber nicht mehr die Kühe, die sich nur melken lassen, wenn man ihnen etwas vorsinge); auch die gastfreundliche Begegnung mit den Menschen – und was man sonst noch bei Rubruk geschildert findet. Eine Welt, die früher Fritz Mühlenwegs Buch «In geheimer Mission durch die Wüste Gobi» dem jungen Leser lebhaft vor Augen führte, die heute freilich – mit Fernsehen in jeder Jurte – nivelliert ist.

Und die Landschaft. Nichts großartiger als ein weites Tal, in dem sich der Fluß in ein Dutzend mehr oder weniger breite Rinnsale zerteilt, die in gewundenem Lauf das ganze Tal ausfüllen, wie der Delger westlich Mörön. Der einzig sichtbare menschliche Eingriff liegt dann in der Notwendigkeit, irgendwie hinüberzugelangen: dort wo eine geringere Zahl von (dann aber tieferen) Armen zum Übergang einlädt, oder gerade eine größere Zahl von (darum flacheren) Armen, die sich durchwaten lassen. Man sieht im Flußbett die niedrigen unförmigen Reste von Brückenpfeilern, nicht gemauert sondern holzverschalt und darum, obwohl vielleicht gar nicht so alt, bis zur Unkenntlichkeit von der Natur zurückgeholt (so am Orchon, am Edsin Gol); manchmal auch das zusammenbrechende Gerippe einer Holzbrücke, deren Holzprügel (daher das deutsche Wort ‹Brücke›) schon in das Wasser herunterhängen. An wichtigen Stellen steht heute natürlich eine schlichte schmale Brücke, doch es gibt auch Gewässer, die an einer Furt durchfahren sein wollen. Aber der kompakte russische Kleinbus UAZ taucht mutig hinein, und auch wenn das Wasser fast die Fenster erreicht, er kommt immer hindurch, und wirkt ja auch so, als würde er noch bei einem Artillerievolltreffer weiterkriechen.

Wie man sich durch diese endlose Landschaft bewegt, ob es Verkehrswege gibt und wie sie sich den Reisenden darbieten, ist äußerst lehrreich, wenn man aus historischer Straßenforschung die Entwicklung im Westen vor Augen hat. Man sieht vor sich, den sanften grünen Berghang hinab gegen die nächsten Erhebungen, die Spuren der Fahrpiste zerfasert in zahlreiche gewundene Stränge (Abb. 18). Nach dem nächsten Unwetter kommt ein weiterer Strang hinzu, dafür wird ein früherer vielleicht aufgegeben – und das seit Jahrtausenden. Die Trasse folgt den Höhenlinien und schneidet sie nicht. Und man er-

Abb. 18. Die endlose Weite seines Rittes vom Schwarzen Meer in die Mongolei, die endlosen Weiten im Innern Asiens: das sind die Eindrücke des Franziskaners Wilhelm von Rubruk, der 1253 im Auftrag des französischen Königs zum Großkhan der Mongolen zog und mit der Weltnähe und Sprachgewandtheit des predigtgewohnten Bettelmönchs noch vor Marco Polo über Zentralasien berichtete. Beobachtungen vom Hofe des Großkhans und seiner Umgebung, von Leben und Vorstellungen der Mongolen, von verschleppten Europäern – aber auch der Eindruck der durchrittenen Steppen und der offenen Landschaft in Räumen von unvorstellbaren Ausmaßen («nur Himmel und Erde», «nicht die Spur eines Gebäudes», «tagelang kein Mensch»). Und ohne feste Straßen, nur Pisten, die nach jedem Regenguss ihre Spur ändern. Landschaft südlich Mörön.

wartet es nicht anders, da die Distanzen hier mehr mit dem Pferd als mit dem Wagen überwunden wurden und dann auch der Geländewagen keiner Straße bedarf.

So ermißt man den weiten Schritt von der Piste zur Straße. Die römische (und die moderne) Straße bündelt alles auf eine einzige Linie, die man dann auch befestigen kann. Wo heute in der Mongolei eine Straße gebaut wird, sieht man ihren neuen Straßendamm noch umspielt von den früheren Pisten. Die römische Straße führt möglichst gerade durchs Gelände, schneidet Höhenlinien und querende Rücken, und überwindet in gerader Linie auch Flüsse und Schluchten. Sie paßt sich nicht der Landschaft an, sondern dominiert sie. Das aber erfordert Kunstbauten: Geländeeinschnitte, Böschungsmauern, Brücken. Wird die Straße nicht mehr instandgehalten – und mit dem Ende des Reiches endet jede systematische Instandhaltung –, verfallen unausweichlich die Straßen, wie eine Piste nicht verfallen kann. Nicht so sehr die Pflasterung, deren basaltnes Gefüge nicht so bald auseinanderbricht. Sondern eben die Kunstbauten, derer eine Piste nicht bedarf. Folge dieses Verfalls in nachantiker Zeit war eben, daß die Straße an den gestörten Stellen den Schwierigkeiten fortan auswich, statt sie zu überwinden. Und als höherer Grund des Verfalls nicht genug beachtet: das Ende des Reiches und seine Zerstückelung in kleinere Räume nahm den römischen Fernstraßen ihren Sinn. Sie verloren ihr ursprüngliches Ziel, und wurden aus Ausfallstraßen römischer Heere zu Einfallstraßen benachbarter Feinde.

Die scharf kontrastierende Gegenüberstellung von Piste und Straße mag banal erscheinen, aber sie gibt doch elementare Einsichten, wie unterschiedlich sich der Mensch im historischen Raum bewegt. Der Schritt von der gewundenen, ausufernden Piste zur einen, geradlinigen Straßentrasse ist keine natürliche Entwicklung, sondern eine Tat, eine kulturelle Tat.

Wilhelm von Rubruk hatte seine Vorgänger und seine Nachfolger. Unmittelbar zuvor, 1245, war im Auftrag des Papstes jener Franziskaner Giovanni da Pian del Carpine, 1247 der Dominikaner André de Longjumeau zum Großkhan nach Karakorum abgegangen, um die Mongolen vom Angriff auf christliche Völker abzuhalten. Die Ergebnisse waren jedesmal desillusionierend, die Mongolen weder

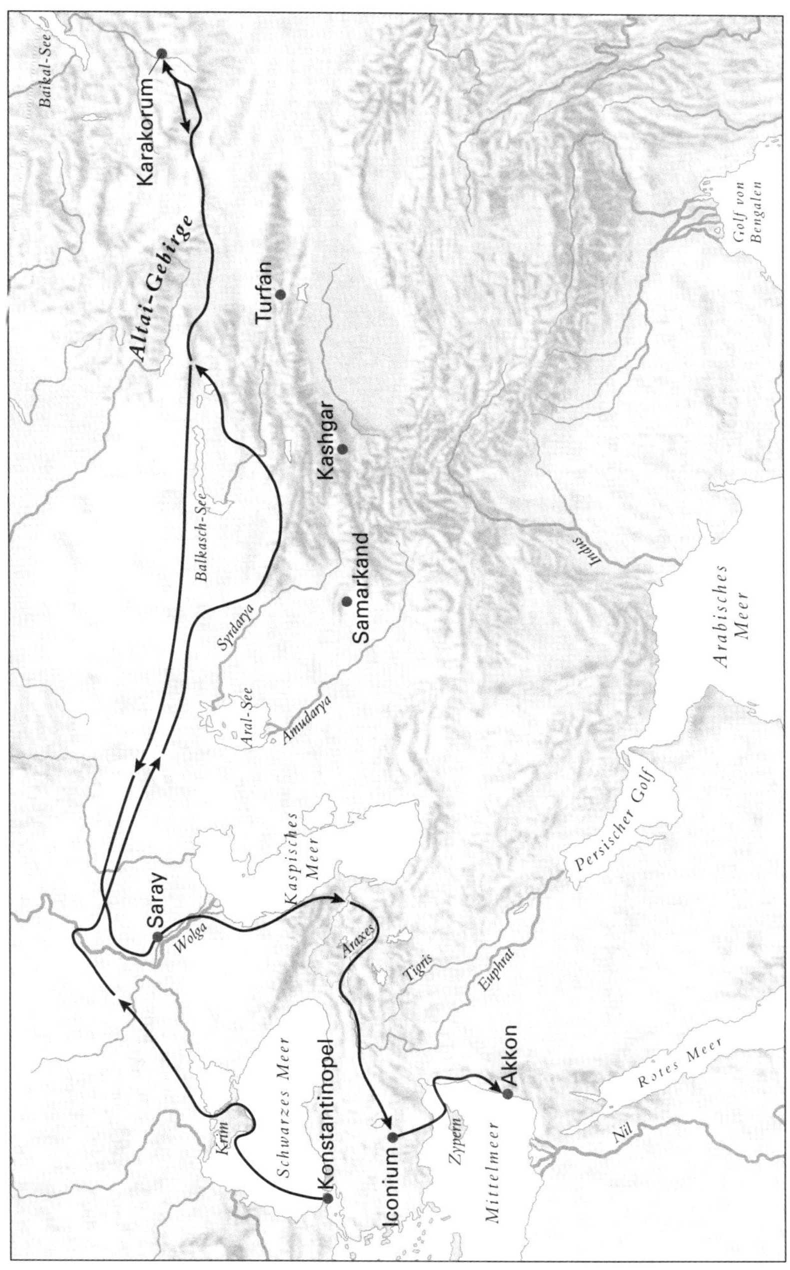

Karte 2: Reiseweg Rubruks nach Karakorum

willens noch in der Lage, in Gesandtschaften anderes als Unterwerfungs-Angebote zu sehen. Und Rubruk hatte Nachfolger. Nicht mehr Mönche zur Erkundung von Verständigung und Mission, sondern Kaufleute zur Erkundung von Handelswegen: Marco Polo 1271–95, dessen Bericht die Vorstellungskraft seiner Zeit überstieg und eher als Märchenbuch gelesen wurde. Und endlich, um 1340, die präzisen Reiseanweisungen im Handelsbuch des Florentiners Francesco Pegolotti: Besser mit oder ohne Bart reisen? Wie kalkuliert man neuneinhalb Monate Transportkosten? Besser Kamel oder Pferd? Wo wechselt man seine westliche Ware in chinesisches Papiergeld ein? Ab welcher Menge gekaufter Seide rentiert sich die Reise? Als dann aber in Peking, jetzt Residenz des Großkhans, eine nationalchinesische Bewegung 1368 die mongolische Dynastie stürzt, schließt sich das Fenster gegen Westen für immer. Die nördliche Umgehung des Islam ist fortan nicht mehr möglich. So muß nun eine südliche Umgehung nach Fernost gefunden werden: der Seeweg nach Indien.

XIX

An den Rändern der Welt. Einzelschicksale der frühen portugiesischen Entdeckungen in Schreiben an den Papst (1440–1510)

Räume und Entfernungen der europäischen Welt wuchsen im späten Mittelalter in Dimensionen, die lange Zeit unvorstellbar waren. Das Mittelmeer stülpte sich sozusagen nach Westen aus und erweiterte sich zu einer «Méditerranée atlantique» (Chaunu), die vorläufig, im portugiesischen 15. Jahrhundert, noch gar kein Ende hatte.

Von diesen – damals noch fließenden, unbestimmten – Rändern der Welt gibt es Briefe, die erst zutage getreten sind, als das Archiv der Penitenzieria Apostolica für die Forschung geöffnet wurde. Darin schildern nicht Entdecker, Admiräle, Conquistadoren ihre Taten, sondern gewöhnliche Menschen beschreiben dem Papst ihr kleines Schicksal, das sie als Verbannte auf eine ferne Atlantikinsel oder nach Nordafrika verschlagen hat, und bitten um Abkürzung ihrer Pein. Denn meist handelt es sich, nach Verurteilung durch ein kirchliches Tribunal, um Verbannung von Geistlichen. Der Papst gab die an ihn gerichteten Gesuche, deren Lösung ihm reserviert war, zur Bearbeitung an die Penitenzieria Apostolica (damals wie heute das höchste Buß- und Gnadenamt der Kirche), wobei zur Beurteilung des Antrags stets eine genaue Darstellung des Falles erwartet wurde. Diese Schilderungen des Falles aus dem Munde des Betroffenen (und der Feder seines Prokurators) wollen wir hier in den Blick nehmen, denn sie führen uns an die Ränder der Welt und lassen uns, aus niedriger Augenhöhe, die gewaltigen Räume und Entfernungen erfahren, in denen sich, von Europa gesehen, Mensch und Geschichte nun bewegten.

Ein erstes Beispiel:

> «Der [zuständige Richter] verurteilte sie für immer auf eine verlorene Insel (*in insulam deperditam*), die São Tomé heißt und wo sie seit ungefähr drei Jahren, dem Urteil gehorchend, leben und wo sie auch jetzt noch sind. Da sie auf dieser Insel zu ihrem Lebensunterhalt aber nichts als Kräuter haben, dauernd irgendwie krank sind, nackt und barfuß in größtem Elend einhergehen, wobei es auf der Insel auch Echsen (*stelliones*) gibt, wilde Tiere, die Menschen lebend verschlingen, so daß man an diesem Ort eher sterben als leben kann und die Menschen hier andauernd (*iugiter*) sterben ..., bitten sie, daß ihre Verbannungsstrafe in karitative Leistungen umgewandelt werde.»

Mit diesen beredten Worten beschreiben zwei portugiesische Kleriker im April 1501 ihr elendes Leben als Verbannte auf der Insel São Tomé im Golf von Guinea, die soeben erst, wohl 1472, entdeckt worden war. Dabei lebten die beiden nicht in Portugal, sondern weit im Atlantik auf den Azoren, die, im 14. Jahrhundert von den Portugiesen entdeckt und seit 1427 in Besitz genommen und besiedelt, die entfernteste westliche Inselgruppe darstellten. Auf der Hauptinsel der Azoren, *in insula sancti Michaelis dos Acores regni Portugalie* lebend, hatten sie dort acht Jahre zuvor, also 1493 (damals passierte Christoph Columbus auf der Rückkehr von seiner ersten Amerikafahrt diese Inseln, die *Niña* legte im Februar 1493 an dieser Insel São Miguel an), in eskalierendem Streit mit einer anderen Familie den Tod eines Kontrahenten verschuldet. Einer damals üblichen Sühneleistung folgend, waren sie deshalb nach Nordafrika in den Kampf gegen die Muslime gezogen. Nach zweijährigem Einsatz zurückgekehrt, wurden sie dennoch vom zuständigen Richter des Christusordens, dem Vikar von Tomar, zu hartem Kerker und zu ewiger Verbannung auf jene «verlorene» Insel mit ihren Tierungeheuern verurteilt (das seltene *stellio* meinte in der Antike freilich kleinere, nicht gerade menschenverschlingende Echsen). Wie urtümlich São Tomé auf seine ersten – unfreiwilligen – Bewohner wirkte, läßt sich heute vielleicht noch auf dem benachbarten Inselchen Principe nachempfinden.

Schon dieser Fall zeigt die früh erreichten Dimensionen des portugiesischen Seereichs. Nimmt man die Länge des Mittelmeers,

3800 km, als Maß der bisherigen Dinge, so waren es nun von Gibraltar bis zu den Azoren noch einmal das halbe Mittelmeer, von Gibraltar bis São Tomé im Golf von Guinea noch einmal die eineinhalbfache Mittelmeer-Länge! Unvorstellbare Distanzen und fremde Welten, die den Menschen des nächsten, des 16. Jahrhunderts schon vertraut sein werden: hier aber hört man aus der Argumentation der Gesuche noch die Befremdungen heraus.

Entlegene Strafinselchen hätte man wohl auch noch im Azoren-Archipel finden können (der König vergab ja sogar Inseln «wenn Du mal eine entdeckst», oder Inseln «die man einmal von ferne gesichtet, dann aber leider nicht wiedergefunden hat»). Aber König Johann II. hatte die soeben erst vor der Küste Äquatorial-Afrikas entdeckte Insel São Tomé zwecks rascherer Besiedelung zum Verbannungsort derer bestimmt, die lebenslänglich oder zum Tode verurteilt waren, wie Martin Behaim auf seinem Weltglobus von 1492 in der Legende zu den Guinea-Inseln ausdrücklich mit dem Datum 1484 vermerkt (Abb. 19):

> «Da war nur Wildnis und keine Menschen. Wir fanden dort nur Wald und Vögel. Dorthin schickt der König aus Portugal nun jährlich sein Volk, das den Tod verschuldet hat, Männer und Frauen, und gibt ihnen [das Nötige], damit sie das Feld bebauen und sich ernähren, auf daß dieses Land von Portugiesen bewohnt werde»

– so wie den ersten Indienfahrern einige zum Tode Verurteilte und Verbannte mitgegeben wurden, die vorgeschickt werden sollten, wenn man an unbekannter Küste unfreundlichen Empfang erwartete. Auch zwangsgetaufte jüdische Kinder wurden hier damals angesiedelt, deren weiteres Schicksal verfolgt werden kann. Nachdem die Verurteilten es da drei Jahre ausgehalten hatten, bitten sie Rom, in Anrechnung ihres Kampfes gegen die Muslime und mit der üblichen Umwandlung in fromme Stiftungen, um Beendigung des Exils. Der Hl. Stuhl stimmt zu und betraut mit dem Vorgehen kirchliche Amtsträger in Lissabon.

Daß es kleine persönliche Schicksale sind, von denen wir hier hören, und nicht Staatsaktionen, liegt in der Natur der Quelle. Manche Gesuche lassen aber den Hintergrund der großen Geschichte durchscheinen (etwa: wie ich gerade noch aus dem von den Türken eroberten Konstantinopel herauskam, 1453; was mir bei der türkischen

Abb. 19. Die eben erst entdeckte Insel São Tomé im Golf von Guinea auf dem Globus des Martin Behaim (1492), der die Insel vielleicht mit Diogo Cão selbst gesehen hatte und in seiner Beschriftung (links, blass) als menschenleeren Verbannungsort beschreibt: «Wir fanden dort nur Wald und Vögel. Dorthin schickt der König aus Portugal nun jährlich sein Volk, das den Tod verschuldet hat …, damit dieses Land von Portugiesen bewohnt werde». Wenig später der Brief von hierher Verbannten an den Papst mit der Bitte um Abkürzung ihrer Leiden: hier gebe es Echsen, die Menschen lebend verschlingen, an diesem Ort könne man eher sterben als leben. Einzelschicksale aus einem Raum von bis dahin unvorstellbaren Dimensionen, der sich soeben durch die portugiesischen Entdeckungen aufgetan hatte – aber beschrieben einmal nicht aus der Perspektive der Entdecker, sondern von Menschen, die eigentlich keine Chance hatten, in einer historischen Quelle zu Wort zu kommen. Nur Rom verwahrt ihre Geschichten. Globus des Martin Behaim (Nürnberg, Germanisches Nationalmuseum), Ausschnitt.

Belagerung von Rhodos als Artilleriebeobachter geschah, 1480; was ich im Getümmel der Schlacht gelobte, in der mein König François Ier gefangengenommen wurde, 1525): große Geschichte gespiegelt im kleinen menschlichen Schicksal. Und eben auch Episoden aus der großen Zeit der Entdeckungen.

Denn unsere Quelle, deren erhaltene Register 1439 einsetzen, umfaßt entscheidende Jahrzehnte der portugiesischen Entdeckungsfahrten: jetzt, 1439, ist, auf dem langen, noch gänzlich unbekannten Weg die afrikanische Westküste hinab, das als unüberwindbare Schwelle geltende Cap Bojador soeben umrundet (1434); 1441 wird Cap Blanco erreicht, 1456 werden die Kapverdischen Inseln entdeckt – sich an der Küste entlang tastend wie an einer Wand im dunklen Raum und angestrengt ins Landesinnere hineinhorchend nach lohnenden Handelsgelegenheiten. Und mit wachsender Hoffnung, als auf Cap Blanco, das karge Wüsten-Kap, ein Cap Verde folgt, grünes, bewohntes, tropisches Afrika jenseits der Sahara. Beim Tode Heinrichs des Seefahrers 1460 ist Sierra Leone erreicht, dann lauter vielversprechende Küsten (man wird sie «Pfefferküste», «Elfenbeinküste», «Goldküste», «Sklavenküste» nennen). 1484 ist man an der Mündung des Kongo angekommen.

Die Rolle des Papsttums bei den portugiesischen und spanischen Entdeckungen ist bekannt. Nur so viel: Seit sich Heinrich der Seefahrer 1420 von Martin V. die Mittel des Christusordens für den «Kampf gegen die Sarazenen» übertragen und der portugiesische König sich 1455 von Nikolaus V. das *de facto*-Monopol über die entdeckten Küsten «von Cap Bojador und Cap Noun bis ganz Guinea und darüberhinaus» bestätigen ließ, spätestens seither wußte man in Rom und in der Pönitentiarie, worum es bei solchen Suppliken ging. Deutlich wird, daß Rom oft als Appellationsinstanz gegen die lokale geistliche Gerichtsbarkeit angerufen wurde. Sich an Rom zu wenden lag in unseren Fällen umso näher, als die portugiesischen Atlantikinseln durch die Schenkung an den Christusorden den – immer wieder betonten – Status *nullius diocesis* («zu keiner Diözese gehörig») und somit den des *Sedi Apostolice immediate subiectus* («dem Hl. Stuhl unmittelbar unterstellt») hatten.

Und weitere kleine Schicksale im neuen, zigtausend Kilometer-

Radius der portugiesischen Entdeckungen. Nicht nur Mord und Totschlag, sondern auch Blasphemie konnte zur Verbannung auf jene frisch entdeckte – und noch zu besiedelnde – Insel São Tomé führen. Ein Johannes Roderici Baveto, adeliger Kleriker aus dem Innern Portugals, schildert 1499 dem Papst seinen ungewöhnlichen Fall in folgender Weise:

> «Als er einmal im Dienst der Königin von Portugal in der Stadt Alenquer weilte, war ihm zu seiner leiblichen Versorgung ein Haus dort zugewiesen, dessen Herr sich als Verwalter des Hl. Geistes ausgab. Als er das Brot bezahlen wollte, das er von der Wirtin dieses Hauses bekommen hatte, und sie von ihm, wie ihm schien, einen zu hohen Preis zu fordern versuchte, verweigerte er die Bezahlung. Die Frau erklärte ihm dauernd, daß es Brot vom Hl. Geist sei und er deshalb so viel zahlen müsse. Da fragte er die Frau: ‹Ist der Hl. Geist denn ein Bäcker?›, und sie versicherte: ‹Ja!› Da empörte er sich über die Frau und antwortete erregt: ‹Wenn der Hl. Geist Bäcker oder Brotverkäufer ist, dann leugne ich ihn, ich glaube nicht an den Hl. Geist als Brotverkäufer: er kann mich mal am Arsch lecken!› (*si sanctus Spiritus est pistor seu panis venditor, eum abiuro … ac me osculetur in ano*). Wegen dieser blasphemischen Worte angeklagt und überführt, wurde er auf drei Jahre nach Allencer in Afrika verbannt zum Kampf gegen die Ungläubigen».

Nach einigem Hin und Her von Milderung, Straferhöhung, Appellation, unerlaubtem Verlassen des Exils wurde es der erzbischöflichen Kurie in Lissabon zuviel: dann eben 6 Jahre nach São Tomé (wenn Elba nicht genügt, dann eben St. Helena!), «das von Lissabon viel weiter weg ist als Tanger». Auf einen Wink der Königin wurde die Strafe räumlich gemildert, aber (interessante Äquivalenzen!) zeitlich verdoppelt: 12 Jahre Exil im näheren Ceuta statt 6 Jahre im fernen São Tomé. Der Verurteilte ging sofort nach Rom, um dort persönlich die Beendigung seines Exils zu betreiben (seine Empörung habe sich ja nicht gegen den Hl. Geist gerichtet, sondern nur gegen die Frau), und erreichte, gegen die übliche Zahlung für fromme Werke, endlich seine Rückkehr nach Portugal.

Unter den Atlantikinseln wird Madeira am häufigsten in den Registern der Pönitentiarie genannt, sei hier aber beiseitegelassen, weil schon seit längerem besiedelt und als Verbannungsplatz zu schade, da die Insel hochproduktiv und wenig entlegen war. Die Kapverdischen Inseln hingegen waren, in ihrer östlichen Inselgruppe, erst 1456 entdeckt worden, als Alvise Cadamosto, Venezianer im Dienst Heinrichs des Seefahrers, zusammen mit dem Genuesen Antoniotto Usodimare in zwei Fahrten, 1455 und 1456, die Mündungen von Senegal und Gambia erkundete. Er fand die Inseln noch gänzlich unbewohnt, wie er lebhaft beschreibt. Das änderte sich nun bald. Die Kapverden (die Heinrich der Seefahrer, wie seine anderen Atlantik-Inseln, als Kron-Lehen besaß und testamentarisch an die Krone zurückfallen ließ) wurden zum wichtigen Stützpunkt Portugals auf dem Weg die Westküste Afrikas hinab: Auf der ersten Fahrt nach Indien berührte Vasco da Gama die Kapverdischen Inseln sowohl auf der Hinfahrt 1497 wie auf der Rückfahrt 1499.

Das Gefühl von Entfernung und Fremdheit findet man auch sonst in den Suppliken ausgedrückt, die von diesen Inseln nach Rom gelangten, etwa: Eine Kaplanei für Seelenmessen in der Heiliggeist-Kirche auf den Kapverdischen Inseln zu stiften, sei ganz abwegig; «das launenhafte Wetter hier, Heiliger Vater, ist der Gesundheit so abträglich und pestilenzialisch, daß man dafür keinen Kaplan findet (*quod nullus capellanus … reperitur*) und viele Kapläne dort schon gestorben sind»; man solle die Stiftung doch besser an die Kirche des Allerheiligen-Spitals in Lissabon übertragen. Oder: die auf der Insel São Jorge im Azoren-Archipel gestifteten Seelenmessen solle man lieber nach Portugal übertragen, denn die Insel sei von Portugal «ziemlich entfernt», *per non modicum spatium itineris*, deshalb könne er sich darum nicht kümmern, sagt 1509, als Erbe, Tristan da Cunha, der Admiral. Oder: das unmögliche Klima hier, «mal zu trocken, mal zu feucht» (*aliquando nimia sicitate et aliquando nimia humiditate*), erlaube es ihnen nicht, das festtägliche Ruhegebot einzuhalten, sie müßten ihr Land auch am Sonntag bearbeiten, schreiben zwei Familien sogar aus dem paradiesischen Madeira.

Und die neuen Dimensionen bilden sich auch in bescheidenen Lebenswegen ab, von denen wir in dieser Quelle (und nur in dieser Quelle) erfahren. Ein Franziskaner der Observanz verließ unerlaubt sein Kloster in der Diözese Coimbra, streifte eine Zeitlang durch die Welt, trat dann ins Kloster in Lissabon ein; aber auch da gefiel es ihm nicht bei den Observanten, so ging er zu den Konventualen – und auf die fernen Azoren, wo er *in seculo*, unter den Leuten lebte. Von den Azoren zog er, um an der Kurie Absolution für seine ungewöhnlichen Schritte zu erbitten, persönlich nach Rom, wie die Notiz *est presens in Romana Curia* zeigt. Man denke: von den Azoren 3500 km nach Rom, um (was in Europa manche Bittsteller taten) an der Kurie sein Anliegen persönlich zu betreiben! Ein Minorit verließ unerlaubt sein Kloster in Portugal, ging *ad insulas dos Assores* und machte dort 20 Jahre lang (also seit etwa 1489) Seelsorge.

Und die daheimgelassenen Frauen? Sie konnten nicht mit, sie sollten nicht mit, oder sie wollten nicht mit. Wie die Frau eines «in die Ferne» verbannten Mannes, die «sich weigert, ihre Heimat zu verlassen» – auch noch, als er sie, 10 Jahre später heimlich zurückgekehrt, noch einmal darum bittet. Meist wissen die Frauen aber nicht, wohin es ihren Mann verschlagen hatte. Eine Spanierin, deren Mann sich gleich nach der Hochzeit fort «und in entlegene, entfernte Gegenden begeben habe» (*ad longinquas remotasque partes*: das würde man im Mittelmeerraum nicht sagen, jetzt greift man zu fernen, unbestimmten Zielbenennungen), ahnt immerhin, daß sie am ehesten in Portugal nachforschen müsse, «wo sich dieser Franciscus länger aufgehalten hatte». Aber das war vergeblich, und so habe sie glauben müssen, «Franciscus habe irgendein Schiff bestiegen, das dann bei irgendeinem Schiffbruch untergegangen sei», *in quodam maris naufragio subversam fuisse*. So heiratete sie schließlich einen anderen (aber durfte sie das ohne sichere Kenntnis vom Tode ihres Mannes? Darum gerät sie in diese Register). Oder da beklagt eine Witwe ihren Mann, einen Franzosen, der im Kampf um «gewisse vom Hl. Stuhl privilegierte Inseln» (und diese Formel deutet auf Inseln der Entdeckungen) irgendwo «im Meer unterging», *in mari submersus est*. Hier ist es der Wunsch nach Absolution des – toten, vielleicht schuldig gewordenen – Ehegatten, der vor die Pönitentiarie führt.

Auch einzelne Ritter des Christusordens treten auf, der in der portugiesischen Expansion eine bedeutende Rolle spielte, inzwischen bereits auf acht Inseln des Atlantik Komtureien hatte, und nun eine entsprechend große Anziehungskraft entwickelte: ein Rat des portugiesischen Königs tritt vom vielgenannten portugiesischen Ritterorden *S. Iacobi de Spata* zum Christusorden über. Angehörige beider Ritterorden ließen sich nun gern die strengen Ordensregeln mildern (ihrem Tatendrang besonders hinderlich schien ihnen das Fasten und allzu vieles Beten), ein Christusritter mit der Begründung, er stehe gerade in Afrika im Kampf für den Glauben.

Auch der Handel Portugals mit dem muslimischen Maghreb kommt in dieser Quelle vor. Denn die Lieferung kriegswichtiger Waren durch christliche Kaufleute an Muslime war im Prinzip verboten. Das erwies sich aber als undurchführbar, denn allzu zahlreiche Güter, von der Lanze über Bauholz und Metalle bis zum Schlachtvieh unterlagen dem Islam-Embargo, das das Papsttum seit den Kreuzzügen immer wieder verkündete. Wer dagegen verstieß – und das geschah alltäglich –, war exkommuniziert und mußte sich um Absolution an Rom wenden.

So finden sich in den Pönitentiarie-Registern zahlreiche Fälle von verbotenem Handels-Austausch zwischen christlichem Nord- und muslimischem Südufer des Mittelmeers, darunter auch portugiesische Fälle: Ein Händler aus Porto liefert Getreide, Wein, Metall *ad partes infidelium*; ein anderer gleichfalls Getreide, wobei die Fahrten in den Maghreb für ihn ein Laienbruder der Minoriten übernahm (dem Namen nach wohl ein Niederländer), der seinem Konvent bei Lissabon entlaufen war, bis ihn der Hunger nötigte, sich bei einem portugiesischen Kaufmann für solche Fahrten zu den Muslimen zu verdingen. Ein portugiesischer Ritter hatte Waffen an die Muslime verschifft, ein Genuese in Lissabon Metalle. Genua war die in Lissabon weitaus am stärksten vertretene italienische Kolonie. Wie früher Venedig nach Osten, so sah jetzt Genua in die richtige Richtung, nämlich nach Westen: seit 1479 lebt Christoph Columbus in Lissabon.

Der portugiesische Handel mit dem muslimischen Maghreb stand natürlich weiterhin unter dem päpstlichen Embargo. Und eben dieses Ausgreifen der Portugiesen nach Nordafrika – Vollendung der Reconquista und Beginn der portugiesischen Expansion und der Entdeckungen – ist mit dem Namen der 1415 eroberten Stadt Ceuta in unserer Quelle breit vertreten.

Ceuta war nach der Eroberung von 1415 ein dauernd bedrängter

Außenposten Portugals in muslimischem Feindesland. Daß, wie die Eroberung, so jetzt die Verteidigung von Ceuta fremde Ritter anzog, zumal für Beteiligung an diesen Kämpfen ein päpstlicher Kreuzzugs-Ablaß ausgeschrieben war: dafür bietet unsere Quelle eine interessante Episode. In einer Supplik berichten drei schottische Ritter 1441 von ihrer weiten Reise von den Hebriden nach Ceuta mit dem guten Vorsatz «gegen die Sarazenen zu kämpfen». In Ceuta blieben sie einen Monat (und ließen sich das auch schriftlich vom Kommandanten und Gouverneur des portugiesischen Königs bestätigen), hatten aber das Pech, daß gerade Waffenstillstand herrschte, so daß ihnen weder Kampf noch Sold wurde. Hatten sie ihr Kreuzzugsgelübde nun erfüllt oder nicht? Mit dieser Frage gingen sie resigniert nach Rom und baten um Antwort – aber bitte schnell und kostenlos, denn sie seien völlig mittellos, und «ihre Sprache, ihr Gälisch, verstünden in Rom kaum vier Menschen», *vulgare suum quod vix a quatuor personis Romane Curie intellegitur.* Das glaubt man beim Gälischen gern; doch wird mit *quatuor* vielleicht nicht «vier», sondern – wie im heutigen Italienisch *quattro gatti, quattro passi* – «ein paar» zu verstehen sein.

Die Kämpfe um Ceuta dauerten an – und erscheinen in unserer Quelle nun in ungewöhnlicher Weise: Ceuta als Verbannungsort schuldiger portugiesischer Geistlicher mit der Auflage, während ihres Exils dort gegen die Muslime zu kämpfen! Aus fast allen Diözesen Portugals schickten die Bischöfe ihre fehlbaren Geistlichen nach Nordafrika: nach Ceuta, nach *Arzila* (heute Asilah) an der atlantischen Küste, oder einfach *ad partes Affrice.* Zwischen 1499 und 1501 werden 16 Fälle genannt, allein 9 zwischen Juli und November 1499. Weit überwiegend sind es Fälle von sexuellen Verfehlungen, Verwundung oder Totschlag, deretwegen Priester und Kleriker vom geistlichen Gericht ihres Bischofs zu solcher Verbannung verurteilt werden.

Manche begaben sich, um das Urteil aufzuheben, persönlich nach Rom (damals 11 von 16 – und man bedenke einmal, was es für diese armen Teufel bedeutete, von Marokko nach Rom zu kommen!). Und die Abkürzung des Exils wird ihnen bewilligt, in aller Regel gegen Zahlung einer Summe zur Auslösung christlicher Gefangener aus muslimischer Hand. So ging es in den nächsten Jahren weiter mit den

Verbannungen nach Afrika. Allein in den 4 erhaltenen Jahren zwischen 1504 und 1509 sind es nicht weniger als 33 Fälle, in denen Geistliche mit niederen oder höheren Weihen aus verschiedenen Diözesen, meist Lissabon, von ihren Bischöfen nach Afrika verbannt wurden, auf 1, 2, 5, 7, 10 Jahre oder gar *ad perpetuum* (es scheint eine Art Tarif gegeben zu haben: für Ehebruch mit verheirateter Frau 5 Jahre, für Totschlag 10, für Mord lebenslänglich). Aber die meisten, auch die Lebenslänglichen, appellierten sogleich erfolgreich an den Papst, wieder mit einer Fülle von Argumenten, die Einblick in die Lebensverhältnisse geben.

Dabei verweisen die Verbannten auf das «andere Klima» (*aeris novitas*): an das Leben hier könne man sich nicht gewöhnen, ja hier in Afrika sei es nicht auszuhalten, «dort kann man eher sofort sterben als leben», *potius in brevi mori quam vivere posse.* Darum immer wieder das (von der Kirche ernstgenommene) Argument, der Aufenthalt dort in Afrika schade der Gesundheit oder gefährde sogar das Leben. Sehr geschickt das Argument, daß sie als Geistliche doch gar nicht kämpfen dürften, also auch nicht zum Kampf gegen die Muslime verurteilt werden könnten. Was mochten die Militärs auch mit all diesen schuldbeladenen Geistlichen anfangen, die ihnen da haufenweise zum Kampf gegen die Muslime herübergeschickt wurden, aber, nach Ausbildung und Einstellung, dafür gar nicht geeignet waren?

Ein besonderes Schicksal unter den Verbannten: Ein Geistlicher aus Lissabon erzählt 1453 in seinem Gesuch, er sei von einem Neffen des Erzbischofs von Lissabon dazu angestiftet worden, nachts im erzbischöflichen Palast zusammen mit Komplizen Gold, Silber, Geld und Gewänder zu entwenden. Entdeckt, wurde er aus Portugal verbannt, geriet in sarazenische Gefangenschaft und wagte dann nicht mehr, nach Portugal zurückzukehren. Ein Nachtrag der Pönitentiarie zieht die Linie dieses unerfreulichen Lebens nun in überraschender Weise weiter aus: *Et committatur confessori imperatricis, cum eiusdem imperatricis servitium sequi intendat,* der Fall sei an den Beichtvater der Kaiserin zu überweisen, also Eleonore von Portugal, die ein Jahr zuvor Kaiser Friedrich III. geheiratet hatte: denn in deren Dienst wolle der Petent treten! Aus den Kerkern des Maghreb an den Hof des Kaisers in Wiener Neustadt!

Im weiteren Umfeld von Ceuta hatte sich die Lage für Portugal allmählich gebessert. Tanger war 1471 endlich in portugiesische Hand gefallen, die Fahrten die Westküste Afrikas hinab hatten damals bereits den Golf von Guinea erreicht. Die in den Suppliken portugiesischer oder kastilischer Petenten geschilderten Fälle wechseln zwischen militärischer und kommerzieller Unternehmung, und das dürfte der Wirklichkeit recht nahe kommen.

Noch einen Blick auf die Ränder der Welt gewährt eine weitere, erst vor kurzem ausgewertete Quellengattung: die römischen Zollregister, die sich für vier Jahrzehnte der Frührenaissance 1445–1485 erhalten haben und erkennen lassen, daß durch die portugiesischen Entdeckungsfahrten nun auch Güter aus dem äußersten Süden – den Regionen südlich der Sahara – stetig nach Rom hereinkamen: *gatti mamoni* (eine Spezies Affen von südlich der Sahara), Papageien, schwarze Sklaven gewiß von einer der Sklavenjagden, mit deren großer Beute die Portugiesen ihre Unternehmungen finanzierten, denn an Sklaven zu kommen war leichter als an Gold und Gewürze. Und schwarze Sklaven auf den Markt zu bringen war jetzt umso lohnender, als mit der Eroberung von Konstantinopel durch die Türken der Zugang zu dem bislang wichtigsten Sklavenreservoir Südeuropas, der Nordküste des Schwarzen Meeres, verschlossen war: ein Wandel zu schwarzhäutigen Sklaven, der sich in der italienischen Dokumentation und auch in der Malerei niederschlägt. Schon der Schiffstyp *caravella*, im Hafen von Rom nicht häufig registriert, weist nach Westen. Gewiß aus der gleichen Himmelsrichtung Straußenfedern, Leopardenfelle, Elefantenzähne. Jetzt kamen die *Exotica* nicht mehr nur aus dem Orient, sondern auch aus dem Westen!

Zurück zu den Supplikenregistern der Pönitentiarie. Auch mit dieser Quelle erreichen wir den Kongo, erreichen wir Indien, und wieder treten Einzelschicksale von den Rändern der Welt vor unsere Augen. Der König von Portugal entsendet Missionare in den Kongo (*ad certam terram seu insulas de Magniconguo nuncupatas,* nämlich Mani Congo, des «Herrn des [Königreichs] Kongo»); einer von ihnen wendet sich an Rom, weil vielleicht durch seine Schuld ein Schwarzer, den er dort in Dienst genommen hatte, zu Tode gekommen war. Und Indien: Ein Ritter der *militia S. Jacobi de Spata*, zurückkehrend

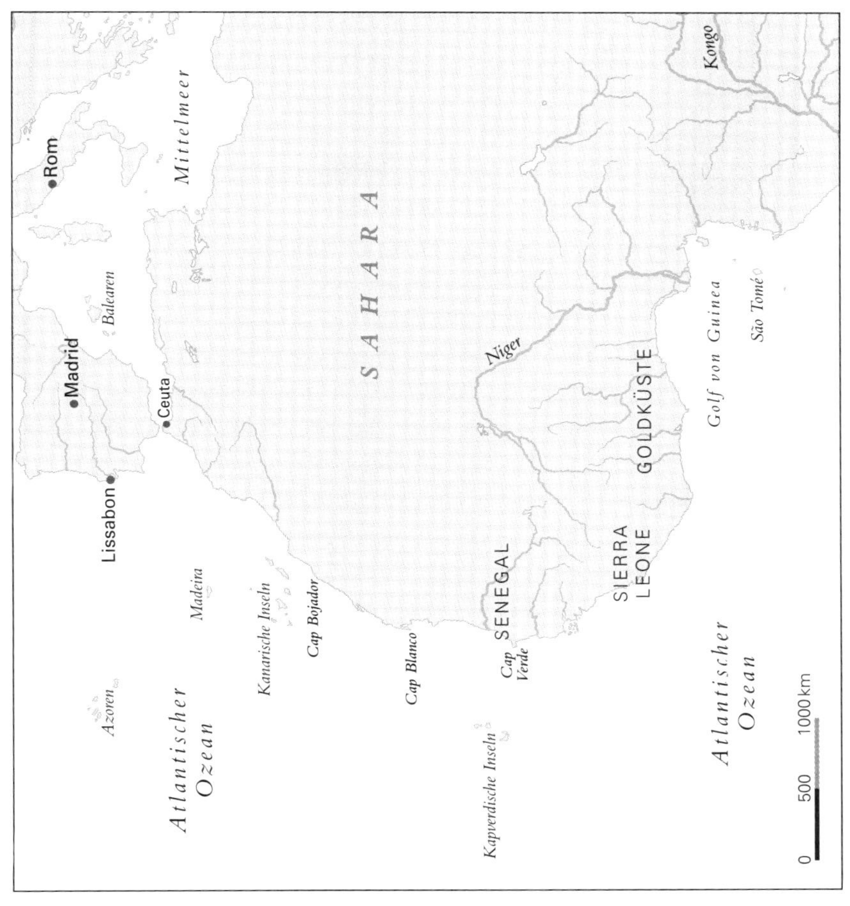

Karte 3: Westküste Afrikas und atlantische Inseln

«aus den Ländern Indiens und der Ungläubigen, in die er sich auf Befehl des Königs von Portugal zusammen mit vielen Christen zur Bekämpfung der Ungläubigen und zur Verbreitung des christlichen Glaubens begeben hatte», findet nach drei Jahren (er könnte also 1505 mit Francisco de Almeida nach Indien gesegelt sein) seine Ehefrau mit ehebrecherisch gezeugtem Kind, tötet sie und wird dafür nach Afrika verbannt. So wendet er sich nun an die Pönitentiarie, mit Erfolg wie in allen registrierten Fällen.

Und ein anderes persönliches Schicksal in weiter Ferne. Im August des Jahres 1520 erhielt der Rat von Bern ein Schreiben des portugiesischen Geschäftsträgers in Rom, worin dieser mitteilte, ein Berner Untertan in portugiesischen Diensten sei als *bombardeiro* in Indien verstorben (*in servitiis dicti regis in India*), die Erben könnten sich den Nachlaß in einem Spital in Lissabon aushändigen lassen. Es war die Antwort auf eine Anfrage des Berner Rats vom März 1519 nach der Hinterlassenschaft eines im Dienst des Königs verstorbenen Berners: offizielle Anfrage, die sich in Lissabon erhalten hat und Namen und Umstände nennt. Es ging um einen Wolfgang von Laupen, der, hochverschuldet nach dem Bankrott seines Vaters, erst nach Fribourg entwichen war und dann nach Portugal, wo er sich als Artillerist auf einem Indienfahrer anwerben ließ – vermutlich in der Hoffnung, mit reicher Beute nach Bern zurückzukehren und seine Gläubiger im Rat befriedigen zu können. Der Entdecker des Seewegs nach Indien, Vasco da Gama, ist noch am Leben, da ist schon ein Berner in Indien!

XX

Geschichte unterwegs. Beobachtungen von einer Fahrt durch Sibirien mit einem Stimmungsbild aus der sibirischen Regionalpresse kurz nach dem Zusammenbruch der Sowjetunion

Eine Fahrt mit der Transsibirischen Eisenbahn von Moskau nach Wladiwostok sieben Monate nach dem Ende der Sowjetunion: ein Raum von unvorstellbaren Ausmaßen; eine Zeit, in der man sich nicht vorzustellen wagt, wie es nun wohl weitergehen werde.

Es ist nicht der gewöhnliche grüne *Rossija*-Express, der die 9300 km in 6 Tagen und 6 Nächten bewältigt, aber mit seinen Aufenthalten von jeweils nur 10–15 Minuten die Städte an der Strecke nicht sehen läßt, sondern ein eigener Zug, der sich für seine deutsch-schweizerische Reisegesellschaft mehr Zeit nehmen kann. Daß solches Reisen nicht zu näherer Begegnung mit den Menschen führt, ist uns bewußt: was die Menschen hier in diesen Tagen bewegt (und daß sie einiges bewegt, glaubt man sogar ihren verschlossenen Gesichtern anzusehen, oder erwartet es auch nur), wird sich am ehesten aus der lokalen Tagespresse ersehen lassen – eine Quelle, die wir hier sprechen lassen wollen, weil sie dem Historiker meist schon nach kurzer Zeit nicht mehr zur Verfügung steht.

Die Strecken-Kilometer zählen ab Moskau, wie einst die Meilen ab Rom. Bei km 1777 überschreitet der Zug, im Ural, die angezeigte Grenze zwischen Europa und Asien und tritt nun in die westsibirische Tiefebene ein. Weite, eigenartige Waldsteppe, niedrige Waldränder und Baumgruppen, dann wieder große Birkenwälder. Kleinststationen in freier Landschaft bei unansehnlichen Siedlungen aus Holzhäusern. An den Bahnübergängen (Unterführungen gibt es kaum) steht jeweils eine Bahnwärterin reglos mit einer Kelle oder gelben Flagge, als salutiere sie dem Zug. Städte kündigen sich oft durch Datschen-Siedlungen an, die gewaltige Flächen bedecken und weniger monoton, aber besser gehalten wirken als die städtischen Wohnblöcke. Auf den Bahnhöfen sehen wir, von einzelnen Frauen verkauft, Himbeeren, heiße Kartoffeln mit Lauch, Bier, eingelegte Gurken. Photographieren darf man nun ungeniert, früher war das auf Bahnhöfen streng verboten. Was mögen die Polizisten dort denken, die noch vor einiger Zeit scharf dagegen eingeschritten wären? Schließlich sind es noch dieselben Polizisten.

Novosibirsk. Gegründet 1893, als die Transsibirische Eisenbahn hier den Übergang über den Ob suchte. Schon nach 70 Jahren Millionenstadt. Für eine so rasch gewachsene Stadt wirkt sie doch recht ansehnlich, und man müßte gerechterweise die Initiativen kennen, die es kostet, so viele Menschen in solcher Umgebung materiell und kulturell zu ernähren. Die großen Wohnblöcke sehen überall aus, als seien sie in kürzester Zeit massenhaft aufgestellt worden, und so versteht man gar nicht die – immer wieder beklagte – Wohnungsmisere (geschiedene Paare müßten darum oft in der Mini-Wohnung weiter beieinander aushalten). Man zeigt uns einen bestimmten Typ Schlichthäuser, der, in einer Mischung von Anerkennung und Spott, überall in Rußland ‹Chruschtschowki›, «Chruschtschow-Häuser» genannt wird. Häuser, Alleen, Parks lassen noch erkennen, wie schön man es hatte machen wollen: aber ohne jeden Unterhalt muß das schon nach kurzem so aussehen, wie es eben aussieht. Die Einheits-Fenstergitter vom Typ «halbe aufgehende Sonne» verlassen uns die ganze Strecke nicht.

Sehr belebt ist der große Bahnhof, er ersetzt eine ganze Stadt. Bis in die Nacht wimmelt es davor und im weiten neoklassizistischen Innern von Menschen. In den großen Wartesälen beidseits der Schalterhalle viele Verkaufskioske und einzelne Stände. Und was nicht alles verkauft wird: Heidelbeeren, Räucherfische, ein Schokoriegel namens ‹Rambo› (amerikanisch muß es jetzt sein, und sei es der Antisowjetheld Rambo), Bücher (auch Trotzki für 90 Rubel). Wir kaufen erste lokale Zeitungen, die wollen wir uns dann verdeijtschen lassen. Sie heißen ГОЛОС «Zeitung der Invaliden, Pensionäre, Veteranen», und ‹Patriot

Rodiny›. Unter den elektronischen Spielen der Bahnhofshalle ein englisch beschriftetes Kriegsspiel, das eigentlich *gegen* die Russen gedacht war: aber daran denkt schon jetzt keiner mehr. Ein ankommender Zug, Leute mit Beereneimern, das Handtuch obenauf schon gerötet vom Saft, kehren heim.

Der Markt. Großes Getümmel um Straßen und Marktbezirk; auf einem Teil bieten Bauern ihre kleine landwirtschaftliche Privatproduktion an. Dazwischen eine lange Reihe, mindestens 200 m, von Menschen Ellbogen an Ellbogen, die stumm irgendeine einzelne Ware zum Verkauf vor sich hinhalten, wie wir es schon in Moskau sahen: in der einen Hand einen Schuh, in der anderen zwei Glühbirnen; oder in der einen Hand einen Büstenhalter, in der anderen einen Räucherfisch; eine Flasche Bier, eine Rohr-Verbindung oder ein anderes technisches Ersatzteil, einen Kugelschreiber. Das Gedränge ist unbeschreiblich, aber keine Ungeduld, keine Aufregung, man bewegt sich nicht unangenehm in der Menge. Man läßt uns ziemliche Freiheit: auch wenn wir uns mal von der Gruppe absentieren wollen, ist das möglich.

Sonntagsgottesdienst in der orthodoxen Kirche, gedrängt voll. Viele alte Frauen, aber auch junge Männer. Die Ikonostase, parallel davor weitere Heiligenbilder, das ergibt eine viel frontalere Wirkung als in den Kirchen des Westens. Vorn andächtiger Gottesdienst, hinten beflissener Kerzenverkauf, von dem die Kirche auch lebt. Ein Tisch mit gespendeten Eßwaren. Es ist unvorstellbar, daß so viel religiöses Bedürfnis, so viel Andacht sieben Jahrzehnte lang unterdrückt werden konnte. Vor der Kirche viele alte Bettlerinnen (manche alte Frauen sollen ihren Platz in Warteschlangen für ein Geringes verkaufen). Aus dem Konservatorium vor dem ‹Potschtamt› (Postamt) dringt Schumann.

Das große Lenin-Denkmal der Stadt soll entfernt werden, sagt man uns. Aber noch sahen wir nirgends einen Lenin abmontiert, nirgends einen Lenin-Platz umbenannt. Die Mitreisenden stürzen sich photographierend auf jeden Lenin in der Meinung, ihn beim nächsten Mal nicht mehr vorzufinden. Aber bei Lenin sind wir uns da nicht so sicher. Bei diesem Lenin-Denkmal versammeln sich heute, am «Tag der Kriegsmarine», jüngere Marinesoldaten, sehr salopp und fast wie eine Demonstration.

In den Nachrichten des Fernsehens als erstes Moldawien: die ratlosen Gesichter von Offizieren. Und natürlich Nagorny Karabach – all das gab es früher nicht, weil es das nicht geben durfte. Wie schrecklich muß für viele die neue Orientierungslosigkeit sein und wie demütigend dieses Erwachen aus dem Traum einer Weltmacht ohne verlorenen Krieg. Und seltsam, Offiziere zu sehen (und wie demütigend für sie), deren Uniformen und Rangabzeichen man auf dem Arbat (und am Brandenburger Tor) im Ausverkauf erwerben kann; ja da liegt neben dem deutschen Soldbuch aus dem Zweiten Weltkrieg nun auch schon das sowjetische Parteibuch zum Verkauf. Man vergißt auf dieser Strecke freilich leicht, daß wir durch ein Land fahren, das immerhin -zigtausend Atomsprengköpfe zur Verfügung hat. Im Augenblick scheinen aber auch die Russen dieses Bewußtsein nicht zu haben. Aber das Gefühl von Demütigung, von verlorener Selbstachtung ist wohl das Schlimmste, das Gefährlichste.

Weiter nach Osten. Irgendwo zur Rechten muß jetzt Kemerowo liegen, Zentrum des sibirischen Kohlegebiets, wo die Bergleute schon 1989 politische Streiks machten. Wir erkennen die Nähe an den vielen Güterzügen mit Kohle. Die uns entgegenkommenden endlosen Züge folgen einander oft im 5 Minuten-Rhythmus (was ja schon eine große Leistung ist). Viel Kohle, viel Holz. Man erkennt aber auch die Verletzlichkeit des Reiches, die uns so nicht bewußt war: die Transsib ist praktisch die einzige Arterie, denn Parallelstrecken gibt es nicht, Fernstraßen auch nicht. Container sehen wir auffallend wenige. Die erstaunliche Zugfolge der Güterzüge: mindestens darin scheint die zentrale Wirtschaftslenkung doch zu funktionieren – oder wer sonst läßt diese zahllosen Güterzüge fahren? Um beginnende *Privat*initiative zu erkennen, ist die Transsib nicht der richtige Beobachtungspunkt. Die Fabriken, die wir an der Strecke sehen, wirken meist verkommen und hinfällig. So urteilen auch Mitreisende, deren professioneller, unternehmerischer Blick uns vieles verstehen hilft.

Taiga, Km 3571. Gegenüber hält der schlichte Schlafwagenzug Irkutsk–Simferopol. Weiterhin Birken, Birken, Birken, in Reihen, in Gruppen, in Wäldern, jedenfalls immer gesellig. Und doch wird uns diese Eintönigkeit nie langweilig, und wir beginnen zu verstehen, wie Traugott von Stackelberg, Gefangener des Ersten Weltkriegs, sein

«Geliebtes Sibirien» schreiben konnte. Wir schauen stundenlang aus dem Fenster. Oft ist kilometerweit kein Mensch zu sehen.

Abendlicher Halt in Mariinsk, Km 3719 östlich Moskau. Auf dem Bahnsteig auffallend viele Personen. Weil sie auf ihren Zug warten, oder weil Sonntagabend ist, meinten wir, denn an unserem Zug zeigen sie kein besonderes Interesse. Die Sache klärt sich bald in überraschender Weise auf. Der Zug Ulan Bator-Moskau läuft ein. Alle stürzen an diesen Zug, an dessen Fenstern sofort chinesische oder mongolische Gesichter erscheinen, und: Waren! Turnschuhe westlichen Zuschnitts, kunstseidene Windjacken, Polohemden, T-Shirts, Lederjacken und ähnliches. Der Handel beginnt noch bevor der Zug steht, denn die wenigen Minuten Aufenthalt wollen genutzt sein: rasches Feilschen, schnelles Anprobieren, nicht viel Worte, Rubel werden hinaufgereicht – und schon fährt der Zug weiter Richtung Moskau.

An dieses aufregende Vorkommnis schließt sich in unserem Wagen eine lebhafte Diskussion an, denn unsere Mitreisenden sind ja überwiegend Geschäftsleute, die solche Dinge mit Interesse und Kompetenz weitaus besser beurteilen können als wir. Sie reflektieren über das Preisgefälle, die möglichen Gewinnspannen, den mutmaßlichen Ertrag einer solchen Reise, wenn man sein Abteil mit Waren vollstopft und die Rubel dann in Moskau in Dollars umtauscht. Erstaunlich, daß China solche Waren im Überschuß produziert (oder ist es doch teilweise Import?) und nach Rußland absetzen kann. Der Ertrag einer solchen Reise soll bisweilen mehrere Tausend Dollar erreichen. Die begehrenswerten Dinge kommen aus dem Westen, aber von Osten!

Fernhandel zwischen Europa und Ostasien: da fällt einem natürlich Marco Polo ein, und der Florentiner Francesco Pegolotti, der in seinem Handelshandbuch von 1340 praktische Ratschläge für die neunmonatige Reise von der Krim nach Peking gibt. Als Ware nehme man, riet er, am besten Leinen mit, kaufe dafür in Urgendsch Silberbarren, die würden einem in China in Papiergeld gewechselt, für das man dann dort Seide kaufen könne. Heute würde Pegolotti für den Handel auf der Seidenstraße (oder heute besser: Kunstseidenstraße) in umgekehrter Richtung wohl schreiben: Als Ware nehme man am besten westlich gestylte Sportjacken und Sportschuhe mit, verkaufe sie unterwegs in Sibirien gegen Rubel, tausche diese dann in Moskau gegen Dollar …

Und so würden wir gern wissen, welchen Weg die (wenigen) Dollar-Noten, die wir ausgeben, wohl nehmen – man sollte ihnen einen Mini-Sender einbauen oder sie wie Tauben beringen oder sonstwie zu Selbstaussagen bewegen können. Sicherlich werden sie nicht so rasch vom Staat abgeschöpft werden können wie früher, sondern in einem eigenen Kreislauf zirkulieren. Wahrscheinlich werden sie auch einmal bis Peking kommen, um dort, wo man mit Rubeln nichts kaufen kann, in Ware umgesetzt zu werden, die man dann wiederum in Rußland vorteilhaft absetzen kann. Ein Mitreisender aus der Kaufhausbranche versucht uns zu erklären, was die Märkte mit ihrem kümmerlichen Warenangebot für die Verkäufer noch attraktiv mache: Wenn die einen Bleistift für 1 Rubel kaufen und für 2 Rubel verkaufen, sind das 100% Reingewinn, während beim Verkäufer im Westen Steuern abgehen, Sozialabgaben, die aufgewendete Zeit etwas kostet. Hier scheint die Zeit nichts zu kosten.

In der Nacht werden wir Krasnojarsk passieren. Etwas südlich davon Lenins Verbannungsort Schuschenskoje (1897–1900). Lenin brauchte damals 81 Tage bis hierhin, doch war das langsam, Maria Wolkonskaja brauchte 1826 nur 23 Tage bis Irkutsk.

Was auf diesen Geleisen so alles gefahren ist: Panzerzüge der Roten, Truppen der Weißen und der Alliierten, später die Heere von Gefangenen: nicht nur die deutschen Kriegsgefangenen (die den Mitreisenden immer noch als erste einfallen), sondern die Millionen der vielen Verhaftungswellen, wie sie Solschenizyn im Archipel GULAG benennt. Die euphorischen, illusionären Reportagen von Egon Erwin Kisch aus der jungen Sowjetunion von 1925/26 jetzt gleichzeitig mit Solschenizyns Archipel GULAG zu lesen macht schwindlig.

27. Juli 1992. Wir wachen auf in der Gegend von Kansk, nun also in Ostsibirien. Denn in der Nacht haben wir den Jenissej überschritten. Der Nadelwald hat inzwischen stark zugenommen, aber weiterhin auch Birken: also weiße gegen rote Stämme, der Wald oft licht, mit viel Grün darunter. Wirklich hohe Bäume haben wir noch nicht gesehen.

Taischet. Hier geht die neue (seit 1974 gebaute) Baikal-Amur-Magistrale, also die nördliche Transsib-Variante, zum Pazifik ab, durch Regionen mit dauergefrorenem Boden. Der Wald macht auch jetzt nie den Eindruck eines Urwaldes, wirkt auch nie verwahrlost. Die Siedlungen werden immer spärlicher und sind nun reine Holzhaus-Siedlungen in gerodeten Waldlichtungen an der Strecke.

Dann tritt der Wald immer stärker zurück, werden die Siedlungen zahlreicher, größer, industrieller. Wir erreichen Irkutsk, vom Baikal-See die Angara aufwärts, ein Fluß breit und buchtenreich wie ein See, beide Ufer noch fast unberührt.

1661 gegründet, ist Irkutsk für eine sibirische Stadt sehr alt. Einst Zentrum des Pelzhandels (von hier kamen die Winterfelle für die Roben europäischer Amtsträger); Verbannungsort der Dekabristen (und ihrer Frauen, soweit sie ihren Männern folgten wie Maria Wolkonskaja), dann aber auch von Molotow, Kirow, Dserschinsky und (1903) Stalin. Im Vergleich zu dem bisher Gesehenen wirkt dieses «Paris Sibiriens» sehr respektabel und wohnlich mit seinen baumbestandenen Straßen und seinen Fassaden.

Die Landschaft Sibiriens ist anders als gedacht, und so empfinden es alle: nicht Urwald und Sümpfe. Aber unvorstellbar, was vor dem Bau der Transsib die Durchquerung dieses Erdviertels bedeutete. Aus bloßen Winterlagern des Pelzhandels dieser Route wurden die heutigen Industriestädte. Unendliche Weiten. Für den, der mit Asien noch wenig Anschauung verbindet, ist es hilfreich, die großen geographischen Koordinaten vor Augen zu haben: Indien begann auf der Höhe von Tjumen und endete bei Krasnojarsk; China begann bei Omsk und wird erst am Amur enden; die Höhe von Peking erreichen wir hinter Tschita. Dazwischen die Mongolei: die Handelsstraße dorthin, und ins Zentrum Ulan Bator, beginnt in Ulan-Ude.

Nun also durch Transbaikalien. Große monotone Distanzen. Inzwischen sind wir bei den Burjäten angekommen, den Mongolen (und D. erfindet nützliche Beiträge für die Göttinger Akademieabhandlungen: ‹Ein weiteres Tempussuffix im Burjätischen?› oder ‹Zur tungusischen Ablautreihe›). Den Serenga aufwärts, die Landschaft ändert sich.

Ulan-Ude. Von hier ging die alte Handelsstraße südwärts in die

Mongolei nach Ulan Bator, die wir in abenteuerlicher Busfahrt auch ein Stück weit befahren, um das buddhistische Vorzeige-Kloster Iwolginski Dazan zu erreichen. Die Kohlfelder am Wege sind von einer chinesischen Kooperative gepachtet und bewässert. Das Ausbesserungswerk für MIG-Flugzeuge darf photographiert werden: jetzt scheint nichts mehr abgesperrt (so wie wir vor zwei Wochen in Rom zum ersten Mal in die bisher streng verschlossene Residenz des sowjetischen, nun russischen Botschafters eingeladen wurden, die Villa Abamelek).

Die Stadt, wir sehen sie bei 30° Hitze, hat auf ihrem Hauptplatz einen Lenin-Kopf groß wie der Behälter eines Wasserturms. Wie in Moskau einen alten Metallguß ‹Lenin tröstet einen weinenden Besprisorny› (ein Waisenkind der Revolution), kauft D. hier eine Lenin-Münze; die Durchbohrung zeigt, daß sie einmal als Schmuck getragen wurde. Eine burjätische Folklore-Gruppe mit zwei Kriegsveteranen, die als junge Soldaten Deutschland erobert haben (dort wo ihr Krieg endete, im Spreebogen am Reichstag Anfang Mai 1945, ist gerade der Architektenwettbewerb für den Bau des neuen deutschen Regierungsviertels im Gange). Natürlich erwarten sie etwas von uns, einfach weil sie darauf angewiesen sind, und das schneidet, bei ihrer Zurückhaltung, ins Herz.

Nicht daß man in Rußland hungerte, keineswegs. Aber die Existenz ist doch auf das Elementarste beschränkt. In Kaufhäusern sehen wir, worauf das Angebot reduziert ist: wie ein deutsches Kaufhaus vor der Währungsreform. Das Ritual ist immer das gleiche: erst Schlangestehen vor der Ware, dann vor der Kasse, dann wieder beim Abholen der Ware. Schlangen bilden sich überhaupt schnell. Das stundenlange stumme, ergebene Warten, in der Schlange, im Wartesaal: das würde man bei uns nicht ertragen. Aber man würde auch nicht ruhen, bis die Verhältnisse soweit geändert wären, daß man nicht mehr warten *muß*. Doch daß man angebettelt wird, war schon in Moskau selten, vielmehr Anerbieten zu Tausch oder Dienstleistung: wir wurden dort von netten jungen Russen und Russinnen angesprochen, die sich durch irgendein Angebot, Führung oder Hilfe, etwas Geld verdienen wollten. Hier spricht uns eine Burjätin auf deutsch an, sie war früher in Berlin, Potsdam, Karl-Marx-Stadt. Draußen demonstrieren Don-Kosaken, einst hierher transplantiert: wohl für Autonomie, oder für Ordnung, jedenfalls forsch.

Unsere beiden russischen Führerinnen, sympathisch und intelligent, sprechen in kritischer Offenheit über alles (ob das bei Intourist auch schon so ist?) und stehen bereitwillig für Auskünfte zur Verfügung. Davon wird gern Gebrauch gemacht. Fragen zu Durchschnittsverdienst: 2000 Rubel, dafür würde man heute im Umtausch 25 DM oder 15 Dollar erhalten (in Chabarowsk hören wir: 3000–5000 Rubel). Aber der Wechselkurs ändert sich rasch: Reise-Bücher – bei denen man nun ohnehin auf zeitliche Brüche im Text stößt, denn mit solch beschleunigter Entwicklung kann keine Neuauflage mithalten –, Reiseführer wird man bei diesem galoppierenden Verfall des Rubels an ihren Geldwechsel-Angaben auf die Woche genau datieren können! Selbst während unserer Fahrt hat sich der Rubel weiter drastisch verschlechtert: anfangs 1 Dollar = 125, jetzt 155 Rubel! Fragen zu Renten: 700 Rubel im Monat nach 25 (Mann) bzw. 20 (Frau) Jahren ununterbrochener Arbeit. Wer nicht gearbeitet hat, erhält nichts. Zahlt ganz der Staat. Preise: Das reichhaltige Abendessen in unserem feudalen Vertragshotel in Moskau würde 500 Rubel kosten. Hingegen Bahnfahrt 2. Klasse Moskau-Petersburg 143 Rubel; russisches Bier 25 Rubel. Aber: Strom 24 Kopeken/kwh; 1 qm Wohnfläche 13 Kopeken Miete beim Staat! Arbeitslosenunterstützung: Gab es früher nicht, weil es Arbeitslosigkeit offiziell nicht geben durfte; gebe es jetzt, aber nicht monatlich. Interessierte Fragen auch nach den Besitzverhältnissen: Das Gesetz über Boden-Eigentum sei noch nicht durch; erste Landverkäufe durch den Staat. Aber die neuesten Wirtschaftsdaten, laut westlicher Presse, sind erschreckend: im ersten Halbjahr 1992 haben sich die Preise verzehnfacht, die Löhne nur vervierfacht, die Inflation ist 3% *wöchentlich*, die Industrieproduktion um 13% gesunken, die Ausfuhr um 35%. Schrecklich, wenn es so weiterginge.

In Transbaikalien sieht die Landschaft schon mehr aus wie wir uns Sibirien vorstellen, heute beim Aufwachen in dramatischer Beleuchtung: gegen die Mongolei ein gewaltiges Föhnfenster. Halt in Tschita, Km 6200 ab Moskau, eine der schon Mitte des 17. Jahrhunderts auf der Trasse des ‹Moskauer Trakts› gegründeten Siedlungen, bis zum vorigen Jahr für Ausländer nicht zugänglich. Erstmals sehen wir eine Art von Containerbahnhof. Imponierend immer die Zahl und Größe der Lokomotiven. Öl-Tankwagen bis zu 120 t Ladung auf 8 Achsen, bei der Länge der Güterzüge zählen wir nie weniger als 50 Wagen. Daß der Gleisunterbau das aushält (zumal der Untergrund oft wenig fest sein dürfte), spricht für die Erbauer. Die Bahnhofsuhr zeigt wieder die Moskauer Zeit: dort ist es noch tiefe Nacht, hier Vormittag.

Was an verrottendem Material die Gleise begleitet, ist schlimm, von der Bremsbacke bis zur Lokomotive. Manches sieht so vollständig aus, als habe nur ein Ersatzteil gefehlt (da könnte die Umstellung der Rüstungsindustrie – die jetzt vielgenannte ‹Konversion› – doch wirklich Nützliches leisten). Alte Telephonleitungen, ungenutzt an ihren meist umgestürzten Masten hängend (oder diese an ihnen), begleiten uns fast die ganze Strecke. Dabei muß der technische Verstand doch da sein. Denn bei jeder Stadtführung heißt es, diese Stadt habe 5 Hochschulen, jeder zehnte Einwohner sei Student, usw. Natürlich sind das Fachschulen, aber wenn hier auch schon in der Schule die technische, praktische Ausbildung so im Vordergrund steht, sollten sie doch in der Lage sein, systematisch Reparaturen vorzunehmen.

Der Bahnhof von Tschita. Die Wartesäle wieder voll von stumm und ergeben Wartenden, einige mit Bergen von Gepäckballen, vermutlich Verkaufsware. Viel Militär, denn die chinesische Grenze ist nicht mehr weit. Eine Menge von Kiosken mit eingelegten Tomaten in Riesengläsern, Teigtaschen, ein paar Bonbons, Getränken, Büchern, Heften. Wir kaufen, was es im Westen nicht mehr gibt: ein Blechauto zum Aufziehen. Auf den Straßen immer wieder diese Lastwagen, die so aussehen, als habe ein Kind sein Spielzeugauto auseinandergenommen und dann Fahrgestell und Karosserie nicht wieder richtig zusammengekriegt.

Vor allem kaufen wir jetzt Zeitungen, hier wie auf jedem Haltebahnhof, besonders die lokalen sibirischen Blätter (daneben natürlich auch die großen Moskauer Zeitungen): damit dann unser Sohn Christian Esch Nachrichten auswähle, übersetze und aus seiner russischen Kompetenz die unterschiedliche Ausrichtung dieser Zeitungen erkläre (an *Sciences Po*, dem *Institut d'Études Politiques* in Paris, mußten wir Studenten damals sogar einen Artikel schreiben, aus dem die politische Ausrichtung einer Zeitung zu erkennen war). Das Ergebnis sei hier eingefügt: ein Schnitt durch Stimmung und Befinden zweier sibirischer Juli-Wochen 7 Monate nach dem Ende der Sowjetunion, einiges aus niedrigster Augenhöhe (Abb. 20). Und das sei, wichtiger als das persönliche Reiseerlebnis, der Kern unserer Geschichte.

Kaum eine Zeitung, die nicht mit dem modischen Mittel der Umfrage die Stimmung sondiert. Da widmet der «Transbaikalische Arbeiter», herausgegeben vom Gebietssowjet der Volksdeputierten von Tschita, Auflage 100 300, eine ganze seiner 4 Seiten der Umfrage, wie die Privatisierung des Bodens vorangehe; ob die Souveränität Rußlands stärker oder schwächer geworden sei (86%: «schwächer geworden»), und ob alle Russen chancengleich Unternehmer werden könnten (87,4%: «nein»). Vor allem aber, wie es um den Beliebtheitsgrad der Politiker stehe: von den Jelzin-Wählern des Vorjahres würden jetzt nur noch 17,92% Jelzin wiederwählen, Ryschkow würde bei diesen Lesern um die Hälfte auf 29,74% fallen, die Rechten Schirinowski und Makaschow hingegen würden ihre Voten auf 10,44% bzw. 6,58% verdoppeln und hätten Jelzin (3,75%) damit bereits überholt; 33,53% würden gar nicht zur Wahl gehen. Freilich krankt die Umfrage daran, wie die Zeitung selbst beklagt, daß der Rücklauf von 881 Antworten weit überwiegend Rentnern verdankt wird.

Ganz anders die Zielgruppe in der Umfrage der Jugend-Monatsbeilage zur angesehenen Moskauer Wochenzeitung «Argumenty i Fakty», «Ja molodoj» («Ich bin jung», im Titel verdeutlicht durch Cola-Cup, Walkman und Skatebord, Auflage 150 000): «27% der russischen Studenten glauben an Parawissenschaft, 43,5% glauben an ein Leben nach dem Tode, 6,5% besitzen Valuta». Dann «17 Rezepte gegen Melancholie» – und die braucht es wahrhaftig in dieser Zeit, denn «nur einer von 100 ist mit seinem Leben zufrieden», 26% der russischen Studenten wollen die Heimat in absehbarer Zukunft verlassen. «Jeder dritte Sibirer ist im Grunde schlechter Stimmung», ist das Ergebnis einer Umfrage überschrieben (1377 Antworten), mit der die «Iswestija» feststellen wollte, was die Leute im Augenblick am meisten bewegt: für 74% ist es die Preissteigerung, für 28% die drohende Massenarbeitslosigkeit, für 22% die Korruption im Staatsappa-

Abb. 20. Sibirische Regionalzeitungen, im Sommer 1992 in den Städten an der Transsibirischen Bahn erworben, spiegeln Stimmung und Befinden kurz nach dem Zusammenbruch der Sowjetunion und lassen erkennen, was die Menschen hier in diesen Tagen bewegt. Je kleiner das Blatt, desto entschiedener die Meinung. Aus den Artikeln spricht mal der hilflose Zorn derer, die die Sowjetunion einst groß und Rußland nun klein sehen (Berichte aus den baltischen Staaten und Moldavien erzählen von ersten Demütigungen der Russen), mal hilflose Ratlosigkeit in bangen erschütternden Worten. Wie redet man jetzt von Gorbatschow, von Chrustschow, von Stalin? Mit dem sichtlich noch unvertrauten Mittel der Umfrage wird der Beliebtheitsgrad von Politikern, das Urteil über die Privatisierung, die Einschätzung der persönlichen Lage erkundet. Erste schüchterne Versuche mit dem Kapitalismus (neues *Biznjes*/Business-Lexikon! 100 % Zinsen im Jahr! Programm für die Selbstausbildung zum ‹Turbo-Buchgalter›!). Und noch aus den Kleinanzeigen (empfehle dieses Tränengas-Spray; organisiere Ausreise in die USA; heile von Trunksucht) sprechen Ängste und Hoffnungen einer zutiefst verunsicherten Zeit.

rat und die unzureichende soziale Sicherheit; 38% meinen, man solle nicht überhastet reformieren, nicht weniger als 28% sind für die Rückkehr zur Planwirtschaft!

Und die tief empfundenen Demütigungen dieser Tage: die Behandlung der Russen in Moldawien und den baltischen Staaten. Der «Patriot Rodiny», «Patriot der Heimat» aus Novosibirsk (für den Militärbezirk Sibirien und Transbaikalien, Auflage 6239) berichtet ausführlich vom Kampf tapferer Kosaken gegen böse Rumänen und droht: «Noch nie hat auch nur ein Rumäne den Rücken eines Kosaken gesehen, und er wird ihn auch nicht sehen ... Der Kosak war schon immer ein Kämpfer und ist nie hinter dem Ofen geblieben, wenn es Rußland schlecht ging ... 25 Millionen Russen sind jetzt außerhalb der Grenzen, man bringt sie dort um, man nimmt ihnen die Bürgerrechte, vertreibt sie mit nur einem Koffer. Wie lange kann man das noch dulden? Ich bin überzeugt, daß die Russen sich bald erinnern werden, daß sie Russen sind ... Wir verstehen zu kämpfen, nicht für ‹links› oder für ‹rechts›, sondern für uns und unsere Heimat.»

Und die andere, die baltische Wunde: «Auf die Russen schaut man von oben herab», resümiert die «Iswestija» Leseproben aus estnischen Zeitungen. «Gott sei Dank, daß Zar Peter diese weitere ‹Errungenschaft› der Perestroika nicht miterlebt, den Zerstörern seiner großen Macht hätte er es schon gezeigt», wettert die «Prawda» gegen die neuen Einreiseerschwerungen Estlands (und erinnert auf der ersten ihrer acht – überwiegend dem Prozeß gegen die KPdSU gewidmeten – Seiten an den 50. Jahrestag des Befehls des ‹Jefrejtor Schiklgruber›, Stalingrad zu erobern).

In der – auch in Ostsibirien verkauften – «Narodnaja Prawda» aus ‹Leningrad-Peterburg› entrüstet sich ein Leser aus Karaganda über den Prozeß gegen Erich Honecker (während gleichzeitig in der «Iswestija» ein fairer Prozeß erwartet wird), wettert ein anderer gegen «Lüge und Verrat der Gorbatschowerei», wird dazu aufgerufen, sich zwischen 16 und 19 Uhr bei der Metrostation Wassileostrowskaja als Freiwilliger zur Verteidigung Transnistriens gegen Rumänen und Moldawier zu melden oder sonst Hilfe dafür zu bieten.

Der hilflose Zorn derer, die die Sowjetunion einst groß und Rußland nun klein sehen, spricht Zeile für Zeile aus dem «Monatsblatt der volksdemokratischen Bewegung Dagestans ‹Stalin›», mit wüsten Tiraden gegen Chruschtschow («selten haben Mütter verschlagenere Kinder als Chruschtschow geboren») und gegen Gorbatschow («Ein Mensch der viel redet, und vor allem sagt ‹mir›, ‹mich›, ‹mein›, ‹ich›, wird nie für die Leute arbeiten»). Unter Stalin – dem ein Leser nachrühmt, er habe ihm einst ein weggenommenes Spielzeug ersetzt – «haben auch die alleruntersten Beamten Verantwortungsgefühl gehabt». «Gorbatschow ist der Chruschtschow unserer Tage: genauso verantwortungslos». Oder die Zeitung «Borba» (Moskau, Auflage 40 000, Motto: «Das sozialistische Vaterland ist in Gefahr»), ein kleines Blatt von vier Seiten mit vielen Ausrufezeichen: «Schande! Schande! Schande!» über die Eingreiftruppe des Innenministeriums, die am Gefallenengedenktag einen Zug von Veteranen auf der Twerskaja auseinandertrieb. Notfalls müsse man bereit sein zu militärischer Auseinandersetzung mit der Bourgeoisie. Während so auf der einen Seite «Moral, Sittlichkeit und militärische Pflicht» hochgehalten werden, findet man auf der anderen Seite des Spektrums Zeitungen sogar mit Rezepten und Erfahrungsberichten, wie man sich – legal und illegal – dem Wehrdienst entziehen könne: da hat ein Wehrpflichtiger sich in wenigen Sitzungen beim Psychiater zum Stotterer ausbilden lassen, weiß jene Jugendbeilage von «Argumenty i Fakty» zu berichten.

In dieser heillosen Situation finden auch unverdächtige Regimekritiker von gestern bange, elegische, erschütternde Worte ohne Triumphgeschrei, so Jewtuschenko in der «Iswestija» («Abschied von der Roten Fahne»): «Bist vom Kreml nicht so heruntergekommen wie Du auf ihn heraufgekommen bist und auf den glimmenden Reichstag; hast aber auch über GULAG geweht; warst uns Bruder und Feind; wirst jetzt für Valuta verkauft; in den Kindertagen haben wir ‹Rote› gespielt und den ‹Weißen› gings schlecht. Ich bin nicht einer von den Kommunisten, aber ich schaue auf die Flagge, und ich weine».

In der gut aufgemachten, auf der Linie Jelzins liegenden «Rossija» aus Moskau eine Bildreportage über die Lage in Transnistrien mit besonnenem Kommentar, dazu einer der – gegenwärtig recht häufigen – Bildberichte über Kosaken. Ein kritischer Ausblick des (früh antistalinistischen) Historikers Jurij Afanassjew auf das Jahr nach dem Putsch beklagt den zunehmend autoritären Stil der «Demokraten», und daß die Wirtschaftsreformen aufgehört hätten, bevor sie anfingen. Photo: ein alter Tadschike sitzt nachdenklich vor seinen sowjetischen Militärorden.

«Kriegt Boris Nikolajewitsch [Jelzin] den Friedensnobelpreis?», fragt anzüglich die «Rossijskoje Wremja», «Russische Zeit», bisher «Demokratische Zeitung» aus Moskau (und wieder an der Strecke, diesmal in Chabarowsk, gekauft) – Antwort: dafür müßte er entscheidende Schritte zur einseitigen radikalen Abrüstung Rußlands machen. Die Zeitung berichtet mit Genugtuung über eine Abteilung von Soldaten und Offizieren der «Nationalpatriotischen Front Pamjatj», die soeben, zum Schutz der russischen Bevölkerung, von St. Peterburg nach Transnistrien abgegangen sei.

Im «Birobidschaner Schtern», Zeitung der autonomen jüdischen Region 900 km vor Wladiwostok, halb russisch halb jiddisch in hebräischer Schrift (wobei der sowjetische Orden noch auf dem hebräischen, nicht aber auf dem russischen Titelblatt zu finden ist), wird der Niedergang der Streitkultur beklagt, die die russische *Intelligentsia* mit stundenlangen Debatten und seelenvollen Unterhaltungen bei Essen und Trinken zusammengehalten habe. «Die Privatisierung hat sich bereits als irreversibel und unausweichlich erwiesen – so sehr, daß einige Skeptiker in ihr eine neue Kampagne sehen, etwas in der Art einer weiteren Kollektivierung». Ein Bürgerkomitee in Chabarowsk fordere bereits ein Referendum für ein Mißtrauensvotum gegen Boris Jelzin. Mit Befriedigung wird immer auf Joint Venture-Angebote westlicher Firmen hingewiesen, hier ist es ein amerikanischer ‹Bisnesmen›, der Kinderspielzeug herstellen will. Und: eine Hausfrau, die beim Einkauf von Gurken zu wenig Rückgeld bekommen habe, möge sich melden.

In vielen Berichten und Zuschriften steht natürlich die katastrophale wirtschaftliche Situation im Vordergrund. Da liegt der Vergleich mit den wirtschaftlichen Verhältnissen jenseits der Grenzen nahe: Was verdienen russische ‹Gastarbajter› (das deutsche Wort russisch transskribiert), etwa ein kaukasischer Tanzlehrer, in Polen, fragt die Iswjestija (denn allein 1991 seien rund 7 Millionen «Touristen» von jenseits des Bug nach Polen gekommen): nur etwa ein Drittel dessen, was Polen für die gleiche Arbeit erhalten. Oder: Was ist der Sold englischer Offiziere («von 11 763 Pfund für einen 2. Leutnant bis 77 000 Pfund für einen General»), fragt die Zeitung «Wojin Rossii» («Russlands Krieger» im Titel, auf der Leiste heißt sie noch «Sowjetischer Krieger») aus Nowosibirsk, und betont, daß «Moral, Sittlichkeit und militärische Pflicht» die Richtschnur auch der jetzigen Reform der Streikräfte bleiben müssen. Auf der verzweifelten Suche nach wirtschaftlichen Lösungen wird in der Monatszeitung des Dienstes für soziale Rehabilitation von Häftlingen «Sakon i Demokratija» («Gesetz und Demokratie») aus Chabarowsk sogar empfohlen, Vorzugsgefängnisse für begabte Wirtschaftskriminelle einzurichten, die aus der Haft Unternehmen führen dürfen, bei Mißerfolg aber in normale Gefängnisse zurückversetzt werden (doch läßt sich die Zeitung auch sagen, daß auf ähnliche Ideen schon Berija verfallen sei).

In groteskem Kontrast zu der allgemeinen Mutlosigkeit scheint das Selbstbewußtsein der neuen selbstgemachten ‹Bisnesmen› (Businessmen) unbegrenzt. In der Zeitung «Menedscher» (Manager, herausgegeben von der «Aktiengesellschaft Entwicklung» in Moskau, seit Mai 1989) bekennt einer von ihnen unter der Überschrift «Aufzeichnungen eines grauen Brokers»: «Wir sind ins Bisnes (Business) eingestiegen, um die Wirtschaft Rußlands zu retten und zugleich unsere eigene finanzielle Lage zu verbessern»; 20% der Moskauer Jugend, besonders Studenten, beschäftigen sich mit solchem Zwischenhandel. «Wie fängt dies alles an? ... Irgendwann hörst Du von Deinen Freunden eine seltsame Sache. Einer von ihnen bietet einem anderen nicht eine Jacke an oder Jeans oder ein Videogerät, sondern 63 Autokräne ...», an denen jeder der beiden 600 000 Rubel verdienen würde. «Man macht an einem Abend so 60 Anrufe». Aber auch diese nüchterne Zeitung bringt auf ihrer letzten Seite noch, wie andere Medien auch, Astrologisches und Spiritistisches, einen ‹Poltergejst› und ein Astralgesicht.

Doch kann man sich die erforderlichen betriebswirtschaftlichen Kenntnisse auch seriöser aneignen: «Mini-Buchgalterija» und «Turbo-Buchgalter» sind die appetitlichen Namen angebotener Programme. Oder man lese gleich die Financial Weekly International, die man, auf russisch, am Kiosk im fernen Tschita, die New York Times, die man auf russisch am Kiosk im fernen Birobidschan erhalten kann!

Die «Narodnaja Gazeta» aus Irkutsk startet auf ihren vier Seiten eine Umfrage, was junge Leute werden wollen (Elektroingenieur, Advokat, Gewerkschaftsvorsitzender, Poet), auf der Titelseite bietet die «Allrußländische Bauernbörse ‹Farmer›» noch zusätzliche 100 Aktien und Brokerplätze an. In der «Zeitung für Invaliden, Veteranen und Rentner» von Nowosibirsk, «Golos», verspricht die ‹Dialogbank› bis zu 100% Zins im Jahr, rühmt sich eine ‹Inkombank› ihres Eigenkapitals von 500 Millionen Rubel.

Überhaupt sind Annoncen wie immer ein guter Spiegel der Wünsche, Bedürfnisse und Trends. In der «Iswestija» verspricht eine Petrolchemie-Bank Jahresdividenden von 30%, erbietet sich eine Annonce zur Vermittlung von deutschen Aktien gegen Valuta oder Rubel nach dem Kurs der Moskauer Interbank-Valutabörse (1 VW-Aktie 37042 Rubel, Deutsche Bank 68213 Rubel), sucht eine englische Consultingfirma, auf englisch, talentierte Vertreter für Rußland. Und was es sonst noch zur Einübung in bislang ungekannte kapitalistische Praktiken und zur Anwendung westlicher Techniken braucht: Werbung für das MS-DOS 5,0-Handbuch für IBM-kompatible Computersysteme, und immer wieder für westliche Kopiergeräte. «Who ist who im fernen Osten», 600 Seiten, Hardcover. Oder da inseriert eine Firma, die sich kühn den Namen «NEP 91» zugelegt hat.

Aber auch Indizien für empfundene Unsicherheit. Werbung für Geldtresore, für Tränengas-Sprays gegen die beklagte steigende Kriminalität (vor schlechten Imitationen aus den baltischen Staaten wird gewarnt). Im Anzeigenblatt von Tschita «Bulwar» («Boulevard», vorne drauf Miss Tschita, wenig bekleidet) wird auch eine Pistole Marke Makarow angeboten, Durchschlagskraft noch bei 350 m: «Interessent stelle sich am Donnerstag 30. Juli 19 Uhr an den Haupteingang zum Park des Hauses der Offiziere und halte in der rechten Hand diese Zeitung».

Im «Makler», einem wöchentlichen Anzeigenblatt herausgegeben von der Moskowskaja Prawda (das seine Leser mit «Gospoda», «meine Herren» anredet, nicht als Genossen) werden unter anderem «Schop-Tury» angeboten, also Shopping Tours, nach Polen, in die Türkei, nach China. «Ich organisiere binnen eines halben Jahres Ausreise zum ständigen Aufenthalt in den USA gegen Wohnung in Moskau oder Valuta». «Suche Sponsor». «Vermittle Einladung nach Polen». «Heile von Trunksucht» ist das häufigste Angebot unter der Sparte Medizin. Bei den zahlreichen Wohnungsangeboten wird bei eventuellen Wertunterschieden Ausgleich in frei konvertierbarer Währung geboten. Schlichter und weniger aufgemacht die Seite «Wohnungstausch» im Zentralorgan des Verteidigungsministeriums, «Krasnaja Swesda», «Roter Stern» («Ist Osteuropa eine Zone vitalen Interesses der USA?»): Jekaterinburg gegen Poltawa, Charkow oder Kiew, Wladiwostok (3 Zimmer, 44 qm, aller Komfort, «ökologisch sauberes Viertel») gegen Winniza in der Ukraine, Murmansk gegen Saporoschje.

Was man sich da an Blättern in den Städten längs der Strecke Moskau-Wladiwostok in wenigen Tagen zusammenkaufen kann, ist in seiner Vielfalt Indiz nicht nur für neuen Pluralismus und neue Freiheit, sondern auch für neue Ratlosigkeit. Späteren Historikern werden diese lebensvollen Aussagen – die nicht mehr sind als Momentaufnahmen, gewiß – kaum noch zur Verfügung sein, denn die Überlieferungs-Chance lokaler Blätter ist verschwindend gering.

Zurück nach Tschita. Man ist immer versucht, mehr das Verfallene, Rückständige wahrzunehmen, zumal das für uns auch ein wenig eine Reise zurück in der Zeit ist. Für eine jüngere Generation ist das einfach ‹anders›, für uns stellenweise ‹früher›. Und es macht einen großen Unterschied, ob man das Anders-Sein auch als *zeitliche* Distanz empfindet und artikuliert oder nicht. Also das Verfallene, Rückständige mehr als das Neue, sichtlich Funktionierende – tut dem Lande damit natürlich aber auch Unrecht. Das Triumphgeschrei über die Niederlage des Kommunismus ist im Westen zwar bemerkenswerterweise nicht so laut gewesen wie es hätte sein können. Aber das Überlegenheitsgefühl sieht sich doch kräftig bestätigt. Viele der Reisenden denken bei solchem Anblick: Das *mußte* ja unterliegen.

Föhnzusammenbruch, Tschita im Regen. Im Mittelpunkt wieder ein riesiger Platz mit Parteigebäude, Rathaus, Kino, Post, ein 1946 von japanischen Kriegsgefangenen errichtetes Gebäude (gibt sich wie erste Hälfte 19. Jahrhundert). Und mit einer gewaltigen Lenin-Statue. Hier scheinen die Statuen noch fest auf ihren Beinen zu stehen (die

Lenins sowieso) – während wir in Moskau, am Rande des Gorki-Parks, eine seltsame Versammlung gestürzter bronzener Männer sahen: noch nicht umgeschmolzen (vielleicht auch im übertragenen Sinne noch nicht umgeschmolzen), und der um sie gezogene Zaun so niedrig, daß sie leicht darüber hinweg zurück in die russische Gegenwart treten könnten. Wir erkannten Dserschinski, Kalinin, Swerdlow.

Die verbannten Dekabristen fanden Tschita eher schön. Daß nicht so viel auf den Straßen herumliegt, mag sich nicht nur aus Sauberkeit, sondern auch daraus erklären, daß nicht so viel wegzuwerfen ist. Die wenigen Waren in den Schaufenstern verstehen nicht, einen anzulachen. Vieles wirkt einfach verwahrlost, wie ein- für allemal gemacht, und dann nichts mehr daran getan, nichts wird erneuert bis zur nächsten Katastrophe. Wenn einmal neu gestrichen wurde, ist die voraufgehende Schicht einfach satt übermalt und dann schon wieder abgeplatzt. Vielen Mitreisenden kribbelt es in den Fingern, «den ganzen Krempel mal zu renovieren und richtig zu organisieren». Einige räsonnieren, trotz der niedrigen Mieten könnte man, wegen der niedrigen Arbeitslöhne, die Wohnhäuser doch renovieren, wenn man nur *wollte.*

Die Schweizer, selbst ohne Bodenschätze, sagen im Gespräch gern: Wie kann ein Land mit so viel Bodenschätzen nur eine so kümmerliche Wirtschaft haben. Als beim hinfälligen Bus der Rückwärtsgang nicht reingehen will, werden die Deutschen und die Schweizer so richtig lebendig – ein Problem, das gelöst werden muß und darum auch gelöst wird: sie schieben den Bus erst einmal in die richtige Position (und würden notfalls auch das Flugzeug in Wladiwostok anschieben). Darin sind sich Schweizer und Deutsche doch sehr ähnlich: nicht untätig zusehen können, wie etwas «nicht funktioniert», wie einer ein Problem nicht durchschaut und sogleich löst.

Bei Karymskaja, Km 6300, durch Regensturm mit dramatischem Himmel. Hier geht, nach der transmongolischen, nun die transmandschurische Strecke ab nach Peking und Korea. Denn bald endet die Mongolei, beginnt die gemeinsame chinesisch-russische Grenze. Was uns diese Fahrt auch klar macht, ist, wie sich die Sowjetunion rings bedroht fühlen konnte: von Europa, von China, von den USA. Wir sahen hingegen immer vor allem die europäisch-sowjetische Front.

Auch nach mehreren Tagen Fahrt mögen wir gar nicht lesen, sondern, trotz oft eintöniger Landschaft, immer nur hinausschauen. Gegen Mitternacht Sonnenuntergänge über einem unendlichen Horizont. Dämmerung und beginnende Nacht, ohne daß man auch nur ein einziges Licht sähe.

Immer die Schilka entlang, stellenweise richtige Auenlandschaft, schön auch unter dunklen Wolken. Seltsam, Tausende von Kilometern zu fahren ohne einen längeren Tunnel, auch jetzt in bewegterem Gelände. Die Geleise machen lieber jede Flußbiegung mit, als sich die Anstrengung eines Tunnels zu leisten, und dementsprechend kurvenreich ist die Strecke. Der Zug fährt darum recht langsam, im Durchschnitt 60–65 km/h, und wird auch nie schneller fahren können, wenn nicht eine völlig neue Trasse gebaut werden würde.

Die Landschaft wird immer schöner, besonders östlich Karymskaja, gegen Mogotscha: es ist endlich das erwartete Ganz Andere, mal kahle Weite, mal dichte Wälder, mal Sumpf mit einem mäandernden Fluß. Wir finden es die bisher schönste Strecke: Flußlandschaften.

In der Abenddämmerung, auf einer kleinen Bahnstation Ostsibiriens, hört unser Nachbar undeutlich im Radio: Erich Honecker ist nach Deutschland ausgeliefert worden, und: die Türken werfen «Hilfsgüter» (so sagen sie) über Sarajewo ab. Hoffentlich nicht ein Vorspiel zu weiterem Eingreifen, während Lord Carrington vermutlich gerade den -zigsten Waffenstillstand aushandelt. Man stelle sich bei solcher Situation auf dem Balkan vor, es gäbe noch die Sowjetunion Breschnews! Aber was wissen wir denn, was die Russen noch hinnehmen und was nicht?

31. Juli 1992. Wie jeden Morgen, erster Blick auf die Kilometerzahlen, an der rechten, südlichen Seite der Geleise (heute früh war es Km 7144), dann ein Blick auf die Km- und Bahnhofs-Tabelle, und wir wissen wieder, wo wir sind: rund 100 km von der chinesischen Grenze, wo sie am weitesten nach Norden stößt. Der ganze Tag ein Fahr-Tag, und das ist angenehmer, als es sich anhört. Staunend durchfahren wir endlich einmal einen Tunnel. Hin und wieder ein kurzer Halt auf kleinen Eisenbahnstationen Ostsibiriens (Skoworodino, Magdagatschi, Uschumun, Schimanowskaja): dann vertreten wir uns draußen die Füße, kaufen vielleicht auch Schwarze Johannisbeeren

(in einer Spitztüte gedreht aus der «Amurskaja Prawda») von Frauen, die, oft aus einem Kinderwagen, eine Gurke, Beeren, ein Bündel Zwiebeln, eine Flasche Milch anbieten. Und Kinder, die sich von den westlichen Reisenden etwas erwarten: Schokolade, Kaugummi, einen Kugelschreiber, einen Tennisball. Wir zögern mit solchen Geschenken – andrerseits haben ja wohl auch wir keinen Schaden daran genommen, daß wir 1945 von den einmarschierenden amerikanischen Soldaten etwas erhielten (sogar ohne das von beiden Müttern streng untersagte Betteln). Bei solchen Aufenthalten interessant immer die haltenden Gegen-Züge, meist Fernzüge nur aus Schlafwagen, deren Abteile schlicht sind und voll mit Menschen und Gütern.

Aufenthalt in Birobidschan, Hauptstadt der 1928 eingerichteten autonomen jüdischen Region: ein ruhiges, gut gehaltenes Städtchen, die monotonen, unverputzt gemauerten Wohnblocks erträglich durch die dichten Straßenbäume unter strahlender Sonne. Was zur Einrichtung der autonomen jüdischen Region hier geführt habe, sei nicht ganz klar: ob von Stalin einfach dekretiert, oder ob auch eigene Wahl mit dabei gewesen sei («auf gleichem Breitengrad wie die Ukraine»). Jedenfalls wurde es kein Erfolg. In den späten Zwanzigerjahren kamen sogar viele Juden aus den USA hierher; heute sind in der Stadt nur noch 10% Juden. In den letzten Jahren hätten allein 1200 Juden die Stadt verlassen, um auszuwandern nach Israel und in die USA. Bei unserer russischen Führerin hier, selbst Jüdin, sprachen die Großeltern noch Jiddisch, ihre Eltern verstanden es wenigstens noch, ihre eigene Generation weder-noch. Im «Kulturpalast» Fragen an die Redakteure der jüdischen Zeitung «Birobidschaner Schtern» und an den Leiter der neugegründeten jüdischen Gesellschaft. Die Chefredakteurin heißt Maja Kotlerman und versteht deutsch. Der Antrag, den zentralen Lenin-Platz umzubenennen in Scholem-Alejchem-Platz, sei im Stadtrat gescheitert. Ab kommenden 1. September werde ein Volksschulzweig auf Iwrit geführt, «auch als Vorbereitung für die Auswanderung». Sie wollen jetzt bald eine große Synagoge bauen (zu der kleinen, die sie schon haben) und dazu noch eine orthodoxe.

2. August 1992. Chabarowsk. Wir machen uns selbständig und erkunden den Markt, der hier besonders groß und belebt ist. Viele ostasiatische Gesichter, die aus ihren vernähten Warenballen vor allem

westliche (importierte oder imitierte) Jeans, weiße Turnschuhe, amerikanisch beschriftete T-Shirts verkaufen. Sie hocken alle in einer langen Reihe. Ihnen gegenüber, deutlich von ihnen getrennt und stehend, eine ebenso lange und dichte Reihe von Russen, die wieder alles Mögliche hinhalten: Möhren in der einen und Zigaretten in der anderen Hand, oder eine Packung Damenbinden und drei Bohrspitzen, oder Schuhe und eine Schöpfkelle, usw. Es geht nicht sehr laut zu, fast nie wird von den Verkäufern etwas ausgerufen. Dazwischen Glücksspieler (meist die 3 Hütchen, immer sehr umlagert), bettelndes Volk, frühe Biertrinker.

Die große Markthalle hier ist vorbildlich, das Warenangebot hinreichend, darum keine nennenswerten Schlangen, was aber vielleicht auch an den Preisen liegen mag. Das Fleisch wieder ein ekliger Anblick, irgendwie schneiden sie das Fleisch anders. Stellenweise ein unvorstellbares Gedränge, aber ohne böse Worte. 200 g einheimischer Pulverkaffee 450 Rubel, 1 kg Reis 37 Rubel. Doch es ist zwecklos, Preise zu notieren, da sie auf unserer Strecke sehr differieren. Die Preisbildung kapieren wir sowieso nicht. Wir begreifen nur, daß in den Preis auch eingeht, daß die Ware erstens: überhaupt, und zweitens: hier verfügbar ist.

Die Bewohner von Chabarowsk sind weit überwiegend Russen, anders also als zuvor in Ulan-Ude oder Tschita wirkt es nicht immer asiatischer, denn der ferne Osten ist von europäischen Russen besiedelt. Jedenfalls in seinen älteren Teilen ist Chabarowsk (Stadt seit 1880) schöner als erwartet: bewegtes Gelände, der Amur unendlich breit, viele Straßenbäume und Parks, bei den Fassaden genügend vorsozialistische Architektur. Die Kathedrale wurde beseitigt. Lenin steht noch auf seinem Sockel, der Lenin-Platz ist nicht umbenannt worden, von der Karl-Marx-Straße nur ein Teil. Hier gibt es auch noch eine Kalinin-Straße, in Moskau nicht mehr. Hinter dem Museum auch einige Militaria, so die Stalinorgel und der berühmte T 34 (dem ältere deutsche Mitreisende bereits live begegnet waren). Übrigens kommt das schöne Chabarowsk in Solschenizyns GULAG in unguter Weise besonders häufig vor.

Unsern russischen Stadtführer lernen wir näher kennen. Er ist Dozent für Deutsch hier an der Hochschule oder PH, die gerade einen

Austausch mit der Universität Bern hat (so laden wir ihn, wenn er einmal in Bern sein sollte, nach Rom ein. Und er kam). Erste Fremdsprache sei in Chabarowsk Englisch, die zweite Chinesisch, neuerdings lerne man auch Japanisch und Koreanisch. Wir lassen uns nachträglich den Markt erklären. Die (für uns schwer unterscheidbaren) Asiaten seien weit überwiegend Chinesen; seltener Vietnamesen; Koreaner nur die, die ohnehin in Rußland leben. Seit Jelzins Erlaß dürfe jeder Russe *alles* verkaufen; darum Vorsicht bei Lebensmitteln, z. B. Sonnenblumenöl könne gefährlich gestreckt sein. Als Durchschnittslohn schätzt er hier 3000–5000 Rubel.

Die Probleme mit der Geschichte und der Gegenwart: Die Erzählung des Bürgerkrieges (er dauerte hier von 1918 bis 1922) werde jetzt revidiert; jetzt wisse man nicht einmal mehr, wer damals die Guten und wer die Bösen waren. Totale Verunsicherung, so als habe sich vor den Russen in der Geschichte ihrer Zeit ein schwarzes Loch aufgetan, das alles in sich hineinreiße: Identität, Orientierung, Selbstachtung. Die Oktoberrevolution sei umsonst gewesen, werde gesagt, die Februarrevolution hätte genügt.

Nötig sei eine Perestroika, ein Umbau nicht irgendwelcher Strukturen, sondern der russischen Mentalität. Die Russen wollten wenig arbeiten und dafür auch ruhig weniger Lohn erhalten, das sei die Erziehung seit 70 Jahren. Alles werde vom Staat erwartet, nichts von eigener Initiative und Verantwortung. Wer besser arbeite, werde darum doch nicht besser entlohnt. Und dieser eigentlich nötige Umbau werde Jahrzehnte brauchen. Nur auf ihren privaten Datschen seien die Russen sehr arbeitsam. Vielleicht eine Spielform von Oblomow, jedenfalls eine Passivität, die unsere Mitreisenden schwer ertragen, wenn sie auch nur davon hören. Denn sie sagen sich: es wird uns gelingen, wenn wir uns regen – und die Russen sagen sich: es wird uns doch nicht gelingen, auch wenn wir uns regen. Etwas davon steckt auch in den kritischen Beobachtungen und Fragen unserer Mitreisenden: Wie kann man zulassen, daß dieses Kind da humpelnd durchs Leben geht und sein Bein nicht gerichtet wird? Wie unverantwortlich, diesen Kanaldeckel auf der Straße nicht wieder zu schließen! Denn es ist, aus Gerechtigkeit sei es doch gesagt, nicht bloß Besserwisserei, was sie so denken und sprechen läßt, sondern auch ein gewisses Maß von Gemeinsinn und Verantwortungsbewußtsein.

Dann die letzte Strecke, von Chabarowsk nach Wladiwostok, immer noch 750 km, fast so weit wie die Bundesrepublik lang ist. Gegen Westen der Ussuri als Grenze gegen China, doch sieht man ihn nicht. Die Berge dahinter, in deutlicher Silhouette, hinter denen nun die Sonne untergeht: dort ist China. Und so sehen wir China von hinten, bevor wir es von vorne gesehen haben.

Literaturhinweise

I. Historische Landschaft Burgund

Darstellung erwachsen aus Wanderungen in Burgund und nachfolgender Burgund-Vorlesung an den Universitäten Bern und Zürich. – Gesamtdarstellung: J. RICHARD (Hg.), Histoire de la Bourgogne (Toulouse 1978). – Die Burgunder. Ethnogenese und Assimilation eines Volkes, hg. von V. GALLÉ (Worms 2008); R. WENSKUS, Die Burgunder, in: Handbuch der europ. Gesch. I (Stuttgart 1976), § 14. – Einzelne Plätze und Quellen (in der Reihenfolge der Darstellung): Bibracte/Mont-Beuvray, Nachleben: M. MITTERAUER, Jahrmärkte in Nachfolge antiker Zentralorte, in: Mitteilungen des Instituts für Österreichische Geschichtsforschung 75 (1967), S. 237–321, hier 238–246. – Autun, Übergang: C. BRÜHL, *Palatium* und *civitas.* Studien zur Profantopographie spätantiker *civitates* vom 3. bis zum 13. Jahrhundert, I, Gallien (Köln 1975), S. 111–121; L. CLEMENS, *Tempore Romanorum constructa.* Zur Nutzung und Wahrnehmung antiker Überreste nördlich der Alpen während des Mittelalters (Stuttgart 2003), *ad indicem.* Die Rede: Panegyricus Nr. VIII in der Budé-Ausgabe: Panégyriques latins ed. E. GALLETIER, 2 Bde (Paris 1949–1952). – Sidonius Apollinaris (lat. u. englisch Loeb Class. Library, Cambridge Mass. 1965), *ep.* IV 17, V 7, *carm.* XII; dazu A. TSCHERNJAK, Sidonius Apollinaris und die Burgunden, in: Hyperboreus 9 (2003), S. 158–168, bes. S. 165f. – Straße: E. THÉVENOT, Les voies romaines de la Cité des Éduens (Coll. Latomus 98, Bruxelles 1969), S. 110f. (Begegnungen), und S. 57ff. passim (Gelände); Auf den Römerstraßen ins Mittelalter, hg. von F. BURGARD u. A. HAVERKAMP (Mainz 1997). – Merowingische Teilungen, im Karolingerreich, als eigenes Königtum s. o. RICHARD. – Ordensreform, Kirchenreform: J. WOLLASCH, Cluny, «Licht der Welt» (Zürich 1996); Wirtschaft: G. DUBY, Économie domaniale et économie monétaire. Le budget de l'abbaye de Cluny entre 1080 et 1155, in: Annales 7 (1952), S. 155–171. – Zisterzienser: A. H. BREDERO, Bernard of Clairvaux between cult and history (Edinburgh 1996); Architektur: *Apologia* (in Migne, Patrol. Lat. 182, 914–916); W. BRAUNFELS, Abendländische Klosterbaukunst (Köln [4]1980), S. 111–152 mit Anh. X u. XI. – Die Gesellschaft im Mâconnais: G. DUBY, La société aux XIe et XIIe siècles dans la région mâconnaise (Paris 1953, Neudruck 1981), das Beispiel Brancion S. 341–353; Joinville, Histoire de Saint Louis, cap. 55 u.

59. – Ausblick. Der Höhepunkt: Die letzten Herzöge von Burgund und ihr Hof: W. Paravicini, Menschen am Hof der Herzöge von Burgund. Gesammelte Aufsätze, hg. von A. Ranft (Stuttgart 2002). Das Ende: Die Burgunderkriege nach den Archivalien des Protagonisten Bern: A. Esch, Alltag der Entscheidung. Beiträge zur Geschichte der Schweiz an der Wende vom Mittelalter zur Neuzeit (Bern 1998), S. 11–86.

II. Paßlandschaften und Paßverkehr im Alpenraum. Ein Überblick über die verfügbaren historischen Quellen

Eine Typologie der Quellen bei A. Esch, Spätmittelalterlicher Passverkehr im Alpenraum, in: Ders., Alltag der Entscheidung (wie S. 362), S. 173–248; Ders., Auf der Strasse nach Italien. Alpenübergänge und Wege nach Rom zwischen Antike und Spätmittelalter. Methodische Beobachtungen zu den verfügbaren Quellengattungen, in: Straßen- und Verkehrswesen im hohen und späten Mittelalter, hg. von R. C. Schwinges (Vorträge und Forschungen 66, Ostfildern 2007), S. 19–48 (auf beide Beiträge wird im folgenden zurückgegriffen). – Neuere Sammelbände zum Thema Alpentransit in Mittelalter und früher Neuzeit etwa: Kommunikation und Mobilität im Mittelalter. Begegnungen zwischen dem Süden und der Mitte Europas (11.–14. Jahrhundert), hg. von S. de Rachewiltz u. J. Riedmann (Sigmaringen 1995); Vie di terra e d'acqua. Infrastrutture viarie e sistemi di relazione in area alpina (secc. XIII–XVI), a cura di J.-F. Bergier e G. Coppola (Bologna 2008); am Beispiel eines wichtigen Passes jetzt I. H. Ringel, Der Septimer. Wahrnehmung und Darstellung eines Alpenpasses im Mittelalter (Chur 2011); darin zu den Resten des Hospizes S. 22–24. – Quellen aus der Perspektive der Reisenden (Reiseberichte, Briefe, Buchführung, Reisekosten, Itinerare): die Überquerung 1129 in *Gesta abbatum Trudonensium* XII 6, Monumenta Germaniae Historica (fortan MGH) Scriptores X, S. 307; Goethe, Schweizer Reisen, 2.10.1797; Tirri und Firri: MGH Scriptores XVI, S. 335 ff.; mit weiteren Fällen und Belegen Esch, Passverkehr, S. 176–189 bzw. Strasse nach Italien S. 21–28. – Quellen aus straßenbezogenen Einrichtungen (Paßhospize, Inventare, Gasthäuser, Weinverehrungen, Zollstellen): Rechnungsführung und Inventare des St. Bernhard-Hospizes L. Quaglia/J.-M. Theurillat, Les comptes de l'Hospice du Grand-St-Bernard (1397–1477), in: Vallesia 28 (1973) u. 30 (1975); zu den Rechnungen von Urseren jetzt G. Fouquet, Die Talgemeinde Urseren am St. Gotthard und ihre Rechnungsüberlieferung um 1500, in: Politische Kultur im frühneuzeitlichen Europa. Festschrift für Olaf Mörke (Kiel 2017), S. 43–63; Zollregister und andere Quellen s. Esch, Passverkehr, S. 189–211 bzw. Alpenübergänge, S. 28–38; methodische Überlegungen zu den Zollregistern: H. Hassinger, Der Verkehr über Brenner und Reschen vom Ende des 13. bis in die 2. Hälfte des 18. Jahrhunderts, in: Neue Beiträge zur geschichtlichen Landeskunde Tirols (Innsbruck 1969), S. 137–194; Esch, Economia (wie S. 375). Sprachgrenzen, Sprachprobleme: O. Pausch, Das älteste italienisch-deutsche Sprachbuch (Österreichische Akademie der Wissenschaften, Phil.-hist. Kl., Denkschriften 111, Wien 1972). – Quellen aus Hoheitsrechten (Straßenbau, Straßenunterhalt, Geleitrecht): Belege Esch, Passverkehr, S. 211–220 bzw. 38–41. – Quellen aus landesherrlicher oder genossenschaftlicher Transportorganisation (Saumordnungen, Rodordnungen): Belege ebda, S. 220–222 bzw. S. 41 f. – Befund im Gelände (Trassierung im Gebirge, Brücken, Datierungsproblem): Beobachtungen im Gelände bei Begehung von historischen Paßwegen mit meinen Berner Studenten; geländeerfahren A. Planta, Verkehrswege im alten Raetien, I–IV (Chur 1985–90); die jeweils neuesten Beiträge in der Zeitschrift *ViaStoria*. – Platter, Ardüser, italienische Quellen: Belege in Esch, Passverkehr, S. 224–227 bzw. S. 46–48. Die für unsere Zwecke wichtige Quellensammlung zum (damals noch mailändischen) Tessin von G. Chiesi, Ticino ducale. Il carteggio e gli atti ufficiali, Bd. I–IV (Bellinzona 1993–2016); dazu Storia del Ticino. Antichità e Medioevo, a cura di P. Ostinelli e G. Chiesi (Bellinzona 2015). – Bildliche und kartographische Quellen: Belege Esch, Passverkehr, S. 227–231 (und Abb. in Ders., Auf der Strasse nach Italien); jetzt auch L. Aliprandi, Le grandi Alpi nella cartografia 1482–1885 (Torino 2005 ff.).

III. Oberitalienische Flußlandschaft. Vom Po den Mincio aufwärts

Das San Benedetto Po der Canossa: Matilde di Canossa e il suo tempo (Spoleto, Centro italiano di studi sull'alto medioevo, Atti dei congressi 21, 2016); das Gelände: Uomini e acque a San Benedetto Po, a cura di C. Ambrosini e P. M. De Marchi (Borgo San Lorenzo 2010). – Das Mantua der Gonzaga, der Kongreß von 1459/60: Il sogno di Pio II e il viaggio da Roma a Mantova, a cura di A. Calzona et al. (Firenze 2003); I Gonzaga e i papi. Roma e le corti padane fra Umanesimo e Rinascimento, a cura di R. Salvarani (Città del Vaticano 2013). – Die Landschaft Vergils: G. Highet, Römisches Arkadien. Dichter und ihre Landschaft (München 1964), S. 44–76; der *Trono di Virgilio* aus dem Palazzo Ducale ist jetzt als Prunksessel aus dem griechischen Theater von Notion bei Ephesos identifiziert worden: so C. Ampolo demnächst in den Lectiones breves der Accademia dei Lincei. – Pius II. in Mantua: Commentarii (wie S. 377) lib. III, Kardinäle III 2; A. Esch, Pio II e il Congresso di Mantova. Prolusione ai lavori del Convegno, in: Il sogno cit., S. 1–14. – Mantegna: Ders., Mauern bei Mantegna, in: Zeitschrift für Kunstgeschichte, 47 (1984), S. 293–319. – Zur Gonzaga-Korrespondenz: D. S. Chambers, Renaissance cardinals and their wordly problems (Aldershot 1997), mehrere Beiträge. – Das Familienbild erläutert: A. Tissoni Benvenuti, Un nuovo documento sulla «Camera degli sposi» del Mantegna, in: Italia medievale e umanistica 14 (1981), S. 357–360. – Das Santuario: R. Margonari/A. Zanca, Il Santuario della Madonna delle Grazie presso Mantova (Mantova 1973), ebda auch zum Grabmal von Baldassare Castiglione. – Via Postumia: G. Cera, La Via Postumia da Genova a Cremona (Atlante tematico di topografia antica, Suppl. VII, Roma 2000); späte Meilensteine S. 152. – Landvermessung hier: Misurare la terra: centuriazione e coloni nel mondo romano, Catalogo Comune di Modena 1983; Via Postumia und Zenturiation bes. fig. 34–35, 165–167, 201; Via Aemilia fig. 57, 61, 145, 163, 254, 255; E. M. Menotti, Archeologia del territorio mantovano (Mantova 1999), S. 49–53. – Eroberung der Festungssperre: s. u. S. 72.

IV. Ferrovia locale. Ein Schnitt durch die historische Landschaft des nördlichen Latium

A. Marcarini/R. Rovelli, Atlante italiano delle ferrovie in disuso (Firenze, Istituto Geografico Militare, 2018), S. 154–157; unter *ferrovieabbandonate.it/ferrovia Orte-Civitavecchia*, mit zahlreichen Photos (auch sämtlicher Bahngebäude). Im Internet materialreiche Debatte über die Wiederinbetriebnahme der Strecke. – Der Roman: Carlo Cassola, Ferrovia locale (Torino, Einaudi, 1968). – Zur Geschichte der Landschaft: T. W. Potter, Storia del paesaggio dell'Etruria meridionale (Roma 1985); A. Cortonesi/A. Lanconelli, La Tuscia pontificia nel Medioevo. Ricerche di storia (Trieste 2016). – Die von der Bahnlinie geschnittenen römischen Straßen und ihr Nachleben. Via Amerina: A. Esch, Zwischen Antike und Mittelalter. Der Verfall des römischen Straßensystems in Mittelitalien und die Via Amerina. Mit Hinweisen zur Begehung im Gelände (München 2011) (dort Abb. 157, 162, 163 betreffen diesen Beitrag). Luftphoto RAF: Aerofototeca Nazionale, 5.5.1944 foglio 137 strisc. 318. – Via Cimina: Forma Italiae VII 4 (1977) Nr. 215; *procurator viarum*: CIL VIII 7049; dazu B. E. Thomasson, Fasti Africani. Senatorische und ritterliche Amtsträger in den römischen Provinzen Nordafrikas von Augustus bis Diokletian (Stockholm 1996) Nr. 60a (gefunden in Cirta, weitere afrikanische Ehreninschriften für ihn ebda 60b-f.); Strade paesaggio territorio e missioni negli Anni Santi fra medioevo e età moderna, a cura di I. Fosi e A. P. Recchia (Roma 2001), S. 167 f. u. ad indicem, mit viel historischem Karten- und Archivmaterial vor allem zum Nachleben der Via Cassia in dieser Zone. Für die Topographie dieser Zone in antiker (S. Francisci) und nachantiker Zeit (S. Passigli) wichtig: Fra Tardo Antico e Medioevo. Un santuario della via Francigena: Sant'Eusebio di Ronciglione, a cura di N. Mannino (Roma 2015). – Catasto von Capranica: Cortonesi S. 319–345, bes. S. 332 ff. – Via Cassia: Forma Italiae VII 4 (1977),

S. 17–20 u. Nr. 153; A. Esch, Römische Straßen in ihrer Landschaft. Das Nachleben antiker Straßen um Rom, mit Hinweisen zur Begehung im Gelände (Mainz 1997), S. 26–58; Rolands-Toponyme ebda S. 38 f. – Verbindungsstraße Via Cassia-Via Clodia: Forma Italiae VII 4 Nr. 98–99. – Via Clodia: Forma Italiae VII 4 Nr. 1–11; St. Quilici Gigli, La Via Clodia nel territorio di Blera (Roma 1978); M. Giacobelli, Via Clodia (Roma 1991). – Die Nekropolen von San Giuliano und San Giovenale: M. Torelli, Etruria (Bari 1985), S. 239–244. – Markt der *coltivatori diretti*: Via di S. Teodoro 14. – Via Appia: Esch, Römische Straßen, bes. S. 19–23 (Kanal, Meilensteine, Augustus); Otricoli ebda, Abb. 42. – Ruinenflora: F. Lucchese e E. Pignatti, La vegetazione nelle aree archeologiche di Roma e della Campagna Romana, in: Quaderni di Botanica ambientale e applicata 20–2 (2009), S. 3–89.

V. Archipelagos. Das Erlebnis der griechischen Inselwelt in der Frührenaissance

Überarbeitete Fassung meines Beitrags in: A. Esch, Landschaften der Frührenaissance (München 2008), Kap. II; dort Einzelbelege. – Zum ägäischen Raum im Spätmittelalter: F. Thiriet, La Romanie vénitienne au moyen âge, XIIe-XVe siècles (Paris 1975); M. Balard, La Romanie génoise, XIIe-début du XVe siècles (Rome 1978); Bisanzio, Venezia e il mondo franco-greco (XIII–XV sec.), hg. von C. A. Maltezou u. P. Schreiner (Venezia 2002). Die Reiseberichte zusammengestellt im Repertorium hg. von W. Paravicini (wie S. 372); Parallelberichte s. Kap. X in diesem Bande. – Frankenherrschaft und Faust: Verse 8999 ff., 9442 ff., mit dem Kommentar von E. Trunz (München 1972); daß sich Goethe damals über die Frankenherrschaft informierte, wissen wir durch seine Ausleihzettel aus der Weimarer Bibliothek. – Türkenkrieg und Venedig: G. Gullino in Storia di Venezia, IV (Roma 1996), S. 62–79. – Niccolò de Martoni: ed. L. Le Grand, Relation du pèlerinage à Jérusalem de Nicolaus de Martoni notaire italien (1394–1395), in: Revue de l'Orient latin 3 (1895), S. 566–669, Flucht S. 646–648; Felix Fabri, Evagatorium (zit. S. 96 f.), Melos III S. 318–321, vgl. A. Esch, Historische Landschaften Italiens (München 2018), S. 106 f.; Clavijo: Ruy González de Clavijo, Viaggio a Samarcanda 1403–1406, ed. P. Boccardi Storoni (Roma 1999). – Portolane: ed. K. Kretschmer, Die italienischen Portolane des Mittelalters (Berlin 1909), bes. S. 244–246 u. 326–330 mit S. 652–662. Unter den griechischen Portolanen (ed. A. Delatte, Les portulans grecs, Paris 1947) betrifft Nr. III näher den Archipelagos (S. 269–282). – Wahrnehmung der Antike: R. Weiss, The Renaissance Discovery of Classical Antiquity (Oxford 1973), S. 131 ff.; A. Esch, Wahrnehmung antiker Überreste im Mittelalter, in: Wissensästhetik. Wissen über die Antike in ästhetischer Vermittlung, hg. von E. Oster-

KAMP (Transformationen der Antike 6, Berlin/New York 2008), S. 3–39. – Buondelmonti: hier zit. nach der Ausgabe von G. R. L. DE SINNER, Christophori Bondelmontii Florentini Liber Insularum Archipelagi (Lipsiae et Berolini 1824); zuletzt die Facsimile-Edition (Insel-Karten!) des *Liber insularum archipelagi*, Universitäts- und Landesbibliothek Düsseldorf Ms G 13, hg. von I. SIEBERT u. M. PLASSMANN (Wiesbaden 2005); auf Rhodos: J.-M. ROGER, C. B. doyen de l'église cathédrale de Rhodes (1430), in: Byzantion 82 (2012), S. 323–346. Kreta: *Descriptio insulae Cretae* oder *Candie* (erste Redaktion 1417), ed. E. LE GRAND, Description des Îles de l'Archipel grec par Christophe Buondelmonti (Paris 1897). Delos: *Liber* (ed. DE SINNER) Nr. 32 (ich ergänze Sinners Pariser Handschrift hier stellenweise nach der Düsseldorfer Handschrift), Türkengefahr, alte Frauen: Nr. 40 (Ios); zur Lebenswirklichkeit dieser *kastra* J.-CL. POUTIERS, Première esquisse d'une étude du «Kastro» des Kyklades au XVe siècle, in: Byzantinische Forschungen 11 (1987), S. 381–398; s. a. B. BESSI, The Ionian Islands in the *Liber Insularum* of Cristoforo Buondelmonti, in: The Ionian Islands. Aspects of their History and Culture, ed. by A. HIRST/P. SAMMON (Newcastle-upon-Tyne 2014), S. 225–261. – Cyriacus: Cyriac of Ancona. Later Travels, ed. and transl. by E. W. BODNAR with C. FOSS, Harvard Univ. Press 2003 (The I Tatti Renaissance Library, 10); ebda zu den chronologischen Problemen von Vita und Itinerar. Wichtig immer noch die Einleitungen zum Corpus Inscriptionum Latinarum (zum ägäischen Raum: vol. III) und zu den Inscriptiones Graecae (voll. XI u. XII). Scalamontis Vita jetzt neu ed. durch Ch. MITCHELL u. E. W. BODNAR: Transactions of the American Philosophical Society vol. 86 part 4 (Philadelphia 1996); zuletzt M. CHATZIDAKIS, Ciriaco d'Ancona und die Entdeckung Griechenlands im 15. Jahrhundert (Petersberg 2017). Delos: Later Travels S. 148 ff., Milet S. 218 ff., Grab Homers S. 288 ff. (weitere Einzelbelege in ESCH, Landschaften). – Zur Beachtung bloßen Mauerwerks A. ESCH, Leon Battista Alberti, Poggio Bracciolini, Andrea Mantegna. Zur Ikonographie antiker Mauern in der Malerei des Quattrocento, in: Leon Battista Alberti. Humanist, Kunsttheoretiker, Architekt, hg. von J. POESCHKE und C. SYNDIKUS (Münster 2007), S. 123–164; zu seinen Zeichnungen: C. HÜLSEN, Il libro di Giuliano da Sangallo. Codice Barberino latino 4424 (Lipsia 1910), S. 39–45. Spolien-Export: A. ESCH, *Wiederverwendung von Antike im Mittelalter. Die Sicht des Archäologen und die Sicht des Historikers*, Berlin–New York 2005, Venedig S. 31 f. – Expedition von 1472: Biblioteca Apostolica Vaticana, Cod. Ottob. lat. 1938 fol. 1r – 8v; zum Unternehmen K. M. SETTON, The Papacy and the Levant, II: The Fifteenth Century (Philadelphia 1978), S. 316–318. – Nikolaus von Kues: *De docta ignorantia*, in: Nikolaus von Kues, Werke I, hg. von P. WILPERT (Berlin 1967), S. 100.

VI. Den Barbaren am nächsten. Auf der Straße vom Limes zur Donau und weiter ins Mittelalter

Zu den Ausbauphasen des Limes in dieser Region G. Ulbert/Th. Fischer, Der Limes in Bayern (Stuttgart 1983), S. 16 ff.; Die Römer in Bayern, hg. von W. Czysz, K. Dietz, Th. Fischer, H. J. Kellner (Stuttgart 1995), S. 111 ff. – Zu den römischen Straßen zwischen Limes und Donau (und insbesondere zu dieser Straße) F. Winkelmann, Die vorrömischen und römischen Straßen in Bayern zwischen Donau und Limes, in: Berichte der Römisch-Germanischen Kommission 11 (1918/19), S. 4–56; G. Walser, Die römischen Straßen und Meilensteine in Raetien (Limesmuseum Aalen, Kleine Schriften 29, 1983). Für Hinweise danke ich Wolfgang Czysz. – Initialzündung: A. Esch, Limesforschung und Geschichtsvereine. Romanismus und Germanismus, Dilettantismus und Facharchäologie in der Bodenforschung des 19. Jahrhunderts, in: Geschichtswissenschaft und Vereinswesen im 19. Jahrhundert. Beiträge zur Geschichte historischer Forschung in Deutschland, hg. von H. Heimpel, Th. Nipperdey u. a. (Veröffentlichungen des Max-Planck-Instituts für Geschichte 1, Göttingen 1972), S. 163–191. – Als Kartengrundlage diene die Topographische Karte des Bayerischen Landesvermessungsamtes 1 : 50 000. – Kleinkastell «In der Harlach» Ulbert/Fischer S. 87 f., Kastell Pfünz S. 94 ff., Kastell Eining S. 106 ff. – Zum Straßenbau K. Popp, Linearer Verlauf und Bauart der alten Strassenzüge im Hinterland des rätischen Limes, in: Westdeutsche Zeitschrift 16 (1897), S. 119–145. – Von Burgsalach im 11. Jahrhundert nach Rom: Monumenta Germaniae Historica, Diplomata Konrads II. Nr. 140: keine Verpflichtungen *excepta Italica expedicione*; vgl. *post Alpes transcursas* (daß diese Urkunde für die Ministerialen von Weißenburg verfälscht scheint, berührt unsere Zwecke nicht). – Zur Bildung von Jahrmärkten bei aufgegebenen Kastellplätzen Clemens, *Tempore Romanorum* (wie S. 361), S. 171 f. Zum Handel zwischen Limes und *Barbaricum* zuletzt M. Becker, Das europäische Barbaricum und seine Beziehungen zu Rom (im Druck). – Straße nach Nassenfels: Walser Nr. 42. – Turmgrab bei Waiblingen: Clemens S. 408 f. – Zur Donau-Nordstraße Czysz in: Die Römer in Bayern, S. 197 f.; in ihrem östlichen Teil O. Braasch/R. Christlein, Die Römerstraße zwischen Kösching und Pförring, in: Das archäologische Jahr in Bayern 1980, S. 110 f. (meist 20–30 cm Kies, von Gräben begleitet); Meilensteine: Walser Nr. 36–46 (darunter verlorene oder in Kirchen verschleppte wie häufig, vgl. A. Esch, Ein verloren geglaubter Meilenstein der Via Appia. Weitere Kriterien für die Provenienz von Spolien in mittelalterlichen Kirchen Italiens, in: Epigraphica 35 (1973), S. 96–101); neu Kösching: K. Dietz in: Das archäologische Jahr in Bayern 1985, S. 110 f.; die

Gerade Theissing-Ettling auf der Topographischen Karte 1 : 50 000 Bl. L 7134, mit den Bildstöcken längs der alten Trasse. – Zum frühmittelalterlichen Pförring s. Historischer Atlas von Bayern, Teil Altbayern, Heft 46 (München 1977), S. 234–238; Großmehring: ebda, S. 191 f. Zum nachantiken Schicksal der römischen Grenzkastelle vor allem H. Dachs, Römerkastelle und frühmittelalterliches Herzogs- und Königsgut an der Donau (Wege der Forschung 60, Darmstadt 1965), S. 44–84. – Nach Italien: Via Claudia Augusta, der nördliche Streckenabschnitt zwischen Donau und Alpenfuß im Gelände erkundet von W. Czysz, Römische Staatsstraße Via Claudia Augusta, in: La Venetia nell'area padano-danubiana. Le vie di comunicazione (Padova 1990), S. 253–283; nach Salzburg: s. Kap. VII in diesem Band. – Verlauf und Schicksal des Donau-Limes: K. Genser, Der Donaulimes in Österreich (Limesmuseum Aalen, Schriften 44, 1990); und der zugehörigen Straße: G. Winkler, Die römischen Straßen und Meilensteine in Noricum-Österreich (Limesmuseum Aalen 35, Stuttgart 1985), S. 82 f. Nr. 123–127. Severinus: W. Pohl (Hg.), Eugippius und Severin. Der Autor, der Text und der Heilige (Wien 2001). – *Chansons de geste*: Esch, Zwischen Antike und Mittelalter (wie S. 364), S. 52 f. – Nibelungen: Itinerar Brautzug Kriemhilds: Nibelungenlied Vers 1290–1386, der Nibelungen Vers 1514–1717; J. Heinzle (Hg.), Die Nibelungen. Sage-Epos-Mythos (Wiesbaden 2003).

VII. Mit dem Inschriften-Ausmeißler unterwegs. Eine Wanderung auf der Römerstraße Augsburg–Salzburg im Frühjahr 212 n. Chr.

Der Rahmen: W. Czysz u. a., Römer in Bayern (wie S. 367). – Die Straße: R. Schwarz, Abenteuer Römerstrassen. Fernstrasse Bregenz-Salzburg (Eching 2000). Nachleben in der Landschaft: K. Schwarz, Archäologisch-topographische Studien zur Geschichte frühmittelalterlicher Fernwege und Ackerfluren im Alpenvorland zwischen Isar, Inn und Chiemsee (Materialhefte zur bayerischen Vorgeschichte 45, Kallmünz 1989). – Zur Anschlußstraße Augsburg-Reschen-Italien W. Czysz, Römische Staatsstraße Via Claudia Augusta. Der nördliche Streckenabschnitt zwischen Alpenfuß und Donau, in: La Venetia nell'area Padano-Danubiana. Le vie di comunicazione (Padova 1990), S. 253–283; am Beispiel eines Grabungsschnittes Ders. u. M. Dumler in: Das archäologische Jahr in Bayern 2008, S. 68–70. Zur Anschlußstraße Isinisca-Brenner-Italien E. Keller in: Führer zu vor- und frühgeschichtlichen Denkmälern 18 (Mainz ^{2}1971), S. 169–171. – Geta, *damnatio memoriae*: F. Krüpe, Die *Damnatio memoriae*. Über die Vernichtung von Erinnerung. Eine Fallstudie zu Publius Septimius Geta 189–211 n. Chr. (Gutenberg 2011). – Meilensteine: G. Walser, Die römischen Straßen und Meilensteine in Raetien (Aalen 1983), S. 13 f., 31 f.,

36, 42–46; G. Winkler, Die römischen Straßen und Meilensteine in Noricum-Österreich (Aalen 1985), S. 14 f., 24 f., 27, 48–52, oder CIL III 5748–5751 (erhalten durch Wiederverwendung: Esch, Ein verloren geglaubter Meilenstein, wie S. 134). Zur Fernstraße Bodensee-Salzburg zugehörig Walser Nr. 24, 26, 29, 31, 32, 33 und Winkler Nr. 148, 151 und Egerdach. – Der Weg nach Rom: H. Löwe, Corbinians Romreisen, in: Zeitschrift für bayerische Landesgeschichte 16 (1951), S. 409–420, bes. S. 416 f. mit Anm. 29. – Übergang über den Inn: zu den reichen Funden im dortigen *vicus* M. Weber in: Bayer. Vorgeschichtsblätter 72 (2007), S. 151–233; H.-J. Kellner in: Führer zu vor- und frühgeschichtlichen Denkmälern 19 (Mainz ²1971), S. 13–16. – Straßenstation *Bedaium*/Seebruck: M. Menke in: ebda S. 42–54; Spolien an Kirchen der Umgebung: ebda S. 44–46. – Meilenstein mit Marterl: CIL III 5749, Winkler Nr. 148 mit S. 48 f., S. 136 mit Abb. 29; Neufund Egerdach: R. Schwarz Abb. 98–99. Sogar im Fundament des spätromanischen Doms von Salzburg wurde ein Meilenstein gefunden (aber wohl von der Straße nach *Ovilava*/Wels). – Und sonst aus persönlicher Kenntnis der Landschaft, in der ich 1943–45 aufwuchs (Meilenstein LX stand früher einmal vor der Brauerei Valley nicht weit von meinem Schulhaus).

VIII. Auf der Via Valeria vom Aniene in die Abruzzen

A. Esch, Römische Straßen in ihrer Landschaft. Das Nachleben antiker Straßen um Rom, mit Hinweisen zur Begehung im Gelände (Mainz 1997), Kap. 5 Via Valeria (das in Umarbeitung diesem Beitrag zugrunde liegt). Zur Forschungsdiskussion (Datierung, ursprünglicher Zielpunkt) G. Radke, Viae publicae Romanae, in: RE Suppl. XIII (1971), Sp. 1657–1666; einiges anders bei T. P. Wiseman, Roman Republican Road-Building, in: Papers of the British School at Rome 38 (1970), S. 122–152. – Über die Via Valeria ist weit weniger gearbeitet worden als über die anderen Straßen; für unsere Zwecke wichtig C. C. van Essen, The Via Valeria from Tivoli to Collarmele I, in: Papers of the British School at Rome 25 (1957), S. 22–38. Für Teilabschnitte die im folgenden zitierten Arbeiten. Im heutigen Straßennetz: R. Mancini, Viaggiare negli Abruzzi I, Via Valeria (L'Aquila 2003). – Die Aquädukte: Th. Ashby, Gli acquedotti dell'antica Roma (ital. Roma 1991); Herrschaftsverhältnisse im Anienetal S. Carocci, Baroni di Roma (Roma 1993); *incastellamento*: P. Toubert, Les structures du Latium médiéval (Rome 1973); L. Feller, Les Abruzzes médiévales (École française de Rome 1998), S. 211–303. – Ponti Scutonico und S. Giorgio (beide jetzt restauriert): V. Galliazzo, I ponti romani II (Treviso 1994), Nr. 42 u. 43. – Mögliche Begegnungen: Ovid, Trist. IV 10, Fasti IV 685–687; Prokop, Gotenkrieg II 7, 25. – Zum Verlauf bis Carsoli: F. Crainz/C. F. Giuliani, I due tracciati della Via Valeria fra *ad Lamnas* e *Carseoli,* in: Atti e memorie della Società Tiburtina di storia e d'arte 58 (1985), S. 71–88; G. J. PFEIFFER/TH. ASHBY, Carsioli, in: Supplementary Papers of the American School of Classical Studies in Rome 1 (1905), S. 108–140 u. Taf. XIII-XVI. – Jenseits Carsoli: F. VAN WONTERGHEM, La viabilità antica nei territori di Alba Fucens e di Carseoli, in: Il Fucino e le aree limitrofe nell'antichità. Atti del Convegno di archeologia, Avezzano 1989 (Roma 1991), S. 423–440; VAN ESSEN S. 33 f.; ESCH, Straßen, S. 141–146. – GREGOROVIUS: Eine Pfingstwoche in den Abruzzen (1871), in: DERS., Wanderjahre in Italien, hg. von H.-W. KRUFT (München [4]1986), S. 412 f. – Meilensteine (einige jetzt aufgestellt im Municipio von Tagliacozzo): A. DONATI, I milliari delle regioni IV e V, in: Epigraphica 36 (1974), Nr. 21–28, jedoch mit allzu viel ‹verlorenen› Steinen (von denen sich einige wiederfinden lassen; Meilensteine vgl. ESCH, Straßen, S. 160 Anm. 62, 63, 67, 68, 73, 76–78); das neue Supplement von M. BUONOCORE CIL IX I,2 (2019) wird den heutigen Bestand richtigstellen. – Zur weiteren Strecke bis Alba Fucens: F. VAN WONTERGHEM, La Via Valeria nel territorio di Alba Fucens, in: Acta Archaeologica Lovaniensia 22 (1983), S. 3–38. – Alba: J. MERTENS, Alba Fucens (Bruxelles 1981); S. Pietro: O. LEHMANN-BROCKHAUS, Abruzzen und Molise. Kunst und Geschichte (München 1983), ad indicem; die Graffiti: M. GUARDUCCI, Alba Fucens. Graffiti nell'antico tempio sul colle di S. Pietro, in: Notizie degli scavi 1953, S. 117–125. – Zum weiteren Verlauf A. R. STAFFA, Contributo alla ricostruzione dell'assetto antico del territorio di Alba Fucens, in: Il Fucino cit. S. 414–422; VAN WONTERGHEM, Via Valeria, S. 25 ff. – Ab Collarmele: R. GARDNER, The Via Claudia Valeria, in: Papers of the British School at Rome 9 (1920), S. 75–106 (der ebda Anm. 1 angekündigte Teil über die Strecke Tivoli-Collarmele ist nie erschienen); und F. VAN WONTERGHEM, Superaequum-Corfinium-Sulmo (Forma Italiae IV 1, Firenze 1984), S. 67 f. mit Nr. 37 ff. und Abb. 21–30. GREGOROVIUS zit., S. 401 f. – Corfinium: VAN WONTERGHEM, Forma Italiae IV 1, S. 113–137, zu Kathedralkomplex und Grabbauten an der Valeria S. 162–172. Die Inschriftspolien vollständig in M. BUONOCORE, Le iscrizioni latine di età romana murate nella Cattedrale Valvense a Corfinio, in: Museo delle genti d'Abruzzo, quad. 11 (1985), S. 1–35.

IX. Landschaft im Verfall. Die Wahrnehmung von Verwahrlosung und Verheerung freier Landschaft in der Spätantike

Rede vor Konstantin: Panegyricus VIII (wie S. 361), cap. 6 u. 7. – Pausanias: *Graeciae descriptio*, ed. M. H. ROCHA-PEREIRA (Leipzig, Teubner, [2] 1990); gute deutsche Übersetzung, mit vortrefflicher Geländekenntnis, von E. MEYER, Pausanias, Reisen in Griechenland, Bd. I–III (Zürich [3]1986–89). Der Kritik an

Pausanias, in die sich Wilamowitz verrannt hat, wird hier nicht gefolgt: s. C. HABICHT, Pausanias und seine «Beschreibung Griechenlands» (München 1983), App. I. Die folgenden Stellen sind überwiegend dem Arkadien-Kapitel entnommen (und hier nicht im einzelnen belegt): Pausanias VIII 1,1–54,7 (Übersetzung Bd. III/S. 7–119); weitere Belege für Verfall zusammengestellt in der Edition von J. G. FRAZER, Pausanias' Description of Greece, I (Cambridge 1913), S. XIV Anm. 6. Vergils Arkadien: B. SNELL, Arkadien. Die Entdeckung einer geistigen Landschaft, in: DERS., Die Entdeckung des Geistes (Hamburg 1946), Kap. XII. – *Niedergang und Verheerung Griechenlands in der Spätantike* am Beispiel von *Olympia:* A. MALLWITZ, Olympia und seine Bauten (Darmstadt 1972), S. 110–117; Alarich: Claudianus, *In Rufinum* II 190; doch ist das von Fallmerayer verbreitete allzu düstere Bild (als habe mit Alarichs Zug hier auch das Heidentum geendet) schon von Gregorovius gemildert worden (Kleine Schriften I S. 49 ff.). – Rutilius Claudius Namatianus, *De reditu suo*, ed. E. DOBLHOFER (Heidelberg 1972), lat. u. deutsch. – [Pseudo-]Prosper von Aquitanien, *Carmen de providentia*, in: MIGNE, Patrologia latina 51, 617. Sidonius Apollinaris (wie S. 361) *ep.* IV 8, 1–3 (um 470). Den materialreichsten Überblick über die literarischen Quellen dieser Zeit bietet P. COURCELLE, Histoire littéraire des grandes invasions germaniques (Paris [3]1964). – Ammianus Marcellinus, lat. u. deutsch ed. W. SEYFARTH, 4 Bde (Berlin 1968–71), XVII 1, 4–11; *Verbrannte Erde*: ebda XVIII, 7, 3–4; Eugippius, *Vita S. Severini* (lat. u. deutsch ed. M. SCHUSTER, Wien 1947), cap. 44. – *Erdbeben*: Prokop, Gotenkriege (griech. u. deutsch ed. O. VEH, München 1966), IV 25, 16–18. – *Pest*: Paulus Diaconus, *Historia Langobardorum* (edd. L. BETHMANN/G. WAITZ, MGH, Mon. Script. rer. Germ. 48, 1878), II 4. – Salvianus, *De gubernatione Dei* (ed. K. HALM, MGH Auctores antiquissimi I 1, 1877), VI 8 u. VI 15. – *Kultplätze zerstört*: Gregor d. Gr., *Dialogi* (ed. U. MORICCA, Fonti per la storia d'Italia 57, 1924), II 8; Gregor von Tours, Historiae (lat. u. deutsch ed. R. BUCHNER, Darmstadt 1970), VIII 15; Götterhaine, Baumverehrung, Götzensturz: A. DEMANDT, Der Baum. Eine Kulturgeschichte (Köln u. a. [2]2014), Kap. 5 u. 6. – Tempel an der *Appia*: Gregor d. Gr., *Dialogi*, III 7. Zur Topographie L. QUILICI u. ST. QUILICI GIGLI, Per la Via Appia tra i Monti Ausoni e Aurunci (Foggia 2017), S. 95–112 (km 125,8–129,6; zum Tempel: ebda Abb. 131–144). – *Bodensee*: Wetti, *Vita S. Galli* (ed. B. KRUSCH, MGH Script. rer. Merov. 4, 1902), VII (spielt um 610). – *Inneres verlassener Tempel*: Johannes Chrysostomus, *De S. Babyla* 7 (MIGNE, Patrologia Graeca 50, 544); Julianus Apostata, epist. 79, in: Œuvres complètes, ed. J. BIDEZ, I 2 (Paris 1924) griech. u. französisch. – Landschaft und Landwirtschaft in der Spätantike: The Cambridge Ancient History, XIV: Late Antiquity (ed. A. CAMERON, B. WARD-PERKINS, M. WHITBY, Cambridge 2001), III 12. Zum Problem der *agri deserti* A. DEMANDT, Die Spätantike (München [2]2007), S. 403 f. – *Thermen*: Jonas, *Vita Columbani* (ed. B. KRUSCH, MGH Script. rer. German. 37, 1905), I 10; Gregor

d. Gr., *Dialogi*, I 4, IV 40 u. 57. – *Amphitheater*: Esch, Historische Landschaften (wie S. 365) Kap. XX; *Aquädukte*: ebda, Kap. XXI; Rom: ebda, Kap. IV. – *Urbisaglia*: Prokop, Gotenkriege II 16, 24 u. 17, 1–11. – Zur Wiederaufnahme der Kultivierung am Beispiel der früh dokumentierten Sabina gut P. Toubert, Les structures du Latium médiéval (Rome 1973); zu den Flurnamen cap. 2–4; *incastellamento* S. 303–447, und jetzt *L'Incastellamento*: Storia e archeologia, a cura di A. Augenti/P. Galetti (Spoleto 2018). – Antiken als Grenzmarken Esch, Archäologie aus dem Archiv, in: Hist. Landschaften, Kap. XIX; Wandel am Beispiel des südlichen Umbrien: Ders., Landschaft, des frühen Mittelalters, in: ebda, Kap. II. – *Tod des Pan*: Plutarch, *De defectu oraculorum* cap. 17 (ed. W. Sieveking, Plutarchus, Pythici dialogi, Stuttgart 1997), datiert in die Zeit des Tiberius.

X. Der Pilger:
Gemeinsame Reise – unterschiedlich berichtet.
Parallele Reiseberichte von Jerusalem-Pilgern (1480–1519)

Zur Jerusalemfahrt des späten Mittelalters zuletzt: Il pellegrinaggio europeo in Terrasanta nel basso medioevo, in: Nuova rivista storica 100 (2016) fasc. II, S. 383–693. – Zur Quellengattung der Pilgerreiseberichte J. Richard, Les récits de voyages et de pèlerinages, Turnhout 1981 (Typologie des sources du moyen âge occidental, 38); wichtig das Repertorium: Europäische Reiseberichte des späten Mittelalters. Eine analytische Bibliographie, hg. von W. Paravicini, Teil 1 Deutsche Reiseberichte, bearb. von C. Halm (Frankfurt a. M. 1994); Französische Reiseberichte (J. Wettlaufer, 1999), Niederländische Reiseberichte (J. Hirschbiegel, 2000). – Parallelberichte aus derselben Galeere A. Esch, Esperienza comune – racconto individuale. Resoconti di viaggio paralleli dallo stesso gruppo di pellegrini e il loro valore specifico, in: Alberto Tenenti. Scritti in memoria, a cura di P. Scaramella (Napoli 2005), S. 151–185 (liegt in Umarbeitung diesem Beitrag zugrunde). Die vier Berichte von 1480: Viaggio in Terrasanta di Santo Brasca 1480 con l'itinerario di Gabriele Capodilista 1458, a cura di A. L. Momigliano Lepschy (Milano 1966); Le voyage de Pierre Barbatre à Jérusalem en 1480, éd. par P. Tucoo-Chala et N. Pinzuti, in: Annuaire-Bulletin de la Société de l'histoire de France 1972/73, S. 73–172 (der begleitende Kommentar der Herausgeber bringt bereits viele Vergleiche mit den drei anderen Berichten); Le Voyage de la saincte cyté de Hierusalem, éd. par Ch. Schefer (in: Recueil de voyages et de documents pour servir à l'histoire de la géographie, II, Paris 1882); Fratris Felicis Fabri Evagatorium in Terrae Sanctae, Arabiae et Egypti peregrinationem, 3 vol., ed. C. D. Hassler (Bibliothek des litterarischen Vereins in Stuttgart, II–IV, Stuttgart 1843–49); darin seine erste Jerusalemfahrt 1480: vol. I, pp. 28–60; neue Ausgabe (lat. u. franz.): Les Errances de frère Félix, ed. J. Meyers et M. Tarayre (Classiques Garnier), 7 Bde Paris 2013–2019. Zu den Berichten von 1480 A. Esch, Gemeinsames Erlebnis – individueller Bericht. Vier Parallelberichte aus einer Reisegruppe von Jerusalempilgern 1480, in: Zeitschrift für historische Forschung 11 (1984), S. 385–416. – Die vier Berichte von 1519: St. Gallen, Stiftsbibliothek, cod. 660: Reyß und Bilgerfahrt zum Heyligen Grab deß edlen und gestrengen Herren Ludwigen Tschudi (Rorschach 1606); Zur Gilgen: J. Schmid, Luzerner und Innerschweizer Pilgerreisen zum Heiligen Grab in Jerusalem vom 15. bis 17. Jahrhundert (Luzern 1957), S. 39–53; K. Schib, Hans Stockars Jerusalemfahrt 1519 und Chronik 1520–21 (Basel 1949), S. 1–64. Zu den Berichten von 1519 A. Esch, Vier Schweizer Parallelberichte von einer Jerusalem-Fahrt im Jahre 1519, in: N. Bernard u. Q. Reichen (Hgg.), Gesellschaft und Gesellschaften. Festschrift zum 65. Geburtstag von U. Im Hof (Bern 1982), S. 138–184. Kameradschaft der Mailänderkriege: A. Esch, Mit Schweizer Söldnern auf dem Marsch nach Italien. Das Erlebnis der Mailänderkriege 1510–1515 nach bernischen Akten, in: Quellen und Forschungen aus italienischen Archiven und Bibliotheken 70 (1990), S. 348–439. – Der Bericht des Pietro Casola: Viaggio di Pietro Casola a Gerusalemme, a cura di G. Porro (Milano 1855, neue Edition von A. Paoletti, Alessandria 2001); der begleitende deutsche Pilger: Th. Schön, Eine Pilgerfahrt in das Heilige Land im Jahre 1494, in: Mitteilungen des österreichischen Instituts für Geschichtsforschung 13 (1892), S. 435–469. – Zur Eigenart des venezianischen Seereichs zuletzt: Il «commonwealth» veneziano tra 1204 e la fine della repubblica: identità e peculiarità, a cura di G. Ortalli, O. J. Schmitt, E. Orlando (Venezia 2015). – Pilgerberichte als Quelle zum Handel: A. Esch, Von Venedig ins Heilige Land und nach Ägypten. Pilgerberichte als historische Quelle, in: Römische Quartalschrift für Christliche Altertumskunde und Kirchengeschichte 114 (2019), S. 56–84; zum Gewürzhandel: E. Ashtor, Levant Trade in the Later Middle Ages (Princeton 1983). – Türkengefahr: Europa und die Türken in der Renaissance, hg. von B. Guthmüller u. W. Kühlmann (Tübingen 2000). – Die deutsche Präsenz in Venedig: Ph. Braunstein, Les Allemands à Venise 1380–1520 (Rome, École Française, 2016). – Beschreibungen der Grabeskirche: R. Krautheimer, Introduction to an ‹Iconography› of Mediaeval Architecture, in: Journal of the Warburg and Courtauld Institutes 5 (1942), S. 1–33; A. Esch, Anschauung und Begriff. Die Bewältigung fremder Wirklichkeit durch den Vergleich in Reiseberichten des späten Mittelalters, in: Historische Zeitschrift 253 (1991), S. 281–312.

XI. Der Ablaßkollektor: Eine Reise durch Deutschland in die Niederlande anhand einer Spesenabrechnung (1470–1472)

Die Quelle: Archivio Segreto Vaticano, Camera Apostolica, *Secretaria Camerae* 222, ediert von K. A. Fink, Der Kreuzablaß gegen Georg Podiebrad in Süd- und Westdeutschland, in: Quellen und Forschungen aus italienischen Archiven und Bibliotheken 24 (1932–33), S. 207–243, der Quellentext S. 211–242 (mit wenig Kommentar. Dazu A. Esch, Aus dem Alltag eines Ablaßkollektors. Eine Reise durch Deutschland, die Niederlande und Österreich anhand der Buchführung 1470–1472, in: Päpste, Pilger, Pönitentiarie. Festschrift für Ludwig Schmugge zum 65. Geburtstag, hg. von A. Meyer, C. Rendtel und M. Wittwer-Butsch (Tübingen 2004), S. 109–134; liegt in Umarbeitung diesem Beitrag zugrunde). – Zum Ablaß weiterhin grundlegend N. Paulus, Geschichte des Ablasses im Mittelalter, 3 Bde (Paderborn 1922–1923); zu den Ablaßkampagnen B. Moeller, Die letzten Ablaßkampagnen. Der Widerspruch Luthers gegen den Ablaß in seinem geschichtlichen Zusammenhang, in: Lebenslehren und Weltentwürfe im Übergang vom Mittelalter zur Neuzeit, hg. von H. Boockmann, B. Moeller u. K. Stackmann (Abhandlungen der Akad. d. Wiss. in Göttingen, Phil.-hist. Kl. III 179, 1989), S. 539–567; und zuletzt die Beiträge in: Ablasskampagnen des Spätmittelalters: Luthers Thesen von 1517 im Kontext, hg. von A. Rehberg (Bibl. des Deutschen Historischen Instituts in Rom 132, Berlin/Boston 2017). – Zum Anlaß: V. Filip/K. Borchardt, Schlesien, Georg von Podiebrad und die römische Kurie (Würzburg 2005), S. 150 ff. – Erfahrungsbericht des Kollektors Marinus de Fregeno: ed. K. Voigt, Der Kollektor Marinus de Fregeno und seine *Descriptio provinciarum Alamanorum*, in: Quellen und Forschungen aus italienischen Archiven und Bibliotheken 48 (1968), S. 148–206; Probleme des bargeldlosen Transfers aus Deutschland: C. Schuchard, Die päpstlichen Kollektoren im späten Mittelalter (Bibl. des Deutschen Historischen Instituts in Rom 91, Tübingen 2000); A. Esch, Überweisungen an die Apostolische Kammer aus den Diözesen des Reiches unter Einschaltung italienischer und deutscher Kaufleute und Bankiers. Regesten der vatikanischen Archivalien 1431–1475, in: Quellen und Forschungen aus ital. Archiven und Bibliotheken 78 (1998), S. 262–387; italienische Präsenz in Köln: Ders., Köln und Italien im späten Mittelalter (Sigurd Greven-Vorlesung 6, Köln 2002). – Die wichtigsten Etappen: Beginn in Wien: Text ed. Fink S. 211, Landshut und München S. 215, Köln S. 217, Territorien Karls d. Kühnen 218 f., östlich des Rheins S. 219–222, Eichstätt S. 222, Wien S. 242. – Für unsere Zwecke wichtig die Reise-Ausgaben S. 233–242 (die Belege im einzelnen bei Esch, Alltag). – Beispiele für Kistenöffnungs-Protokolle

s. ebda Anm. 4; Anmerkungen «Münzprobleme» Text S. 224–226; zu den Münzen und ihrem Kurswert P. Spufford, Handbook of Medieval Exchange (Royal Historical Society, Guides and Handbooks 13, London 1986) (die meisten der genannten Münzsorten sind im Lexikon des Mittelalters von Peter Berghaus behandelt). Zu den Gesamtsummen und der Schlußabrechnung: Esch, Alltag, S. 130–132. – Zu individuellen Kreuzzugsablaß-Fällen dieser Jahre in den (lange Zeit unzugänglichen) Supplikenregistern der Penitenzieria Apostolica: A. Esch, Die Lebenswelt des europäischen Spätmittelalters. Kleine Schicksale selbst erzählt in Schreiben an den Papst (München 2014), S. 331–334.

XII. Die Ware: Das Einzugsgebiet des Hafens Rom in der Frührenaissance

Die römischen Zollregister (hier nur Hafenzoll): Archivio di Stato Roma, Camerale I, Camera Urbis, *Introitus et Exitus dohane Ripe et Ripecte* 120 (1428), reg. 121–148 (1444–1483), 129 (1492/93), dazu ein (unter Napoleon verschleppter, nicht zurückgekehrter) Registerband in Paris, Archives Nationales L 49 C6 (1481/82); der Gesamtbestand ausgewertet in A. Esch, Economia, cultura materiale ed arte nella Roma del Rinascimento. Studi sui registri doganali romani 1445–1485 (Roma nel Rinascimento inedita, saggi 36, Roma 2007) (liegt diesem Beitrag zugrunde). – Für die voraufgehende Zeit: L. Palermo, Il porto di Roma nel XIV e XV secolo: strutture socio-economiche e statuti (Istituto di Studi Romani, Roma 1979); M. L. Lombardo, *Camera Urbis. Dohana Ripe et Ripecte. Liber introitus* 1428 (Roma 1978). – Der römische Rahmen: A. Esch, Rom. Vom Mittelalter zur Renaissance 1378–1484 (München 2016). – Der historische Raum des Mittelmeeres (mit der Rivalität zwischen Genua und Venedig) zuletzt: M. Balard, La Méditerranée au Moyen Âge (Paris 2014). – Im einzelnen: Wein Esch, Economia S. 183 ff.; Importvolumen bei Abwesenheit des Papstes S. 98 ff., Baustoffe Kap. VIII, Grabplatte Martins V. Kap. VII, Kunstimport Kap. IV u. V; Weltkarten S. 180; Niña S. 226. Zum Weinimport jetzt auch D. Lombardi, Dalla dogana alla taverna. Il vino a Roma alla fine del medioevo e gli inediti *Statuta comunitatis artis tabernariorum Alme Urbis Rome* 1481–82 (Roma nel Rinascimento inedita 75, Roma 2018); Maiolica: A. u. D. Esch, L'importazione di maioliche ispano-moresche nella Roma del primo Rinascimento nei registri doganali 1444–1483, in: Faenza 2014, S. 9–27. – Die Rolle von Brügge: J. Murray, Bruges cradle of Capitalism (Cambridge 2004); Esch, Economia, Kap. IX; zum bargeldlosen Transfer der Kollektoren C. Schuchard, Die päpstlichen Kollektoren im späten Mittelalter (Tübingen 2000). – Der Handel zwischen Christen und Muslimen in den Suppliken der Penitenzieria: A. ESCH, New sources on trade and dealings between Christians and Muslims in the Mediterranean region (ca.1440–1500), in: Mediterranean Historical Review 33:2 (2018), S. 135–148.

XIII. Die Nachricht: Wie die Meldung von der Eroberung Konstantinopels 1453 nach Venedig kam

Die Quellen zu Belagerung und Eroberung zusammengestellt von A. PERTUSI, La caduta di Costantinopoli, I, Le testimonianze dei contemporanei; II, L'eco nel mondo (Milano 1976); DERS., Testi inediti e poco noti sulla caduta di Costantinopoli. Edizione postuma a cura di A. CARILE (Bologna 1983). Im Archivio di Stato Venezia benutzt die Fonds: *Senato Deliberazioni Secreti* reg. 19 fol. 197r-205r; *Senato Deliberazioni Mar* reg. 4 fol. 192r–198r (beide Serien jetzt digitalisiert im Internet). Dazu A. ESCH, 29 giugno 1453. La notizia della caduta di Costantinopoli arriva a Venezia, in: Venezia. I giorni della storia, a cura di U. ISRAEL (Roma-Venezia 2011), S. 123–145 (liegt in Umarbeitung diesem Beitrag zugrunde). Zum Ereignis selbst: S. RUNCIMAN, The Fall of Constantinople 1453 (Cambridge 1965). – Zur Präsenz Venedigs und Genuas in der Ägäis: THIRIET, La Romanie vénitienne (wie S. 365); BALARD, La Romanie génoise (wie S. 365); Genova, Venezia, il Levante nei secoli XII-XIV, hg. von G. ORTALLI/D. PUNCUH (Genova 2001); ESCH in diesem Bande Kap. V. – Die Nachrichten via Kreta (Isidor von Kiev, Paolo Dotti, Fra Girolamo da Firenze u. a.) in PERTUSI, Caduta I S. 52–111, II S. 30–39. – Kalender der venezianischen Galeeren-Konvois: D. STÖCKLY, Le système de *l'incanto* des galées du marché à Venise (fin XIIIe-milieu XVe siècle), Leiden 1995, S. 177. – Pilgerberichte aus der gleichen venezianischen Galeere: s. Kap. X in diesem Bande. – Begegnung vor Modone: Peter Rots Bericht hg. von A. BERNOULLI, in: Beiträge zur vaterländischen Geschichte 11 (1882), S. 402 f., vgl. PERTUSI, Testi inediti, Nr. 8. – Flucht, ‹Melonen›: PERTUSI I S. 5–38, hier S. 35. – Zur Eigenart des venezianischen Seereichs zuletzt: Il «commonwealth» veneziano tra 1204 e la fine della repubblica: identità e peculiarità, hg. von G. ORTALLI, O.J. SCHMITT, E. ORLANDO (Venezia 2015); Venedigs Kommunikationssystem und seine Probleme: A. TENENTI, Il senso del mare, in: Storia di Venezia, XII (Roma 1991), S. 44–53 (La percezione dello spazio); Vergleich (mit denselben Nachrichten) Bern:Venedig s. ESCH, Mit Schweizer Söldnern (wie S. 373), S. 285–288. – Erste Reaktionen in Venedig und weitere Schreckensnachrichten (nach Giacomo Languschi u. a. Zeugen) in PERTUSI, Caduta, u. Testi inediti (Einzelbelege in ESCH, 29 giugno 1453). – Die Nachricht erreicht Rom (Briefsammlung des Heinrich *de Sömeren* PERTUSI II S. 80–97) und den Kaiserhof. Nachricht und erste Wirkung: Deutsche Reichtstagsakten XIX 1, hg. von H. WEIGEL u. H. GRÜNEISEN (Göttingen

1969), S. 19–20 (*ex Rascia* ebda S. 22, 23, 26); XIX 2, bearb. von J. Helmrath (München 2013); dazu: Europa, das Reich und die Osmanen: die Türkenreichstage 1454/55 nach dem Fall von Konstantinopel (Festschrift Johannes Helmrath), hg. von M. Baczóka, A. M. Blank, Th. Woelki (Frankfurt a. M. 2014). – Pii II Commentarii, ed. A. van Heck (Studi e Testi 212–213, Città del Vaticano 1984), XII 30. – Negroponte, Frühdruck: M. Meserve, News from Negroponte. Politics, Popular Opinion and Information. Exchange in the First Decade of the Italian Press, in: Renaissance Quarterly 59 (2006), S. 470–480. *Lamenti* und *Pianti* in Pertusi II S. 293–419; Dufay: L. Lütteken, Music of the Renaissance: Imagination and Reality of a Cultural Practice (Oakland, California 2019), S. 189. – Ausgreifen nach Italien: H. Houben, La conquista turca di Otranto 1480 tra storia e mito (Galatina 2008). – Das europäische Echo: L'Europa dopo la caduta di Costantinopoli: 29 maggio 1453. Atti del XLIV Convegno storico internaz. Todi 2007 (Spoleto 2008). – Dienstag als Unglückstag: Th. Wiegand, Halbmond im letzten Viertel (München 1970), S. 133.

XIV. Die andere Begegnung mit Italien: Kriegsknechte und Arbeitssuchende erleben den Süden

Dem 1. Teil liegen zugrunde: Staatsarchiv Bern, Fonds «Unnütze Papiere», bes. die Konvolute 21, 22, 61, 66; die Rodel B II 319; Deutsche Missiven N u. O (und andere Archivalien), sowie die Auswertung A. Esch, Mit Schweizer Söldnern auf dem Marsch nach Italien. Das Erlebnis der Mailänderkriege 1510–1515 nach bernischen Akten, in: Ders., Alltag der Entscheidung. Beiträge zur Geschichte der Schweiz an der Wende vom Mittelalter zur Neuzeit (Bern 1998), S. 249–328. Die wichtigste erzählende Quelle: Valerius Anshelm, Berner Chronik, hg. vom Historischen Verein des Kantons Bern, 6 Bde (Bern 1884–1901). Einschlägige Fonds in den Archiven des Umlands: Esch, Söldner S. 381; zur Sozialgeschichte der Reisläufer: Thun ebda S. 374 f.; Biel: B. Koch, Kronenfresser und deutsche Franzosen. Zur Sozialgeschichte der Reisläufer aus Bern, Solothurn und Biel zur Zeit der Mailänderkriege, in: Schweizerische Zeitschrift für Geschichte 46 (1996), S. 151–184. Architekturbeschreibung: A. Esch, Staunendes Sehen, gelehrtes Wissen: zwei Beschreibungen römischer Amphitheater aus dem letzten Jahrzehnt des 15. Jahrhunderts, in: Zeitschrift für Kunstgeschichte 50 (1987), S. 385–393. Ämterbefragungen: C. Erni, Bernische Ämterbefragungen 1495–1522, in: Archiv des Historischen Vereins des Kantons Bern 39 (1947), S. 3–124.

Dem 2. Teil liegen zugrunde: Archiv der Deutschen Evangelischen Gemeinde Rom, Registerbücher des Hilfscomités (Bd I-V, 1896–1903), sowie die Auswertung A. u. D. Esch, Italien von unten erlebt. Hilfesuchende und ihre Schicksale in den Registern des Hilfscomités der deutschen evangelischen

Gemeinde in Rom 1896–1903, in: Deutsches Ottocento. Die deutsche Wahrnehmung Italiens im Risorgimento, hg. von A. Esch u. J. Petersen (Bibliothek des Deutschen Historischen Instituts in Rom 94, Tübingen 2000), S. 287–325, und (mit anderem thematischen Ausschnitt) A. Esch, Namenlose auf Italienreise. Handwerker, Arbeitssuchende, Vagabunden in: der Dokumentation eines deutschen Hilfsvereins in Rom 1896–1903, in: Europäische Sozialgeschichte. Festschrift für Wolfgang Schieder, hg. von Chr. Dipper, L. Klinkhammer u. A. Nützenadel (Berlin 2000), S. 185–202, jeweils mit allen Belegen. Zum Rahmen: der Gemeinde E. Schubert, Geschichte der deutschen evangelischen Gemeinde in Rom 1819 bis 1928 (Leipzig 1930); der deutschen Präsenz in Italien: der zit. Tagungsband Deutsches Ottocento in zahlreichen Beiträgen. Genannte Motive für den Italienaufenthalt: Esch, Italien von unten, S. 306 f.; Frauen S. 310 f.; schlimme Schicksale S. 319–323. Rom nach 1870: A. Caracciolo, Roma capitale (Roma [5]1999); zur Identifizierung deutscher Betriebe in Rom F. Noack, Das Deutschtum in Rom seit dem Ausgang des Mittelalters, II (Stuttgart 1927, Neudruck Aalen 1974); Hilfeleistung seitens katholischer Institutionen: E. Gatz, Der Campo Santo Teutonico als Helfer, in: Römische Quartalschrift 93 (1998), S. 79–91.

XV. Die Praxis des Reisens: Eine Vorlesung an der Universität Göttingen (1772–1795)

Die Quelle: Vorlesungen über Land- und Seereisen gehalten von Herrn Professor Schlözer. Nach dem Kollegheft des stud. jur. E. F. Haupt (Wintersemester 1795/96) hg. von W. Ebel (Göttingen 1962). Sein (gedruckter) ‹Entwurf zu einem Reise-Collegio› findet sich digitalisiert unter reader.digitale-sammlungen.de. Zu Schlözer: D. Fleischer in: Neue Deutsche Biographie 23 (2007), S. 98–99 (Online-Version). – Zur pragmatischen Ausrichtung der Universität Göttingen im 18. Jahrhundert: Geschichte der Universität in Europa, hg. von W. Rüegg, II (München 1996) *ad indicem* ‹Göttingen›; F. Geyken, Zum Wohle Aller. Geschichte der Georg-August-Universität Göttingen von ihrer Gründung 1737 bis 2019 (Göttingen 2019). – Zum Text: A. Esch, Lezioni all'Università di Göttingen sulla prassi del viaggiare: August Ludwig Schlözer sul viaggio in Italia ed in altri paesi (1772–1795), in: Rivista Storica Italiana 118 (2006), S. 901–911 (liegt in Umarbeitung diesem Beitrag zugrunde). – Reiseliteratur des 18. Jahrhunderts, Grand Tour: C. De Seta, L'Italia del Grand Tour. Da Montaigne a Goethe (Napoli 1992); Grand Tour. Adeliges Reisen und europäische Kultur vom 14. bis zum 18. Jahrhundert, hg. von R. Babel u. W. Paravicini (Beihefte der Francia 60, Ostfildern 2005); E. Bohls u. I. Duncan (ed.), Travel Writing 1700–1830. An Anthology (Oxford 2005). – Zur Observierung protestantischer [Handels-]Reisender durch die Inquisition P. Schmidt, Fernhandel und römische Inquisition. «Interkulturelles Management» im konfessionellen Zeitalter, in: H. Wolf (Hg.), Inquisition, Index, Zensur. Wissenskulturen der Neuzeit im Widerstreit (Paderborn u. a. 2001), S. 105–20; s. a. R. Matheus, Konversionen in Rom in der Frühen Neuzeit. Das «Ospizio dei Convertendi» 1673–1750 (Bibliothek des Deutschen Historischen Instituts in Rom 126, Berlin/Boston 2012). – Archivreisen: A. Esch, Auf Archivreise. Die deutschen Mediävisten und Italien in der ersten Hälfte des 19. Jahrhunderts, in: Deutsches Ottocento. Die deutsche Wahrnehmung Italiens im Risorgimento, hg. von A. Esch u. J. Petersen (Bibliothek des Deutschen Historischen Instituts in Rom 94, Tübingen 2000), S. 187–234.

XVI. An den Rändern des Römischen Reiches. Inschriften vom Rande der Steppe und vom Rande der Wüste

Inschrift I: L'Année épigraphique 1951, S. 75 f. Nr. 263; dazu R. Heidenreich in: Zeitschrift für Papyrologie und Epigraphik 52 (1983), S. 213 f. (mit Korrektur einer unsinnigen Lokalisierung). – Einen Überblick über die geographische Verteilung (mit genauer Lokalisierung) der lateinischen Inschriften bietet die Epigraphik-Datenbank Clauss/Slaby unter «geographical distribution of the inscriptions»; die inzwischen noch weiter östlich, an den Höhlenwänden von Kara-Kamar im südlichsten Usbekistan entdeckten 2 lateinischen Inschriften (s. Y. Ustinova in Hephaistos 18, 2000, S. 169–179 mit Abb. 5) scheinen mir in Deutung und Datierung (ob überhaupt antik) sehr zweifelhaft; so auch D. Braund in Zeitschr. f. Papyrologie u. Epigraphik 89 (1991), S. 188–190. – *Legio XII Fulminata*: E. Ritterling in Pauly/Wissowa RE XII 2 (1925), 1705–1710; St. Mitchell, Anatolia. Land, Men and Gods in Asia Minor, I (Oxford 1993), bes. Kap. 9 S. 118–142 mit den inschriftlichen Nennungen der 12. Legion und den Einsätzen ihrer *vexillationes*. – Zu der (auch für das Mittelalter zu stellenden) Frage, ob Seidenstraße und Indienhandel nicht auch eine *nördliche* Umgehung des Kaspischen Meeres kannten, s. M. Wissemann, Rom und das Kaspische Meer, in: Rheinisches Museum 127 (1984), S. 166–173. – Zu Unterscheidung und Lokalisierung der Kaspischen und der Kaukasischen Tore als Sperrpforten Alexanders d. Gr. gegen die apokalyptischen Völker St. Lebreton, Des Portes Caspiennes aux Portes Caucasiennes. Un lieu de mémoire «errant», in: Monumenta. Du centre de pouvoir aux confins de l'Empire, sous la direction de S. Lefebvre (Dijon 2014), S. 149–177, und zuletzt (unter Einbeziehung der *Caspiarum similes*-Pforten in der koptischen Apokalyptik) M. Lewy, Der apokalyptische Abessinier und die Kreuzzüge. Wandel eines frühislamischen Motivs in der Literatur und der Kartographie des Mittelalters (Frankfurt a. M. 2018), bes. S. 288–295 u. S. 354–357.

Inschrift II: CIL VIII 10990; J. B. Reynolds/J. B. Ward-Perkins, The Inscriptions of Roman Tripolitania (Rome 1952), Nr. 908 (verloren) und weitere Inschriften aus Ghadames und Bu Njem Nr. 907–922 (in unserer Transkription: runde Klammern = aufgelöste Abkürzungen, eckige Klammern = weggebrochen, ergänzt). – Das römische Tripolitanien, Ghadames, der Limes: P. Trousset, Recherches sur le *limes tripolitanus* du Chott el-Djerid à la frontière tuniso-libyenne (Paris 1974); R. G. Goodchild, Libyan Studies. Select Papers ed. by J. Reynolds (London 1976); R. Rebuffat, Les fermiers du désert, in: L'Africa Romana V (Sassari 1988), S. 33–68; E. M. Ruprechtsberger, Die römische Limeszone in Tripolitanien und der Kyrenaika. Tunesien-Libyen (Aalen 1993); D. J. Mattingly, Tripolitania (London 1995), mit einer Zusammenstellung aller bekannten militärischen Einheiten S. 81 ff.; M. Klee, Grenzen des Imperiums. Leben am römischen Limes (Stuttgart 2006), S. 130–147; Frontiers of the Roman Empire: The African Frontiers, ed. D. Mattingly et al. (2013); St. Guédon, La frontière romaine de l'*Africa* sous le Haut Empire (Madrid 2018). Zu den libyschen Völkern Plinius, *Nat. hist.* V 5. – Zu den Küstenstädten die jüngsten italienischen Forschungen in der Buchreihe «Monografie di archeologia libica». – Die Ostraka von Bu Njem: eine gute Zusammenfassung seiner Edition (1974, 1992) gibt R. Marichal in: Comptes rendus des séances de l'Académie des Inscriptions et Belles-Lettres 1979, S. 436–452; dazu sprachgeschichtlich: J. M. Adams, Bilingualism and the Latin Language (Cambridge 2003), S. 236 f.; J. Kramer, Vulgärlateinische Alltagsdokumente auf Papyri, Ostraka, Täfelchen und Inschriften (Archiv f. Papyrusforschung, Beiheft 23, 2007), S. 75–86. – Zum spätantiken Grenzland zuletzt: Africa–Ifriqiya. Continuity and Change in North Africa from the Byzantine to the Early Islamic Age, hg. von R. Bockmann, A. Leone u. Ph. v. Rummel (Palilia 34, 2019). Zu seinem Vorfeld: D. Mattingly, Beyond Rome's African Desert Frontier: The Garamantes of Southern Libya (im Druck). – Inschrift vom Antoninus-Wall: CIL VII 1141; R. G. Collingwood/R. P. Wright, *The Roman Inscriptions of Britain*, I (Oxford 1965), Nr. 2208.

XVII. Die Erfahrung von Distanz und Ferne in nichtliterarischen Briefen des Mittelalters

Zur Fragestellung die Beiträge in: Uomo e spazio nell'alto medioevo (Settimane di studio del Centro italiano di studi sull'alto medioevo 50, Spoleto 2003). – Das Material der Geniza von Fustat/Alt Kairo: S. Goitein, A Mediterranean Society. The Jewish Communities of the Arab World as Portrayed in the Documents of the Cairo Geniza, 6 Bde (Berkeley 1967–1988), hier besonders Bd. I Economic Foundations (Zitate: Almosenverzeichnis I S. 56 f.; Heiraten S. 48; Ankunft christlicher Kaufleute S. 44 f., 302 f., 313 f.; Fahrtdauer Tabelle S. 325 f.; Karawane Sigilmasa S. 212 f., 279; Loskauftarife S. 329). Briefe: S. Goitein, Letters of

Medieval Jewish Traders (Princeton 1973); zu Alexandria ebda *ad indicem*, z. B. Briefe Nr. 3, 4, 6, 8, 14 usw. Briefe zum Indienhandel: ebda Nr. 36–47 (der zitierte: Nr. 38, 1139; Bronzewerkstatt Nr. 39, 1130er; Rückkehr 1149, Leben in Aden, Nr. 41; Koromandel Nr. 45, 1204; Tod in der Ferne: Nr. 46 u. 47). – Zum Handel zwischen Christen und Muslimen im Spätmittelalter A. Esch, New sources on trade and dealings between Christians and Muslims in the Mediterranean region (ca. 1440–1500), in: Mediterranean Historical Review 33:2 (2018), S. 135–148. – Briefe Datini: F. Melis, Aspetti della vita economica medievale (Studi nell'Archivio Datini di Prato) (Siena 1962); zu Briefumlauf und Laufzeiten Ders., Intensità e regolarità nella diffusione dell'informazione economica generale nel Mediterraneo e in Occidente alla fine del Medioevo, in: Histoire économique du monde méditerranéen. Mélanges en l'honneur de Fernand Braudel (Toulouse 1973), S. 389–424; B. Dini, Tempi e circolazione delle merci, in: Spazi, tempi, misure e percorsi nell'Europa del basso Medioevo, in: Atti dei Convegni del Centro italiano di studi sul basso Medioevo-Accademia Tudertina 32 (1996), S. 317–338. – Moskau 1446: F. Melis, Documenti per la storia economica dei secoli XIII-XVI (Firenze 1972), Nr. 40; Vorrücken von Timur/Tamerlan: Melis, Aspetti, S. 30–32. – Santiago-Bußwallfahrt und Pönitentiarie: A. Esch, Il pellegrinaggio a Santiago de Compostela nelle suppliche alla Penitenzieria Apostolica (ca. 1440–1500), in: Studi offerti a mons. Sergio Pagano, I (Collectanea Archivi Vaticani 106, 2018), S. 539–546. – Imaginäre Reisen: Legendäre Reisen im Mittelalter, hg. von F. Novoa Portela (Stuttgart 2008), darin M. A. Ladero Quesada, Reale und imaginäre Welten: John Mandeville, S. 55–76; Giovanni Boccaccio, *Il Decamerone*, 10. Novelle des 6. Tages; Francesco Balducci Pegolotti, *La pratica della mercatura*, ed. A. Evans (Cambridge Mass. 1936).

XVIII. Endlose Weite.
Ein Ritt vom Schwarzen Meer in das Innere Asiens

Wilhelm von Rubruk, *Itinerarium*: kritische Ausgabe von A. van den Wyngaert, in: Sinica Franciscana I (Quaracchi 1929); ausführlicher Kommentar in C. et R. Kappler, Guillaume de Rubrouck, Voyage dans l'empire mongol (Paris 1985, neue Ausgabe 1997); gute Auswahl auf deutsch in A. Borst, Lebensformen im Mittelalter (Frankfurt a. M./Berlin 1973), S. 639–644 u. 649–651; F. Reichert, Quellen zur Geschichte des Reisens im Spätmittelalter (Darmstadt 2009), S. 162–179 u. 264–271 (lat. u. deutsch); zuletzt Th. Behrens, Ein gescheiterter interkultureller Vermittler? Wilhelm von Rubruks Reise zu den Mongolen 1253–1255, in: Frühmittelalterliche Studien 51 (2017), S. 193–266. Rückreise: *Itinerarium* S. 227 ff. – Giovanni di Pian di Carpine, Storia dei Mongoli, a cura di P. Daffinà, C. Leonardi et al. (Spoleto 1989), lat. u. ital.; lat. u. deutsch in J. Giessauf, Die Mongolengeschichte des Johannes von Piano

Carpine (Graz 1995). – Priskos in den *Excerpta de legationibus*, deutsch in: Byzantinische Diplomaten und östliche Barbaren, hg. von E. DOBLHOFER (Byzantinische Geschichtsschreiber IV, 1955), S. 42–46 u. 54 f. – Marco Polo: auf die Zweifel an Reise und Bericht (zahlreiche Editionen und Übersetzungen) kann hier nicht eingegangen werden; Francesco Balducci Pegolotti, *La pratica della mercatura*, ed. A. EVANS (Cambridge Mass. 1936), S. 21 ff. – Grundsätzliches zu Reiseberichten s. a. Kap. X; Zugang zum Kaspischen Meer, Tore Alexanders s. Kap. XVI. – Der Raum zwischen Westen und Osten: TH. HÖLLMANN, Die Seidenstraße (München 2004). – Zur Begegnung: J. FRIED, Auf der Suche nach der Wirklichkeit. Die Mongolen und die europäische Erfahrungswissenschaft im 13. Jahrhundert, in: Historische Zeitschrift 243 (1986), S. 287–332; F. SCHMIEDER, Europa und die Fremden. Die Mongolen im Urteil des Abendlandes vom 13. bis in das 15. Jahrhundert (Sigmaringen 1994); A. RUOTSALA, Europeans and Mongols in the middle of the thirteenth century: encountering the other (Helsinki 2001); B. SPULER, Geschichte der Mongolen (Zürich 1968).

XIX. An den Rändern der Welt. Einzelschicksale der frühen portugiesischen Entdeckungen

Zu den frühen portugiesischen Entdeckungen P. CHAUNU, L'expansion européenne du XIIIe au XVe siècle (Paris 1969); S. E. CARNEMOLLA, Fonti italiane dei secoli XV–XVII sull'espansione portoghese (Pisa 2000); M. NEWITT, A History of Portuguese Overseas Expansion (New York 2005); F. BETHENCOURT/D. RAMADA CURTO (edd.), Portuguese oceanic expansion, 1400–1800 (Cambridge 2007); V. MAGALHÃES GODINHO, Documentos sobre a Expansão Quatrocentista Portuguesa (Lisboa ²2011); W. REINHARD, Die Unterwerfung der Welt. Globalgeschichte der europäischen Expansion 1415–2015 (München 2016), Kap. II. – Die hier präsentierten Archivalien: nach A. ESCH, The Early History of the Portuguese Expansion Reflected in Individual Fates: Atlantic Islands and the African Coast in Supplications to the Pope (ca. 1440–1510), in: Anuario de Estudios Medievales 50 (2020), S. 91–119 (der Artikel liegt diesem Kapitel zugrunde; dort die Einzelbelege). – Penitenzieria Apostolica: Archivio, *Registra matrimonialium et diversorum*, 1439–1510 (reg. 2–56) unter den Rubriken *De diversis formis* und *De declaratoriis*; zu Institution und Quelle K. SALONEN/L. SCHMUGGE, A Sip of the ‹Well of Grace›. Medieval Texts from the Apostolic Penitenciary (Studies in Medieval and Early Modern Canon Law 7, Washington D.C 2009), zahlreiche Beispiele aus den Suppliken in ESCH, Lebenswelt (wie S. 375). – Zur Besiedlung der Insel São Tomé R. GARFIELD, A History of Sâo Tomé Island, 1470–1655 (Lewiston 1992), verfolgt auch das weitere Schicksal der zwangsangesiedelten Verurteilten, Juden, schwarzen Sklaven. Zu Martin Behaim G. HAMANN, Der Eintritt der südlichen Hemisphäre in die europäische Geschichte: Die Erschliessung des Afrikaweges nach Asien vom Zeitalter Heinrich des Seefahrers bis zu Vasco da Gama (Wien 1968), S. 192 ff. – Zur Rolle des Christus-Ordens zuletzt S. HUMBLE FERREIRA, The Crown, the Court and the Casa da India (Leiden 2015). – Genannte Fälle (auf S. Tomé; Hl. Geist als Bäcker; Flucht 1453 nach Portugal) ESCH, Early History, App. I–III, ebda die archivalischen Belege zu den genannten Inseln; Aussagen von Ehefrauen ebda Anm. 30–32. – Ceuta: Kampf um C. ebda (schottische Ritter: Anm. 51–52); als Verbannungsort: Suppliken zit. ebda Anm. 56 ff. – Päpstliches Handels-Embargo: ESCH, New Sources (wie S. 376). – Portugals Handel im Mittelmeer: L. A. DA FONSECA/M. E. CADEDDU (edd.), Portogallo mediterraneo (Cagliari 2001); G. JEHEL, L'Italie et le Maghreb au Moyen Âge. Conflits et échanges du VIIe au XVe siècle (Paris 2001); M. A. LADERO QUESADA, Relazioni economiche tra Europa e mondo islamico, secc. XIII–XVIII, in: S. CAVACIOCCHI (ed.), Relazioni economiche tra Europa e mondo islamico (sec. XII–XVIII) (Atti delle Settimane di Studi dell'Istituto F. Datini di Prato 38, Firenze 2007), S. 13–52. Italienische Kaufleute in Lissabon: L. D'ARIENZO, La presenza italiana in Portogallo nell'età di Colombo (Roma 2004). – I. ARMENTEROS MARTÍNEZ, The Canary Islands as an Area of Interconnectivity between the Mediterranean and the Atlantic (14–16th Centuries), in: N. JASPERT/S. KOLDITZ (edd.), Entre mers–Outre-mer: Spaces, Modes and Agents of Indo-Mediterranean Connectivity (Heidelberg 2018), S. 201–216; Handel mit Rom, Exotica, Römische Zollregister: s. hier Kap. XII, S. 229 f. – Kongo, Indien in den Supplikenregistern: ESCH, Early History Anm. 27 u. 28 (1509 bzw. 1508).

XX. Geschichte unterwegs. Beobachtungen von einer Fahrt durch Sibirien (1992)

Die im zentralen Teil zitierten, 19. Juli – 4. Aug. 1992 an der Strecke erworbenen lokalen und überregionalen Zeitungen (in alphabetischer Reihenfolge): Birobidschaner Schtern vom 4.7.1992. – Borba, 1992 Nr. 5. – Bulwar, 25.7.1992. – Finansowaja Gaseta (Financial Weekly International), Nr. 25, 1992. – Golos, 25.7.1992. – Ja molodoj, 13.7.1992. – Iswestija, 1.8.1992.– Krasnaja Swesda, 1.8.1992. – Makler, Aug. 1992. – Menedscher, Juli 1992. – Narodnaja Gaseta, 28.7.1992. – Narodnaja Prawda, Juli 1992. – Nju-Jork Tajms (*The New York Times*), 21.7.–3.8.1992. – Patriot Rodiny, Juli 1992. – Prawda, 21.7.1992. – Protestant, Juli 1992. – Rossija, 22–28.7.1992. – Rossijskoje Wremja, 2.7.1992. – Sa Rodinu, sa Stalina!, Mai 1992. – Sabaikalski Rabotschi, 30.7.1992. – Sakon i Demokratija, Aug. 1992. – Trud, 25.7.1992. – Videokanal, 28.7.-3.8.1992. – Wojin Rossii, Juli 1992. – Für die Auswertung dieser Blätter 1992 danke ich meinem Sohn Christian Esch, 2008–16 in Moskau Korrespondent der ‹Berliner Zeitung›, ab 2017 Leiter des SPIEGEL-Büros in Moskau.

Bildnachweis

Abb. 1: © Buck Rodgers/Bourgogne-Franche-Comté Tourisme; Abb. 2: Bayerische Staatsbibliothek München, Rar. 287#Beibd. 4; Abb.. 3: Google Earth; Abb. 4: Photo A. Esch; Abb. 5: Photo Scala, Florenz/Courtesy of the Ministero Beni e Att. Culturali e del Turismo; Abb. 6: Photo O. Braasch; Abb. 7: Photo A. Esch; Abb. 8: Photo A. Esch; Abb. 9: Photo A. Esch; Abb. 10: Bayerische Staatsbibliothek München, 2 Inc.c.a. 2022 m, Holzschnitt Rhodos, Faltblatt zwischen fol. 17/18; Abb. 11: © akg-images; Abb. 12: Margarita Fernández Gómez, Codex Escurialensis, Faksimileausgabe, Murcia 2000; Abb. 13: Die Belagerung Konstantinopels durch die Türken. Miniatur aus «Voyage d'Outremer» von Bertrandon de la Broquière, 1455, nach Runciman, Eroberung von Konstantinopel, München ^{7}2012 (Photo: BNF, Paris); Abb. 14; A. Esch/J. Petersen, Deutsches Ottocento, Tübingen 2000; Abb. 15: Jacob Grimms erste Vorlesung in Göttingen, Tuschezeichnung, 1830, Mappe 94 (Bildnisse von Rechtslehrern) der Rechtsarchäologischen Sammlung des Karl von Amira im Leopold Wenger Institut, München); Abb. 16: Photo A. Esch; Abb. 17: Photo A. Esch; Abb. 18: Photo A. Esch; Abb. 19: GNM, Nürnberg; Abb. 20: Photo A. Esch.

Personenregister

Adam von Usk 38
Aetius, Flavius 15
Afanassjew, Jurij 351
Aischylos 235, 237
Alarich, König der Goten 169 f.
Albert von Aachen 310
Albert von Stade 40
Albinus, Clodius 138
Albrecht IV. von Bayern 212
Alexander der Große 290, 293 f., 310, 317
Alexander VI., Papst 231
Alfons V., König von Portugal 332, 334, 336
Alfonso I. il Magnanimo, König von Neapel 230 f.
Alkaios von Lesbos 101
Almeida, Francisco de 336
Ambrosius von Mailand, Hl. 178
Amedeus VIII. von Savoyen, Gegenpapst Felix V. 60
Ammianus Marcellinus 171 f.
André de Longjumeau 320
Angeleri, Pietro, Papst Coelestin V. 164
Angelus de Cialfis 209, 212
Anshelm, Valerius 251 f., 260, 262
Ardüser, Hans 57
Aristoteles 312
Arnold von Egmond 216
Arnold, Robert 265
Ashby, Thomas 150
Attila, König der Hunnen 15, 315
Augustus, röm. Kaiser 12, 65, 88, 110, 137, 291, 294
Ausonius, Decimus Magnus 171
Aventinus, Johannes Turmair 120, 127
Bajazit, Sultan 243
Balbus, Lucius Cornelius 294 f.
Balduin von Trier 58
Barbara von Brandenburg 69
Barbaro, Nicolò 240
Barbatre, Pierre 187–191, 193–195, 197 f.
Barberigo, Agostino 245
Baretti, Giuseppe 277
Batu Khan, Mongolenkhan 312 f., 316
Beaufort, Francis 98
Behaim, Martin 325 f.
Belisar 149
Benedikt XVI., Papst 141, 164
Benedikt von Nursia, Hl. 25, 148, 174
Berija, Lawrenti 352
Bernhard von Breydenbach 186
Bernhard von Clairvaux 20, 26 f.
Bertrandon de la Broquière 236
Biondo, Flavio 109
Bituit, König der Averner 159
Boccaccio, Giovanni 310
Bonsignori, Bonsignore 113
Borgia, Lucrezia 76
Borgia, Rodrigo *s. auch* Alexander VI., Papst 225, 231
Borst, Arno 63
Boso von Vienne, König von Niederburgund 19
Boucher, Guillaume 314
Braasch, Otto 125, 132
Bracciolini, Poggio 91
Bramante, Donato 256
Brasca, Santo 188 f., 191–193, 195–198
Breschnew, Leonid Iljitsch 356
Bruegel d. Ä., Pieter 58 f.

Büsching, Anton Friedrich 279, 282
Buondelmonti, Cristoforo 92, 99–101, 103 f., 106 f., 109–111
Burchard von Ursperg 129
Burkard von Erlach 253

Cadamosto, Alvise 310, 329
Caesar, Gaius Iulius 11 f., 65, 133, 262, 291
Calixt III., Papst 113, 231
Capranica, Domenico 247
Caracalla, röm. Kaiser 133, 138 f., 143 f.
Carafa, Oliviero 113
Carpaccio, Vittore 93
Carrington, Lord Peter 356
Casola, Pietro 94, 205, 207 f.
Cassiodorus, Flavius Magnus Aurelius 74, 177
Cassola, Carlo 74 f.
Cézanne, Paul 82
Chaunu, Pierre 323
Chigi, Agostino 230
Chlodio, erster Merowinger 129 f.
Christlein, Rainer 132
Chruschtschow, Nikita Sergejewitsch 338, 350
Chrysoloras, Manuel 100
Cicero, Marcus Tullius 176
Claudianus, Claudius 169
Claudius, röm. Kaiser 137, 146, 159, 161
Clavijo, Ruy González de 97
Coco, Jacopo 240
Columbanus von Luxeuil, Hl. 18, 175 f.
Columbus, Christoph 186, 226, 230, 324, 331
Conant, Kenneth 23
Contarini, Agostino 187, 238, 245
Corbinianus von Freising, Hl. 141
Corbulo, Gnaeus Domitius 292
Cyriacus von Ancona 91 f., 99, 103, 105, 107, 109 f., 112

Dagobert I., König der Franken 18
Dante Alighieri 66, 103, 158, 164, 310
Datini, Francesco di Marco 304, 306, 308 f.
Daviso de Charvensod, Maria Clotilde 53
Davison, William 277
De Foix, Gaston 259
Dei, Benedetto 113
Deichmann, Friedrich Wilhelm 112
D'Estouteville, Guillaume 225
Diedo, Alvise 246
Diogo Cão 326
Diokletian, röm. Kaiser 176
Dolfin, Lodovico 202, 206
Domitian, röm. Kaiser 119, 131, 289–292
Dschingis Khan 313 f.
Dserschinsky, Felix 343, 355
Duby, Georges 31
Dürer, Albrecht 45, 58, 214 f.
Dufay, Guillaume 248

Ebel, Wilhelm 275, 277
Eleonore von Portugal 333
Emmeram von Regensburg, Hl. 141
Etzlaub, Erhard 59 f., 64
Eugen III., Papst 26
Eugippius, Hl. 135

Fabri, Felix 56, 96, 188 f., 191–193, 195–199, 202, 205
Falk, Peter 200 f., 206, 251, 256
Felix V., Gegenpapst *s.* Amedeus VIII.
Francesco da Pistoia 91
Franz I., König von Frankreich 327
Franziskus von Assisi, Hl. 89, 316
Friedrich I. Barbarossa, Kaiser 130
Friedrich II., Kaiser 32, 95
Friedrich III., Kaiser 45, 211, 333
Friedrich von Brandenburg 241
Frontinus, Sextus Iulius 177
Frundsberg, Georg von 63

Gallus, Hl. 175
Gardner, Robert 163
Georg Podiebrad, König von Böhmen 209, 214, 217

Gerhard von Vienne 18 f.
Gerhardt, Heinrich 270
Germanus von Auxerre 17
Geta, röm. Mitkaiser 134, 138–145
Ghirlandaio, Domenico 231
Giovanni da Pian del Carpine 316, 320
Giovanni delle Bande Nere (de' Medici) 63
Giulio Romano 62 f.
Giustiniani, Andreolo 91, 108
Glauser, Friedrich 300
Glauser, Fritz 49
Goethe, Johann Wolfgang von 38, 90, 279, 282, 285
Goitein, Samuel 302
Gonzaga, Federico II. 69
Gonzaga, Kardinal Francesco, 69, 230
Gorbatschow, Michail 349 f.
Gregor I. der Große, Papst 74, 147, 176 f.
Gregor VII., Papst 38, 62
Gregor von Tours 174
Gregorovius, Ferdinand 156 f., 162
Greifenstein, Ludwig von 207
Grimm, Jacob 276
Grioni, Zaccaria 240
Guicciardini, Francesco 259

Hadrian, röm. Kaiser 119
Hardenberg, Karl August von 274
Hassinger, Herbert 49
Heimburg, Gregor 214
Heinrich III., Kaiser 21
Heinrich IV., Kaiser 38, 62
Heinrich III., König von Kastilien und León 97
Heinrich der Seefahrer 310, 327, 329
Heinrich Sömeren 247
Herzan, Kardinal Franz 283
Hetzel, Hans Rudolf, von Bern 260
Homer 105, 111, 310
Honecker, Erich 349, 356
Horaz 88, 147 f., 281, 293
Hülsen, Christian 265, 268
Hug von Landricourt 33

Ibn Battuta 302
Innozenz IV., Papst 316
Isidor von Sevilla 317

Jakob von Castelmur 51
Jelzin, Boris 347, 350 f., 359
Jewtuschenko, Jewgeni 350
Johann II., König von Portugal 325 f.
Johannes Roderici Baveto 328
Johannes der Täufer 40, 194
Joinville, Jean de 31, 33
Josephus, Flavius 293
Josserand de Brancion 30–33
Julianus Apostata, röm. Kaiser 17, 134, 141, 164, 176
Julius II., Papst 199, 253
Jungnickel, Ludwig 266
Justinian, röm. Kaiser 174, 292, 296

Kalinin, Michail 355
Kalogeros von Sizilien, Hl. 101
Karl der Große, Kaiser 256
Karl VIII., König von Frankreich 46, 253
Karl I. von Anjou, König von Sizilien 147, 158
Karl II. von Anjou, König von Neapel 147
Karl I. der Kühne von Burgund 217, 223, 253
Kazantzakis, Nikos 107
Kettler, Dietrich von 199 f.
Kiepert, Heinrich 106
Kirow, Sergei 343
Kisch, Egon Erwin 342
Klimt, Gustav 266
Konrad II., Kaiser 19, 127
Konrad III., dt. König 27
Konradin von Schwaben, König von Sizilien 149, 158
Konstantin I. der Große, röm. Kaiser 13 f., 17, 166
Konstantin Palaeologus, byzant. Kaiser 235
Kotlerman, Maja 357

Kress, Jörg 50
Kublai Khan, Mongolenkhan 314, 317
Kues, Kardinal Nikolaus von 114
Kurban Said 293
Kuske, Bruno 50

Lalande, Joseph-Jérôme de 277
Landriano, Marcantonio di 199
Lampert von Hersfeld 38
Laupen, Wolfgang von 336
Lenin, Wladimir Iljitsch 339, 342, 344, 354 f., 357 f.
Leonardo da Vinci 256
Lippi, Filippino 231
Livius, Titus 81, 159
Loredan, Antonio 238 f., 241, 245
Loredan, Giovanni 241
Loredan, Jacopo 241, 243
Loredan, Paolo 241
Lothar I., Kaiser 41
Ludwig der Fromme, Kaiser 41
Ludwig IX. der Heilige, König von Frankreich 20, 30, 32, 311
Ludwig IX. von Bayern-Landshut 212
Luther, Martin 27

Machiavelli, Niccolò 258
Magnentius, Flavius Magnus, röm. Gegenkaiser 159, 162
Makaschow, Albert 347
Mandeville, Jean de 309 f.
Mantegna, Andrea 68 f., 112, 133
Manuel, Niklaus 257
Marcanova, Giovanni 112
Marcus Antonius 103
Marichal, Robert 299 f.
Marinus de Fregeno 210 f.
Mark Aurel, röm. Kaiser 291
Martin V., Papst 228, 327
Martin von Tours, Hl. 12
Massimo, röm. Familie 149
Mathilde von Canossa, Markgräfin von Tuscien 62
Matthias Corvinus, König von Ungarn 209
Maximilian II. Joseph, König von Bayern 125, 130, 132
Maximus, Lucius Julius 289, 291
Medici, Cosimo 91
Mehmed II. der Eroberer, Sultan 94, 107, 113, 235 f., 242, 245 f.
Mela, Pomponius 109
Memling, Hans 229
Mérimée, Prosper 14
Merovech, Merowinger 130
Michelozzi, Bernardo 113
Michelozzi, Michelozzo 91
Misson, François Maximilien 277
Möngke Khan, Mongolenkhan 313
Molotow, Wjatscheslaw 343
Mommsen, Theodor 120, 158
Moravia, Alberto 173 f.
Mühlenweg, Fritz 318
Mussolini, Benito 87

Namatianus, Rutilius Claudius 170, 178
Napoleon Bonaparte, Kaiser der Franzosen 275
Nardini, Kardinal Stefano 227
Nerva, röm. Kaiser 148 f.
Niccoli, Niccolò 91, 100 f., 103, 105
Niccolò da Martoni 95, 98
Nikolaus V., Papst 246 f., 327
Nobel, Alfred 293
Nugent, Thomas 277

Octavian *s.* Augustus
Odilo von Cluny 23
Odoaker, König von Italien 135
Orsini, Kardinal Giordano 100
Orsini, Kardinal Latino 227
Ovid 101, 109, 132, 148, 150, 163 f., 291

Patrizi, Agostino 38
Paul II., Papst 209
Paulus Diaconus 172
Paulus, Apostel 88, 92, 101, 104, 195
Pausanias 106, 167 f.

Pegolotti, Francesco di Balduccio 310, 322, 341
Pelinus von Brindisi, Hl. 164
Perseus, König von Makedonien 158 f.
Pertusi, Agostino 235
Pescennius Niger, Gaius 138
Peter I. der Große, Zar 349
Petrarca, Francesco 29, 216
Petrus, Apostel 22, 196
Petrus Venerabilis 23, 28
Peutinger, Konrad 140
Philipp III. der Gute von Burgund 216
Philippe Auguste, König von Frankreich 20
Piccolomini, Enea Silvio *s. auch* Pius II. 247 f.
Pitentino, Alberto 66
Pius II., Papst 63, 68, 92, 113 f., 225, 248
Pius VI., Papst 87
Planck, Bernard 212
Planta, Armon 55
Platter, Thomas 57
Plinius, Gaius P. Secundus (d. Ä.) 101, 109, 293
Plutarch 179
Polo, Marco 245, 306, 311 f., 314, 317, 319, 322, 341
Pompeius Trogus 101
Pompeius, Gnaeus 103, 292
Priskos von Panion 315
Prokopios von Caesarea 172, 177, 292
Prosper von Aquitanien, Hl. 171

Quilici, Lorenzo 175
Quintilianus, Marcus Fabius 145

Raffael 230
Raoul Glaber 24 f., 31
Reuwich, Erhard 186
Richard Löwenherz, König von England 20
Robert de Molesme 26
Rodt, Bernhard Emanuel von 252
Roger II., König von Sizilien 305
Rot, Peter 239
Roverella, Lorenzo 209, 223
Rudolf I., König von Hochburgund 19
Rudolf von Diepholz 216
Rutilius Gallicus, Gaius 292
Ryschkow, Nikolai 347

Salimbene von Parma 23
Salutati, Coluccio 100
Salvianus von Marseille 172
Santonino, Paolo 39
Sanudo, Marin 242
Sappho 101
Sartaq Khan 312
Scalamonti, Francesco 107
Schiner, Kardinal Matthäus 261
Schirinowski, Wladimir 347
Schlözer, August Ludwig 274–279, 281–285
Schlözer, Dorothea 275
Schulte, Aloys 50
Septimius Severus, röm. Kaiser 131, 134, 138, 144, 295
Severin von Noricum, Hl. 126, 134–136
Severus Alexander, röm. Kaiser 296
Sforza, Lodovico il Moro 253
Sforza, Massimiliano 253, 258
Sharp, Samuel 277
Sidonius Apollinaris, Gaius 16, 171
Sigismund, König 60
Sigmund von Tirol 56
Silone, Ignazio 162
Simon Magus 21
Sixtus IV., Papst 113 f.
Snell, Bruno 168
Solschenizyn, Alexander 342, 358
Sommaripa, Crusino 110
Stackelberg, Traugott von 340 f.
Stalin, Josef 343, 350, 357
Statius, Publius Papinius 101
Stein, Heinrich Freiherr vom 274
Stockar, Hans 199, 202, 205–207

Stolz, Otto 49
Stuhr, William Seeger 266
Stulz, Heinrich 199, 201–207
Sueton, Gaius S. Tranquillus 88
Sulpicius Rufus, Severus 178
Swerdlow, Jakow 355
Syphax, König von Westnumidien 159

Tacitus, Publius Cornelius 292 f.
Tafur, Pedro 38
Tedaldi, Jacopo 240
Theodosius, röm. Kaiser 160, 174
Theophrast von Eresos 101
Tiberius, röm. Kaiser 294, 298
Timur/Tamerlan 97, 243, 309
Titus, röm. Kaiser 291
Totila, König der Ostgoten 178
Trajan, röm. Kaiser 109, 171, 291 f.
Trevisan, Gabriele 240, 245
Tristan da Cunha 329
Trotzki, Leo 338
Tschudi, Ägidius 199
Tschudi, Ludwig 199, 201–207
Tubenthal, Max 265

Ursuleo, Pietro 113
Usodimare, Antoniotto 329

Van Wonterghem, Frank 163
Varus, Publius Quinctilius 219
Vasari, Giorgio 228
Vasco da Gama 329, 336
Vercingetorix 12
Vergil 65–67, 71, 109, 168, 293, 295
Vinzenz von Beauvais 310
Visconti, Giangaleazzo 72
Volckmann, Johann Jacob 279

Weiss, Roberto 99, 106
Wiegand, Theodor 249
Wilhelm von Aquitanien 22
Wilhelm von Rubruk 310-320, 322
Wolkonskaja, Maria 342 f.

Xenophon 292

Zur Gilgen, Melchior 199–203, 205–207

Ortsregister

Aachen 216 f.
Aalen 120, 131, 133
Abruzzen 146–148, 150, 156
Acquapendente 89
Aden 303–307
Ägäis 91, 94, 96–98, 107–109, 113, 203, 237, 245
Ägypten 31, 33, 233, 238, 302–304, 306 f., 311
Akkon 308, 312, 321
Al-Mahdiyya 303
Alba Fucens 146, 149, 157–162, 173
Albanien am Kaukasus 292
Alenquer 328
Alesia 12
Alexandria 95 f., 106, 301, 303 f., 306 f., 309
Algerien 295 f.
Allencer 328
Alpenraum 34–52, 54 f., 57–61, 66 f., 72, 126, 133 f., 175, 258–260
Altai-Gebirge 313, 316, 321
Amalfi 303
Amatrice 89
Amorgos 101
Anatolien 139, 290 f.
Ancona 73, 108 f., 248
Andes 65, 67
Andros 100, 104 f.
Aniene, Tal des 147 f.
Antalya 113 f.
Aosta 19, 255
Apulien 147, 247
Aquileia 39, 70
Aquitanien 166
Arabien 303, 307
Aragon 224, 230 f.
Aras 292
Arcy 18
Ardennen 174
Argos 237
Arkadien 114, 167 f.
Armenien 291–293
Arras 217
Arsoli 147, 149 f., 157
Aserbeidschan 292 f.
Ashgabad 292
Asilah 332
Athen 95 f., 98 f., 101
Athos 101, 235
Augsburg 60, 63, 127, 129, 131, 133 f., 137 f., 140-142, 212, 214
Aurunci, Monti 175
Austrien 18, 24
Autun 11–14, 17 f., 22, 30, 166, 173
Auxerre 11, 17 f., 166
Avallon 18
Avezzano 157
Avignon 29
Azoren 324 f., 329 f., 335

Babylon 168
Bagdad 307
Baku 289, 293
Balat *s.* Milet
Balkan 134, 243, 356
Baltikum 348 f., 353
Bamberg 213
Bar 244
Barbarano Romano 85 f.
Barcelona 230-232, 308 f.
Bard 48

Barge 47
Bari 268
Basel 19, 57, 59, 239
Baskenland 232
Bassanello 76
Bassano Romano 82
Beaune 29
Bedaium/Seebruck 142 f.
Beirut 309
Bengalen, Golf von 306 f., 321
Berbera 305
Bergamo 66
Bergell 51
Bergen op Zoom 218
Berlin 344
Bern 38 f., 45, 58, 242, 251–262, 336, 359
Bersezio 47
Bex 52
Bibracte 11 f., 262
Bicocca 261
Biel 252, 255
Birobidschan 353, 357
Blera 85 f.
Bodrum *s.* Halikarnass
Böhmen 268, 271 f.
Bologna 64, 68, 247, 283
Borghetto 72
Bosnien 248
Brabant 217
Brač 244
Bracciano 83, 85
Brancion 31–33
Breda 218
Bregenz 140
Brenner 40, 49, 56, 58–60, 134, 141, 266
Bresse 31, 43
Brindisi 268
Brixen 56
Bruck an der Mur 211
Brügge 217, 221, 227–229, 308
Brünig-Paß 58
Brüssel 217
Bu Njem 298 f.
Buda 221, 223
Bündner Pässe 49, 57, 59, 134
Burgsalach 121, 127
Burgund 11, 15–30, 32, 166
Burma 307
Butrint 180
Byzanz 90, 235, 303 – *s. auch* Konstantinopel

Caere 170
Candia auf Kreta 237 f., 247
Canossa 38
Cap Blanco 327, 335
Cap Bojador 327
Cap Finistere 308
Cap Noun 327
Capranica 73, 81–84
Caprarola 79, 82
Capua 95
Carinola 95
Carseoli/Carsoli 146, 149–151, 157–159, 163
Cassino 174
Celano 161
Cerfennia *s.* Collarmele
Ceuta 232, 328, 331 f., 334 f.
Ceylon 307
Chabarowsk 345, 351 f., 357–360
Chalon-sur-Saône 11, 22
Chapaize 30, 32
Charkow 354
Charolais 31
Chiavenna 57, 59 f.
Chieti 163
China 245, 302, 306 f., 314, 317, 341, 343, 354 f., 360
Chios 91–93, 98, 101 f., 105 f., 108, 110 f., 113, 237
Chiusi 83
Chur 51, 60, 134, 203, 256
Cicolano 158
Cimini, Monti 80 f., 89
Ciociaria 174
Cîteaux 24–26, 29
Civita Castellana 78 f.

Civitavecchia 73, 75, 83, 170, 177, 227, 232
Clairvaux 27
Clermont 16
Cluny 22–28, 30 f.
Coimbra 329
Collarmele 146, 161–163
Colle di Monte Bove 150-152, 154, 156 f., 162
Como 58, 60
Compostela 20
Constanza/Tomi 132
Corchiano 78
Corfinio 162, 164 f.
Corone/Koroni 241, 244
Cremona 65, 69
Cuneo 47
Cure, Tal der 11, 17–19

Dagestan 350
Damaskus 307, 309
Danzig 229
Dardanellen 109, 113, 236
Dauphiné 19
Delos 105, 109 f., 168
Demonte 47
Didyma 110
Dijon 26
Donauwörth 134
Donousa 103
Dordrecht 218
Dschibuti 305
Dubrovnik (Ragusa) 91, 193, 308
Durrês 244

Eichstätt 127, 129, 213, 222
Eining 131 f., 134
Einsiedeln 60
Elba 328
Elbursgebirge 293
Enns 135 f.
Epfach 134, 140, 142
Ephesus 102
Epirus 108
Estavayer 252
Estland 349
Etrurien 83, 85, 170 f.
Euböa 237 f., 241–244, 248

Falerii 80
Famagusta 95
Fandaraynâ 305
Fermia 96
Ferrara 115
Fezzan 294 f.
Flandern 47, 209, 215, 217, 224, 228–230, 244
Florenz 64, 83, 100, 103, 115, 187, 224, 227–229, 306, 308
Foça/Phokäa 92, 98, 232
Fondi 175
Fontenay 28
Fossanova 28, 88
Frankfurt 214
Freising 212
Friaul 245
Fribourg 251, 256, 336
Friesach 59
Fucino, Conca del 146, 156, 162
Füssen 134
Furni 102
Fustat (Alt-Kairo) 303 f., 307

Gaeta 95, 227, 231
Gallese 75 f.
Gallien 11, 14 f., 134, 138, 159, 170 f.
Gambia 329
Garda-See 66 f., 72
Genf 15, 43
Genua 70, 91, 231 f., 237, 303, 309 f., 331
Germa 294
Ghadames 295–297, 299
Gheriat al Gharbia 299
Gheriat-es-Shergia 299
Ghirza 296, 298
Gibraltar 302, 325
Glarus 46, 199, 203
Göttingen 60, 274–277, 279, 343

Goito 70-72
Goldküste 327, 335
Goriano Siculi 162 f.
Gortyn 103
Gorze 22
Gotthard-Paß 36–40, 46 f., 49, 51 f., 57, 60, 266
Governo/Governolo 63 f., 66
Graubünden 54, 57, 266
Graz 211, 247
Grimsel-Paß 57 f.
Grönland 229
Grosne, Tal der 32
Großhelfendorf *s.* Isinisca
Grünwald 140, 142
Guinea 327, Golf von 228, 324–326, 334 f.

Halikarnass/Bodrum 111
Hasli 58, 254, 257, 261
Heidenheim (röm.: Aquileia) 131, 133
Hennegau 217
Heraklion/Iraklio 102
Hierapetra 104
Hospental 46
Hvar 244

Iberien am Kaukasus 291 f.
Iconium/Konya 321
Imbros 100, 105
Indien 280 f., 301–307, 309, 317, 322, 325, 329, 334–336, 343
Ingolstadt 211–213, 222
Innsbruck 39, 60
Interlaken 58
Ios 94, 101, 208
Iran 292, 307
Irkutsk 340, 342 f., 353
Irland 18
Isinisca/Großhelfendorf 134, 138, 141
Island 44, 229
Israel 357
Istrien 190
Itri 175
Iwolginski Dazan 344

Jaffa 187, 196 f., 205, 239, 241
Java 302
Jekaterinburg/Swerdlowsk 354
Jerusalem 40, 56, 92, 184, 186, 188, 197–200, 202, 204, 230, 274, 291, 307, 309, 312

Kärnten 39
Kairo 301–305, 307
Kalymnos 102, 106, 114
Kanarische Inseln 335
Kappadokien 291
Kapverdische Inseln 327, 329, 335
Karakorum 313 f., 316 f., 320 f.
Karthago 294
Karymskaja 355 f.
Kasachstan 313, 315
Kasbek 293
Kaukasus 289–294, 317
Kemerowo 340
Kempten 134, 140
Kephalonia 100
Kiew 316, 354
Kleinasien 92, 98, 110, 113, 178, 232
Kleinhelfendorf 141
Knidos 98
Koblenz 216
Köln 39, 50, 172, 216, 218–223, 248, 269
Kösching 124, 131–134, 139
Konstantinopel 90, 93, 97, 100 f., 109, 113 f., 234–249, 284, 312 f., 321, 325, 334 – *s. auch* Byzanz
Konstanz 47
Korçula 191, 238, 244
Korfu 101, 180, 192, 197, 238, 242–244, 246
Korinth 96, 169, 243
Korsika 228
Kos 103, 114
Kotor/Cattaro 244

Krasnojarsk 342 f.
Kreta 100-106, 110, 195, 197, 202, 236–239, 244, 308 f.
Krim 311–313, 321, 341
Künzing, röm. Quintana 135
Kykladen 107, 109, 237
Kythera 92, 104
Kythnos 96

Lambaesis 294 f.
Lancharre 30, 32
Landshut 212, 222
Latium 73, 77 f., 81, 87, 89, 148, 150, 232
Lausanne 44
Lemnos 94, 235
Leoben 211
Leonessa 89
Lepanto 243
Leptis Magna 298 f.
Leros 106
Lesbos 94, 101, 108, 113
Leukas 100
Levante 93, 108, 112 f., 195, 243, 284, 309
Libyen 294–296
Liegnitz 311
Ligurien 228
Lille 217
Lissabon 230, 232, 301, 325, 328 f., 331, 333, 335 f.
Lombardei 68, 72, 94, 198, 244, 250
London 221, 227 f., 301, 308
Loreto 267, 282
Lousioi 167
Loutro 103
Lucca 83, 216
Lübeck 309
Lüttich 37, 217
Lugano 255, 261
Luxeuil 176
Luzern 49, 52, 199, 203
Lykosoura 169
Lyon 15 f., 19, 308 – Lyonnais 22
Mâcon 22 – Mâconnais 22, 28, 30-32
Madeira 328 f., 335
Madrid 335
Maghreb 80, 96, 121, 232 f., 294, 299, 301, 304 f., 323 f., 331–333
Magliano de' Marsi 158
Magliano Sabino 88
Maiella 155 f., 163
Mailand 39, 52, 60, 70, 79, 134, 165, 188–191, 198, 200, 206 f., 242, 244, 250-253, 256–261, 282
Mainz 50, 129, 133, 172, 214, 216 f., 223, 267
Malabar 305
Malaya 306 f.
Mallorca 231, 306, 309
Mantua 63–72
Marghera 245
Marienburg 60
Marignano (Melegnano) 199, 253, 259, 261 f.
Mariinsk 341
Marokko 232, 302–304, 332
Maroneia 111
Marseille 172, 231, 303
Martigny 52
Matrei 60
Maulbronn 28
Maurienne 40, 48
Mautern 136
Medina 307
Megalopolis 168
Mekka 227, 294, 307
Melitene 291 f.
Melos 96
Mersen 19
Mesopotamien 302
Messina 268
Methoni *s.* Modone
Metz 18, 22, 314
Milet 102, 110
Mistra 243
Modena 280
Modone/Methoni 193–195, 238–242, 244

Mörön 318 f.
Mogotscha 356
Moldawien 340, 348 f.
Mongolei 311, 313, 317, 319 f., 343–345, 355
Mont-Beuvray 11 f.
Mont-Cenis 38, 40, 48, 58
Montblanc 61
Monte Romano 86
Morea *s.* Peloponnes
Morrone, Monte 163 f.
Morvan 12
Mosel 171
Moskau 309, 337, 339, 341 f., 344–347, 350-355, 358
München 142, 212 f., 222
Münster 220
Murmansk 354
Murten 252
Mykene 168
Mykonos 105, 111

Nagorny Karabach 340
Nassenfels 120, 128–132, 134
Nauplion (Nafplio) 244
Naxos 90, 101, 103, 107, 110 f.
Neapel 46, 114, 147, 150, 227, 230 f., 266 f., 282, 310
Negroponte *s.* Euböa
Nepi 83
Nerola 88
Neuburg a. d. Donau 129, 134
Neustrien 18, 24
Nijmegen 217
Nil 31 f.
Nisa 292
Nisyros 96, 106
Norchia 86
Noricum 134 f., 137–140, 142, 145, 172
Novara 199, 253, 257, 262
Novosibirsk 338, 349, 352 f.
Nowgorod 309
Nürnberg 50, 213–215, 221–223, 278, 326
Numidien 294

Oberhalbstein 51
Obwalden 257
Olympia 170
Omsk 343
Orléans 315
Orte 73, 75 f., 83
Ossetien 293
Ostiglia 63 f.
Otranto 94, 192, 245
Otricoli 88 f.

Palermo 227, 231 f.
Palodes 179 f.
Pannonien 134, 138
Paris 18, 29, 188, 190 f., 236, 275, 279, 283, 308, 315, 343, 346
Paros 110-112
Passau 135 f., 223
Patmos 102
Patras 243
Pavia 69 f., 199, 251, 253–256, 261
Paxos 179 f.
Peking 310, 314, 322, 341–343, 355
Peloponnes 108, 167, 169, 193 f., 239, 241, 248
Perinthos 111
Péronne 217
Pesarò 108
Pescara 146, 152, 156, 161, 163, 177
Pfahldorf 127
Pförring 120, 127, 132–135
Pfünz 119, 121 f., 127–131, 134
Phigalia 169
Phoenix 103
Phrygien 291
Picardie 217, 254
Piemont 47, 72
Pietole 65–67
Pisa 227, 231, 308
Piz Beverin 58
Plurs 51
Pöchlarn (Bechelaren) 136
Poggio Nativo 88
Pola 195

Polen 351–354
Poltawa 354
Pompeji 267
Pontigny 28
Populonia 171
Porto 331
Portovenere 227
Prato 306
Prégilbert 17
Preith 125–127
Principe 324
Provence 19 f.
Pserimos 114

Qobustan 289, 292

Rabland/Rablà 63
Raetien 131, 137–140, 142 f.
Ragusa s. Dubrovnik
Raiano 162–164
Ramla 196, 204
Ravenna 17, 78, 253, 259
Regensburg 120, 129, 131, 138, 141, 211 f., 222 f.
Reims 18
Reval 229
Rhodos 92, 95, 100 f., 113 f., 186, 193, 195, 197 f., 206 f., 241 f., 327
Ribemont 19
Riese 71
Rieti 89
Rimini 64
Roccacerro 154–157
Roccarvione 47
Roccasparvera 47
Roncaglia 41
Roncesvalles 83
Ronciglione 76, 80
Rosenheim 134, 142
Rota 87
Roviano 147 f.

Sabina 88, 157
Sachsen 267 f.
Saluzzo 47
Salzburg 134, 137 f., 140-143, 145, 212, 222
Samarkand 97
Samos 102, 114, 249
S. Benedetto dei Marsi 161
S. Benedetto Po/in Polirone 62 f.
S. Gimignano 68
S. Giovenale 86 f.
S. Giuliano 86
S. Liberato 85
S. Pelino 161, 165
São Jorge 329
São Miguel 324
São Tomè 324–326, 328, 335
Saporoschje 354
Saracinesco 148
Sarajewo 271, 356
Saray 321
Savona 231
Savoyen 19
Schuschenskoje 342
Scurcola Marsicana 157, 159, 161
Scutari/Shkodër 244
Semmering 59
Senegal 329, 335
Septimer-Paß 37, 44, 51, 57
Seriphos 104
Sevilla 232
Šibenik 244
Sibirien 228, 341–343, 345–349
Sierra Leone 327, 335
Sigilmassa 303
Signau 254
Simferopol 340
Simplon-Paß 52
Siphnos 104, 107
Sirente, Monte 155
Sitia 106
Sivas 291
Sizilien 228, 233, 302, 305 f.
Smyrna 114
Solferino 72
Solothurn 39, 203
Somalia 305, 307
Soratte, Monte 78, 88

Souda 104
Southampton 308
Spalato/Split 244
Sparta 90
Sphakia 104
Splügen-Paß 37, 54, 57, 60
Sporaden 237
St. Bernhard-Paß 37, 40, 42, 44, 48, 52, 59 f.
St. Gallen 47
St. Helena 328
St. Margarethen 145
St. Petersburg 275, 345, 351
St. Veit 239
St-Denis 314
St-Maximin 20, 22
St-Moré 18
St-Rhémy 37, 48
Steiermark 39 f., 211
Stockholm 280
Subiaco 147–149
Sudan 307
Sulmona 148, 150, 156, 163
Sumatra 306 f.
Susten-Paß 55, 58
Sutri 80, 83 f.
Syme 96
Syrien 96, 121, 238, 291

Tagliacozzo 149, 152, 155–158, 162
Taiga 340
Taischet 343
Tanger 328, 334
Tarano 88
Teheran 293
Tenedos 97, 109
Terni 73
Terracina 88
Terraferma di Venezia 244, 255
Thasos 94
Thera 102
Theveste 294
Thun 45, 58, 252
Timbuktu 303
Tinizong 51
Tivoli 146 f.
Tjumen 343
Tolfa 92, 232
Tomi *s.* Constanza
Tournus 25, 30 f.
Traismauer 136
Transbaikalien 343, 345, 349
Transnistrien 349–351
Trapani 227, 231
Trapezunt 291
Trient 256
Trier 13, 22, 172
Tripoli 295 – Tripolitanien 295 f., 299
Trogir 244
Troja 94, 98, 109, 112 f., 176, 195, 208, 235
Trondheim 229
Tschita 343, 345–348, 353–355, 358
Tunis 303, 308 – Tunesien 295 f., 302, 305 f.
Turin 53, 71, 268
Tuscania 85

Ukraine 354, 357
Ulan Bator 314, 341, 343 f.
Ulan-Ude 343, 358
Unterwalden 199
Ural 337
Urbisaglia 177
Urgendsch 341
Uri 46
Utrecht 216–218

Val d'Aosta 61
Val d'Elsa 310
Valeggio 72, 257
Valencia 231
Valona/Vlora 191, 193, 238
Varna 109
Vasanello 76
Vejano 84–86
Velino, Monte 155, 158, 161
Venedig 45, 58, 81, 90, 92–96, 112–114, 184, 187–189, 194, 197, 200-203, 205, 227, 234–248, 253,

255 f., 258, 282, 301, 303, 308–310, 331
Veneto 59, 67, 72, 228
Ventimiglia 227
Verdun 19
Vernon 197
Verona 63 f., 71, 195, 256
Vetralla 81
Vézelay 11, 19 f., 30
Vicovaro 147 f.
Vinadio 47
Vintschgau/Val Venosta 63, 256
Viterbo 78–83
Vivaro Romano 149

Waiblingen 129 f.
Wallis 52, 57
Weißenburg 119–121, 127, 129, 133, 213
Wesel 218 f.
Wien 59, 136, 209, 211, 215, 223, 247, 266
Wiener Neustadt 333
Winniza 354
Wittenberg 215, 223
Wladiwostok 337, 351, 354 f., 360
Worms 15
Würzburg 211, 213 f., 222 f.

Yemen 305, 307

Zadar 238, 244
Zillis 58
Zürich 60, 188
Zypern 197, 200, 205 f., 310, 321